本书得到 | 河南大学黄河文明传承与现代文明建设河南省协同创新中心
教育部人文社会科学重点研究基地河南大学黄河文明与可持续发展研究中心
河南大学历史文化学院 | 资助出版

本书系河南省教育厅人文社会科学研究项目"魏文化在黄河文明形成中的作用"（项目批准号：2012-JD-011）的终期成果
本书系国家社科基金重大项目"大遗址与河洛三代都城文明研究"（批准号：13&ZD100）的中期成果

中原诸侯国史研究丛书
丛书主编：李玉洁

郑国史

吴爱琴 ◎ 著

科学出版社

北 京

图书在版编目(CIP)数据

郑国史 / 吴爱琴著. —北京：科学出版社，2020.1
（中原诸侯国史研究丛书）
ISBN 978-7-03-058635-3

Ⅰ. ①郑… Ⅱ. ①吴… Ⅲ. ①中国历史-春秋战国时代 Ⅳ. ①K225

中国版本图书馆 CIP 数据核字（2018）第 199513 号

责任编辑：牛 玲 刘巧巧 赵云杰 / 责任校对：孙婷婷
责任印制：李 彤 / 封面设计：有道文化
编辑部电话：010-64035853
E-mail：houjunlin@mail.sciencep.com

科学出版社 出版
北京东黄城根北街 16 号
邮政编码：100717
http://www.sciencep.com

北京虎彩文化传播有限公司 印刷
科学出版社发行 各地新华书店经销
*
2020 年 1 月第 一 版 开本：720×1000 B5
2022 年 2 月第三次印刷 印张：19 3/4
字数：300 000
定价：98.00元
（如有印装质量问题，我社负责调换）

丛书编委会

学术顾问：李学勤　李伯谦　刘庆柱　朱绍侯

　　　　　　郝本性　杨育彬　杨肇清

编委会主任：苗长虹

主　　　编：李玉洁

编　　　委（以姓氏笔画为序）：

　　　　　　马媛媛　王山青　李　暖　李玉洁　李麦产

　　　　　　杨小召　吴爱琴　宋军令　陈方圆　武思梦

　　　　　　周保平　姜　鹏　郭　霞　郭书学　霍　蕾

丛 书 序

中原又称中土、中州、中夏、华夏等。"中原"在狭义上指今河南省，即以洛阳至开封为中心的黄河中下游地区；广义上的"中原"则包括今河南、山西、陕西、河北、山东、安徽北部、江苏北部等区域。远古时期，中原活跃着许多大大小小的部落，之后形成一个个的方国。夏、商、周三代皆建都在中原。西周王朝在中原地区分封了许多诸侯国，如宋国、卫国、陈国、蔡国、晋国、齐国、郑国等，以及战国时期的魏国、韩国、赵国、秦国、齐国、楚国等。中原诸侯国是创造中华古代文明的实体。中国古代最早的文字、铜器、第一部诗歌总集——《诗经》、最早的成文法、中国古代最值得骄傲的先秦诸子思想及其鼻祖，皆产生在中原诸侯国。虽然说中国古代文明是满天星斗式的出现，中原当是最灿烂、最辉煌的地区之一。"中原诸侯国史研究丛书"以狭义上的中原地区的诸侯国文化研究为主，兼及广义的中原诸侯国文化的研究。我们编纂这套丛书的目的在于研究中原诸侯国的历史、文化、特点、兴衰原因等，以及其在中华文明发展进程中的重要奠基作用，从而弘扬中原地区的古代文化。

一、"中原"概念产生与中原文明的形成

"中原"一词，其原意是"原野之中"，最早见于西周宣王时期的《诗经·小雅·吉日》。诗云：

> 瞻彼中原，其祁孔有。儦儦俟俟，或群或友。悉率左右，以燕天子。

> 既张我弓，既挟我矢。发彼小豝，殪此大兕，以御宾客，且以酌醴。

《毛诗》^①云：

> 祁，大也。趋则儦儦，行则俟俟。兽三曰群，二曰友，悉率左右，以燕天子。驱禽之左右，以安待天子。

这段诗歌的意思是，看那中原多么辽阔广平，一些野兽三三两两，或跑或行，张弓射箭，驱赶射猎，并以酒宴飨天子；而一些小的野兽可用来宴飨宾客。

这段诗歌描述了周人在广大平坦的原野之中打猎的情况。由于这是周人的诗歌，所以"中原"当是指黄河中游一带的原野。

西周幽王时期的《诗经·小雅·小宛》云："中原有菽，庶民采之。"汉《毛诗》云："中原，原中也。"这里的"中原"与《小雅·吉日》中所指的一样，也是指黄河中游一带广平的原野。

黄河中游地区四季分明，土地肥沃，原野广大而平坦，是庶民的宜居之地，许多的族群活动在这广袤的原野之上。随着人类的体质、智力和生产力的发展，社会财富迅速地增加，争夺财富和权力的斗争日益激烈。部族之间爆发了频繁的战争和冲突，胜利者取得了领袖的地位。黄帝在对炎帝、蚩尤的战争中均取得了胜利，从而成为华夏民族的正统帝王。胜利的部族把失败的部族赶到边地和山区，自己占据最好的、最宜居的中原地区。于是，中原逐渐成为政治、军事、经济的文明中心。

中原是我国远古文明形成最早、最集中的地区。学术界所认可的文明要素——城堡、文字和金属，最早皆是在中原地区出现和形成。中原在仰韶文化晚期已出现古城堡。郑州西山古城址是仰韶文化的遗存，距今约4800～5300年。中原地区已发现龙山文化时期的古城堡数百座，如河南淮阳平粮台、登封王城岗、郾城郝家台、安阳后岗、淅川下王岗等古城址普遍出现。

文字的起源应追溯到新石器时代器物上的刻划符号。河南舞阳贾湖遗址

---

① 《诗经》是周代至春秋时期诗歌的总集，由汉代毛亨作传的版本称为《毛诗》。

发现的龟甲和石柄上带有的契刻符号，具有原始文字的性质，距今8000年左右。西安半坡、临潼、邰阳、铜川、宝鸡和甘肃秦安等遗址出土的大批陶器上均有刻划符号，莒县陵阳河的陶尊上发现了刻文古文字。这些都与中国古甲骨文具有一脉相承的渊源。

铜器，在龙山文化期的遗址中多有发现，郑州牛寨遗址、淮阳平粮台、登封王城岗四期H617内出土了青铜块、铜渣、青铜残片，临汝煤山遗址中出土了铜坩埚、熔铜炉残壁及铜液痕迹等。因此可以说中原是最早、最集中出现文明的地区。

中原也是古代最重要的战场。《左传·僖公二十三年》云："晋楚治兵，遇于中原，其辟君三舍。"《国语·越语上》曰："寡人不知其力之不足也，而又与大国执雠，以暴露百姓之骨于中原。"《国语·晋语三》："耻大国之士於中原。"战国的《荀子·王制》："兵革器械者，彼将日日暴露毁折之中原。"汉末诸葛亮《出师表》云："当奖率三军，北定中原。"如此等等。"得中原者得天下，失中原者失天下"，中原是部族争夺的焦点，是历代兵家必争之地，也是古代文明最发达、最辉煌的地区。

二、中原诸侯国文化源远流长，极富特色

中原自古就是部族方国聚集的地区，夏、商、周皆是在中原建都的王朝。夏商时期，中原的部族方国主要有昆吾、祝融八姓、葛天氏、有莘氏、有扈氏、伯益、有崇氏，等等。西周春秋时期，中原地区又分封了许许多多的诸侯国，如卫国、宋国、陈国、蔡国、晋国、齐国、鲁国、郑国、秦国等。战国时期有魏国、韩国、赵国、齐国，还有东周王朝，楚国的一大部分辖地也在中原地区。

中原诸侯国创造了非常辉煌的文化，对黄河文明的形成与发展起到了非常重要的奠基作用，是中华文明的主体部分。正因为有中原诸侯国文化的奠基，中华文明才源远流长、光彩夺目。

陈文化是我国最古老的文化源头之一。陈是太暤、伏羲的都城，具有远

古英雄时代的淳朴风俗。伏羲氏制嫁娶、画八卦、造书契、河图洛书的传说皆与此地此国有密切的关系。陈国又是虞舜之后胡公满的封国,妫姓,国都宛丘(在今河南淮阳县)。《左传·襄公二十五年》记载:周武王"以元女大姬配胡公而封诸陈,以备三恪"。陈胡公娶了周武王之长女大姬,又是帝舜之后裔,西周王朝封之为公侯级的诸侯,以备三恪。恪,客也,陈国于周为客,而不是周王朝的臣服国。《诗经·陈风》展现了古老的陈国风情。例如,《东门之池》表现了陈国平民男女在沤麻、沤纻、沤菅的劳动中,用歌声、语言,表达爱情的生活场景。《宛丘》描写了陈国人用土鼓、缶奏乐,举着白鹭羽毛做成的华盖和旌旗跳舞的欢快场景。《衡门》是说,人皆自足而无求则安,即人们可以志在天地四方,如果志向不能满足,不要强求。这些诗歌都表现出陈国人民的生活、爱情和思想境界。陈国是道家鼻祖老子的母国(后文将详述)。

宋国是殷商后裔的封国,保留着许多远古的传统和习俗。例如,宋楚泓水之战中,宋襄公认为不能乘人半渡而击,认为"君子不重伤,不禽二毛,古之为军也,不以阻隘也,寡人虽亡国之余,不鼓不成列",①故宋国在楚军半渡及既渡而未成列时,放弃进攻,失去有利的战机,导致大败。这在春秋时期被人所笑为愚蠢,但确是远古战争的礼仪。《淮南子·氾论训》云:"古之伐国,不杀黄口,不获二毛。于古为义,于今为笑。古之所以为荣者,今之所以为辱也;古之所以为治者,今之所以为乱也。"不乘人之危,不伐无备之军,不伐丧,不伐凶(即凶荒年不伐),不薄人于险,灭国不绝祀。战争是为了"以战止战",宋襄公在战争中表现的道德信义是继承了三代时期淳朴的古风。

卫国是武王少弟康叔的封国,封国在殷商故地,国都定在殷旧都朝歌(今河南淇县)。《汉书·地理志》云:"周既灭殷,分其畿内为三国,《诗·风》邶、庸、卫国是也。邶,以封纣子武庚;庸,管叔尹之;卫,蔡叔尹之;以监殷民,谓之三监。故《书序》曰:'武王崩,三监畔',周公诛之,尽以其地封康叔,号曰孟侯。"孟侯,就是诸侯之长。卫国是西周王朝分封在殷商故地的最大的诸侯国,

---

① 杨伯峻编著:《春秋左传注·僖公二十二年》,中华书局,1981年,第397-398页。

故称"诸侯之长"。《诗经·国风》中的《邶风》《鄘风》《卫风》都是产自卫国的诗篇。卫国是封在殷商故地是诸侯国,继承了殷商王朝的手工业与青铜冶炼业的基础,又地处中原,是交通中心,故工商业特别发达,工匠也很多,曾发生过两次工匠起义。"苟卫国有难,工商未尝不为患,使皆行而后可。"①工匠起义赶走了国君,这种情况在春秋时代是很少见的。卫国有深厚的文化积淀和发展的土壤。例如,春秋时期齐桓公任命的"大田"宁戚,是管理农业的官员,负责垦田、辟土、艺粟,尽地力之利,是齐桓公称霸时期的重要人才。战国初年有名的政治家、军事家吴起、商鞅等,皆是卫国人。能培养出来这样的人才,说明卫国是文化素质很高的诸侯国。卫国在西周至春秋文明的发展中有重要的作用。

春秋时期,郑国是第一个与商人订立盟约的诸侯国。《左传·昭公十六年》记载:郑国与商人"世有盟誓,以相信也;曰:'尔无我叛,我无强贾,毋或匄夺。尔有利市宝贿,我勿与知。'恃此质誓,故能相保以至于今"。郑国商人弦高在秦国的进攻面前,不计个人得失保护了郑国的利益,也表现出对郑国的热爱和很高的政治素质。郑国一带的风俗也是比较开放的。《史记·货殖列传》中记载:"今夫赵女郑姬,设形容,揳鸣琴,揄长袂,蹑利屣,目挑心招,出不远千里,不择老少者,奔富厚也。"②郑国风俗的开放,与其春秋时期经济文化的繁荣有密切的关系。公元前536年,郑国子产"铸刑书",把法律条文公布出来,让民众皆知,违者有罪,这是我国最早的成文法。邓析是我国最早的"律师",为当事人进行狱讼辩护,在中国司法诉讼史上有重要的地位。

中原诸侯国有源远流长的文化,并根据历史、地域的特点形成了自己的文化特色,构成了中华文明形成的重要基础。

三、诸子百家思想主要在中原诸侯国形成

春秋战国时期出现了诸子百家争鸣的局面,道家、儒家、墨家、法家、

---

① 杨伯峻编著:《春秋左传注·定公八年》,中华书局,1981年,第1567页。
② 司马迁撰:《史记·货殖列传》,北京:中华书局,1982年,第3271页。

阴阳家、名家、兵家、工商等学术流派纷纷形成，这是我国思想史上最活跃、最辉煌的时期。先秦思想家们探讨治国治民的理论，研究国家的产生与形成，探索宇宙、人类的起源，对世界、社会和人生都进行了深刻的研究。先秦诸子的思想充满了民本主义精神，闪耀着理性的、尚思辨的光辉，对中国社会产生了深远的、永久的影响，是中国人民宝贵的精神财富。先秦诸子与同时期的希腊哲学、印度佛学构成了世界历史上的"轴心时代"。

诸子百家学派及各学派的奠基人皆产生在中原诸侯国。道家学派的奠基人老子和庄子分别是陈国人和宋国人，二人的思想精粹合称为老庄思想。道家学派是先秦时期代表小国贵族的重要思想流派，在中国历史上的影响仅次于儒家。历史上当大的战乱过去，封建统治者一般会采取道家"无为而治"的思想去治理国家，让饱受战争苦难的人民有一个喘息的机会。如在西汉初年、唐朝初年、北宋初年等，封建政权皆以"黄老"思想作为统治的思想依据和国策。道家学说中朴素的辩证法思想、小国寡民的社会理想对我国历代都有重要的影响。道家学说同时也是古代道教的理论基础，道家在中国历史上有深远的影响和作用。

儒家思想是自汉武帝之后我国封建社会最重要的治国治民的理论，影响了中国2000多年，直至今日。儒家学派的先驱当是周公，主要活动在镐京（今西安）、雒邑（今洛阳）一带。之后，鲁国的孔子继承了周公的思想，成为儒家学说的奠基人。孔子祖籍在先秦时期的宋国（今河南省夏邑县），其先祖在宋国受到迫害逃到鲁国。孔子后因在鲁国受到排挤，出外周游列国14年，曾到郑国、卫国、陈国、蔡国、宋国等。孔子周游列国主要是在中原范围内进行，所以说中原地区是儒家思想形成的深厚土壤。

墨家学派的奠基人墨子在宋国为大夫，被认为是宋国人；有人又根据墨子在鲁国求学，在鲁国做事，认为墨子是鲁人；亦有人提出墨子是鲁阳人、鲁山人等。墨子是小生产者和小手工业者知识分子的代表，他要求人们"兼相爱、交相利""非攻""尚贤"等。他作为新兴的商人和手工业者的代表走上政治舞台。《墨子·非命上》云:"虽在农与工肆之人,有能则举之,高予之爵,重予之禄,任之以事,断予之令。"墨子认为,天子、三公、卿宰、诸侯等王公贵族并不神秘,皆是古代从平民百姓中选出的贤者,他们被推选出来是为了治理国家,而不应该搜刮人民。墨子提出"三表法"的认识论,《墨子·非命上》云:"上本之于古者圣王之事""下原察百姓耳目之实""发以为刑政,观其中国家百姓人民之利"。他的认识论和方法论,在中国哲学史上有极其重要的地位。墨子的思想放射出可贵的平等思想的火花。

魏国的李悝是法家学派的鼻祖。韩非子是法家学说的集大成者。法家是在中原形成的重要学派。春秋时期,以晋、齐为主的诸侯国的贵族利用军功、事功专擅国权,尾大不掉,最后对国君取而代之,如三家分晋、田氏代齐等。战国时期,李悝变法,"夺淫民之禄",废除"一世有功为官、万世皆荣"的世袭制度,摒弃军功世袭大族对政权的把持,大大加强了国君的权力,从此形成了战国时期的君主专制制度。可以说,李悝变法,是分散的君主权力形成君主专制的转折点。商鞅曾在魏国为宦,不得志,西走秦国;吴起曾为将于魏国,被谗害,奔楚。后来,商鞅和吴起分别用李悝变法的内容在秦、楚进行变法。之后,战国各诸侯国皆效仿李悝进行变法,这对中国封建专制制度的形成产生了非常重要的作用。

名家学派的奠基人是宋国的惠施和赵国的公孙龙。名家对名、实关系进行探讨,公孙龙提出的"白马非马论""离坚白论"等,在逻辑学上是相当重要的哲学命题;惠施提出了"至大无外""至小无内""日方中方睨,物方生方死"等辉煌的哲学理论,他还发现事物的共同规律"大同异"与"小同异",并找出它们的差别。这是当时人们对世界认识深化的结果,大大丰富了中国古代的哲学思想理论。

阴阳学说的奠基人是齐国人邹衍。他"大小九州说"的揣测有一定的科学性,反映出邹衍知识的渊博。邹衍把水、火、金、木、土演绎成五德,以附会历史上的各个王朝,把所谓的"五德"与朝代的兴衰更替相附会,然后用五行相生相克的理论去解释王朝更替的必然性。阴阳学说是中华民族最重要的哲学思维之一，对我国有极其深远的影响。

兵家鼻祖是春秋时期的齐国人孙武。孙武将自己的战争经验、思想、战略、战术写成兵学著作十三篇，即《孙子兵法》，是世界上最早的兵学著作。孙子主张正义的有道之战，他认为，发动战争者应"非危而战""唯民是保"，战争的最终目的是保护人民。《孙子兵法·谋攻篇》云："不战而屈人之兵，善之善者也。"孙子提出"兵不厌诈"，《计篇》云："兵者，诡道也。故能而示之不能，用而示之不用……攻其无备，出其不意。"这就是所谓的诈术之道。孙子的军事思想对我国后代有深远的影响。《孙子兵法》是我国历代将领，如韩信、曹操、诸葛亮、李世民、岳飞、戚继光、曾国藩等人的必读之书。《孙子兵法》影响远及海外。英国元帅蒙哥马利曾说过，世界上所有的军事学院都应把《孙子兵法》列为必修课程。美国人约翰·柯林斯在《大战略》中指出："孙子是古代第一个形成战略思想的伟大人物。"孙子是我国古代值得骄傲的军事家和学者。

从以上论述可以看出，先秦诸子各流派思想的奠基人主要产生在中原诸侯国。先秦诸子思想对我国数千年的社会有着深远的影响，是我国人民宝贵的精神财富。由此可见中原诸侯国思想的前瞻性和文化的先进性。

"中原诸侯国史研究丛书"对中原诸侯国的历史、政治、军事、经济、制度、兴衰、思想、文化进行全面的分国研究，并着重研究诸侯国的地域、历史对思想文化的影响。如前所述，本套丛书以狭义的中原地区诸侯国史研究为主，但广义上的中原诸侯国史也是本套丛书研究的对象。研究中原诸侯国历史的辉煌及其对中华文明的贡献是本套丛书的宗旨。

李玉洁

于河南大学闲云斋

2016年6月26日

目　　录

丛书序

绪论 ·· 001

  一、郑国的小霸 ··· 001

  二、郑国的衰落 ··· 002

  三、郑国的政治、经济和法律 ························· 003

  四、郑国的文化 ··· 004

  五、郑国的灭亡 ··· 006

第一章　郑国的建立与发展 ·································· 007

 第一节　桓公友受封 ··· 007

  一、郑桓公受封背景 ··· 007

  二、郑桓公其人 ··· 010

  三、郑的性质 ··· 016

  四、郑的地域 ··· 018

 第二节　郑的东迁 ··· 020

  一、东迁的原因 ··· 021

  二、东迁计划的制订 ··· 023

  三、东迁计划的实施 ··· 025

 第三节　新郑地文化溯源 ····································· 028

  一、裴李岗文化 ··· 029

  二、有熊之墟 ··· 030

三、祝融之墟 …………………………………………………… 032
　　四、夏商时期的都邑 …………………………………………… 034
　　五、春秋以前新郑地的国与邑 ………………………………… 038
　第四节　郑国的发展 ……………………………………………… 040
　　一、武公之略 …………………………………………………… 040
　　二、武公灭郐 …………………………………………………… 042
　　三、武公灭虢 …………………………………………………… 044
　　四、武公灭胡 …………………………………………………… 045

第二章　郑国的强盛与小霸 …………………………………… 048

　第一节　郑庄公克段 ……………………………………………… 048
　　一、郑庄公出世 ………………………………………………… 048
　　二、段受封于京 ………………………………………………… 049
　　三、庄公克段于鄢 ……………………………………………… 050
　第二节　郑国与周王室 …………………………………………… 053
　　一、周王室的衰微 ……………………………………………… 054
　　二、周郑交质 …………………………………………………… 055
　　三、周郑交恶 …………………………………………………… 058
　第三节　郑与中原诸侯国 ………………………………………… 060
　　一、郑齐结盟 …………………………………………………… 061
　　二、郑与鲁许 …………………………………………………… 064
　　三、郑与宋卫陈蔡 ……………………………………………… 067
　第四节　春秋初年的晋楚 ………………………………………… 071
　　一、晋之内乱 …………………………………………………… 072
　　二、楚之初兴 …………………………………………………… 073

第三章　郑国的动乱与衰落 …………………………………… 076

　第一节　郑国的动乱 ……………………………………………… 076
　　一、郑国的权臣 ………………………………………………… 076
　　二、昭厉争国 …………………………………………………… 079
　　三、郑厉公复位 ………………………………………………… 080

第二节　齐楚争衡与郑国 …… 081
一、齐楚争衡 …… 082
二、齐楚召陵之盟 …… 083
三、郑国背齐向楚 …… 085
四、郑入齐盟 …… 086
五、宋襄公试霸 …… 087
六、郑国附楚 …… 088

第三节　中衰的郑国与王室 …… 089
一、郑虢勤王 …… 090
二、郑人入滑 …… 091
三、周襄王避难于郑 …… 091
四、周郑关系实质 …… 092

第四章　晋楚争霸与郑的倒伏 …… 095

第一节　晋国称霸　晋秦争郑 …… 095
一、晋楚城濮之战 …… 096
二、郑间秦晋之盟 …… 097
三、秦晋由同盟至对抗 …… 099

第二节　晋楚争郑　楚建霸业 …… 100
一、晋楚对郑的争夺 …… 100
二、郑国背晋附楚 …… 101
三、郑国摇摆战略 …… 103
四、晋楚邲之战 …… 105
五、楚庄王称霸 …… 107

第三节　晋楚分霸　诸侯弭兵 …… 108
一、晋重图霸业及服郑 …… 109
二、晋楚抗衡分霸 …… 110
三、诸侯国初次弭兵 …… 112
四、晋楚鄢陵之役 …… 113
五、晋楚拉锯争郑 …… 115
六、诸侯国再次弭兵 …… 118

第四节　郑对小国的继续威逼 ………………………………… 120
　　　　一、郑对许的逼迫 …………………………………………… 121
　　　　二、郑对陈的征伐 …………………………………………… 124

第五章　七穆专政与郑国的灭亡 ……………………………… **126**

　　第一节　七穆政治的形成 ……………………………………… 126
　　　　一、郑国世卿的兴起 ………………………………………… 127
　　　　二、七穆专权 ………………………………………………… 129
　　　　三、七穆的外争 ……………………………………………… 135
　　　　四、七穆集团的内斗 ………………………………………… 137
　　　　五、七穆政治的特点 ………………………………………… 139
　　第二节　子产与郑国 …………………………………………… 142
　　　　一、子产内政 ………………………………………………… 142
　　　　二、子产改革 ………………………………………………… 146
　　　　三、子产外交 ………………………………………………… 152
　　　　四、后世评子产 ……………………………………………… 160
　　第三节　郑国的灭亡 …………………………………………… 162

第六章　郑国的政治与外交 ……………………………………… **166**

　　第一节　郑国官制、田制与军制 ……………………………… 166
　　　　一、郑国官制 ………………………………………………… 167
　　　　二、郑国田制 ………………………………………………… 169
　　　　三、郑国军制 ………………………………………………… 170
　　第二节　郑国的法律 …………………………………………… 173
　　　　一、郑国成文法 ……………………………………………… 174
　　　　二、邓析及《竹刑》 ………………………………………… 174
　　　　三、邓析的法律辩护 ………………………………………… 176
　　第三节　郑国的外交 …………………………………………… 178
　　　　一、春秋初期的强硬策略 …………………………………… 178
　　　　二、大国争霸时期的唯强是从 ……………………………… 181
　　　　三、子产执政争取平等外交 ………………………………… 182

四、春秋末年的武力征讨 ································· 182

第七章　郑国的城邑与疆域 ································· **184**

第一节　郑国的都城 ································· 184
　　一、都城营建 ································· 185
　　二、城址形制 ································· 187
　　三、都城结构 ································· 191
　　四、祭祀遗址 ································· 197
　　五、手工作坊 ································· 200
　　六、居住区、仓 ································· 200
　　七、墓葬区 ································· 201

第二节　郑国的城邑 ································· 206
　　一、文献记载的城邑 ································· 207
　　二、考古发现的城邑 ································· 210

第三节　郑国的疆域 ································· 214

第八章　郑国的农工与商业 ································· **216**

第一节　郑国的农业 ································· 216
　　一、种植业 ································· 216
　　二、农业工具 ································· 218
　　三、农业技术 ································· 219
　　四、饲养业 ································· 220

第二节　郑国的手工业 ································· 221
　　一、铸铜业 ································· 221
　　二、制陶业 ································· 224
　　三、制骨业 ································· 225
　　四、织染业 ································· 226

第三节　郑国的商业 ································· 227
　　一、春秋时期的商业 ································· 227
　　二、郑国商业便利条件 ································· 230
　　三、郑国商业市场 ································· 231

四、郑国商人 …………………………………… 233
　　五、郑国货币 …………………………………… 235

第九章　郑国的思想与文化 ……………………………… 236

第一节　郑国的思想 ……………………………………… 236
　　一、坚守周礼 …………………………………… 237
　　二、为政以德 …………………………………… 240
　　三、施民以仁 …………………………………… 242
　　四、人本观念 …………………………………… 243
第二节　郑国的文学 ……………………………………… 244
　　一、诗歌《郑风》 ……………………………… 244
　　二、郑人赋诗 …………………………………… 254
　　三、郑人辞令 …………………………………… 257
　　四、郑国的文学名人 …………………………… 260
第三节　郑国的音乐 ……………………………………… 264
　　一、郑声、郑音、郑风 ………………………… 264
　　二、郑声之淫 …………………………………… 268
　　三、郑声之征 …………………………………… 274
　　四、郑国乐器 …………………………………… 278

参考文献 ……………………………………………………… 281

附录1　郑国君主世系图 ………………………………… 290

附录2　春秋形势图 ……………………………………… 291

附录3　郑国大事年表 …………………………………… 292

后记 …………………………………………………………… 297

绪　　论

郑国是周代一个极具特色的诸侯国，始封于西周晚期，后随周王室迁居中原腹地而立国。春秋初年，身为中小国家的郑国，势力发展迅猛，突破周代对诸侯国的禁制建立三军，拥有雄厚的军事力量，常聚积王室和他国军队，以王命讨不庭，挟天子以令诸侯。郑在周王朝逐渐式微的年代，率先挑战王权，开启了春秋称霸的序幕，被视为春秋小霸。郑国小霸局面是短暂的，郑庄公之后，郑国实力迅速衰落，在大国崛起后沦为强国争夺讨伐的对象，开始了与强者结盟的介居生存模式，战国初年为韩国所灭，成为春秋中等国家灭亡较早的一个，个中原因是值得人们深思的。

一、郑国的小霸

郑国强盛于春秋初年的郑武公、郑庄公时期。首先，郑国从郑桓公开始就与周王室关系密切，桓公为周宣王之弟，故桓公及武公都深得周王的信任，担任周王朝的卿士。这为郑国的发展提供了便利，其可以周王室的名义讨伐不公，借机发展自己的势力。桓公为郑国长久大计谋划，制定郑东迁计划，乃东徙其民，寄孥与贿于虢、郐等十邑，皆与桓公之威望及武力有关。郑武公娶于申，而申国为周平王之母国，是周平王继位的强力推动者，郑与周王室的关系更进一步。平王东迁之时，郑武公派兵护送有功，郑成为东周王室的依靠对象，同时郑武公兼任平王卿士，政治地位显赫。其次，东迁后的周王室虽然失去了天下共主的地位，但名分还在，是郑国东迁后发展的靠山。郑武公继承郑桓公开创之基业，凭借与周王室的血缘及姻亲关系，利用王朝卿士身份开疆拓土，歼灭弱小。郑武公先后灭掉郐、虢等十个国邑，掠取虎牢关以东大片原本王畿的土地，在稠密的中原诸国间开辟出生存之地，实现了郑的东迁，并乘机灭胡国，侵占其土地，打通向外扩张的通道，完成了从畿内采邑向列土诸侯身份的转变，为郑国的繁盛和后世子孙创下了不朽业绩。再次，郑国疆域在今河南省中部一带，大约包括今郑州市区及周围县市，南到许昌北部，西南至平顶山一部分，对东迁后周王室的都城洛邑形成半包围之势，扼守诸侯国与周王室联系的东西交通要冲，东方诸侯国如宋、齐、鲁、蔡、陈、杞等，与京城的道路都要经过郑地，这在郑国国力强盛之时无疑是其称霸的一个地利条件。最后，郑的第三任国君郑庄公是极具才能的人物，继君位后平定国内叛乱，对外制定了得当的远交近攻的外交策略：联合东方大国齐，结成牢固同盟；争取鲁、陈等国，达到瓦解敌对的宋、卫、鲁、陈同盟之目的。郑庄公继续兼任王朝卿士，掌握军队，经常集结周王室、郑国及其他诸侯之军讨伐不庭诸侯，开启了诸侯征伐的先例。

诸侯的强大必定会影响、挑战周王的权威。周平王任命虢国国君担任王朝卿士试图分割郑庄公卿士之权，压制其嚣张气焰。郑庄公对此表现出极大的不满，质问周平王，周平王畏惧，矢口否认，为了表明友好，周、郑交质，矛盾暂得平息。周桓王继位后，终得分卿权于虢公，郑庄公恼怒，以"取温之麦""取成周之禾"回敬周王室，周、郑矛盾逐步升级，最终于鲁桓公五年（周桓王十三年，公元前707年）爆发战争。周王集结蔡、卫、陈等国军队讨伐郑国，郑国势力正盛，双方战于繻葛，周桓王中箭战败负伤，随同被射落的还有王室的尊严。繻葛之战是郑国军事力量的显现，郑国强盛达到顶峰。战后其他诸侯国都惧怕郑国，争相与郑交好。于是郑国挟持周室，会盟诸侯，败北戎，救齐国，郑庄公率先成为春秋初期的小霸主，有代周王执天下之势。

二、郑国的衰落

郑国的强盛是短暂的，郑庄公死后，郑国迅速陨落，笔者分析其有如下原因。

第一，郑庄公死后诸子争位，成为郑国骤衰的直接原因。公子忽、公子突均具才能而争夺君位，掌权的异姓卿大夫起到了推波助澜的作用。如果说公族对君位有觊觎之心，那么异姓卿族对君位则无责任之心。庄公时期的公子段拥强势试图谋位而被铲平，从此庄公放心任用异姓卿大夫，导致异卿掌握大权。在拥立新君问题上，异姓卿大夫完全暴露了私心，为自己利益随意废立。祭仲废昭公立厉公，又废厉公迎昭公；高渠弥则杀昭公，又伙同祭仲立子亹，立郑子婴。郑国陷入君位频替的动荡中，最后厉公复位，局势才得到控制，但此时四面大国先后崛起，郑国小霸局面已经不再。

第二，郑国的地理位置框定了郑国，使其难有大的作为。郑国地处中原腹地，四周诸侯国密布。西邻周王室，使其不可能向西发展，其他几面则邻宋、鲁、卫、曹、陈、蔡、许等，郑国东迁之时，借助王室兵力灭掉了郐、虢等十个势力薄弱的小国，打拼出面积并不算小的立国之地，但对周围与其实力、面积相当的国家（如卫、鲁、宋等），郑并不具有撼动之力，即使在一代枭雄郑庄公时期，也只是暂时灭掉小国许（后其趁郑国内乱又复国）。同时，郑与周围诸多国家同为周王朝分封的华夏诸侯国，血缘上有天然的亲近，理念上又同样秉承华夏文化灭国不绝祀的传统。因此，虽然矛盾有加，但郑国也只是征伐令其臣服而没有灭国之念，并不能像楚国那样怀有虎狼之心，吞并而使其成为楚国之县。反观成为春秋霸主的国家，如齐、晋、楚、秦等，则占据得天独厚的地理位置，其对背后夷、狄、戎、蛮的歼灭似乎没有这样的心理负担，因而极力扩展，使得疆土广阔。司马迁总结说，"晋阻三河，齐负东海，楚介江淮，秦因雍州之固，四海迭兴，更为伯主"[①]，确实如此。

第三，郑国实力所限，不具有与大国争衡的能力。郑国疆土不大，属于中等国家，之所以能在春秋初年小霸诸侯，主要凭借的是其与周王室的近亲关系。周王朝当时余威尚在，各诸侯国都敬其三分，再加上郑国三代国君俱任周王朝卿士，朝廷大员在诸侯中自然高出一等。于是，郑国在精明卓越的郑之三公领导下雄极一时。但郑国强盛的因素是不长久的，随着周、郑关系的恶化，郑庄公去世，诸子争位，郑国元气大伤，因国小力弱，难以再度迅速恢复。春秋时期，其他国家也有公子争位现象发生，如晋国、齐国、楚国等，它们也一度中衰，但只要经过改革和重新调整，便又能积聚强大的力量。因此，一个国家若要称霸长久，必须要有广阔的国土、发达的经济，春秋霸主莫不如此。

三、郑国的政治、经济和法律

郑国在政治、经济、法律、军事制度等方面在春秋时期具有一定的先进

[①] 司马迁撰：《史记·十二诸侯年表序》，中华书局，1959年，第509页。

性和代表性。春秋中后期，子产进行作封洫（确定土地所有权）、作丘赋（征收军赋）、铸刑书等方面的改革，具有时代前沿性，郑国出现了我国第一部成文法，打破了以前法律由少数人掌有、秘不示人的惯例。之后，郑国的邓析又编著了解释法律条文的"私造刑法"《竹刑》，兴起私人辩护。郑国在法制方面走在诸国前列，无疑对法家的产生有一定的激发作用，是古代法制思想的起源，对当时及后代都具有重大影响。郑国较早越诸侯之制建立了三军，成为当时的军事强国，因而才能屡次召集王室及他国的军队讨伐不王之国。纵观春秋时代，郑国军事力量始终不弱，率先打败周王率领的联军，即使对抗大国如齐、晋、楚等，有时也能取得胜利，更不用说陈、许等小国。也正因为郑国有较强的军事力量，其在对外交往中（大国除外）才较多地诉诸武力。子产曾认为"小国无文德而有武功，祸莫大焉"，郑国的较早灭亡与此有一定关系。

郑初立时就与商人订立盟约，为商业发展提供便利条件，给商人以较高的社会地位，这是前所未有之事，故郑国商人以高涨的热情参与国家事务，如著名的商人弦高智退秦兵、郑商救荀婴、子产辞韩起强买郑商玉环等，都显露出郑国商人对国家利益的关注、郑国商业与国家事务的密切关系。郑国商业的繁荣促进了国家经济的发展，郑国身为小国却在春秋初年成为强国，与商业发达创造的财富有很大关系，也为其他诸侯国发展商业树立了榜样。

四、郑国的文化

郑国创造了灿烂的物质文明。郑国位于中原腹地，气候温暖，交通便利，为各行业的发展提供了适宜的条件。郑国承继了中原地区古老相传的农业、手工业技术，拥有发达的农业和手工业，生产的农产品与手工产品享誉诸侯。从郑国出土的精美青铜器可见一斑，且不说闻名世界的青铜莲鹤方壶、青铜蟠龙方壶、龙纹罍等，郑国祭祀遗址中还出土有众多青铜礼器和编钟等，其中在郑国中行祭祀遗址中一次就出土编钟206件。郑国青铜编钟多一钟双音，调音准确，音色优美，代表了春秋时期音乐的最高水平，在我国音乐史上占有重要地位。郑国物质文明还体现在其新郑都城的营建上，其构造布局兼具传统与创新：都城选高地依水而建，城市形状随地形而变，有效地利用河流和地势加强防御与运输，与传统的筑城设计规整的礼制不符；都城采用西城（内城）与东城（廓城）的"双城制"结构，是对古老内城与廓城并列传统的继承与发展，而宫城与宫殿区集中于西城西北部,则是对宫城位于内城正中格局的突破;西城毫无疑义是郑国的政治中心,东城则是手工业、商业等的集聚地,但宗庙、社稷等祭祀遗址也有分布于东城,正合了传统的"左祖右社"布局;这样,两城合为一体又分区明晰,功能齐全,在中国古代都城建筑史上具有标杆作用。郑国都城不仅是全国的政治、经济、文化中心,也是商贸往来重地,是春秋时期著名的大都市。

郑国创造了卓越的精神财富。郑国虽然于中原立国较晚,但终春秋之世,郑国始终是占据重要地位的诸侯国,其独特的地理位置使其成为文化荟萃之地,发达的文化基因使郑国文化蓬勃发展,在中原诸侯国中具有代表性。第一,郑国的思想文化具有时代特色。郑国同其他国家一样源自周天子的封建,但比其他诸侯国与周王室的血缘关系更近,因而思想上不免是守旧的。例如,在对周礼、周德的态度上,郑国同鲁国一样是坚决的守护者,但在春秋纷争的乱世,周礼已成为前进的羁绊,周德也成为虚伪的表象。郑国强盛时期不免会有越礼不德的行为,但归根结底,郑国与周王室存在着剪不断理还乱的关系。总的来看,郑国还是遵礼守德的国家,尤其是其衰弱以后,突出表现在子产执政时期,往往以周礼为依据,以周德为准绳,在外交上屡屡挫败敌人,取得胜利。子产把礼的内涵进一步扩大和理性化,子产曰:"夫礼,天之经也,地之义也,民之行也。"子大叔也说:"礼,上下之纪,天地之经纬也,民之所以生也。"于天地自然中寻找礼的根据,而不是照抄原来的礼,具有时代进步意义。子产执政中表现有民主仁政思想——对民众议政的乡校不予毁坏,对虚无的鬼神产生怀疑,注重实际的人本感受。这些都表现了春秋时期人性的觉醒,更注重个体思想意识的表达,是我国古代民主政治、人本思想的典范,是春秋时期时代精神的反映。郑国是道家思想的重要发展之地。郑国的列子是道家重要人物,也是著名的思想家、文学家,他创立了先秦哲学的贵虚学派。列子是上承老子、下启庄子的道家重要传承人,以道来解释世间万物,发展了道家的宇宙观、人生观,其学说与庄子近似,且发展了道家学说,在中国文学史和思想史上占有重要地位。第二,郑国的文学极具成就。以《诗经》中的《郑风》为代表,共二十一首,占十五国风中的八分之一,是地方诗歌中收录最多的,表现了郑地人们的生活情况和爱情观念。《郑风》中爱情诗有十六首,大多开放、大胆、泼辣,所以后世认为是淫诗,如朱熹认为"郑诗二十有一,而淫奔之诗已不翅七之五"。实际上,编撰《诗经》的孔子并不这样认为,孔子选诗的标准是"思无邪",诗歌要起教化作用,故所选篇章都是符合礼制的、正派的、没有邪念的。之所以认为其"淫",一是孔子曾说"郑声淫",认为郑地的通俗音乐是淫声,音与诗相连,故诗也为淫;二是郑国是商业发达的国家,民风开放,诗歌中感情的坦露更为大胆热烈,以朱熹为代表的后世儒家以自己所处时代的道德标准去衡量先秦时期的爱情观,早已斗转星移,不可同日而语,认知偏差也在情理之中。第三,郑国的音乐极具特色。郑国迁于中原后形成的音乐以反映朴素的民间情调,抒发人的自然感情为主,和传统以表达礼制为主的雅乐有明显不同,因其更贴近人们的生活与情感,也更易被人们接受。其对西周以来雅乐一统的局面造成冲击,这在正统的人们看来是大逆不道的行为,因此,孔子认为"郑声淫,佞人殆""郑声之乱雅乐",要"放郑声,远佞人"。实际上,郑声正是反映了时代的精神风貌,春秋以来,随着礼制的破坏、人性的觉醒,新音乐(新声、新乐)蓬勃兴起并在各国漫延,只不过郑国音乐更美妙动听,演奏技巧更高,代表了这一时代的最高水平。如果真要说其有"淫"意,则应是后来的演变,当它成为商品作为追逐利益的手段,和女乐结合进入社会上层,成为求富荣的阶梯时,从形式至内容无不用其极,其声色作用明显是"淫"的,但此时与原本的郑声已相去很远。

五、郑国的灭亡

郑国的灭亡是历史的必然,四周强国对其早有占据之心,只是春秋时期礼制尚未完全泯灭而碍于情面。春秋中后期,子产的改革虽然使郑国出现中兴之势,但改革不是自上而下的彻底变革,即便与齐、晋两国的改革相比也有很大的局限性和妥协性,往往从维护旧贵族利益出发,采用折中的办法来推进,其不彻底性决定了郑国不可能完成向封建制的过渡。战国时期,随着兼并战争的日益激烈,郑国再也逃不过灭亡的命运。

春秋时期那个跌宕起伏的年代距今已两千多年,今天,当我们重温那段历史时仿佛仍能看到曾经中原大地上的滚滚尘烟。郑国作为春秋时期中原诸侯国之一,虽然雄极一时却迅速陨落,但其挑战周王、开启时代之先的勇气将永载史册,其创造的物质文明及精神财富,是古老华夏文明的代表,对当时及后代都产生了深远且重要的影响。

第一章 郑国的建立与发展

周政权建立后,实行分封制,对亲属子弟分封建国以藩屏周室,文王至成、康时代分封基本完成。周宣王将其弟友封于郑,郑国初始为王畿内采邑性质,但因郑桓公友任周王室司徒,郑的地位在西周晚年举足轻重。郑桓公的智谋远见为郑的长远发展制定了蓝图。桓公助力周王室,讨伐戎狄,为周王朝死难。继位的郑武公护佑周平王东迁,成为周王室的辅助功臣。郑桓公、郑武公是两周之际的重量级人物,也正因如此,郑国才在中原密集的诸侯国中觅得一席之地。郑武公凭借其雄才大略使郑得以东迁并发展壮大。郑国桓公、武公时期是郑国的建立发展期,他们的丰功伟绩为郑国的强盛及率先于中原建立霸业打下了基础。

第一节 桓公友受封

郑桓公受封于西周晚期。《史记·郑世家》:"宣王立二十二年,友初封于郑。"郑国成为周代分封较晚的一个王畿性质的采邑。郑桓公受封虽晚,但与周王亲近的血缘关系及王朝卿士的身份,使其在西周末年的政治舞台上扮演着重要角色。

一、郑桓公受封背景

西周末年,周王朝政治腐败,社会矛盾日渐显现,国力渐弱,对诸侯国的控制力不从心，此时北部戎狄部族势力日渐强大，时常骚扰边境，周朝忙于应付战争而不得安宁。至周厉王时期，形势更加严峻，厉王暴虐侈傲，任用奸佞小人为卿士，与民争利，对山川林泽实行独占，不允许国人自由进行生产活动，以致怨声四起。厉王不但不觉醒，反而实行高压统治，对国人进行监视，人们敢怒而不敢言，只能"道路以目"，终于不堪压迫，发动暴动把厉王赶至彘（今山西省霍州市东北）。周公、召公共同辅助厉王之子静（又作靖）继位，"周定公、召穆公立太子靖为王"①，史称周宣王。

（一）宣王中兴

周宣王整顿内政，任用贤良，效法先王，实行"不藉千亩"②和"料民"政策，发展社会生产，缓和社会矛盾，使衰微的周王朝又有兴盛之势，被后世史学家称为西周王权的最后一次振兴。"诸侯释位，以间王政。宣王有志，而后效官。"③《史记·周本纪》："宣王即位，二相辅之，修政，法文、武、成、康之遗风，诸侯复宗周。"④

周宣王对威胁王朝安全的周边民族部落，采取积极的应对策略，修战车，广储备，兼用一系列的军事外交手段，在周边地区重振王室声威。对西戎，"及宣王立四年，使秦仲伐戎，为戎所杀，王乃召秦仲子庄公，与兵七千人，伐戎破之"⑤，遏制了西戎的力量。对西北的玁狁，宣王五年（公元前823年）亲

---

① 沈约注：《竹书纪年注》2卷，四部丛刊景明天一阁本，第23页。
② 《国语·周语》："宣王即位，不藉千亩。"韦昭注："藉，借也。借民力以为之。天子田千亩，诸侯百亩，自厉王之流，藉田礼废，宣王即位，不复遵古。""不藉千亩"，长期以来学界多有争议：多数人认为是周宣王"改力役地租为物品地租"的改革措施（范文澜主编：《中国通史》第1册，人民出版社，1978年，第96页）。也有人认为是"井田制开始在王畿内崩溃的标志，它预示着奴隶制危机已经到来"（郭沫若主编：《中国史稿》第1册，人民出版社，1976年，第288页）。还有人认为藉田为一种礼节，"藉字本义是耕……'不藉千亩'只能解为在藉田中不举行藉礼，并无其他意义"（赵光贤：《从周代租税制度说到宣王"不藉千亩"——兼与李西兴同志商榷》，《中国经济史研究》1991年第3期，第141-147页）。近年来，随着清华简的整理，《系年》有涉及"不藉千亩"的记载："昔周武王监观商王之不恭上帝，禋祀不寅，乃作帝籍，以登祀上帝天神，名之曰千亩，以克反商邑，敷政天下。至于厉王，厉王大虐于周，卿（士）、诸正、万民弗刃（忍）于厥心，乃归厉王于彘，共伯和立。十又四年，厉王生宣王，宣王即位，共伯和归于宋（宗）。宣王是始弃帝籍弗畋（田），立卅又九年，戎乃大败周师于千亩。"（清华大学出土文献研究与保护中心编，李学勤主编：《清华大学藏战国竹简（二）》，中西书局，2011年，第136页）有人认为此意为周宣王废帝籍，不再在藉田上举行藉礼，还废弃藉田，任其荒芜（雷晓鹏：《清华简〈系年〉与周宣王"不藉千亩"新研》，《中国农史》2014年第4期，第56-63页）。本书认为宣王的"不藉千亩"应与"料民"之策同时进行，古"畋"同"佃"，意为租种土地，"弃帝藉弗畋"，应废弃先帝之藉田租人耕种的方法，而以人数为计来征租税。
③ 《十三经注疏》整理委员会整理，李学勤主编：《春秋左传正义》，十三经注疏标点本，北京大学出版社，1999年，第1473页。
④ 司马迁撰：《史记·周本纪》，中华书局，1959年，第144页。
⑤ 范晔撰，李贤等注：《后汉书·西羌传》，中华书局，1965年，第2871页。

征,兮甲盘铭文有载,宣王亲率军讨伐,名兮甲的武将随从,兮甲"折首执讯",受到奖赏。《诗经》中有赞颂宣王的诗歌。《六月》:"薄伐玁狁,至于大原;文武吉甫,万邦为宪。"《出车》:"执讯获丑,薄言还归。赫赫南仲,玁狁于夷。"《采芑》:"蠢尔蛮荆,大邦为仇!方叔元老,克壮其犹。方叔率止,执讯获丑。"《江汉》《常武》中也有歌咏征伐淮夷、徐方(淮夷的一支)的事情,其中《常武》歌颂了宣王令太师南仲与皇父统率军队出征徐方,南仲在驹父盨盖铭文中被提及,表明了《诗经》所记的真实性。西周金文中也记有宣王时期与淮夷的关系。师寰簋簋内铭文记载了宣王时期周对南淮夷的一次大规模战争,齐、纪、莱等诸侯国都派军队协王师作战①;驹父盨盖铭文载宣王十八年(公元前810年)驹父奉南仲之命经蔡国去南淮夷地区征收贡赋的情况②;文盨铭文则载宣王二十三年(公元前805年)南方部族开始筹备第二年集体朝见周王的事宜③。经过宣王二十多年的经营,周王朝边境趋于稳定。

宣王平定四周,安定人民,发展生产,和域内诸侯国的关系也得到改善。宣王在成周(今河南省洛阳市)大会诸侯,举行盛大集会及游猎活动;效仿武王、成王,对重臣分封土地,以屏周王室的外患,如把秦祖先大骆的封地犬丘及其他一部分土地重新封于秦仲子孙,并任命秦庄公为"西垂大夫",《诗经·大雅·烝民》:"王命仲山甫,城彼东方。"仲山甫为周宣王卿士,曾数次谏阻宣王,故封于樊(今陕西省西安市长安区东)以抵挡西部及北部戎狄的侵扰;封母舅姜姓家族于申,以屏障淮夷;宣王于二十二年(公元前806年)分封其弟友于郑,郑由此建立,此时为宣王鼎盛时期。

(二)西周王朝持续衰微

周宣王早期的对外战争取得了一定的胜利,转移了国内矛盾,增加了赋税,经济出现了复苏。宣王渐渐变得骄横起来,"乐色而忘德",最过分的表现是干预鲁国君位的继承,并在宣王三十二年(公元前796年)出兵伐鲁,强立鲁孝公。宣王攻杀同姓诸侯,使得他威望大降,"诸侯从是而不睦",是为宣王统治由盛至衰的转折点。可以说宣王短暂的中兴并没有从根本上化解周朝王权衰落的趋势。

---

① 师寰簋铭文:"王若曰:'师寰,咸淮夷繇我帛贿臣,今敢搏厥众,遏反工吏,弗迹东国。今余肇命女率齐师、纪釐、莱棘、尼、左右虎臣征淮夷。'即睿厥邦兽曰冉曰铃曰达。师寰虔不彖肆夜,恤厥墙事。休既又工,首执兹无谖其。徒驭欧俘士女羊牛,俘吉金。今余弗遐组,余用作朕后男腊尊簋。其万年孙孙子子永宝用享。"(马承源主编:《商周青铜器铭文选》,文物出版社,1988年,第307页。)
② 黄盛璋:《驹父盨盖铭文研究》,《考古与文物》1983年第4期,第52-56页。
③ 李学勤:《文盨与周宣王中兴》,《文博》2008年第2期,第4-5页。

宣王对外频繁的战争加重了人民的负担，虽取得一些胜利但并不彻底，宣王后期则以失败居多。"后二十七年，王遣兵伐太原戎，不克。后五年，王伐条戎、奔戎，王师败绩。"①《国语·周语》："（宣王）三十九年，战于千亩，王师败绩于姜氏之戎。"《诗经·大雅·召旻》有"今也日蹙国百里"，以"刺幽王大坏也"（《毛诗》序语）。可以想见宣王时期的戎狄已很强大，成为周室大患。至周幽王时，危机更为严重，"戎狄畔之"，幽王派人讨伐。《后汉书·西羌传》引《竹书纪年》："后十年，幽王命伯士伐六济之戎，军败，伯士死焉。"②"戎围犬丘，世父击之，为戎人所虏。岁余，复归世父。"③周王朝军队羸弱，已无力抵抗戎人的进攻，使得国内诸侯离散。

因此，宣王中兴并不能扭转西周王朝的衰势，只能说是王朝没落的一缕回光返照，晚年的失策，又把中兴的形势消耗殆尽，西周王朝已走到崩溃的边缘。

二、郑桓公其人

关于郑桓公，《史记》《汉书》《说文·邑部》均载为"友"，古本《竹书纪年》、今本《竹书纪年》中载为"多父"。清雷学淇考证后认为："友"与"多父"为古文字相似，"友"为𠂇又，"多父"为𠂇又，因此"多父"讹传为"友"。

宣王时期的分封和武王、成王时期一样有强烈的目的性。如分封其母舅家族姜姓于谢地（今河南省南阳市一带），是因为它南临荆楚，西接犬戎，是西周边境不安定的地区，母族能诚心屏周，那么分封其弟友于郑地，同样也有重要的考虑。

周初开始封邦建国，至西周末年扩疆启土已经很不容易，分封诸侯难以再有空余的土地。然而周宣王爱弟心切，仍然依照周代分封制，封其弟友于都城附近的棫林（今陕西省华县东），封号郑伯。④古史籍如《春秋》《左传》中皆称郑国国君为"伯"，春秋时期金文中也显示郑国称"伯"。公、伯为西周时期分封爵位的称呼。公，指周之畿内诸侯周公、召公，周室尊亲及与王关系较

---

① 范晔撰，李贤等注：《后汉书·西羌传》，中华书局，1965年，第2871页。
② 范晔撰，李贤等注：《后汉书·西羌传》，中华书局，1965年，第2872页。
③ 司马迁撰：《史记·秦本纪》，中华书局，1959年，第179页。
④ 刘瑛认为两周时期公为王之卿士，伯则为畿内及其附近的若干小国之君。刘瑛：《郑称国考》，北京大学中国古文献研究中心编：《北京大学中国古文献研究中心集刊》第十三辑，北京大学出版社，2014年，第142-151页。

密者。西周分封的东部地区封国习惯上称为"侯"。伯,指畿内及畿外小国之君,郑是畿内小国,故称郑伯①。

关于"友"的身份,一种观点认为他是周厉王之子,见于《世本》《左传》《国语》《史记》《汉书》等史载。

(一)《世本》中一处记载

《世本》:"周宣王二十二年,封庶弟友于郑。"

(二)《左传》中三处记载

(1)僖公二十四年(公元前636年):"郑有平、惠之勋,又有厉、宣之亲。"杜预注:"郑始封之祖桓公友,周厉王之子,宣王之母弟。"②

(2)文公二年(公元前625年):"宋祖帝乙,郑祖厉王,犹上祖也。"杜预注:"帝乙,微子父。厉王,郑桓公父。"杨伯峻注:"宋以帝乙为祖,郑以厉王为祖。帝乙,微子父。厉王,郑桓公父。宋始封于微子,郑始封于桓公,然而合食之时,微子犹不能先于帝乙,桓公犹不能先于厉王。始封之君,犹且尊尚其父祖,故云'犹上祖也'。"③

(3)宣公十二年(公元前597年):楚攻郑,郑襄公肉袒牵羊以逆,曰:"孤不天,不能事君,使君怀怒以及敝邑,孤之罪也,敢不唯命是听?其俘诸江南,以实海滨,亦唯命;其翦以赐诸侯,使臣妾之,亦唯命;若惠顾前好,徼福于厉、宣、桓、武,不泯其社稷,使改事君,夷于九县,君之惠也。"杜预注:"周厉王、宣王,郑之所自出也。郑桓公、武公,始封之贤君也。愿楚要福于此四君,使社稷不灭。泯,犹灭也。厉、宣,郑桓公友,周厉王之子,宣王之母弟。桓、武,郑武公名滑突,桓公之子也。"孔颖达正义曰:"郑桓公是周厉王之子,宣王母弟,又宣王封之,故僖二十四年及此皆厉、宣并言之。"④杨伯峻注:"郑桓公为厉王之子,郑之所自出;然郑桓公之被封在宣王时,则宣王为郑之所自封。"⑤竹添光鸿于《左氏会笺》中云:"徼福者,为我求福也。郑桓公友者,厉王之子,宣王之弟也。宣王二十二年,桓公封于旧郑。子武公东徙新郑,杜以宣为所自出,稍未检。尝云:'厉王,郑之所自出。宣王,郑

---

① 童书业:《春秋左传研究》,上海人民出版社,1980年,第164页。
② 杨伯峻编著:《春秋左传注》,中华书局,1990年,第424页。
③ 杨伯峻编著:《春秋左传注》,中华书局,1990年,第524页。
④ 《十三经注疏》整理委员会整理,李学勤主编:《春秋左传正义》,十三经注疏标点本,北京大学出版社,1999年,第634页。
⑤ 杨伯峻编著:《春秋左传注》,中华书局,1990年,第719-720页。

之所自封'也。"① 即认为厉王为桓公之父，但桓公封国却始于宣王。

（三）《史记》中三处记载

（1）《晋世家》载郑叔詹谏君曰："晋公子贤，而其从者皆国相。且又同姓，郑之出，自厉王，而晋之出，自武王。"

（2）《郑世家》："郑桓公友者，周厉王少子，而宣王庶弟也。"

（3）《十二诸侯年表》："郑桓公友元年，始封。周宣王母弟。"

（四）《国语》中两处记载

（1）《周语》："郑出自宣王。"韦昭注："郑桓公友，宣王之母弟。出者，郑国之封出于宣王之世也。"②

（2）《郑语》："桓公为司徒。"韦昭注："郑始封之君，周厉王之少子，宣王之弟桓公友也。宣王封之于郑，幽王八年为司徒。"③

（五）《汉书》中一处记载

《地理志》："周宣王弟友为周司徒，食采于宗周畿内，是为郑。"④

《左传》《国语》中没有明确郑桓公的身份，《世本》《史记》则明确载郑桓公为厉王之子，周宣王之弟，但记有"母弟"及"庶弟"之别。《史记·郑世家》中为"庶弟"，学者多认为有误，如梁玉绳《史记志疑》："'庶弟'误，当依《年表》作'母弟'。《汉·地理志》亦作'母弟'，郑《诗谱》从之是也。《诗·疏》曰'《世家》、《年表》同出马迁，而自乖异。《纪年》称桓公为王子多父，盖其字'。"⑤ 韩兆琦也认为"桓公是周宣王之母弟，不是庶弟"⑥。日本学者泷川龟太郎于《史记会注考证》中也说："愚按《左传》云：'郑有厉、宣之亲'，以厉王之子而兼云宣王，桓公明是宣王母弟，此云庶弟，传写之误。"

另一种观点认为郑桓公为周宣王之子，主要以清人雷学淇为代表，以古、今《竹书纪年》为本，作桓公为宣王子，他在《竹书纪年义证》中考证曰：

> 王子多父者，宣王之子郑桓公友。……《春秋》僖公二十四年《左传》曰："郑有厉宣之亲。"此以桓公之祖、父为言，犹书命晋侯

---

① 竹添光鸿：《左氏会笺》，巴蜀书社，2008年，第880页。
② 上海师范大学古籍整理组校点：《国语》，上海古籍出版社，1978年，第50-52页。
③ 上海师范大学古籍整理组校点：《国语》，上海古籍出版社，1978年，第507-508页。
④ 班固撰：《汉书·地理志》，中华书局，1962年，第1651页。
⑤ 梁玉绳撰：《史记志疑》，中华书局，1981年，第1035页。
⑥ 韩兆琦译注：《史记》，中华书局，2007年，第3280页。

称文、武也。《国语》曰:"郑出自宣王",《纪(年)》曰:"周宣王子多父伐郐,克之。"是其也。汉、晋以后,皆以郑桓公为宣王弟,或云庶弟,或云母弟,并误。《吕览·适威》曰:"厉王,天子也。有雠而众,故流于彘,祸及子孙。微召公虎而绝无后嗣。"此即谓召公以其子代宣王事也。推言之,则厉王之子,止宣王一人可知。

他又在《介庵经说》中对桓公身份作了进一步详细的考证:

> 两汉以后,言郑系者,皆以桓公为宣王弟。《左传》曰:"郑祖厉王";又曰:"郑有厉、宣之亲。"《国语》曰:"郑出自宣王",《竹书》曰:"周宣王子多父伐郐,克之。乃居郑父之丘,名之曰郑,是为桓公。"是二说者,迥不同。考《竹书》,厉王生于孝王七年。即位时,年甫十五。即位十二年,奔彘,国人围王宫,执召公之子杀之。时年二十五。明年,共伯和摄行王事。摄之十四年,而厉王崩。明年,宣王即位。《左传》曰:"至于厉王,王心戾虐,万民弗忍,居王于彘。诸侯释位,以间王政。宣王有志,而后效官。"《国语》曰:"彘之乱,宣王在召公之宫,国人围之。召公以其子代宣王。宣王长而立之。"《吕览》曰:"厉王,天子也,有雠而众,故流于彘,祸及子孙,微召公虎而绝无后嗣。"此与古传之说悉合。盖宣王即位时,年甫十六。围王宫时甫二岁,故召公以其子代而国人不识也。厉王只生一子,故《吕览》曰:"微召公虎而绝无后嗣。"以此推之,则郑桓公非厉王之子甚明。①

雷学淇之说得到了一些人的认同,如陈槃《春秋大事表列国爵姓及存灭表撰异》下二"郑国"条中认为:

(1)《左传》文公二年(公元前671年)的"宋祖帝乙,郑祖厉王"之说,并不能作为桓公是厉王之子的证据。理由是《左传》的话出自后世,并不可靠。

(2)《左传》宣公十二年(公元前597年)郑人欲"徼福于厉、宣、桓、武"之说,是"祀王父"之礼,王父即祖父。

(3)《史记·晋世家》"郑之出自厉王,而晋之出自武王"是司马迁拼凑《国语》而言,凭空添加。②

---

① 雷学淇:《竹书纪年义证》卷二十六《宣王纪》下"二十二年,王锡王子多父命居洛"条,《介庵经说》卷七《郑系考》,转引自张以仁:《春秋史论集》,联经出版事业公司,1990年,第372页。
② 陈槃:《春秋大事表列国爵姓及存灭表撰异》下二"郑国"条,上海古籍出版社,2009年,第74页。

但大多数学者还是认可古史记载之说,张以仁先生论证得最为详细彻底,他于《春秋史论集》中说:"雷学淇误解《国语·周语》中'郑出自宣王'之'出'为所生,而不理会韦昭旧解。又强改《竹书纪年》'同惠王'为'周宣王'。又悬想《吕览·适威》篇'厉王,天子也。……征召公而绝无后嗣'之意,卒证郑桓公为宣王之子,而否定厉王之子的旧说,置《左传》、《世本》、《史记》等若干重要资料于不顾。"① 后又辟专章对郑桓公为厉王之子进行了详细全面的论证,主要总结为:

《左传》僖公二十四年传"郑有平、惠之勋,又有厉、宣之亲",正是因为桓公为厉王之子,而得国却出其兄宣王之故。

《左传》文公二年传"宋祖帝乙,郑祖厉王",帝乙是宋祖微子之父,厉王是郑祖桓公之父,比对可明。新说可议者:一则君子言辞,并非后人窜附。二则诸侯庙祀所出之王,《左传》多有其事。鲁、卫之祖文王,与郑祖厉王,其例极为相似。三则从该文主题与结构上看,纯持"齐圣"一义,实有无法解释之苦。

《左传》宣王十二年"徽福于厉、宣、桓、武",可证厉为桓公之父,宣为封桓之君,故厉、宣并称。新说可议者,一则"徽福"之例,与祀祖无关。二则其例颇有与此类似而足以证成旧说者。

《国语》"郑出自宣王"之说,仍以韦《解》"郑国之封出于宣王之世"为是。"出自母体"引申为"出自母国"词义的扩大。

《竹书纪年》资料,古、今本皆有讹夺,或作"同惠王",或作"同王",后人改为"周厉王"或"周宣王",皆出自臆测,并无实证。然刘知幾《史通》所见者则作"周厉王",厉之与惠,中间部分相同,因而致误。

《世本》"周宣王二十二年,封庶弟友于郑",可为明证。此项资料,雷、陈二家皆无驳辩。

《吕览·适威篇》绝嗣之说,显出该文作者臆想。以史证事,重在个人思想之表达,不计史实之真伪,先秦子书之写作态度,类多如此,不足为凭。

《史记·年表》及晋郑《世家》皆记此事,自有根据,应非凭空捏造者。

---

① 张以仁:《春秋史论集》序,联经出版事业公司,1990年,第ii页。

童书业先生也认同此观点，他说："郑的始封祖是周厉王的小儿子，名友，宣王时受封于郑，是为桓公。"①李峰先生认为：《左传·僖公二十四年》中说郑有厉王和宣王之亲，但这并不代表桓公便是宣王的儿子，因为兄弟也能够被视作为亲；《国语》中有一段说郑出自宣王，但这只不过意味着郑是由宣王建立的；今本《竹书纪年》云"二十二年，王锡王子多父命居洛"，故有些学者认为他必定是宣王的儿子。事实上有关幽王的一段记载同样指称桓公为"王子"，并且在《左传》中有大量证据说明，父亲死后他们的儿子仍常被称作王子②。文梦霞对此也有考证："厉王生于孝王七年，孝王在位九年，夷王在位八年，而厉王即位，即位时才十一岁左右，若在位十二年奔彘，则奔彘时不过二十三岁左右。若据《史记》推算厉王即位第三十七年奔彘，奔彘时也不过四十九岁左右，就算奔彘时为一人，无家室同行，然在彘时仍可能如晋文公流亡在外的情况，可另娶妻妾生育子女。"③

因此，结合以上论证，本书认同第一种观点：郑国的开国始祖郑桓公为周厉王之子，周宣王之弟。

周宣王时期，郑桓公友就在王朝任职，经常率领军队对外征战。幽王二年（公元前780年），曾率军"伐鄫，克之"。幽王八年（公元前774年），即受封的第三十三年，被任命为周王朝的司徒，此事见于史书记载。《史记·郑世家》："封三十三岁，百姓皆便爱之，幽王以为司徒。"④《国语·郑语》韦昭注桓公："幽王八年为司徒。"⑤今本《竹书纪年》："八年，王锡司徒郑伯多父命。"⑥司徒为周代的重要官职，早期金文中也作"司土"，主要掌管藉田、征役等。《国语·周语上》："王乃使司徒咸戒公卿、百吏、庶民。"韦昭注："司徒，主耕耨王之藉田者。"《周语中》又曰"司徒具徒"，韦昭注："具徒役，修道路之委积也。"《国语·周语》载："司徒协旅。"韦昭注："司徒掌合师旅之众。"⑦《周礼·地官·司徒》："惟王建国，辨方正位，体国经野，设官分职，以为民极。乃立地官司徒，使帅其属而掌邦教，以佐王安扰邦国。""大司徒之

---

① 童书业：《春秋史》，山东大学出版社，1987年，第108页。
② 李峰著，余峰译，汤惠生校：《西周的灭亡：中国早期国家的地理和政治危机》，上海古籍出版社，2007年，第278-279页。
③ 文梦霞：《春秋郑国建国史之探讨》，文史哲出版社，1991年，第92页。
④ 司马迁撰：《史记·郑世家》，中华书局，1959年，第1757页。
⑤ 上海师范大学古籍整理组校点：《国语》，上海古籍出版社，1978年，第508页。
⑥ 沈约注：《竹书纪年》，四部丛刊景明天一阁本，第25页。
⑦ 韦昭：《国语韦氏解》，四部丛刊景明金李刊本，第6、8、23页。

职，掌建邦之土地之图与其人民之数，以佐王安扰邦国。"①司徒的职能还有政教风化。《礼记·王制》："司徒修六礼以节民性，明七教以兴民德，齐八政以防淫，一道德以同俗，养耆老以致孝，恤孤独以逮不足，上贤以崇德，简不肖以绌恶。"②可见，周时司徒为地官之长，掌管土地、人民、师旅及教化等国之重事，与司马、司空并称为"三有司"，为六卿之一。桓公受命于周王朝幽王危难之时，司徒拥有很大权力，不仅管理内政，还要率军对外征战。公元前771年，犬戎攻陷镐京，郑桓公死难。

三、郑的性质

西周王朝进行分封时，实行两种分配制度：畿内封邑与畿外封国。"以畿外封诸侯，惟有畿内不封。"《说文》："畿，天子千里地。以逮近言之则曰畿也。"周时称"王畿"，指王城周围千里的地域，也称为国畿、邦畿，是周王统治的直辖区域。《周礼·夏官·职方氏》："乃辨九服之邦国，方千里曰王畿。"孙诒让正义："方千里曰王畿者，谓建王国也。《大司马》云国畿，《大行人》云邦畿，义并同。"③王畿之外主要分封给亲属、功臣，建立诸侯国，是相对独立的经济、政治实体，也即为周王朝统辖下的一个行政国家。畿外诸侯的主要职责是"藩屏周"，他们拥有军队，抵御外敌，统治诸侯国内的臣民，并按规定向周王定期缴纳贡物，一般不参与王朝内部事务。王畿之内主要授予在王朝任职的公卿大夫。《周礼·天官·大宰》郑玄注："都鄙，公卿大夫之采邑，王子弟所食邑，周、召、毛、聃、毕、原之属在畿内者。"④王畿内所封之公卿有时也称为寰内诸侯。《春秋穀梁传·定公四年》："寰内诸侯也，非列土诸侯。"范宁注："天子畿内大夫有采地者，谓之寰内诸侯，非列土之诸侯。"⑤封地称采邑，有时也称"国"。《诗经·王风·丘中有麻》："彼留子国"，惠周惕云："国者，采邑。"郑玄曰："桓公国在宗周畿内。"⑥郑桓公、秦庄公、虢公等受

---

① 《十三经注疏》整理委员会整理，李学勤主编：《周礼注疏》，十三经注疏标点本，北京大学出版社，1999年，第223、241页。
② 《十三经注疏》整理委员会整理，李学勤主编：《礼记正义》，十三经注疏标点本，北京大学出版社，1999年，第403页。
③ 孙诒让撰，王文锦、陈玉霞点校：《周礼正义》，中华书局，1987年，第2684页。
④ 《十三经注疏》整理委员会整理，李学勤主编：《周礼注疏》，十三经注疏标点本，北京大学出版社，1999年，第2928页。
⑤ 《十三经注疏》整理委员会整理，李学勤主编：《春秋穀梁传注疏》，十三经注疏标点本，北京大学出版社，1999年，第321页。
⑥ 《毛诗正义》引郑玄：《发墨守》，阮元校刻：《十三经注疏》，中华书局，1980年，第336页。

封时皆任职于周王朝，孙诒让正义："凡公卿大夫贵戚有功德，得世禄者，皆颁邑以为其禄，是谓采邑。"①《新斠注地理志》："周宣王母弟友为周司徒，食采于宗周畿内，是为郑。"②崔述曰："盖秦与郑、虢，其初皆王朝之卿士大夫，食采于畿内。"③孔颖达疏《左传·庄公十四年》云："桓公初封西郑，盖是畿内之国。"④唐李百药曾说："三代之法，天下五服之内，尽封诸侯，王畿千里之间，俱为采邑。"⑤显然，郑桓公是以宣王之弟的身份，兼有功于周王室而得以分封，封地郑的性质为采邑。

畿内采邑设有独立的官吏机构，但其主要是以官吏俸禄形式分封的，不是独立的经济体。《礼制·王制》曰："天子之县内诸侯，禄也。"周天子对采邑具有支配权，可以收回、改封或取缔。采邑诸侯在朝任职，不能参与朝聘会盟。《春秋穀梁传·隐公元年》："寰内诸侯，非有天子之命，不得出会诸侯，不正其外交，故弗与朝也。"⑥

周王朝无论对畿内还是畿外的分封，除授土地外，也授民。"授民"是封建诸侯时一个不可缺少的部分，因周时地广人稀，如果没有劳动力，土地就不能创造财富，因而授民的意义更加重大。大盂鼎铭文有："相先王，受民受疆土。"金文中"受"同"授"。克罍铭文记载，分封匽侯（今北京市）时，周王赏赐给六族人员⑦。封鲁侯时，鲁公伯禽除"因商奄之民"外，周王又另赐"殷民六族，条氏、徐氏、萧氏、索氏、长勺氏、尾勺氏，使帅其宗氏，辑其分族，将其类丑，以法则周公，用即命于周"⑧。分封卫时，则授"殷民七族：陶氏、施氏、繁氏、锜氏、樊氏、饥氏、终葵氏"⑨。"殷民六族""殷民七族"及"宗氏、分族、类丑"即是封地以外的臣民。分封郑国时，周天子畿内的居民已不多，所以就易外地居民而赐予郑伯。从郑伯很早就与商人订有盟约来

---

① 孙诒让撰，王文锦、陈玉霞点校：《周礼正义》，中华书局，1987年，第67页。
② 钱坫：《新斠注地理志》，清同治十三年刻本，第1页。
③ 崔述撰著：《丰镐考信录》，顾颉刚编订：《崔东壁遗书》，上海古籍出版社，1983年，第234页。
④ 《十三经注疏》整理委员会整理，李学勤主编：《春秋左传正义》，十三经注疏标点本，北京大学出版社，1999年，第252页。
⑤ 吴兢：《贞观政要·采邑》，四部丛刊景明天一阁本，第89页。
⑥ 《十三经注疏》整理委员会整理，李学勤主编：《春秋穀梁传注疏》，十三经注疏标点本，北京大学出版社，1999年，第7页。
⑦ 伊藤道治：《中国古代王朝の支配构造》，中央公论社，1987年，第98-195页。
⑧ 《十三经注疏》整理委员会整理，李学勤主编：《春秋左传正义》，十三经注疏标点本，北京大学出版社，1999年，第1545页。
⑨ 《十三经注疏》整理委员会整理，李学勤主编：《春秋左传正义》，十三经注疏标点本，北京大学出版社，1999年，第1548页。

看，郑伯分封时所授之民也应是殷民一族。

四、郑的地域

关于郑的封邑所在，历史上大多数学者认为是秦汉时的郑县，即今陕西省渭南市华州区。《史记·郑世家》索隐："郑，县名，属京兆。秦武公十一年'初县杜、郑'是也。"[①]《汉书·地理志》载京兆尹属郑县，"周宣王弟郑桓公邑"[②]，宋王应麟《通鉴地理通释》引《括地志》："郑故城在华州郑县西北三里，桓公友之邑。"郑，甲骨文中即有郑，奠，从邑，从阜，奠声，为严肃认真、郑重之意。《释名》释为："町也。其地多平，町町然也。"町町，平坦状，也即郑地位于渭河之南冲积平原上，地势平坦，故称为"郑"。

实际上"郑"之名在桓公受封之前早已有之。《竹书纪年》载周穆王元年（公元前976年）"筑只宫于南郑"。《左传·昭公十二年》："昔穆王欲肆其心，周行天下，将皆必有车辙马迹焉。祭公谋父作《祈招》之诗，以止王心。王是以获没于祇宫。"[③]《太平御览》引《纪年》："穆王所居郑宫、春宫。"[④]

西周早期金文中，郑，常见为周王的活动之地[⑤]。周伯启卣为周穆王时期的器物，铭文有"王在郑居"，"王"应为周穆王。李峰认为郑地是西周重要的"五邑"之一[⑥]，郑地在西周中期以前如此重要与周穆公对西方的野心有关，其部分行政职能，如地方治安或宗教等由中央政府直接委任官员进行管理，在西周地方行政是一个特殊层位[⑦]；另外还分封给贵族作为居址，如井氏，所以郑地故称为"郑井"[⑧]。金文显示，西周宣王以前的另一宗族郑氏也曾在此生活。矢王簋盖铭文显示，此簋是王为郑姜作的祭祀用器，郑姜为郑氏之女而嫁入矢国，年代为西周中期晚段，显然早于郑桓公的郑国。厉王时期寰盘铭文同样也

---

① 司马迁撰：《史记·郑世家》索引，中华书局，1959年，第1758页。
② 《十三经注疏》整理委员会整理，李学勤主编：《春秋左传正义》，十三经注疏标点本，北京大学出版社，1999年，第1307页。
③ 《十三经注疏》整理委员会整理，李学勤主编：《春秋左传正义》，十三经注疏标点本，北京大学出版社，1999年，第1548页。
④ 李昉：《太平御览》卷一百七十三，河北教育出版社，2000年，第654页。
⑤ 见于《大簋》（集成4165）、三年庚壶（集成9726）、免尊（集成6006）。大簋铭文："唯六月初吉丁巳，王才（在）奠（郑）……"三年庚壶铭文曰："隹（唯）三年九月丁丁（巳），王才（在）奠（郑），乡（飨）醴，乎（呼）虢弔（叔）召庚，易（赐）羔俎……"
⑥ 五邑为当时渭水平原上的五座重要城市：程、丰、镐、西郑、槐里。
⑦ 李锋：《西周金文中的郑地和郑国东迁》，《文物》2006年第9期，第70-78页。
⑧ 陈梦家：《西周铜器断代》，中华书局，2004年，第108-109页。

可证明，"用作朕皇考郑伯、郑姬宝盘"①，内容是其父郑伯为母郑姬而作的祭器，年代为二十八年，断定为宣王时期，而宣王二十二年，桓公才建郑国，显然不是同一个郑氏宗族；且据周代同姓不婚原则，郑伯不可能为姬姓，结合《矢王簋》铭文的郑姜则可断定，早期的郑氏应为姜姓，而不可能为桓公受封的一族。日本学者白川静说："金文及文献上早已有郑、郑伯、郑姬、郑人、郑田、南郑、西郑等之名。故郑之名乃当时已有而非桓公受封始有。"②

《左传·襄公十四年》载，在以晋国为首的东部诸侯联军对秦国的作战中，"济泾而次。秦人毒泾上流，师人多死。郑司马子蟜帅郑师以进，师皆从之，至于棫林，不获成焉"③。此事件还见于《史记》之《秦本纪》及《晋世家》。《秦本纪》："秦军走，晋兵追之，遂渡泾，至棫林而还。"④《晋世家》："十四年，晋使六卿率诸侯伐秦，渡泾，大败秦军至棫林而去。"⑤可见棫林位于泾河以西，今陕西凤翔雍水北，秦都城的雍城遗址（今陕西省凤翔县南）附近。此种说法得到了后世学者的认可，唐兰先生认为："西郑本在凤翔到扶风一带，郑桓公始封之郑，是在泾西的棫林。"⑥《汉书·地理志》"右扶风"条下载秦昭王建"棫林宫"，以地名作为宫殿之名，表明此地名还在使用。考古材料也有证明：秦都雍城遗址范围的马家庄附近出土有"棫阳""棫"字瓦当，说明棫林离郑较近，或者就是郑地的一部分。尚志儒就郑、棫林之地进行了考证，认为郑国初封地位于周畿腹地的西部棫林，其地望当以今凤翔县为主，包括汧阳、麟游县的一部分，西周初期姜姓井方在此建立奠井之国，穆王曾建都邑于此，称为西郑。宣王时，西方诸族强盛，经常侵扰，危及周畿腹地，而奠井之国也已衰落，故宣王封其弟友国于此地，都于棫林，为郑国。西周末年，桓公迁居新郑，此地即为戎族占有。周室东迁，秦襄公护送周平王于洛邑，因战功卓著，遂赐予秦，秦武公十一年（公元前687年），"初县杜、郑"。后经过近百年的努力，秦德公始迁都雍城，建大郑宫而居⑦。卢连成据秦都大郑宫的考古发现，认为郑最初在凤翔地区，临近渭河流域的西端，岐邑之西⑧。李

---

① 罗振玉编：《三代吉金文存》卷二七，中华书局，1983年，第18页。
② 白川静：《甲骨金文学论丛六·殷代雄族考》，油印本。
③ 《十三经注疏》整理委员会整理，李学勤主编：《春秋左传正义》，十三经注疏标点本，北京大学出版社，1999年，第920页。
④ 司马迁撰：《史记·秦本纪》，中华书局，1959年，第197页。
⑤ 司马迁撰：《史记·晋世家》，中华书局，1959年，第1683页。
⑥ 唐兰：《西周青铜器铭文分代史征》，中华书局，1986年，第409-410页。
⑦ 尚志儒：《郑、棫林之故地及其源流探讨》，陕西省考古研究所、中国古文字研究会、中华书局编辑部合编：《古文字研究》，第十三辑，中华书局，1986年，第447页。
⑧ 卢连成：《周都棫郑考》，《考古与文物》1983年第2期，第9-10页。

仲操与上述观点一致，均认为郑之地望在今凤翔县①。

从《世本》"桓公居棫林，徙拾"来看，郑桓公建国后曾迁于"拾"。"拾"经考证为今陕西省渭南市华州区拾城。《史记》："秦武公十一年县之。郑桓公友之故邑也。"《史记·郑世家》索隐引宋衷云："棫林与拾，皆旧地名，是封桓公乃名为郑耳。至秦之县郑，盖是郑武公东徙新郑之后，其旧郑乃是故都，故秦始县之。"②大多数学者认为郑为华县的来由，极可能是郑国东迁过程中曾暂时居于"拾"，即陕西省渭南市华州区境内，郑国东迁至新郑后，"拾"地因此改称为郑。因而《清一统志》中说："棫林宫在今扶风县东北。"唐兰先生认为棫林宫"在宝鸡附近。棫阳宫的名称，应与棫林有关。当时秦国都在雍，在今凤翔县南，宝鸡市陈仓区北，晋兵本想攻雍，而逗留在棫林，可证。……雍县故城在今凤翔县南，那么，西郑本在凤翔到扶风一带，郑桓公始封之郑，是在泾西棫林。后来才迁到京兆郑县，可能就是《世本》所说的'徙拾'。东周后又迁到新郑，到秦武公'县杜郑'时则是以郑桓公所迁之地为郑县，不是始居的棫林了。后人不知道西郑原在泾河之西，又不知京兆郑县不是郑桓公始封之地，而误以郑县（今陕西省渭南市华州区）当作棫林"③。

综上所述，郑地应是一个大的地理范围概念，郑桓公始封之地的棫林，原是西周穆王至厉王时期的重要都邑，周王多次在此执事。西周中期后，王朝渐衰，郑地逐渐失去了它的重要性，故西周晚期宣王时期，一方面由于郑地已不再如以前那样作为王室的重要活动地点，另一方面，由于西戎的强盛猖獗，经常侵扰周境，王朝难以应付，因而周宣王把郑地原属于王室的土地作为其弟友的新宗族基地，使之成为王都的西屏障。后来郑东迁时曾短暂迁徙于拾，秦汉时因故称为郑，实际上应为郑的一个迁徙之地。

第二节　郑的东迁

郑为周王朝实力衰退下分封郑桓公的一个采邑性质领地。面对周王朝的内忧外困，郑桓公不得不考虑领邑的生存及发展，因此瞅准时机，谋求突破重

---

① 李仲操：《谈西郑地望》，《文博》1998年第5期，第33-34页。
② 司马迁撰：《史记·郑世家》索引，中华书局，1959年，第1758页。
③ 转引自郑州市城市科学研究会、郑州市古都学会编：《古都郑州》（下卷），中州古籍出版社，2004年，第277页。

围发展壮大是郑面临的首要任务。在郑桓公及郑武公的精细谋划下，郑实行了东迁。郑的东迁是两周之际影响格局的一件大事，一方面，其促进了郑国的建立和发展，实现了国家性质的转变；另一方面，其对东周王朝、东部诸侯国的力量消长都有极大影响。

一、东迁的原因

周宣王后，继位的周幽王昏庸，周王朝危机四伏，而且天灾不断，又警示着周王朝的衰落。《国语·周语上》载"幽王二年，西周三川皆震""是岁也，三川竭，岐山崩"①。《诗经·小雅·十月之交》也记载了此地震情景："烨烨震电，不宁不令，百川沸腾，山冢崒崩，高岸为谷，深谷为陵。"巨大的灾难给周王朝以沉重打击，使得"民卒流亡，我居圉卒荒"（《诗经·大雅·召旻》），以至于"邦国殄瘁"，周王朝已支离破碎，难以招架。

周幽王时期也是一个外患频仍的时代，戎狄势力强盛。"幽王之时西戎、东夷交侵中国，师旅并起"，"戎狄叛之，荆舒不至"，"四夷交侵，中国皆叛，用兵不息"。周王朝四面受敌。在这种艰难严峻的形势下，统治者还变本加厉地盘剥人民。《诗经·大雅·瞻卬》："人有土田，女反有之。人有民人，女覆夺之。此宜无罪，女反收之。彼宜有罪，女覆说之。"这些即是民众对当政者的讥讽。幽王任用品行不端的虢石父，宠爱褒姒，立褒姒子伯服为太子，而废免申后及太子宜臼，朝纲大乱，众叛亲离，使得"邦君诸侯，莫肯朝夕"②。太子宜臼出奔其舅家申国，申侯联合缯国和西戎攻周，幽王于骊山身死国亡。对于两周之际的巨变，《史记·周本纪》进行了生动形象的描写：

> 褒姒不好笑，幽王欲其笑万方，故不笑。幽王为烽燧大鼓，有寇至则举烽火。诸侯悉至，至而无寇，褒姒乃大笑。幽王说之，为数举烽火。其后不信，诸侯益亦不至。幽王以虢石父为卿，用事，国人皆怨。石父为人佞巧，善谀好利，王用之。又废申后，去太子也。申侯怒，与缯、西夷犬戎攻幽王。幽王举烽火征兵，兵莫至。遂杀幽王骊山下，虏褒姒，尽取周赂而去。于是诸侯乃即申侯而共立故幽王太子宜臼，是为平王，以奉周祀。平王立，东迁于雒邑，

---

① 上海师范大学古籍整理组校点：《国语》，上海古籍出版社，1978年，第26-27页。
② 《诗经·小雅·雨无正》，毛序："《雨无正》，大夫刺幽王也。"

辟戎寇。①

《竹书纪年》所载与《史记》不同：

> 幽王八年，立褒姒之子曰伯服，为太子。②

《左传·昭公二十六年》孔颖达正义引《汲冢书纪年》：

> 平王奔西申，而立伯盘以为大子，与幽王俱死于戏。先是申侯、鲁侯及许文公立平王于申，以本大子，故称天王。幽王既死，而虢公翰又立王子余臣于携。周二王并立。二十一年，携王为晋文公（侯）所杀。以本非嫡，故称携王。③

清华简《系年》：

> 周幽王娶妻于西申，生平王。王又娶褒人之女，是褒姒，生伯盘。褒姒嬖于王，王与伯盘逐平王，平王走西申。幽王起师，围平王于西申，申人弗畀，缯人乃降西戎，以攻幽王，幽王及伯盘乃灭，周乃亡。邦君诸正乃立幽王之弟余臣于虢，是携惠王。立廿又一年，晋文侯仇乃杀惠王于虢。周亡王九年，邦君诸侯焉始不朝于周，晋文侯乃逆平王于少鄂，立之于京师。三年，乃东徙，止于成周。晋人焉始启于京师，郑武公亦政东方之诸侯。④

由记载可知，幽王在世时，太子宜臼在申侯、鲁侯及许文公拥立下于申地继位，是为周平王。幽王率军攻平王，申、缯联合西戎杀死了幽王及太子伯服，西周灭亡。邦君与诸侯王朝职官于是在虢地立幽王之弟余臣，即是"携惠王"。携惠王在位第二十一年时，晋文侯在虢地杀了惠王。在没有王的九年时间里，邦君及诸侯不再朝周。晋文侯于是就在少鄂逆平王，并立平王于京师。三年后，平王东迁洛邑，东周开始。晋人之兴盛开始于京师，郑武公的地位亦得以跃于诸东方诸侯之上。⑤

---

① 司马迁撰：《史记·周本纪》，中华书局，1959年，第148-149页。
② 沈约：《竹书纪年注》卷下，四部丛刊景明天一阁本，第25页。
③ 《十三经注疏》整理委员会整理，李学勤主编：《春秋左传正义》，十三经注疏标点本，北京大学出版社，1999年，第1474页。
④ 清华大学出土文献研究与保护中心编，李学勤主编：《清华大学藏战国竹简（二）》，中西书局，2011年，第138-141页。
⑤ 朱凤瀚：《清华简〈系年〉"周亡王九年"再议》，《吉林大学社会科学学报》2016年第4期，第177-182页。

西周晚年动乱的根源显然是人祸，但天灾也是事实，内忧外患，统治集团内部矛盾重重，尤其是申后及太子的废立成为西周王朝灭亡的导火索。《左传·昭公二十六年》："至于幽王，天不吊周，王昏不若，用愆厥位。携王奸命，诸侯替之，而建王嗣，用迁郏鄏（东都）。"①

二、东迁计划的制订

在幽王集团与太子宜臼集团的王室争斗过程中，郑桓公的立场决定了郑的地位和走向。幽王八年（公元前774年），桓公任职司徒，即接替在斗争中失败的皇父，可见桓公深得幽王信任，应为幽王集团中人。同年，幽王废申后及太子宜臼而立伯服为太子，郑桓公目睹幽王的行为后也深感危机，不得不考虑郑地的前途，因而请教于周史伯指点迷津。《国语·郑语》中有详细记载：

> 桓公为司徒，甚得周众与东土之人，问于史伯曰："王室多故，余惧及焉，其何所可以逃死？"史伯对曰："王室将卑，戎、狄必昌，不可偪也。当成周者，南有荆蛮、申、吕、应、邓、陈、蔡、随、唐；北有卫、燕、狄、鲜虞、潞、洛、泉、徐、蒲；西有虞、虢、晋、隗、霍、杨、魏、芮；东有齐、鲁、曹、宋、滕、薛、邹、莒；是非王之支子母弟甥舅也，则皆蛮、荆、戎、狄之人也。非亲则顽，不可入也。其济、洛、河、颍之间乎！是其子男之国，虢、郐为大，虢叔恃势，郐仲恃险，是皆有骄侈怠慢之心，而加之以贪冒。君若以周难之故，寄孥与贿焉，不敢不许。周乱而弊，是骄而贪，必将背君，君若以成周之众，奉辞伐罪，无不克矣。若克二邑，郐、弊、补、舟、依、𣪷、历、华，君之土也。若前华后河，右洛左济，主芣、騩而食溱、洧，修典刑以守之，是可以少固。"②

桓公问计周史伯也见于《史记·郑世家》。史伯分析了当时的形势，郑的出路不在镐京王畿而在成周区域，但成周洛邑四面不是王室宗亲便是戎狄蛮夷，他们或专横跋扈，或愚昧妄大，这样的地区显然是很难插足的，只有东部大河和济水以南地区，也即在济、河、洛、颍之间的虢、郐地域可作为郑立足

---

① 《十三经注疏》整理委员会整理，李学勤主编：《春秋左传正义》，十三经注疏标点本，北京大学出版社，1999年，第1474页。

② 上海师范大学古籍整理组校点：《国语·郑语》，上海古籍出版社，1978年，第507页。

的根基，并且要立即付诸行动，否则等宗周行将亡时怕为时已晚。史伯之所以给郑选择虢、郐二国，是因二国国君骄奢无厌，且是幽王集团的追随者，而史伯预测幽王集团必定失败，此分析见于《国语·郑语》：

> 周法不昭，而妇言是行，用谗慝也。不建立卿士，而妖试幸措，行暗昧也。是物也。不可以久。……申、缯、西戎方强，王室方骚，将以纵欲，不亦难乎？王欲杀太子以成伯服，必求之申，申人弗畀，必伐之。若伐申，而缯与西戎会以伐周，周不守矣！①

于是桓公听从史伯建议，先以周王朝司徒之名，向虢、郐两国提出寄孥与贿请求。孥、贿，即家族成员、臣隶及器用等。二国国君贪图钱财，也畏于桓公的身份，答应了郑的请求。桓公乘机"东徙其民洛东，而虢、郐果献十邑，竟国之"②。随后在西周王朝败落后，二国反叛，郑国以讨伐为由带兵平定，占领虢、郐等地。

事实证明了周史伯的远见，史伯的一席话对郑桓公的立场产生了很大的影响，从后来桓公随幽王死难于骊山下来看，他还是幽王的跟随者，但到其子郑武公时就已转变成为平王集团的拥护者，后来保驾周平王东迁，成为东周王朝的功臣。郑武公及其子郑庄公与周王室的关系都极其密切，先后任王朝卿士，这为郑国于中原的发展提供了政治保障。

后世史书皆载郑桓公是在担任司徒后听取了周史伯之谏。《绎史》：

> 史伯知周室之必弊，虢石父褒姒之必乱周也，又知灭周者必西戎与申缯，而秦、楚、齐、晋必且代兴，其于天道人事，察之审矣。有臣如此而幽王不用，安得不亡？顾其所以为郑谋虢郐者，始寄贿以诱之，终构隙以取之，以诈术得人国，何爱于郑而憎于二国哉？然自是以后，南北之形势常视郑，而郑在春秋遂无世无晋楚之争矣，史伯亦见及否耶？③

因此，关于史伯论郑，主要来源于《国语·郑语》，但其成书于战国晚期④，因而郑之东迁计划极可能是郑桓公的长远谋略，并不见得全是周史伯的

---

① 上海师范大学古籍整理组校点：《国语·郑语》，上海古籍出版社，1978年，第519页。
② 司马迁撰：《史记·郑世家》，中华书局，1959年，第1758页。
③ 马骕：《绎史》卷三十，清文渊阁四库全书本，第519页。
④ 卫聚贤：《古史研究》，商务印书馆，1931年，第164页。

神机妙算，或只是借他之口而已①。

三、东迁计划的实施

郑为西周王畿内采邑，在灾难频繁的西周晚年寻求生存和发展的机会，郑桓公问计于史伯而制订了东迁计划。计划实施起来当然要有一定的基础。首先，郑桓公的司徒身份是其向外开疆拓土的有利条件。据金文考证，司徒除管理土地、农林渔牧业外的生产及收取赋税外，到西周后期权力逐渐增大，还掌控着国家的兵权。舀壶盖铭有"更乃祖考作冢司土于成周八𠂤"，西周王室的两大武装支柱为"西六𠂤、殷八𠂤"②，"西六𠂤"为镇守宗周的六师，"殷八𠂤"即为周王室的"成周八师"，成周八师控制地域广，人口数量多，实力也强。史伯给桓公计策中的"以成周之众，奉辞伐罪"，就是让郑桓公率领成周八师讨伐骄侈的虢公和郐仲，也即是利用了司徒拥有兵权之便。再者，郑桓公精通笼络人心之术。郑建立后，郑桓公对封地经营有方，注重与民众的关系，得到人们的爱戴。《史记·郑世家》："宣王立二十二年，友初封于郑，封三十三岁，百姓皆便爱之，幽王以为司徒。和集周民，周民皆说，河洛之间，人便思之。"史伯也说："虢、郐之君，贪而好利，百姓不附。今公为司徒，民皆爱公，公诚请居之，虢、郐之君见公方用事，轻分公地。公诚居之，虢、郐之民皆公之民也。"③

关于郑东迁计划的实施，古本《竹书纪年》载："晋文侯二年（公元前779年）同惠王子多父伐郐，克之。乃居郑父之丘，名之曰郑，是曰桓公。"而今本《竹书纪年》则为："（幽王二年）晋文侯同王子多父伐鄶，克之。乃居郑父之丘，是为郑桓公。"这是说在桓公任司徒前五年，就联合晋侯伐郐，这条史料引起学者的争议。现在多数学者多认同今本《竹书纪年》所载，前者应

---

① 晁福林先生认为，关于史伯的言论，当然也可以推测是《国语》作者所假托，甚至史伯也属子虚。但在没有相反的证据之前，我们对《国语·郑语》所载宁信其有，似较稳妥。晁福林：《霸权迭兴——春秋霸主论》，生活·读书·新知三联书店，1992年，第40页。
② 禹鼎，1942年出土于陕西岐山县任家村，现藏于陕西博物馆。其铭文记载了一位名叫禹的将领，奉命平定噩侯叛乱之事。噩侯率南淮夷、东夷广伐南国、东国，于是"王乃命西六𠂤（屯）、殷八𠂤（屯）伐噩侯"。有人考订，西六屯是周人镇压南国叛乱的精锐部队，驻扎镐京；殷八屯是用以镇压东方少数民族叛乱的精锐部队，驻扎于故殷都一带。丘述尧：《新郑建国史发秘》，《华南师范大学学报（社会科学版）》1996年第2期，第83-86页。
③ 司马迁撰：《史记·郑世家》，中华书局，1959年，第1757页。

为《水经注》所引有误,"惠王"应为"厉王",伐"郐"应为伐"鄫"①,"鄫"国则为桓公任司徒前的厉王时期曾代表周王室讨伐的鄫国,《国语》中为"缯",幽王十一年(公元前771年),申侯联合缯国,与犬戎一起攻破镐京,可见缯国为周的宿敌。这样才与《国语·郑语》及《史记·郑世家》所载相吻合,桓公听取周史伯谏议而寄孥与贿于虢、郐,虢、郐二国之君畏于权势,贪其贿赂,欣然应允,并使其他八邑也接受郑之请求,可见应在桓公任司徒(公元前774年)后,郑才开启东迁计划,利用为周王主政的便利而行其私欲。

郑之东迁计划的实施屡见后代史料记载。《汉书·地理志》薛瓒注云:"周自穆王以下都于西郑,不得以封桓公也。初桓公为周司徒,王室将乱,故谋于史伯而寄帑与贿于虢、会间。幽王既败,二年而灭郐,四年而灭虢,居于郑父之丘,是以为郑桓公。"颜师古注引《春秋外传》说:"幽王既败,郑桓公死之,其子武公与平王东迁。故《左氏传》云:'我周之东迁,晋、郑焉依。'又郑庄公云:'吾先君新邑于此。'盖道新郑也。穆王以下无都西郑之事,瓒说非也。"应劭则说:"国语曰:郑桓公为周司徒,王室将乱,寄帑与贿于虢、会之间。幽王败,桓公死之,其子武公与平王东迁洛邑,遂伐虢、会而并其地,而邑于此。"②《绎史》:"骊山之败,桓公死之。其子武公掘突从平王东迁,遂灭虢、郐以为己国。"③

今本《竹书纪年》《史记》均载郑桓公与幽王战败于骊山下戏地被犬戎所杀,也就不可能再于二年及四年灭郐、虢,居于郑父之丘的应为郑武公。可见薛瓒所注有误,所引应邵之言则极与史载相符。因而郑国东迁计划实施应为公元前774年至前769年。

东迁计划实施开始后,郑桓公将郑氏家族的产业由宗周畿内郑地东移到成周,暂寄于东虢和郐国等十邑。关于"十邑"历来有争议。《史记·郑世家》:"而虢、郐果献十邑,竟国之。"梁玉绳曰:"十邑中八邑,各为其国,非虢、郐之地,无由献之也。"《集解》引虞翻曰:"十邑谓虢、郐、鄢、蔽、补、丹、依、䟓、历、莘也。"④《国语》史伯语:"若克二邑,邬、弊、补、

---

① 古本中记载为汉代《水经注》所引,现多认为有误。"按竹书纪年'周幽王二年,晋文侯同王子多父伐鄫,克之'。注云:'晋文侯无年则二年乃幽王之二年,非文侯二年也。'亦无惠字,郐窗鄫。"见于沈炳巽撰:《水经注集释订讹》卷二十二,清文渊阁四库全书本,第364页。故"惠王"应为厉王,多父所伐之国应为鄫国。
② 班固撰:《汉书·地理志》,中华书局,1962年,第1544、1557页。
③ 马骕:《绎史》卷三十,清文渊阁四库全书本,第519页。
④ 十邑中的鄢、丹、䟓,有的史书记为"邬舟柔"。司马迁撰:《史记·郑世家》,中华书局,1959年,第1758页。

舟、依、柔、历、华，君之土也。"十邑名称，史书所载略有差异，其中的"华"，为古华国，《水经注》中称为"华城""华阳城"①，西周末年已沦为等级较低的封国，故《史记》所载还是正确的。其他八邑虽是独立的封国，但依附于郐、虢等级高的诸侯国，因而"虢、郐果献十邑，竟国之"。十邑地点，据李玉洁先生考证：虢，即东虢，今河南荥阳市之虢亭；郐，今河南密县东北五十里，地接新郑市；历，即"栎"，今河南禹县境内；鄢，今河南鄢陵县境；莘，今郑州市管城区一带；邬，今河南偃师县之南偏西；补，今河南汜水县境；另黮、依、舟三处不详，应在今郑州、洛阳一带②。十邑为郑国在中原的最早据点，郑国即在此基础上发展而来。

从文献记载来看，郑桓公对此苦心经营。郑玄《诗谱·桧谱》中说："郑桧同地，郑国之都非郐也，但二城不甚相远，故于桧言祝融之墟，见郑因国其地，言其境界所及，非谓郑居郐都也。"③郑桓公有时也居住于此，可能已开始在此营建新城，其为达目的不择手段，站稳据点后就有吞并邻国之心。《国语》载，"桓公通于郐夫人""先郑伯在善于郐公者，通乎夫人以取其国"。④《韩非子》："郑桓公将欲袭郐，先问郐之豪杰、良臣、辩智、果敢之士，尽与姓名，择郐之良田赂之，为官爵之名书之，因为设坛场郭门之外而埋之，衅之以鸡豭，若盟状，郐君以为内难也，而尽杀其良臣，桓公袭郐，遂取之。"⑤郑桓公采用通奸、贿赂手段，乘机占领郐国土地。因此桓公时期，郑国凭借地的方式，先"寄帑与贿"，后又迁都于溱洧之间的"郑父之丘"，即"轩辕丘""有熊之墟"，和当地的虢、郐有过一段政权并存的时间。

东迁计划实施起来还要有民众的支持。郑桓公利用自己的身份威望笼络人心，突出的表现就是和商人订立盟约，取得他们的拥护和支持。周政权平定武庚叛乱后，把商遗民迁于成周，筑城拘制，"成周既成，迁殷顽民"，"悉殷顽民，迁于洛邑"，商人后裔实际上是处于一种被监视的奴隶状态，他们既无权利，也无地位，只有做买卖维持生计，"肇牵车牛，远服贾用，孝养厥父母"⑥。周代贵族不屑经营买卖，一般庶民只能种田，做买卖逐渐成了殷民的职

---

① 华，应在河南省新郑市郭店镇华阳寨村。马世之：《郑州市域夏商周诸侯国国都探索》见：郑州市城市科学研究会、郑州市古都学会编：《古都郑州》（下卷），中州古籍出版社，2004年，第252页。
② 李玉洁：《郑国的都城与疆域》，《中州学刊》2005年第6期，第162-164页。
③ 毛亨：《毛诗注疏》附释音毛诗注疏卷四，清嘉庆二十年南昌府学重刊宋本十三经注疏本，第254页。
④ 杜预等注：《春秋三传》，上海古籍出版社，1987年，第81页。
⑤ 王先慎撰，钟哲点校：《韩非子集解》卷十，新编诸子集成，中华书局，1998年，第259页。
⑥ 西周王室派康叔监殷遗民教化之语。孔安国编：《尚书》卷八《酒诰》，四部丛刊景宋本，第89页。

业，形成以经营货品为职业的固定人群，称为商人①。关于桓公与商人的盟约，见于《左传·昭公十六年》子产所述："昔我先君桓公，与商人皆出自周，庸次比耦，以艾杀此地，斩之蓬蒿藜藋而共处之。世有盟誓，以相信也，曰：'尔无我叛，我无强贾，毋或匄夺。尔有利市宝贿，我勿与知。'恃此质誓，故能相保，以至于今。今吾子以好来辱，而谓敝邑强夺商人，是教敝邑背盟誓也，毋乃不可乎！"杜预注："桓公东迁，与商人俱。"②商人与已迁的郑国人在虢、郐等十邑之地开始了最初的开发，为以后郑国东迁做准备。

东迁计划还实行奖励生育政策，增加人口。郑国新的迁移之地原为殷商故地，其居民保留着悠久的民俗民风，加上郑国商贸兴旺发达，商人流动性较大，逐渐形成了郑国的淫化之风，春秋时期表现非常突出。郑国独特的风俗文化，有人认为有悖于周公之礼，对春秋时期社会风气有很大影响。

近年来的考古资料证明了郑桓公时期确已开始迁民于中原地区。河南小高庄、仓城一带发现有西周晚期的文化聚落遗址，"从出土文化遗物的时代特征分析，对比宗周和洛阳两地的西周文化分期，其时代均为西周晚期。文化特征和春秋早期形成的郑文化特征既有较明显的区别，又有一定的联系，并和洛阳西周文化的发展一脉相承，我们认为这种文化特征是西周晚期郑文化东渐和当地的郐文化发展尚未交融阶段的遗存"③。

郑之东迁是逐步发展向前推进的。先是以借地方式取得据点，桓公"徙其民"，营建新城，对周围实行蚕食政策，扩充地盘，扩大影响，为郑全部东迁做准备。至周平王东迁后，则由郑武公灭掉虢、郐二国，吞并十邑，郑举国迁于新郑之地，实现了由畿内采邑向列土封疆畿外诸侯国身份的转变。

第三节　新郑地文化溯源

郑东迁之地位于中原腹地，即今河南省郑州、新郑、新密、荥阳一带。商周以来，这块中原厚土分封有较多小国或邑，如郐、虢、鄢、蔽、补等。郑

---

① "商人这个词，古文献里不多，可能是郑国的商族人。"侯外庐：《中国古代社会史论》，河北教育出版社，2000年，第251页。
② 《十三经注疏》整理委员会整理，李学勤主编：《春秋左传正义》，十三经注疏标点本，北京大学出版社，1999年，第1352页。
③ 河南省文物考古研究所编著：《新郑郑国祭祀遗址》，大象出版社，2006年，第363页。

从棫林举迁占领此地之后，仍用"郑"旧称。秦始皇统一六国，实行郡县制，为了和陕西的郑县区别，将中原郑国之地改为新郑，沿用至今。"新郑"之名从秦始，本书为所指准确方便，采用后来之名称呼先秦之地。新郑地势西高东低，位于从西部浅山丘陵区向东部平原的过渡地带，双洎河贯穿境内，依山傍水，气候属暖温带大陆性季风气候，气温适中，四季分明，是人们生活居住的理想家园，人类很早就在此栖息生活。新郑国之域，如今发现有裴李岗文化、仰韶文化、龙山文化等连续的人类生活、生产遗迹，并发现有多处古城址。这些都表明这块土地是中国古代文明的最早发祥地。进入阶级社会后，此处为夏商时期都城所在地，或京都之地，或方国重地，一直是政治中心地带。

一、裴李岗文化

裴李岗文化是中原地区发现的时代最早的新石器时代文化，距今约8000年前，因最早在河南新郑裴李岗村发掘认定而命名，后又在新郑的唐户、沙窝李等地发现，随后分布于河南中部、北部及南部的新石器早期文化被统称为裴李岗文化。裴李岗文化时期的生产工具以磨制石器为主，主要有斧、铲、镰、刀、凿、锤、磨盘和磨棒等，制作精致，其中以石磨盘、石磨棒及锯齿刃石镰、长条形扁平双弧刃石铲等为代表性器物；陶器以红陶为主，分细泥、夹砂两种，手制，烧成温度较低，多素面，器型主要有生活用具鼎、罐、钵、盆、碗、盘、勺等，代表性器物为三足钵和半月形双耳壶；另外还发现有房基、窖穴、骨器和动植物残存等。经对出土遗物、遗迹分析，裴李岗文化时期已经进入原始农业阶段，我国的农业革命最早在这里发生，当时生产以农业、手工业为主，饲养业、渔业为辅。

裴李岗文化遗址中发现有房基多处，其中以唐户遗址中最多。房屋多为半地穴式，以圆形为主，也有少数方形房屋，带阶梯式门道；房屋结构分为单间式和双间式两种，表明当时房屋建造已较讲究，形成了定居聚落。裴李岗文化文化中首次出现了陶器，在人类改造、利用自然过程中具有里程碑式意义。与同时期的其他新石器时代文化相比，裴李岗文化文化处于领先地位。

二、有熊之墟

裴李岗文化时期后,新郑地区进入仰韶文化时期,也是我国的神话传说时代。史载"有熊"国就在此地,少典及其子黄帝相继为有熊国国君。《史记·五帝本纪》云:"黄帝者,少典之子。姓公孙,名曰轩辕。"《正义》云:"黄帝,有熊国君,乃少典国君之次子,号曰有熊氏;又曰缙云氏;又曰帝鸿氏;亦曰帝轩氏。"《集解》:"号有熊者,以其本是有熊国君之子故也。亦号轩辕氏。皇甫谧云:'居轩辕之丘,故因以为名,又以为号。'又据《左传》亦号帝鸿氏也。"刘宋裴集解引皇甫谧所作《帝王世纪》说:"有熊,今河南新郑是也。"[1]关于黄帝所都轩辕之丘,《春秋分记·郑地总说》:"郑,古有熊国,黄帝所都。"[2]《庄子·徐无鬼》:"黄帝将见大隗乎具茨之山。"[3]具茨山,在今新郑、新密境内。

文献记载黄帝的活动范围,"东至于海,登丸山,及岱宗;西至于空桐,登鸡头;南至于江,登熊、湘;北逐荤粥,合符釜山,而邑于涿鹿之阿。迁徙往来无常处,以师兵为营卫。"[4]黄帝活动范围很广,经常往来迁徙,基本与仰韶文化分布区域相当,但其主要居住活动区域在中原地区新郑及其周围,此地区现在还保留有大量与黄帝有关的地名,如轩辕丘、姬水河、具茨山、黄帝口、少典祠、黄帝饮马泉、力牧台、大隗镇等。此时期中原地区考古学文化为仰韶文化的庙底沟类型。仰韶文化庙底沟类型分布范围为东起山东西南部、西至甘肃陇西,南自长江流域中游江汉地区、北达内蒙古中南部。考古调查及发掘表明,新郑地区共有仰韶文化遗址190多处,主要有唐户、大河村、大朱庄、王垌、洪府、南李庄、古城村、岳庄等,发现城址的只有西山遗址。

1.大河村遗址

位于郑州市东北郊柳林镇大河村附近,发现于1964年的大型古代聚落遗址,遗址面积40万平方米。1973～2015年进行了多次发掘,发现各类房基47座、窖穴297座、墓葬354座,出土陶、石、骨、蚌、角、玉质地的珍贵文物3600多件,时代从仰韶文化、龙山文化至夏商时期。遗址出土物以陶器

---

[1] 司马迁撰:《史记》卷一,中华书局,1959年,第1-2页。
[2] 程公说撰:《春秋分记》,清文渊阁四库全书本,第161页。
[3] 郭庆藩撰,王孝鱼点校:《庄子集释》,新编诸子集成本,中华书局,1985年,第830页。
[4] 司马迁撰:《史记》卷一,中华书局,1959年,第6页。

最多，器型种类繁多，有双连壶、盆、钵、罐等；色彩丰富，多为彩陶，以红陶黑彩或白衣彩陶最为醒目；纹饰丰富，绘画技术高超，有曲线、植物、水波纹等，还有描绘太阳、月亮、星座、日晕等的各种天文图案。大河村彩陶标志着史前彩陶文化达到空前绝后的高峰时期，也反映出此时人们对自然的认识达到了一个新高度。

大河村遗址发现了距今5000年前的古村落，保存完整，功能布局明确。村落有房基、窖穴（灰坑）、陶窑、墓葬组成。40多座房基集中建筑在遗址中心地带，房屋周物设有堆放杂物和粮食的窖穴，遗址中部偏东有饲养牲畜的圈栏，村北部有2处公共墓地。其中房屋成排而、平地而建，是经火烧的"木骨整塑"房屋，比以前"半地穴"式的阴冷、低矮、潮湿房屋先进了不少；另外出现了方形、长方形房屋，由两间或两间以上组成；还发现有举行议事或宗教活动的大型房基，面积达100多平方米，并有孩童奠基遗存和大型版筑夯土柱础，反映了社会结构的分化。

2. 西山遗址

位于郑州市北郊23公里的惠济区（原名为邙山区）古荥镇孙庄村。1993～1996年，国家文物考古领队培训班在郑州西山发掘了仰韶文化遗址，时代跨越了仰韶时代早、中、晚三个时期。遗址出土了数量众多，错综复杂的遗迹、遗物，其中建筑基址120多座，窖穴和灰坑约1600余座，灰沟20多条，墓葬200余座，儿童瓮棺130多座。出土了大批陶、石、骨器及兽骨、种子等动植物遗骸等。

西山遗址发现了有城墙、壕沟、城门、道路、聚集的房屋基址等，断定为仰韶文化晚期的古城址，距今约5300～4800年，是中原地区发现的时代最早的史前城址。城址平面为近丁圆形（城的西北角和东北角，交接城垣呈约135度夹角），直径约180米，面积约34 500平方米。据勘探，西城墙残存约60米，北城墙残存约60米，东段残长约50米。城外有壕沟，宽5～7.5米，深3～4.5米。城墙采用先进的方块版筑法分段逐层逐块夯筑而成，局部采用中间立柱固定夹板，四面同时逐块夯筑的方法；城的西北隅和东北角发现有城门2座，其中北门平面呈八字形，东西两侧分别有略呈三角形的附筑城台，应为望楼一类的建筑；北门外侧正中横筑一道东西向护门墙，护门墙以南正对北门处，发现有南北向道路；城内房址200余座，平面起建，形制为长方形或方形，布局有规划，多分布于道路两侧[①]。

[①] 国家文物局考古领队培训班：《郑州西山仰韶时代城址的发掘》，《文物》1999年第7期，第4-15页。

西山城址的布局，不再是带围墙的原始村落。关于其性质，有人认为可能是这一地区的交换中心，具有"市"的功能①。有人认为西山城址是黄帝时期的都城，"黄帝所都的有熊，其地望在新郑。从秦王寨类型遗址分布来看，有熊国的地域并不限于新郑，它至少应包括密县、郑州和荥阳等地，均可称为有熊国。在有熊国所辖的区域内（即秦王寨类型文化分布区），其文化遗址应属于有熊国文化，当时的氏族部落应属于有熊国的组成部分，在西山发现的古城只能是有熊国的城，如果别处没有第二座城的发现，西山古城必是有熊国国都"②。西山城址是否为有熊国都，尚待有更多证据，但遗址中发现的技术先进的城垣，城外环绕着类似护城河的壕沟，200余座墓父子或夫妻合葬墓，面积达112平方米的夯土建筑基址，数百平方米的广场遗存，道路等，都表明西山城址已从村落加围墙的聚落形态逐渐发展为一个地区的政治、经济、文化中心，虽然不一定是有熊国的国都，但是"雏形城市"应无疑。

考古调查表明，新郑之地众多的仰韶文化遗址分布十分密集，间隔距为1～6公里，其中100万平方米的特大型聚落遗址1处，60万～80万平方米的聚落遗址1处，5万～10万平方米的遗址133处，遗址分布呈内典型的金字塔结构③。这表明在此时人们的聚落已不仅仅是以血缘关系为纽带，也含有政治或宗教上的统属关系，特别在仰韶文化中晚期城址的出现，表明当时原始礼制统治的政治社会已经建立，体现出其统治中心的地位。

三、祝融之墟

祝融，我国原始社会末期著名氏族领袖之一，名重黎，黄帝后裔高阳氏的玄孙。帝喾高辛氏时，重黎居火正，被帝喾命曰祝融，受封于有熊氏故墟，故新郑也称为祝融氏之国。火正即夏官，后世尊为火神。他以火施教，为民造福。《国语·郑语》："夫黎为高辛氏火正，以淳燿敦大，天明地德，光照四海，故命之曰'祝融'，其功大矣。"④今本《竹书纪年》："夏道将兴，草木畅茂，青龙止于郊，祝融之神降于崇山。"⑤《吕氏春秋·孟夏》："其神祝融。"高诱

---

① 李鑫：《西山古城与中原地区早期城市的起源》，《考古》2008年第1期，第72-81页。
② 管城回族区史志编纂委员会编：《管城史话》，中州古籍出版社，1997年，第17页。
③ 张松林主编：《古都郑州》，杭州出版社，2011年，第33页。
④ 上海师范大学古籍整理组校点：《国语》，上海古籍出版社，1978年，第510页。
⑤ 沈约注：《竹书纪年注》2卷，四部丛刊景明天一阁本，第5页

注:"祝融,颛顼氏后,老童之子吴回也,为高辛氏火正,死为火官之神。"①《左传·昭公十七年》:"郑,祝融之虚也。"杜预注:"祝融,高辛氏之火正,居郑。"②"郑"指今河南新郑、新密一带。《史记·楚世家》:"楚之先祖出自帝颛顼高阳。高阳者,黄帝之孙,昌意之子也。高阳生称,称生卷章,卷章生重黎。重黎为帝喾高辛居火正,甚有功,能光融天下,帝喾命曰祝融。共工氏作乱,帝喾使重黎诛之而不尽。帝乃以庚寅日诛重黎,而以其弟吴回为重黎后,复居火正,为祝融。"③新郑也是楚国先民的最早起源地。

祝融时代相当于龙山文化中期,在河南郑州新密地域的古城寨城址为此时期古城遗址。

古城寨城址位于新密市东南35公里的曲梁乡大樊庄,建于溱水东岸的河旁台地上,平面呈东西长方形,面积17.65万平方米。现存三面城墙,均采用夯土版筑而成,北城垣长460米,南城垣长345米,东垣长345米,西城墙被溱水冲毁。东、南、北三面城墙外有壕沟环绕,沟宽34~90米不等,深约4.5米,西墙外有溱水作为天然屏障。城址南、北城墙相对有两处缺口,宽为18.7、10.7米,应是两座城门缺口。城内中部略偏东北处,发现有房址F1,夯筑高台建筑,坐西朝东,南北长约28.4米,东西宽约13.5米,面积约383.4平方米,成排柱洞将其隔为7间房屋,南、北、东三面有回廊。从其形制结构看,应为城内宫殿建筑。F1房址以北7.4米处又有一房址F4,为廊庑式建筑,由三道墙基槽、门道、门卫房和众多的柱洞组成,也应是宫殿建筑的一部分④。

新密古城寨遗址区域原为低洼地带,筑城时调用了大批人力垫土夯筑,城墙基最深处达10米,墙基宽度多在60~100米,再加上高大的城墙,这么人的工程必定是在国家形态下才能聚集人力物力而建成。根据城址遗迹的地层关系判断,古城寨遗址为龙山文化晚期,其年代与地望和古史传说中的祝融时期大体吻合。古城寨城址是目前发现的龙山文化时期面积最大、结构最复杂的城,拥有宫殿式建筑、高大厚实的城墙、宽深的壕沟,以及出土的精美器具,规格甚高,很有可能就是祝融都邑之所在。

---

① 许维遹撰,梁运华整理:《吕氏春秋集释》,新编诸子集成,中华书局,2009年,第83页。
② 《十三经注疏》整理委员会整理,李学勤主编:《春秋左传正义》,十三经注疏标点本,北京大学出版社,1999年,第1368页。
③ 司马迁撰:《史记》卷四十,中华书局,1959年,第1689页。
④ 河南省文物考古研究所,新密市炎黄历史文化研究会:《河南新密市古城寨龙山文化城址发掘简报》,《华夏考古》2002年第2期,第53-82页。

四、夏商时期的都邑

夏代禹之后，启继位，史载其国都为"黄台之丘"（今新郑、新密之间），传至仲康时，都斟鄩（今巩义境内）。夏都后又迁老丘（今开封境内），偃师二里头等地。商代早中期，都郑州。夏商时期，新郑、新密及荥阳一带始终为京都地带。近年来，考古发现的古城址证明了文献记载。

1. 新砦遗址

位于河南省郑州新密市东 23 公里刘寨镇新砦村，面积约 100 万平方米，经过多次发掘。新砦遗址发现了一处大型城址，城址掩埋于地表以下，平面近方形，南以洧水为自然屏障，现存东、北、西三面城垣，城垣外有护城河，城内有内壕，北城垣外有外壕。城址中心偏北处发现有大型建筑基址，东西长 99.2 米，主体部分南北宽 14.5 米，是一处平面呈刀把形的浅地穴式建筑；墙体夯筑，并发现有柱洞、红烧土和活动面，附近发现有完整的动物骨架，表明具有宗教性质。基址东部为附属建筑，前后两侧均有道路相连，为新砦时期晚段多次使用的大型浅穴式露天活动场所[①]。在城址中心区以外，发现有手工业作坊区，可能是加工骨器的场所。遗址出土遗物众多，有精美的陶器、玉器及红铜容器等，以及饰有兽面纹、夔龙纹的残陶片，雕刻精细，与二里头遗址的铜牌纹饰相近。

新砦遗址发现了从龙山文化晚期至二里头文化早期的遗存。从城址结构来看，具有外壕、城壕、内壕共三重防御设施，中心区建有大型建筑，出土器物精美，表明此处具有都邑性质。《穆天子传》卷五："丙辰，天子南游于黄□室（台）之丘，以观夏后启之所居，乃□于启室"。郭璞注："似谓入启室中。"经专家考证，"黄□室（台）之丘"为"黄台之丘"，在今"河南省新郑、密县间"，新砦遗址在黄台之丘南 3 公里，符合文献所载"夏启之居"的地望。新砦遗址经最新碳 14 测定，年代处于夏王朝统治时期（2008 年认为夏王朝参考时代为公元前 2050～前 1750 年），学术界倾向于认为这座都邑城址很可能是黄台之丘附近的夏启之居，即夏启的都城[②]。也有人认为是夏王的离宫别馆[③]。

---

① 中国社会科学院考古研究所河南新砦队，郑州市文物考古研究院：《河南新密市新砦遗址浅穴式大型建筑基址的发掘》，《考古》2009 年第 2 期，第 31-47 页。

② 赵青春：《新密新砦城址与夏启之居》，《中原文物》2004 年第 3 期，第 12-16 页。马世之：《新砦城址与夏都夏邑问题探索》，《考古与文物》2007 年第 3 期，第 54-58 页。许顺湛：《寻找夏启之居》，《中原文物》2004 年第 4 期，第 46-50 页。

③ 程平山：《论新砦古城的性质与启时期的夏文化》，《考古与文物》2007 年第 3 期，第 59-63 页。

2. 大师姑遗址

位于河南郑州荥阳市广武镇大师姑村。2002～2004 年进行发掘，城址平面为东西长、南北窄的长方形，总面积 51 万平方米，由城垣和城壕两部分组成。城垣距地表深浅不一，一般在 1 米左右，考古发现了南墙西段、南墙东段的部分地段、东墙北段、西墙北段和北墙西段。城垣为平地起建，堆土夯筑，总周长为 2450 米。城垣外侧有城壕，距城垣约 6 米左右，深 2～2.8 米。城址内二里文化遗存丰富，有夯土房址、灰坑、窖穴、灰沟等，出土有青铜工具、玉钺、玉杯，还有大量的石制生产工具和陶制生活用具。在城址中部出土有成片倒塌的夯土墙体和大量的陶制水管道，表明城内应有大型的高规格建筑[①]。

大师姑城址为二里头文化中晚期期城址，可能是夏王朝的东方军事重镇或者方国的都邑。城址内二里头文化层上也发现有早商文化遗存，并有大型环壕发现，城址东北角发现有早商时期的墓地，表明早商时期此地仍是一处重要的聚落遗址。

3. 郑州商城遗址

位于河南省郑州市管城区，发现于 1950 年，1952～1986 年进行多次发掘。考古发掘和钻探表明，城址东起凤凰台，西至西沙口，北抵花园路，南到二里岗，遗址面积 25 平方公里。城址为宫城、内城、外郭城三重城垣相套形制，帝王、贵族和一般居民居住区分开。宫城位于内城东北部，主要的帝王及大贵族居住的宫殿遗址；内城为中小奴隶主居住，外城则为一般平民居住区和手工业作坊区。这种布局形式为后代都城所继承。

内城址平面呈长方形，南北长 2500 米，东西宽 2000 米，四周城墙有缺口 11 处，有的可能为城门遗址。大部分城墙埋于地下，现存最高者 9 米，为平地夯土分段版筑而成，城垣外发现有护城壕。宫殿区位于内城东北部，面积 6 万平方米，发现有房屋遗存多处，均建于夯土台基上，台基为分层夯筑，台面用细砂和料疆石铺砌，上面排列有整齐的柱穴，柱穴底部大都有圆形础石，表明宫殿建筑规模宏大。宫殿区发现有数段夯土墙，可能是宫殿建筑群外围有夯土墙围成的防御设施。经多年考古发掘，内城中部、南部、西北部相对空旷，只发现少量灰坑、水井和夯土基址遗存，表明内城主要是宫殿区，显示了极为严格的等级制度。

外城呈不规则形合围内城。经多年发掘和勘探，外郭城情况基本明晰：

[①] 郑州市文物考古研究所、荥阳市文物保护管理所：《河南荥阳大师姑遗址 2002 年度发掘简报》，《文物》2004 年第 11 期，第 4-18 页。

外城墙距内城墙约 600～1100 米，南、北、西三面均有城墙存在，东面则为一古湖泊，大致呈圆形围绕。城墙构筑方法为先挖一条口部略宽于底部的基础槽，然后再填土夯实。城墙外围 10 米之外存在与城墙并行的护城河。外城址中部偏南外，发现有商代夯土建筑基址和水井遗址，应为奴隶主居住区。外城内发现有形制较小的房基，则应是平民居住区。手工业区位于内城外围，发现有青铜冶炼、骨器制作、陶器制作等作坊遗址。城池内外，发现有青铜窖藏和祭祀遗址。墓葬区位于内城周围或内城与外城之间[①]。

城址年代确定为商代二里岗期，距今约 3600 年。《左传襄公十一年》："公会晋侯、宋公……秋，七月己未，同盟于亳城北。""郑子展侵宋。……秋，七月，同盟于亳。"杜注："亳城，郑地。"表明亳在郑国境内。《礼记缁衣》引《尹告》："惟尹躬天见于西邑夏。"郑注："尹伊始仕于夏，此时就汤矣。夏之邑在亳西。"从史籍所载，商都亳的年代与地望和郑州商城符合，故大多学者认为是商汤的亳都。

4. 小双桥遗址

位于河南省郑州西北约 20 公里的石佛乡小双桥村附近，1990～2000 年多次发掘。遗址面积 144 万平方米，中心区位于东北部，面积 15 万平方米，发现有夯土墙、多处大型高台夯土台基、夯土建筑基址等。夯土基址上有柱槽、柱洞、柱石，数量不等，表明有成组的宫殿建筑。此外，遗址内还发现有大型祭祀场、祭祀坑、奠基坑、灰沟、青铜冶铸等遗迹。出土遗物有青铜器、玉器、象牙器、乐器、原始瓷器以及陶器、石器、骨器等。其中陶器上朱书文字最引人注目，约有 8 个字，系用毛笔朱砂书写于陶器口沿或腹壁，其形状、结构与甲骨文一脉相承，是迄今发现商代的最早文字。遗址中还出土有两件大型青铜饰件，应为王室重器，是安装于宫殿正门两侧枕木前端的装饰性饰件，从结构形制分析该建筑规模宏大，非商王莫属[②]。

从整体看，小双桥遗址面积大，延续时间较短，是商代的又一都邑遗址，年代属商代前期晚段，相当于郑州白家庄期，晚于郑州商城，早于安阳殷墟。根据其年代及所处地理位置，结合文献记载的有关仲丁迁都的记载，认为应是商代仲丁隞都遗址。

5. 望京楼遗址

位于河南新郑市西北 6 公里的新村镇村和孟家沟村以西及周边区域。城

---

① 杨育彬、袁广阔主编：《20 世纪河南考古发现与研究》，中州古籍出版社，1997 年，第 317-348 页。
② 河南省文物考古研究所：《郑州小双桥：1990～2000 年考古发掘报告》，科学出版社，2012 年。

址平面近方形，保存较完整，总面积168万平方米。经发掘发现共有三重城垣、三重护城河，并有城门、道路、大型夯土建筑、祭祀坑、房基、墓葬等遗迹200多处。城址出土有精美的青铜器、玉器、原始瓷器等遗物。现已确定其应为夏代和商代两座城址和外廓城组成。从望京楼遗址整个形制看，其西、南有黄水河，东有黄沟水，只有北边与陆地相通，这样外廓城墙、护城河与黄水河、黄沟水就形成一个封闭的城圈，夏、商城均在其中。

商代城址保存较为完整，平面近方形，面积约37万平方米，四面城墙都有发现，宽约10～20米，城墙外有护城河，宽约15米。东城墙偏南发现有城门和道路。城门形制呈凹字形，宽4.5米，占地2000平方米，城门两侧有立柱柱洞及附属建筑设施，专家推测是后期瓮城的雏形。此城门是目前发现早期城址中规模最大、形制最完备的城门，而且把中国瓮城的出现提前到了商代。城中所发现道路为东西向，宽约4～6米。城址中南部发现有大型夯土建筑基址一处，面积900多平方米，回廊式建筑，北部为主体建筑，西、南、东为配房，中部为庭院[1]。

夏代城址紧邻商城外护城河外侧，平面为方形。目前已确定该城址的东城墙及东南、东北城墙转角，其中东城墙长625米。城墙外有护城河，宽约11米。

外廓城，夏商城址城墙东北角约300米处勘探发现有夯土城墙，城墙外为一条人工壕沟，应为外廓城的城墙及护城河。护城河长约1100米，宽6～25米，深3～4米，其东接黄沟水，西连黄水河。外廓城范围即望京楼遗址总面积约为168平方米[2]。

望京楼遗址中夏代城址面积仅次于夏代都城偃师二里头，在夏代聚落中极为罕见，推测其性质可能为夏时某一方国的都邑；商代城址是继郑州商城、偃师商城之后河南境内发现的又一座商代前期城址，距郑州商城仅约35公里，西距偃师商城120公里，其规模虽逊于都城，但远大于其他同时期的城址，彰显出其高等级的聚落地位。有人认为，其应为"郑亳"，在商灭夏后，为保持稳定，在易发生政变的地区建城以拱卫都城，故在亳都西部修建偃师商城，南部在望京楼夏代城址基础上修建商城，共同形成拱卫都城的防御体系[3]。

---

[1] 郑州市文物考古研究院：《望京楼二里岗文化城址初步勘探和发掘简报》，《考古学研究》2011年第10期，第19-28页。
[2] 张松林，吴倩：《新郑望京楼发现二里头文化和二里岗文化城址》，《中国文物报》，2011年1月28日。
[3] 郑州市文物考古研究院：《河南新郑望京楼二里岗文化城址东一城门发掘简报》，《文物》2012年第9期，第4-15页。

五、春秋以前新郑地的国与邑

在郑迁新郑之前，新郑之地为曾为密、梅、管、祭及邻、虢、补等十邑之地。十邑，文献所指虢、邻、鄢、蔽、补、丹、依、辇、历、莘也，或虢、邻、邬、弊、补、舟、依、柔、历、华，略有差异。其中密、管、祭、虢、邻等皆为西周时期的封国，其他或为夏商时所封，西周时仍为的小国或封邑。

密国，西周时分封的姬姓小国。商末周文王灭佶姓密须国之后，在其旧地重新分封同姓建姬姓密国，原在甘肃灵台县一带，为周人捍卫西土的屏障。西周中期，密康公因得罪周共王而遭灭国，周共王将密国重封于今河南新密市境内。齐思和先生考证曰："且新密者，别于故密而言，新密亦曰新城，则其为新建之城可知。"①《汉书·地理志》河南郡故市密条下："故国，有大騩山，溱水所出，南至临颍入颍。"王先谦补注："《晋志》：密，周畿内国。《周语》：有密康公，王灭之。后属郑，为新密，亦曰新城。"②

梅，商代子姓封国。《元和姓纂》："殷后，纣时有梅伯，以国为氏。"地域在今河南新郑西北与郑州南郊一带。商末，因梅国之君向商纣进谏而遇害，梅国灭亡。

管，西周封国。周武王灭商后分其弟叔鲜于管，建立管国，地域在今郑州市、中牟县及荥阳市一带。管是西周初期的东方重镇，"直天下大遂，肘武牢而咽东夏"，担负监视震慑殷人的作用，地位显赫。《竹书纪年证》载："管叔自作殷之监，东隅之侯，咸受赐于王。"③周成王继位后，周公摄政，管叔因勾结蔡叔、武庚叛乱被杀，管国废为邑。《史记·管蔡世家》："封叔鲜于管，封叔度于蔡。"《集解》杜预曰："管在荥阳京县东北。"④《正义》引《括地志》："郑州管城县外城，古管国城也，周武王弟叔鲜所封。"⑤《战国策·魏策》注管："河南管城注，在京县东北。补曰：郑州管城县。"⑥《左传·宣公十二年》："次于管以待之。"杜预注："荥阳京县东北有管城。"⑦

---

① 齐思和：《中国史探研·西周地理考》，中华书局，1981年，第78页。
② 王先谦撰：《汉书补注》，清文渊阁四库全书本，第1099页。
③ 陈逢衡撰：《竹书纪年证》卷二十三，清文渊阁四库全书本，第297页。
④ 司马迁撰：《史记》卷三十五，中华书局，1959年，第1564页。
⑤ 司马迁撰：《史记》卷四，中华书局，1959年，第128页。
⑥ 刘向：《战国策》卷二十五，上海古籍出版社，1985年，第896-897页。
⑦ 《十三经注疏》整理委员会整理，李学勤主编：《春秋左传正义》，十三经注疏标点本，北京大学出版社，1999年，第643页。

祭，西周时周公姬旦第五子祭伯的封国，在今郑州市金水区祭城乡。古称祭伯城。杜预《左传》注："祭国，伯爵也。"①《路史》："祭，伯爵，商代国后为周圻内。穆传正公□父城在开封长垣，今管城东北十五有古祭城也。"②

邻，为邻国，是个古老的国家。今本《竹书纪年·帝喾高辛氏》："十六年，帝使重帅师灭有邻"③，邻灭亡。有邻为共工氏之后，因重黎与共工有邻氏有血缘关系，故"诛之不尽"，被帝喾所杀，连带其弟吴回也被砍一臂。吴回生陆终，陆终生六子，商朝时，其四子会人求封于邻地，名邻国。后周灭商，承认其统治，再封于邻。《诗经·邻风》即邻国之民歌。邻国故城有人认为在新密市东35公里的曲梁乡大樊庄古城寨村城址。

东虢，周文王分封其弟虢叔的封国，在今河南省荥阳一带。《汉书·地理志》："东虢在荥阳，西虢在雍州。"④

华，商、周时期的封国。周穆王命簋铭："唯十又一月初吉甲辰，王在华，王锡命鹿，用作宝彝。"唐兰释："华，地名，在今河南密县，西为嵩山，是夏族旧居，所以华即是夏，中华民族起于此。"⑤《史记·秦本纪》："（昭襄王）三十三年，客卿胡伤攻魏卷、蔡阳、长社，取之。击芒卯华阳，破之。"《集解》："司马彪曰：华阳，亭名，在密县"《正义》："《括地志》云：故华城在郑州管城县南三十里。《国语》云史伯对桓公，虢、邻十邑，华其一也。华阳即此城也。"⑥华阳故城，位于新郑市北约20公里的华阳寨。

补，补国历史可追溯至炎黄时期。《路史·国名纪六》："炎帝伐补、遂。史伯云：邬、蔽、丹是也。《姓苑》有补氏。"⑦商、周时期，补为小国继续存在，地域在今河南省新密市境。春秋时被郑所灭。

舟，或称舟人，夏、商时秃姓国。《国语·郑语》："秃姓舟人。"韦昭注："秃姓，彭祖之别。舟人，国名。"⑧《路史·国名纪一》："秃姓亦有舟人，明为国也。"⑨《国语》载史伯所说"十邑"中的舟，即舟人之邑，应是古舟国所在

---

① 《十三经注疏》整理委员会整理，李学勤主编：《春秋左传正义》，十三经注疏标点本，北京大学出版社，1999年，第46页。
② 罗泌撰：《路史》卷四十七，清文渊阁四库全书本，第359页。
③ 沈约注：《竹书纪年注》2卷，四部丛刊景明天一阁本，第2页。
④ 班固撰：《汉书》卷二十八上，中华书局，1962年，第1549页。
⑤ 唐兰：《西周青铜器铭文分代史徵》，中华书局，1986年，第338页。
⑥ 司马迁撰：《史记》卷五，中华书局，1959年，213-216页。
⑦ 罗泌撰：《路史》卷二十九，清文渊阁四库全书本，第373页。
⑧ 上海师范大学古籍整理组校点：《国语》卷十六，上海古籍出版社，1978年，第511-513页。
⑨ 罗泌撰：《路史》卷二十四，清文渊阁四库全书本，第282页。

地,离郐、虢不远。在今河南新郑境内。

鄢,商周时妘姓小国。《姓氏·急就篇》:"鄢氏,妘姓国,后为氏。"[①] 地域在今河南省鄢陵县一带,鄢国故城在今鄢陵县城北9公里彭店古城村。郑灭鄢后,将其遗民迁至新郑附近,称"衍"(今郑州讪北10公里处)。

蔽、依、柔今地点不明确,应分布在今郑州洛阳一带。

第四节 郑国的发展

郑国的发展得益于郑的东迁。郑桓公死于幽王之难,继位的郑武公承接父业,率郑之民从西部王畿的弹丸之地举迁于东部中原地带,一跃而居东部地理位置中枢,拓展了发展空间。郑国的发展还与周王室有关,武公护送周平王东迁洛邑,得到周王的信任,从而担任王室司徒之职,这在春秋初年周王室还具有强大影响力的情况下,无疑为郑国的发展提供了政治上的保障。

一、武公之略

郑武公为桓公之子,《史记·郑世家》载,"犬戎杀幽王于骊山下,并杀桓公。郑人共立其子掘突,是为武公"。后"周之东迁,晋、郑焉依",桓公因为属于幽王集团,才被平王集团联合攻打幽王的犬戎所杀,但继位的武公又护送平王东迁,这其中的转变是武公谋略才能的体现。清华简整理并出版的《系年》为我们提供了两周之际的新资料,与《竹书纪年》有所类同。西周灭亡后,"邦君、诸正乃立幽王之弟余臣于虢,是携惠王。立廿又一年,晋文侯仇乃杀惠王于虢。周亡王九年,邦君、诸侯焉始不朝于周,晋文侯乃逆平王于少鄂,立之于京师。三年,乃东徙,止于成周"[②]。"周亡王九年"指"幽王灭后九年",西周灭亡后有长达二十一年的二王并存时期,也是两大集团对峙并立时期,其间诸侯国的态度决定了两个集团力量的消长。起码在幽王死后的九年

[①] 王应麟撰:《姓氏急就篇》2卷,清文渊阁四库全书本,第94页。
[②] 清华大学出土文献研究与保护中心编,李学勤主编:《清华大学藏战国竹简(二)》,中西书局,2011年,第138页。

时间里，许多诸侯应是拥护携王余臣的，后来才"不朝于周"，转而拥护平王。在此期间，因为郑桓公本属幽王集团，可推知郑武公也原本依从携王余臣，后来才根据形势变化转向支持平王一方①。"郑桓公死于幽王之难，武公年轻，政治立场多是追随其他诸侯，大约在九年时转向平王。"②

《左传·隐公元年》："初，郑武公娶于申，曰武姜。"③《史记·郑世家》："武公十年，娶申侯女为夫人，曰武姜。"④"申"为幽王集团的敌对势力，正因为申国联合缯国及犬戎才使郑桓公死难，郑武公与申国的联姻就有了别样的意义。我们认为，郑、申联姻是因为平王集团壮大后，申侯一直是平王的坚强后盾，武公娶申侯之女是为了拉拢与申国关系，因申国为平王母国，很有势力。《系年》说："郑武公亦正东方之诸侯。"郑武公的所作所为对郑国谋求政治利益和提高其在诸侯国中的地位都有重大影响。

郑武公加入新周王集团，高举"尊王"大旗，在周平王东迁中立下功劳。《竹书纪年》载："元年辛未，王东徙洛邑，锡文侯命，晋侯会卫侯、郑伯、秦伯，以师从王入于成周。"今本《竹书纪年》："（三年）王锡司徒郑伯命。""锡文侯命"即作命辞，由祝史诵读于受封仪式上。《纲鉴易知录》卷三："癸酉，三年（公元前768年），以郑掘突为司徒。"

武公被锡命为司徒，周史官作《缁衣》之诗，赞美了郑武公的贤能，又为周之宗室，受王命为伯，善于其职，周人善之而作，被后人视为好贤的典范。此诗列为《诗经·郑风》之首，当是郑人甚为荣耀之事。《毛序》："《缁衣》，美武公也。父子并为周司徒，善于其职，国人宜之，故美其德，以明有国善善之功焉。"郑玄注："父，谓武公父，桓公也。司徒之职掌十二教……郑国之人皆谓桓公、武公居司徒之官，正得其宜。"孔颖达正义："诸侯有德，乃能入仕王朝。武公既为郑国之君，又复入作司徒。""卿士旦朝于王服皮弁，不服缁衣。……既定适治事之馆，释皮弁而服缁衣。以听其所朝之政也。"⑤孔子曰："于《缁衣》见好贤之至。今读其词，欢爱之意，笃厚之情，殷勤缱

---

① 沈长云先生考证，郑国的转向是在幽王死难之前。沈长云：《郑桓公未死幽王之难考》，《上古史探研》，中华书局，2002年，第267-271页。
② 代生、张少筠：《清华简〈系年〉所见郑国史事初探》，《中南大学学报（社会科学版）》2015年第3期，第242-247页。
③ 《十三经注疏》整理委员会整理，李学勤主编：《春秋左传正义》，十三经注疏标点本，北京大学出版社，1999年，第50页。
④ 司马迁撰：《史记·郑世家》，中华书局，1959年，第1759页。
⑤ 《十三经注疏》整理委员会整理，李学勤主编：《毛诗正义》，十三经注疏标点本，北京大学出版社，1999年，第276-278页。

绻，有加无已，不啻家人父子之相亲者，好贤若此，宜夫子屡称之也。"①这表明郑武公的确才能非凡，深得周平王喜爱，也表明武公是善于把握时事机遇之人，从幽王集团至平王（太子宜臼）集团的转变，为郑国的发展带来了机遇。

二、武公灭郐

郐国，由妘姓部族建立，古文献中"郐"有时也作桧、会、侩、脍等。《左传》《国语》作"郐"，《史记》《汉书》作"会"。《史记·楚世家》："（祝融）吴回升陆终。陆终生子六人……四曰会人。"司马贞《索隐》引《系本》："四曰求言，是为郐人。"并引宋忠语："求言，名也。妘姓所出，郐国也。"②《古今姓氏书辨证》："《国语》祝融之后，陆终第四子求言为妘姓，封于郐。"③《桧谱》曰："祝融氏名黎，其后八姓，唯妘姓桧者处其地焉。"④可知郐国本为高辛氏之火正祝融之后所立，郐人自陆终氏分支后，一直居住于祝融故地。《毛诗谱》："昔高辛之土，祝融之墟，历唐至周，重黎之后妘姓处其地，是为郐国。"⑤郐立国较早。《庄子·齐物论》："昔者尧问于舜曰：'我欲伐宗、脍、胥敖……'"司马彪注："宗、脍、胥敖，三国名也。"崔撰注："宗一也，脍二也，胥敖三也。"脍即郐，可见早在唐虞之际，郐已为方国。夏商时，郐成为正式国家，西周时重新受封，成为子男爵国。《清一统志》说："郐城在密县东北五十里，接新郑界，周初封国。"《左传·昭公十七年》梓慎云："郑，祝融之墟也。"此时，郐已被郑所灭。

郑玄《诗谱》中说郐国居溱、洧之间，故有人认为此为名称之来由⑥。溱、洧分为古代的溱水和洧水。溱水源于今河南省新密白寨镇，与洧水汇合后称双洎河，后注入贾鲁河；洧水，源于河南登封阳城山，经鄢陵、扶沟至西华县西入颍水，传黄帝部落曾居于此，号为有熊氏。《诗经》中有《溱洧》篇，即是此地诗歌。溱水，古称潧水。汉桑钦的《水经》有《溱水篇》："潧水出郑县

---

① 黄中松撰：《诗疑辨证》卷二，清文渊阁四库全书本，第71页。
② 司马迁撰：《史记》卷四十，中华书局，1959年，第1690-1691页。
③ 邓名世：《古今姓氏书辨证》，清文渊阁四库全书本，第49页。
④ 《十三经注疏》整理委员会整理，李学勤主编：《毛诗正义》，十三经注疏标点本，北京大学出版社，1999年，第457页。
⑤ 司马迁撰：《史记》卷四十，张守节正义引，中华书局，1959年，第1691页。
⑥ 杨树达：《小学金石论丛·说桧》中说："此言潧（溱）、洧二水所会流也。"

西北平地东过其县北，又东南过其县东，又南入于洧水。"①郐，在早期某些文献中为"桧"，有人认为"可能因为境内生长有许多松树而得名"②。郐国地望据现代考古学考证，居于今河南新密、新郑、郑州、荥阳、登封、禹县等之间区域，故城在新密市城东35公里曲梁乡大攀庄古城角寨村③。

关于郑灭郐国是桓公还是武公时期，《国语》《史记》中并没有明确记载，因而争议颇多，后世学者多以古本《竹书纪年》及今本《竹书纪年》为基点引《韩非子》《史记》《说苑》等为证，分析《国语·郑语》所载。前面已有论述，证明郑桓公时东迁计划已经实施，且占据了十邑之地，但碍于周礼并没有歼灭，还保留郐国，所以郐国灭亡只可能为武公时期的事。对此持肯定观点的也多见于记载，例如：

今本《竹书纪年》："（晋文侯十二年）郑人灭郐。"即郑武公二年（公元前769年），灭郐。

《汉书·地理志》："桓公从其言，乃东寄帑与贿，虢、会受之。后三年，幽王败，桓公死，其子武公与平王东迁，卒定虢、会之地，右洛左沛，食溱、洧焉。"又同卷河南卷"新郑"，班固注："《诗》郑国，郑桓公子武公所国。"④依此可知，《汉书·地理志》颜注"幽王既败，二年而灭会，四年而灭虢，居于郑父之丘，是以为郑桓公"⑤中的"桓公"有误，应为"武公"。

《左传·隐公六年》，周桓公言于王曰："我周之东迁，晋、郑焉依。"杜预注："周幽王为犬戎所杀，平王东迁，晋文侯、郑武公左右王室，故曰晋、郑焉依也。"⑥

郑玄《诗谱》："桓公从之，言然，之后三年，幽王为犬戎所杀，桓公死之。其子武公与晋文侯定平王于东都王城，卒取史伯所云十邑之地，右洛左济，前华后河，食溱洧焉，今河南新郑是也。"⑦

郦道元《水经注·渭水》："《春秋》《国语》并言桓公为周司徒，以王室将乱，谋于史伯而寄帑与贿于虢、郐之间。幽王贯于戏，郑桓公死之。平王东迁，郑武公辅王室，灭虢、郐而兼其土。"⑧

---

① 赵一清录：《水经注释》卷二十二，清文渊阁四库全书本，第358页。
② 梁晓景：《郐国史迹探索》，《中原文物》1987年第3期，第102-108页。
③ 邹衡：《夏商周考古学论文集》，文物出版社，1980年，第223页。
④ 班固撰：《汉书·地理志》，中华书局，1962年，第1652、1556页。
⑤ 班固撰：《汉书·地理志》，中华书局，1962年，第1544页。
⑥ 杨伯骏编著：《春秋左传注》，中华书局，1990年，第51页。
⑦ 阮元校刻：《十三经注疏》，中华书局，1980年，第335页。
⑧ 赵一清录：《水经注释》卷十九，清文渊阁四库全书本，第313页。

《国语·郑语》韦昭注:"十邑,谓虢、郐……后桓公子武公,竟取十邑之地而居之,今河南新郑是也。"又引唐固注:"(郐)亦郑武公灭之,不由女亡也。"①

《毛诗正义》孔颖达正义:"案《郑语》,史伯于幽王之世,为桓公谋灭虢、桧,至平王之初,武公灭之。"②

《绎史》:"骊山之败,桓公死之。其子武公掘突,从平王东迁,卒灭虢、郐以为己国。"③

清代魏源《诗古微》认为是桓公灭桧,武公灭虢④,雷学淇也持此观点。

张以仁对关于郑灭郐有关资料进行了详细论证研究,认同武公灭郐之说⑤,不再赘述。

因此,可知郑桓公时期始寄孥与贿于十邑开始的东迁计划,取得了很大成果,武公二年(公元前769年)灭郐,完成东迁大业。郑武公以此地为都城,为郑国立足中原夯实了基础。

三、武公灭虢

周初分封时,周文王分其弟仲、叔为虢国国君。《国语·晋语》载:"(文王)敬友二虢。"《国语·郑语》载:"其济、洛、河、颖之间乎,是其子男之国,虢、郐为大,虢叔恃势,郐仲恃险。"韦昭注:"虢,东虢也。虢仲之后,姬姓也……此虢叔,虢仲之后。叔、仲皆当时二国君字。"《左传·僖公五年》载:"虢仲、虢叔,王季之穆也,为文王卿士,勋在王室,藏于盟府。"杜预注:"虢仲、虢叔,王季之子,文王之母弟。仲、叔皆虢君字。"虢仲的封国在今陕西宝鸡附近,称为"西虢";虢叔的封国在今河南荥阳市西汜水镇,称为"东虢"。

郑国所灭者为东虢,西周时期也称"虎牢"。《穆天子传》:"天子将至,七萃之士高奔戎,请生捕虎,必全之。乃生捕虎而献之,天子命之为柙,而畜之东虞,是为虎牢。"春秋时称"制"。《左传·隐公元年》:"制,岩邑也,虢

---

① 上海师范大学古籍整理组校点:《国语》,上海古籍出版社,1978年,第524页。
② 《十三经注疏》整理委员会整理,李学勤主编:《毛诗正义》卷七,十三经注疏标点本,北京大学出版社,1999年,第458页。
③ 马骕:《绎史》卷二十九,清文渊阁四库全书本,第518页。
④ 魏源《诗古微》以《纪年》《韩非子》《史记》为本,认为桓公从任司徒后至西周灭亡,即公元前774年到前771年的三年中已实行东迁,灭虢国并以此为据点而立足于中原,后武公才护周平王东迁。
⑤ 张以仁:《春秋史论集》,联经出版实业公司,1990年,第205-243页。

叔死焉。佗邑唯命。"杜预注："虢叔，东虢君也，恃制岩险而不修德，郑灭之。恐段复然，故开以佗邑。虢国，今荥阳县。"《汉书·地理志》："成皋，故虎牢。或曰制。"此地名称有虎牢、制、成皋等。

汉时，东虢旧地建平咷城①，《水经·济水注》引马渊《郡国志》曰："县有虢亭，俗谓之平咷城，城内有大冢名管叔冢，或亦谓之为号咷城。"②

郑灭虢事件，见于史料记载。《汉书·地理志》载："桓公以其（史伯）言，乃东寄孥与贿，虢、会受之。后三年，幽王败，桓公死，其子武公与平王东迁，卒定虢、会之地。"《汉书·地理志》京兆尹"郑"下注："周宣王弟郑桓公邑，有铁官。"臣瓒曰："初桓公为周司徒，王室将乱，故谋划于史伯寄孥与贿于虢、会之间，幽王既败，二年而灭会，四年而灭虢。"③四年灭虢，即为公元前767年。

因此，郑武公灭虢的时间为平王四年（公元前767年），即周平王东迁之后，此时郑国在中原地区已积聚一定实力，灭郐国后二年，灭悼虢国，把虢、郐等十邑彻底变为郑国领土，从而把郑国迁至河、济之南，占据中原的有利位置，"西有虎牢之险，北有延津之固，南据汝颍之地"④，为郑国成为春秋初年的头等强国打下了基础。

四、武公灭胡

郑国灭取郐、虢二国后，顺势灭掉其他八邑，还掠取了虎牢关以东的大片王畿土地，于平王六年（公元前765年）举国迁至中原。

周平王命武公继承其父任周王朝卿士之职，又默认虎牢以东的土地归郑，承认了郑国在中原的领地。郑国凭借东迁计划多年的实施，经济、人口都有大的增长，军事实力在连续攻克郐、虢等十邑后也突显强大。郑武公洋洋自得，开始制订新的扩张计划。

郑武公八年（公元前763年），攻打胡国。《韩非子》记载较为详细：

> 郑武公欲伐胡，故先以其女妻胡君以娱其意。因问于群臣："吾

---

① 岳连建、王龙正：《金文"城虢"为东虢考》，《文博》2003年第6期，第33-36页。
② 赵一清录：《水经注释》卷十九，清文渊阁四库全书本，第120页。
③ 班固撰：《汉书·地理志》，中华书局，1962年，第1544、1557页。
④ 顾栋高辑，吴树平、李解民点校：《春秋大事表》卷四《郑疆域论》，中华书局，1993年，第536页。

欲用兵，谁可伐者？"大夫关其思对曰："胡可伐。"武公怒而戮之。曰："胡，兄弟之国也，子言伐之何也？"胡君闻之，以郑为亲己，遂不备郑，郑人袭胡，取之。①

《竹书纪年》载周平王："八年，郑杀其大夫关其思。"② 伐胡之事也见于《史记·老子韩非列传》："昔者郑武公欲伐胡。"张守节正义："《世本》云：'胡，归姓。'《括地志》云：'胡城在豫州郾城县界。'"③ 杨伯峻认为姬姓胡国在今河南郾城县，归姓胡或今安徽阜阳市④。

胡国地处淮水流域，西周时期为淮夷范围，古文献中常有被周王朝征伐的记载。20世纪70年代，陕西扶风出土的青铜器铭文中记载有周穆王伐胡的史实⑤，周穆王派人带领军队征伐胜利后，又派使者出使胡国联络，并赏赐礼服，穆王可能还亲自到胡国进行安抚工作等。胡国地处淮夷西端，是成周通往淮夷地区的战略要冲，因而周王对胡国特别重视。郑武公伐取胡国也是因其地理位置的重要性。胡地东部为陈、蔡，西部为许、叶，南部则主要为南淮夷的活动地区，胡国被占领后，成为郑国向外扩张的重要基地。

郑武公灭郐、虢等十邑，举国东迁，灭胡国，在中原地区建立了新的郑国。郑国在王畿之南，接于王畿，但已是畿外诸侯国了⑥。《礼记·王制》孔颖达疏："'天子有田以处其子孙'，则周召毕原之等，是县内诸侯也。《诗》卫武公入相于周，又《尚书·顾命》齐侯为虎贲，卫侯为司寇，是列国诸侯也，并入为天子大夫……然畿内诸侯有为三公，则周召是也。列国诸侯入为六卿，则

---

① 王先慎撰，钟哲点校：《韩非子集解》卷四，新编诸子集成，中华书局，1998年，第92-93页。
② 沈约：《竹书纪年》卷下，四部丛刊景明天一阁本，第25页。
③ 司马迁撰：《史记·老子韩非列传》，中华书局，1959年，第2154页。
④ 杨伯峻在《春秋左传注·襄公二十八年》中说：姬姓胡国在今河南郾城县，归姓胡或今安徽阜阳市。蔡运章认为只有归姓胡国，是楚之支族建立的国家，郾城胡国是胡被楚国灭亡后，胡人的一支迁居那里的（蔡运章：《胡国史迹初探——兼论胡国与楚国的关系》，河南省考古学会、河南省博物馆、河南省文物研究所编：《楚文化觅踪》，中州古籍出版社，1980年，第200-214页）。晏昌贵认为不存在姬姓胡国，只有归姓胡国。郾城的胡国被郑占领后，迁到了安徽阜阳（晏昌贵：《西周胡国地望及其相关问题》，《湖北大学学报（哲学社会科学版）》1990年第1期，第22-26页）。从西周时期金文及史料来看，笔者认为胡国应位于郾城，即今河南郾城，春秋初年与郑国接邻，被郑所灭后，其国人移居安徽阜阳，归于楚国，才有后来为楚国灭亡所载。
⑤ 蔡运章：《胡国史迹初探——兼论胡国与楚国的关系》，河南省考古学会、河南省博物馆、河南省文物研究所编：《楚文化觅踪》，中州古籍出版社，1980年，第200-214页。
⑥ 东迁后的郑国是畿内还是畿外诸侯国有两种意见，一是汉代郑司农认为新郑还于王畿内，另一种以唐代孔颖达为主，认为新郑在东周畿外。见于《国语·周语中》："郑，伯南也。王而卑之，是不尊贵也。"韦昭注引郑司农语："郑，今新郑。新郑之于王城，在畿内。"《毛诗正义》中《郑谱》孔颖达疏为："郐在东周畿外之国。……郑因虢、郐之国，自然亦为畿外。"

郑武公是也。"①其已把郑武公列为畿外诸侯。从畿内封邑转为畿外诸侯，但郑武公仍在周王朝担任卿士，打破了畿外诸侯不在王室任职的惯例，表明周王对他的依靠和信任。郑武公凭借其宏谋远略，匡扶周室，建立了丰功伟业，后人给予极高评价。赵子深曰："郑武公的一生是圣文圣武的一生，依周命，伐叛周的郐、虢而建立的郑氏基业，完成郑桓公的遗命，是创业和建业的诸侯。他为周室而联秦、卫、晋诸路诸侯，驱逐西戎，迎立平王，开创了周室东迁的基业，为维护郑国一统局面尽了历史责任。他释放商奴，开发滩涂，更为郑国的强盛、荥阳的繁荣、后世子孙的昌盛创下了不朽业绩。"②

---

① 《十三经注疏》整理委员会整理，李学勤主编：《礼记正义》卷十三，十三经注疏标点本，北京大学出版社，1999年，第436页。
② 韩兆琦译注：《史记》，注"武公卒"引赵子深曰。中华书局，2010年，第3286页。

第二章 郑国的强盛与小霸

周王室东迁之后,实力继续衰落。东周初年,周王朝分封的大国,如齐、楚、晋等都还没有兴起,秦国虽拥有西部大片土地,但抵御犬戎、收拾宗周残局、发展经济等还是头等大事,无暇顾及中原地区。此时,只有迁居中原的郑国,继郑武公开疆拓土后,为走向强盛准备了条件。郑国在春秋早期率先发展起来,凭借其政治及地理优势,成为中原第一诸侯国。郑国的强盛于雄才大略的郑庄公时期达到顶峰。他平定国内母弟之乱后,开始频繁地对外活动,征伐诸侯,对阵天子,成为中原第一个霸主,被称为春秋小霸。郑庄公是开风气之先的人物,他胆敢射中王肩,同时也射掉了天子身上的神性光环,射落了天子与诸侯间的礼教布帷,自此"礼乐征伐自天子出"开始变为"礼乐征伐自诸侯出",开启了春秋诸侯称霸的先河,郑庄公在位时期为郑国的全盛时期。

第一节 郑庄公克段

周平王二十七年(公元前744年),郑武公去世,公元前743年其长子寤生继位,是为郑庄公。庄公的生活经历练就了其独特的人格,对其事业的成功无疑起了巨大作用。他沉稳练达,老谋深算,逐步铲除敌对势力,平定国内政局,为对外扩张势力扫除了后顾之忧。

一、郑庄公出世

《史记》《左传》均载郑武公十年(公元前761年),娶于申国之女武姜,姜为其姓。《史记·郑世家》：

> 武公十年，娶申侯女为夫人，曰武姜。生太子寤生，生之难，及生，夫人弗爱。后生少子叔段，段生易，夫人爱之。二十七年，武公疾。夫人请公，欲立段为太子，公弗听。是岁，武公卒，寤生立，是为庄公。①

《史记·十二诸侯年表》：

> 武公十年娶申侯女武姜。十四年生庄公寤生。十七年生太叔段。②

武姜因生庄公时难产，认为其不吉利，取名寤生，从此非常讨厌庄公，及小儿子段出生后，很是喜爱。庄公自出生就和生母有矛盾，成长过程中没有母爱也是自然的事情。郑武公二十七年（公元前744年），武姜要立小儿子段为太子，废长立幼，被英明的郑武公断然拒绝。第二年，武公死后由十五岁的庄公继位。由于武姜的偏见和固执，庄公上台后要面对的是其生母与其弟太叔段的对立联盟。

二、段受封于京

对于郑庄公与其母武姜及弟段叔的关系斗争，《左传·隐公元年》作了形象的记述：

> 武公娶于申，曰武姜。生庄公及共叔段。庄公寤生，惊姜氏，故名曰寤生，遂恶之。爱共叔段，欲立之。亟请于武公，公弗许。及庄公即位，为之请制。公曰："制，岩邑也，虢叔死焉。佗邑唯命。"请京，使居之，谓之京城大叔。③

庄公继位后，武姜为小儿子段请制，"制"为郑国初居中原的立足之地，原为虢国之邑（今河南省荥阳市境内），地势险要。《汉书·地理志》："成

---

① 司马迁撰：《史记·郑世家》，中华书局，1959年，第1759页。
② 司马迁撰：《史记·十二诸侯年表》，中华书局，1959年，第536-538页。
③ 《十三经注疏》整理委员会整理，李学勤主编：《春秋左传正义》，十三经注疏标点本，北京大学出版社，1999年，第50页。

皋，故虎牢。或曰制。"颜师古注："穆天子传云'七卒之士生捕兽，即献天子，天子畜之东虢，号曰虎牢'。"①《括地志》："郑州汜水县，古东虢国，亦郑之制邑，汉之成皋，即周穆王虎牢城。"②认为制与虎牢为一地③。《水经注疏》："成皋县之故城在伾上，紫带伾阜，绝岸峻周，高四十许丈，城张禽崄，崎而不平。"④制邑建于高高的大伾山上，北依黄河，其他三面为陡峭的高地，易守难攻，并且是郑国与洛邑、秦、晋等地的交通枢纽，如果被段占有，会对郑庄公造成极大威胁。于是庄公说制是个危险之地，虢叔就死在那儿，不吉利，不能把危险的地方封给段。于是武姜为段请于京，"京"是郑国的重要城邑。京字本意为大，故京地也是大城。杜预注《左传》："京，郑邑，今荥阳京县。"杨伯峻："京，故城在今荥阳县东南二十余里。"⑤京地，介于嵩山与东部平原之间，为丘陵地带，土地肥沃，易于发展生产，是当时郑国最为富庶的大都邑之一。郑庄公把京封于段，使武姜满意，更为重要的是京与制相比，其地理形势的重要性明显不如，向外发展的空间不大。京西部、南部背靠巨大的嵩山山脉，往此方向难以通行，东、北两面则是大平原，但非交通咽喉要地，又不够险峻；同时，其距西北的制邑、东北的祭邑——郑庄公最信赖的大夫祭仲的封邑、东南国都新郑均不足百里，很容易受到这三处的控制。这也就是郑庄公之所以分封段于京而非制的原因⑥。

三、庄公克段于鄢

段居于京后，并不安分守己，依仗母亲的偏爱与支持，有恃无恐，在京地修建城池，发展生产，扩充军备，对此庄公是有觉察的。《左传·隐公元年》载庄公与大臣祭仲的对话：

> 祭仲曰："都城过百雉，国之害也。先王之制：大都，不过参国之一；中，五之一；小，九之一。今京不度，非制也，君将不堪。"

---

① 班固撰：《汉书·地理志》，中华书局，1962年，第1556-1557页。
② 李泰等著，贺次君辑校：《括地志辑校》，中华书局，1980年，第179页。
③ 据考证，制与虎牢同为区域，各自为城，其同构筑要塞。韩益民：《"郑伯克段于鄢"地理考》，《北京师范大学学报（社会科学版）》2006年第4期，第98-104页。
④ 杨守敬、熊会贞：《水经注疏》，江苏古籍出版社，1989年，第398页。
⑤ 杨伯峻编著：《春秋左传注》，中华书局，1990年，第11页。
⑥ 韩益民：《"郑伯克段于鄢"地理考》，《北京师范大学学报（社会科学版）》2006年第4期，第98-104页。

公曰:"姜氏欲之,焉辟害?"对曰:"姜氏何厌之有?不如早为之所,无使滋蔓。蔓,难图也。蔓草犹不可除,况君之宠弟乎?"公曰:"多行不义,必自毙,子姑待之。"既而大叔命西鄙、北鄙贰于己。公子吕曰:"国不堪贰,君将若之何?欲与大叔,臣请事之;若弗与,则请除之,无生民心。"公曰:"无庸,将自及。"大叔又收贰以为己邑,至于廪延。子封曰:"可矣。厚将得众。"公曰:"不义,不昵。厚将崩。"大叔完聚,缮甲兵,具卒乘,将袭郑。夫人将启之。公闻其期,曰:"可矣。"命子封帅车二百乘以伐京。京叛大叔段。段入于鄢。公伐诸鄢。五月辛丑,大叔出奔共。①

段封于京,被称为"京城大叔",营造高大的京城。大臣祭仲让郑庄公及早清除隐患,理由是段在京造城超过"百雉",城池过制,如不早清除,怕将来尾大不掉,但庄公回答:"多行不义必自毙,子姑待之。"这反映出庄公对其的姑息,一方面因为武姜为其生母而段为其弟,是骨肉至亲;另一方面也反映出庄公思想冷静,思维缜密,任其作大,一切都在掌控之中,段的行为越不符合礼制,越有正当的消灭理由,庄公已有了胜算。于是乎,段更加狂妄,积极扩大自己的势力范围。"既而大叔命西鄙、北鄙贰于己。"杜预注:"鄙,郑边邑。"杨伯峻释为:"郑国西部与北部边境一带地。"②《说文解字》:"鄙,五鄙为鄙。""鄙,百家为鄙,鄙,聚也。"段把西部、北部的边境地区据为己有。

段贪心不足,进而又把势力扩充至廪延。"廪延",杜预注"(廪延)陈留酸枣县北有延津",即今河南省延津县北而稍东,周时就为黄河上的重要渡口。《水经注》:"河水(黄河自武德即今沁水县东南之地至敖仓)又东北,通谓之延津……河水又东,右迳滑台城北,城有三重,中小城谓之滑台城,旧传滑台人自修筑此城,因以名焉。城即故郑廪延邑也,下有延津。"③《春秋大事表》:"旧城在今河南开封府延津县北十五里。黄河故道自新乡东流径卫辉府汲县南七里,谓之棘津。又东二十里为延津。"④从京(荥阳京县)至廪延的大片国土

---

① 《十三经注疏》整理委员会整理,李学勤主编:《春秋左传正义》,十三经注疏标点本,北京大学出版社,1999年,第52-54页。
② 陈梦家认为鄙为都城之外居住的地区,聚若干小邑而成;杨伯峻先生认为西鄙、北鄙为郑国的西部及北部边境地区。可能二者结合更为合理,即鄙加方位多指某方位的边境地区,可能由较多的小邑组成。陈梦家:《殷墟卜辞综述》,中华书局,1990年,第323页;杨伯峻编著:《春秋左传注》,中华书局,1990年,第12页。
③ 赵一清录:《水经注》卷五,清文渊阁四库全书本,第71页。
④ 顾栋高辑,吴树平、李解民点校:《春秋大事表》,中华书局,1993年,第976页。

已被段占据，这激起了群臣的反对，大夫公子吕劝庄公除掉段。庄公则说"不义不昵，厚将崩"，认为段叔做的是不义之事，必不能团结民众，最终一定会崩溃。

段受封的时间应为郑庄公继位后，其母向庄公请封段于京，庄公二十二年（公元前722年），段密谋反叛，加紧扩充力量，治兵缮甲，制定了和武姜里应外合的偷袭计划，矛盾已达白热化。郑庄公觉得时机成熟，于是"命子封帅车二百乘以伐京"，"京叛大叔段。段入于鄢。公伐诸鄢。五月辛丑，大叔出奔共"，说明段并不得人心，庄公的隐忍策略不仅赢得了君臣的支持，也得到了京地人们的支持。

"段入于鄢"的"鄢"，杜预注："鄢，今颍川鄢陵县。"也即前面所取十邑之一，因而杨伯峻注："鄢，本是妘姓之国，为郑武公所灭，地在今河南省鄢陵县北而稍西。"① 段入鄢后，"庄公伐诸鄢，大叔出奔共"。杜预注："共国，今汲郡共县。"②《左传》载"段"时有时称为"共叔"，故学者认为段奔共国后一直在此生活，因此称"共叔"。韩益民认同此说："庄公欲捉他甚易，却任由他逃往共地，可能的解释是庄公并不想杀他，而有意令其出奔。"③《左传·隐公十一年》郑庄公曰："寡人有弟，不能和协，而使糊其口于四方。"④ 马融《尚书注》也说"克，胜也"，庄公克段，即战胜段之意，而没有诛杀段叔。从后来庄公与母武姜掘地"黄泉相见"来看，此说极是。

郑庄公克段作为春秋郑国的内政大事，《左传》做了详细的描述，最后总结道："段不弟，故不言弟；如二君，故曰'克'；称郑伯，讥失教也；谓之郑志，不言出奔，难之也。"⑤ 首先是段作为兄之弟，不守兄弟之悌、君臣之礼，发展壮大自己的势力，犹如一国有二君，庄公克之。但庄公也没有履行为兄之责，段之行为，都是庄公失教的结果。从礼制出发对庄公的行为进行评说，大概是因为春秋伊始，礼制将乱，郑国作为春秋史之开篇，在内事上开始了礼乐失常。

人们对郑庄公克段非议颇多。《公羊传》："郑伯克段于鄢。克之者何？

---

① 关于"鄢"地，学者有争议，多数认为即今天的鄢陵县境内。韩益民：《"郑伯克段于鄢"地理考》，《北京师范大学学报（社会科学版）》2006年第4期，第98-104页。
② 《十三经注疏》整理委员会整理，李学勤主编：《春秋左传正义》卷一，十三经注疏标点本，北京大学出版社，1999年，第54页。
③ 韩益民：《"郑伯克段于鄢"地理考》，《北京师范大学学报（社会科学版）》2006年第4期，第98-104页。
④ 《十三经注疏》整理委员会整理，李学勤主编：《春秋左传正义》卷四，十三经注疏标点本，北京大学出版社，1999年，第125页。
⑤ 同②。

杀之也。杀之,则曷为谓之克?大郑伯之恶也。曷为大郑伯之恶?母欲立之,已杀之,如勿与而已矣。"①《穀梁传·隐公元年》:"郑伯克段于鄢。克者何?能也。何能也?能杀也。何以不言杀?见段之有徒众也。"②宋时吕祖谦还认为:"庄公雄猜阴狠,视同气如寇仇,而欲必致之死……岌岌乎险哉,庄公之心与。"③

实际上,郑庄公还是一个遵守礼制、注重血肉之亲的人,对母亲及弟段采取忍让的态度,最后迫不得已"克段",使段"奔共",流放武姜于"颍",发誓"不及黄泉,无相见也"。但最后他还是听从颍考叔之言,"阙地及泉,隧而相见"。如果说庄公不义的话,是其母武姜及其弟不义在先,庄公对此事的处理,还是顾及了礼仪孝道之情,只不过他更应是一位善于谋划策略、审时度势的君主,而不能仅从家庭伦理的角度看问题。因此苏轼认为:"段之祸生于爱。郑庄公之爱其弟也,足以杀之耳……当大叔之据京城,取廪延以为己邑,虽舜复生,不能全兄弟之好,故曰'郑伯克段于鄢',而不曰'郑伯杀其弟段'。以为当斯时,虽圣人亦杀之而已矣。"④清顾栋高说:"春秋之世,篡弑相寻,往往宽假臣子而苛责君父,于'称人以弑',则曰'君无道也',又曰'君恶甚矣'。于庄公之诛乱臣,则曰养成弟恶而杀之,使君父于凡桀骜悖逆之臣子,真有进退维谷之势。"⑤

第二节　郑国与周王室

郑庄公在消除国内隐患后,开始着重于外部事务。继郑桓公、武公之后,郑庄公继续作为周王朝卿士,凭借政治优势及卓越的才能,在诸侯国中具有非同凡响的影响力,以畿内王臣而列于诸侯,还曾代替周天子会盟诸侯国。此时的郑国已比肩于齐、鲁等东方大国。郑国开启了春秋初期的小霸时代。

---

① 《十三经注疏》整理委员会整理,李学勤主编:《春秋公羊传注疏》卷一,十三经注疏标点本,北京大学出版社,1999年,第16-17页。
② 《十三经注疏》整理委员会整理,李学勤主编:《春秋穀梁传注疏》卷一,十三经注疏标点本,北京大学出版社,1999年,第4页。
③ 吕祖谦:《左氏博议》卷一,清文渊阁四库全书本,第1-2页。
④ 苏轼:《苏文忠公全集·东坡续集》卷八,清文渊阁四库全书本,第1223页。
⑤ 顾栋高辑,吴树平、李解民点校:《春秋大事表》,中华书局,1993年,第3126页。

一、周王室的衰微

东迁之后的周王室，王畿之地方六百里，比镐京王畿少了一半多，但东周王畿为中原地区的膏腴之地，四方又有雄关险要扼守，东迁后的形势也较为稳定。西部虽戎狄势力强劲，但有新封的秦国可以抵挡，又有虞、西虢据险要之路为成周的西部屏障；北部有晋、卫、刑等国屏蔽；东部虽有莱夷、东夷等淮夷势力，但都不算强盛，有齐、鲁、宋、郑等国可以屏蔽；南部的楚人虽已具规模，但局于江淮之险，又有申、吕、应、邓、蔡、随、唐等国可以抵挡。东周王室处于一个和平安定的环境中。因此，清人顾栋高说："周自平王东迁，尚有太华、外方之间方六百里之地，其时西有虢，据桃林之险，通西京之道；南有申、吕，扼天下之膂，屏东南之固；而南阳肩背泽、潞，富甲天下；镮辕、伊阙披山带河，地方虽小，亦足王也。""案：东迁后，王畿疆域尚有今河南、怀庆二府之地，兼得汝州，跨河南北。有虢国桃林之隘，以呼吸西京，有申、吕南阳之地，以控扼南服。又名山大泽不以封，虎牢、崤、函俱在王略。襟山带河，晋、郑夹辅，光武创业之规模不是过也。"① 周王室实力虽有减弱，但天子之风犹在。晁福林也认同此观点，"周平王在位五十一年，连同其后的桓王、庄王、禧王，共约百年之久。这期间的周王朝尚有不可忽视的军事力量。……这个时期，晋、楚等国尚未勃兴，西戎、北逖被秦、虢、晋等压制，并未对周王朝构成威胁，因此在诸侯国之中，周王朝不仅有天下共主之名，而且尚有其实"②。

周平王东迁后并未实现周王朝的中兴，就连现有的王畿土地也难保全。因郑国护送平王东迁有功，平王把虎牢关以东大片土地赏予郑武公，后郑国又归还。鲁庄公二十一年（公元前 673 年），因郑、虢两国替周王平定了王子颓叛乱，周王又把虎牢关以东之地赏赐郑国，把王畿内的采邑酒泉赐予虢公，后陆续又有晋国借平叛赐予之名掠夺了南阳数邑及伊洛之川、三涂山等黄河以南的王畿土地。王畿面积不断减少，而与此相反的是，一些诸侯国的领土、势力在不断扩张。

伴随着土地减少的是经济及军事上的衰微，周王室直接管辖的土地越来

---

① 顾栋高辑，吴树平、李解民点校：《春秋大事表》，中华书局，1993 年，第 501-502 页。
② 晁福林：《试论东迁以后的周王朝》，《宝鸡师院学报（哲学社会科学版）》1990 年第 1 期，第 29-31 页。

越少，自然直接导致王室的经济收入也越来越少。诸侯向周天子的进贡，随着诸侯国势力的增加，也逐渐减少，有的不主动向周王缴纳贡赋，致使周王室的财政状况变得十分拮据，连祭祀、庆赏、丧葬等正常费用都难以维持，只得向诸侯求借。军事上也是同样状况。西周末年幽王时期对申、缯及犬戎的战争，使周王朝军队损失较大，东周初年，还可出兵攻击小诸侯国，但军队的规模只相当于周礼所规定的大诸侯国之制，这样的军力对大诸侯国而言已没有多少优势了。

二、周郑交质

郑国与周王室的关系特殊，不仅郑桓公为周宣王之弟，本为王室近亲，而且至武公时，武公娶申国之女，申国为周平王之母国，是平王的强力支持者，武公与平王的关系又近了一步。在平王东迁时，晋国、郑国是周王室的主要庇护者，"我周之东迁，晋、郑焉依"，但晋国不久即分为翼、曲沃两部分，内乱不止，已无暇顾及周室。而郑国则呈现蓬勃发展的势头，郑武公护送有功，周平王即把虎牢关以东的大片王畿封赏给郑武公，郑国依持王宠和职位便利而得到许多重要采地。郑国已成为周王室的主要屏护国，周平王曾说："以情则周之懿亲也，以国则周之左右藩辅也，况洛邑弹丸之区……倘有外侮，犹赖尔郑以朝夕夹辅王家。"[①]对郑的依赖和信任，使周天子对郑国取十邑、取胡地的行为，视为是对郑的奖励而不予认真计较。郑的三代国君都为王朝卿士，政治地位高于一般诸侯，是邦君的代表人物。郑武公时期至郑庄公中期，为郑与周王室的蜜月期。

东迁后的郑国与周王畿相邻，代王行政具有政治及地理上的优势。郑伯以卿士之名掌握着王朝的政权与军权，常"以王命讨不庭"，四处征战，以王师谋私利，这种行为损害了周王室的尊严，周天子的王权不可避免地与郑国国君的专权产生矛盾，这种矛盾在郑庄公中期突显。于是周平王想要逐步削弱郑庄公的权力，让虢国国君也担任卿士，以分掉郑庄公的一部分权力，郑庄公听说后便去质问平王。此事发生于鲁隐公三年（公元前720年），《左传·隐公三年》：

---

① 杨伯峻编著：《春秋左传注》，中华书局，1990年，第51页。

郑武公、庄公为平王卿士。王贰于虢。郑伯怨王。王曰："无之。"故周、郑交质。王子狐为质于郑，郑公子忽为质于周。王崩，周人将畀虢公政。四月，郑祭足帅师取温之麦。秋，又取成周之禾。①

此事件影响巨大，王卿的任命当然由周王做主，但郑庄公已表示出不满，周王的否认，表明了周王对郑国的恐惧，于是周、郑交换人质。此时的周王朝已是天子式微，降至与诸侯国平等的位置，而郑国随着权力的膨胀，已不把周王放在眼里，对王权的敬畏已不复存在。两国交质只是暂时缓解矛盾，平王去世后，年轻的周桓王还是分权给虢公，杜预注曰"周人遂成平王本意"，周王室对郑国不再隐瞒。郑庄公对权力被削十分恼怒，于是"取温之麦""取成周之禾"。至此，郑、周矛盾公开化。

周、郑的矛盾并不影响郑庄公作为王朝卿士继续行使其权力。《左传·隐公五年》："宋人取邾田。邾人告于郑曰：'请君释憾于宋，敝邑为道。'郑人以王师会之，伐宋，入其郛，以报东门之役。"宋国侵掠邾国土地，郑庄公邀请周王出师，以周天子之名，与王师、邾国同讨宋国，替邾国要回被占领的土地，同时也泄了私愤。此举被认为是开了中国历史上"挟天子以令诸侯"的先河。郑国国君深知与周王室修好关系的重要性，想办法和周桓王改善关系。《左传·隐公六年》载，此年冬天，京师告饥，鲁国向宋、卫、齐、郑请求粮食支援周王室，郑庄公亲自运粮去京师，借以朝拜桓王，"郑伯如周，始朝桓王也"，以谢收取王室麦、禾之罪。

隐公八年（公元前715年），郑、鲁之间祊、许互易。"郑伯请释泰山之祀而祀周公，以泰山之祊易许田。"杜预正义："成王营王城，有迁都之志，故赐周公许田，以为鲁国朝宿之邑，后世因而立周公别庙焉。郑桓公友，周宣王之母弟，封郑，有助祭泰山汤沐邑在祊。郑以天子不能复巡狩，故欲以祊易许田，各从本国所近之宜。恐鲁以周公别庙为疑，故云已废泰山之祀，而欲为鲁祀周公，逊辞以求也。"②祊，是郑祀泰山之田；许田，近许之田。《史记》正义引《括地志》："许田在许州许昌县南四十里，有鲁城，周公庙在城中。祊田在沂州费县东南。"③正义"祊"："祊者，郑所受助祭太山之汤沐邑。郑以

---

① 《十三经注疏》整理委员会整理，李学勤主编：《春秋左传正义》，十三经注疏标点本，北京大学出版社，1999年，第74页。
② 《十三经注疏》整理委员会整理，李学勤主编：《春秋左传正义》，十三经注疏标点本，北京大学出版社，1999年，第110页。
③ 司马迁撰：《史记·括地志》，中华书局，1959年，第150页。

天子不能巡守，故以祊易许田，各从其近。"①郑国以管理方便而与鲁国交换祊许，实是对周王室权威的挑衅，因为信任才封以祊地，意即助王祭泰山，郑国的做法表明不从王祭祀及朝王，意即现在的周天子已没有能力祭泰山及接受诸侯的朝拜。周王室已不再对郑伯客气，"夏，虢公忌父始作卿士于周"②。

郑庄公想挽回局面，八月，"郑伯以齐人朝王"，此时郑、齐结盟，让齐人朝王以示尊王之礼，又屡讨不尊者，以示好周王。例如，隐公九年（公元前714年），"宋公不王，郑伯为王左卿士，以王命讨之。伐宋……秋，郑人以王命来告伐宋。冬，公会齐侯于防，谋伐宋也"③。隐公十年（公元前713年），"蔡人、卫人、郕人不会王命。秋七月庚寅，郑师入郕……八月，壬戌，郑伯围戴。癸亥，克之，取三师焉……九月，戊寅，郑伯入宋。冬，齐人，郑人入郕，讨违王命也"④。

宋国不朝见天子，是为不尊王，郑伯以卿士身份举周天子之名进行讨伐，为显其权重又以王命要鲁国一同伐宋，鲁又会齐，一同谋伐宋国，打败了不朝见周天子的宋国。郑伯讨伐宋国时曾遍告诸侯国，但蔡、卫、郕三国不响应王命参与伐宋，成为被王师征伐的理由。这时的郑国"以王命讨不庭"，打杀征伐，并不是完全为了私利。如讨宋胜利后，所取宋之郜、防二邑让给鲁国，因为二邑位于宋、鲁交界，表明了郑庄公"不贪其土，以劳王爵"的公心，完全是履行王室卿士的职责，维护了西周以来的礼制，是尊王的表现，其主要目的还是讨好周王，并于诸侯中树立威信。公元前712年，鲁国发生内乱，鲁隐公被臣下所弑，郑庄公作为王朝卿士不讨伐乱臣贼子，而是收取叛乱者的贿赂，并"以璧假许田"，与鲁结盟，最终促成以祊易许⑤。鲁桓公二年（公元前710年），宋国也发生弑君事件，郑庄公同样为了郑国利益，立亲郑的公子冯为国君。

隐公十一年（公元前712年），周王提出用十二邑交换郑国四邑。"王取邬、刘、芳、邘之田于郑，而与郑人苏忿生之田——温、原、绨、樊、隰郕、

---

① 司马迁撰：《史记·郑世家》，中华书局，1959年，第1761页。
② 《十三经注疏》整理委员会整理，李学勤主编：《春秋左传正义》，十三经注疏标点本，北京大学出版社，1999年，第111页。
③ 《十三经注疏》整理委员会整理，李学勤主编：《春秋左传正义》，十三经注疏标点本，北京大学出版社，1999年，第116-117页。
④ 《十三经注疏》整理委员会整理，李学勤主编：《春秋左传正义》，十三经注疏标点本，北京大学出版社，1999年，第120页。
⑤ 杨伯峻先生认为，可能祊小许大，故郑加璧，最终促成此事。杨伯峻编著：《春秋左传注》，中华书局，1990年，第82页。

攒茅、向、盟、州、陉、隤、怀。"①郑的四邑邬、刘、芳、邘分别位于今河南偃师市、孟津县、沁阳市境内，是郑国主要农业区。周王的十二邑，原为苏忿生之田，春秋时可能有的已易主②，十二邑并不归周王所有。周王用不属于自己的田地来与郑交换，显然是一种缺乏诚意的行为，《左传》："君子是以知桓王之失郑也。恕而行之，德之则也，礼之经也。己弗能有，而以与人，人之不至，不亦宜乎！"③此时的周、郑关系虽不和谐，但尚处于稳定时期，并没有恶化。

三、周郑交恶

郑国的强势和以王卿之位济私的行为，令周王室不安和不快，周、郑关系一直处于隐忍状态，年轻的周桓王当政后极力改变此局面。鲁桓公五年（公元前707年）：

> 王夺郑伯政，郑伯不朝。秋，王以诸侯伐郑，郑伯御之。王为中军，虢公林父将右军，蔡人、卫人属焉，周公黑肩将左军，陈人属焉。郑子元请为左拒以当蔡人、卫人，为右拒以当陈人。……战于繻葛，命二拒曰：'旝动而鼓。'蔡、卫、陈皆奔，王卒乱，郑师合以攻之，王卒大败。祝聃射王中肩，王亦能军。……夜，郑伯使祭足劳王，且问左右。④

周桓王免去郑庄公卿士职务引发了周、郑间的战争。郑庄公因免职而不朝王，周王集结蔡、卫、陈等国分两路讨伐郑国，郑庄公迎战，双方在繻葛摆开战场，战斗中郑国部将祝聃射中周桓王肩部，王军溃败。此次征讨，后人多有评论，如清人方苞认为讨郑是必要的，是不得已而为之，"桓王乃志在拨乱之君，其伐郑亦非中无所主而仓卒妄出也。当平王之末己与王相恶，至交质

---

① 《十三经注疏》整理委员会整理，李学勤主编：《春秋左传正义》，十三经注疏标点本，北京大学出版社，1999年，第128页。
② 十二邑，周武王时分封给苏忿生，故《左传》中统称为"苏忿生之田"，实际上春秋初年有的已易主。如樊，位于今河南新乡济源，宣王时为仲山甫封地；向，幽王时为司徒皇父养老之地；温，杨伯峻考证认为春秋时仍主苏氏邑。十二邑虽不属周王所有，但可能是周王室的主要粮食供应地。
③ 《十三经注疏》整理委员会整理，李学勤主编：《春秋左传正义》，十三经注疏标点本，北京大学出版社，1999年，第128页。
④ 《十三经注疏》整理委员会整理，李学勤主编：《春秋左传正义》，十三经注疏标点本，北京大学出版社，1999年，第165-167页。

子。王崩之次月，兴师以犯王都，其罪乃九伐之法所未有也。故始朝而嗣王不礼焉，乃法所宜然。但其君臣皆尚谋诈而善用兵，克段以后，败宋以前，攻战之事十有四，所当无不摧破，王固知力之不能敌也，故继序十有四年而不敢声言其恶，至鲁轨之弑，郑既受赂而与之盟；宋督之弑，复众会以成其乱，此不能正则更无以驭邦国矣"①。周桓王的举动是周王室为维护尊严的最后一搏，郑国作为诸侯国和周王室军队对抗，表明周天子的威信已一落千丈，但郑庄公还是尊周王为天下共主，于是连夜派人去劳周王及其随从。周王室"经此一战，周政尽归内诸侯，王室威信扫地以尽，这是东周王室转衰的一大关键，周王室从此一蹶不振"②。周桓王之后，史籍中不再见有周王室出师的任何记载，周天子几乎完全丧失了出伐诸侯国的胆力和军力。

鲁桓公七年（公元前705年），"郑人、齐人、卫人伐盟、向。王迁盟、向之民于郏"③。此次行动是周、郑于鲁隐公十一年（公元前712年）交换邑地的延续，盟、向二邑之地的人不愿归顺郑国，郑国于是召集齐、卫一同讨伐，周王室不得已，只能将二邑民众迁往郏（今河南省洛阳市）。周王室为私利，处理不当而招致战火燃至王畿之内，郑国带兵讨伐，是对王室的粗暴冒犯，郑已不把周王放在眼里，周王室则只能忍气吞声。郑、周关系更不平衡，在以后的郑庄公时期，郑与周王室再没有发生冲突联系。

郑国与周王室的关系，从武公及庄公前期的"蜜月期"至最后刀兵相见的交锋，表面上看是围绕着王卿位置而展开的，实质是王权与霸权的相争。晁福林先生说："周桓王敢于领军去和气焰正盛的郑国较量，足见尚有一定的力量。然而，繻葛之战中，祝聃一箭却射尽了天子威风。桓王以后，再没有一位周天子敢于率军出来和称雄的诸侯较量。王权和霸权是有矛盾的，繻葛之战实质上就是这两种权力的较量。"④

周、郑繻葛之战后，郑庄公又联合齐、卫伐周王室的盟、向二邑的叛乱，周王不得不把其民众迁出，郑国的霸权已彻底战胜了王权。因此童书业先生说："郑国打周王以后，势力格外强盛……郑国当庄公时代，凭借了'挟天子以命诸侯'的地位，采用了'远交（交齐、鲁）近攻（攻宋、卫）'的政策，努力经营，国际的地位就蒸蒸日上。到了庄公末年，几乎成为春秋最初期的伯主。"⑤伯

---

① 方苞：《春秋通论》卷一，清文渊阁四库全书本，第2页。
② 王阁森、唐致卿主编：《齐国史》，山东人民出版社，1992年，第171页。
③ 《十三经注疏》整理委员会整理，李学勤主编：《春秋左传正义》，十三经注疏标点本，北京大学出版社，1999年，第186页。
④ 晁福林：《霸权迭兴——春秋霸主论》，生活·读书·新知三联书店，1992年，第60页。
⑤ 童书业撰，童教英导读：《春秋史》，上海古籍出版社，2003年，第145页。

主,即霸主,荀子认为"霸"的标准为"霸夺之与""友诸侯者霸""夺之与者友诸侯"①,能霸者要使诸侯归顺和服从,获得大多数诸侯的追随,主持盟会,号令诸侯。郑庄公时期基本上实现了这几点,但规模不大,故称"小霸"。

从春秋初期郑、周关系变化可以看出此时期政治形势的特点。

(1) 王权衰微。周王室东迁后,在由强渐弱的过程中不甘心放下王的尊严,面对郑庄公的大权独揽,不得不采取措施改变颓局。周桓王继位后,应是依平王的遗训,分郑伯的部分卿权与虢公,后完全废除郑庄公的卿士职位,再后来又提出交换邑田,目的都是要削弱郑国的势力,但这个愿望于繻葛之战中化为泡影。周与郑交战的失败,表明周王军事力量羸弱,已没有能力控制诸侯国,从此之后,诸侯有恃无恐,不尊王的事情屡有发生。春秋初年,郑国率先挑战王权,开启了诸侯争霸的先河。繻葛之战后周王室承认了王权的衰微,再不派王室军队与诸侯较量。

(2) 王威依在。郑国强盛时期,一直打着尊王的旗号,也做着尊王的事情,多次讨伐对周王室不尊者,维护着周王的尊严。郑庄公注重交好周王室,赴周朝见新继位的周桓王,听任桓王取郑国的邬、刘、芳、邗之田,这都是尊王的表现。即使不得已交战之后,郑庄公还是派人慰问周桓王及部下。在伐许国胜利后,郑不专许政,表明其还是尊重周王,在重大事情上遵循周礼的,但周、郑关系已走向完结,郑国失去王权保护的光环,其强盛也难以持久。

(3) 王权衰落滋生霸主。"王道熄而霸术昌"是春秋时期的写照。东迁后周王室实力下降,虽还保持着天下共主的名义,但已不被诸侯所仰望,屡屡发生诸侯不会王命的事情。郑庄公就说,"王室而既卑矣,周之子孙日失其序""天而既厌周德",强大的周王朝已一去不返,但"周德虽衰,天命未改",孱弱的周王朝控制不了诸侯国就必被诸侯国所控制,郑国的小霸只是春秋真正霸主陆续登场的序幕。

第三节 郑与中原诸侯国

中原地区自古即是人文荟萃之地,西周时期分封有众多诸侯国。东周初

---

① 王先谦撰,沈啸寰、王星贤点校:《荀子集解》,新编诸子集成,中华书局,1988年,第154页。

年，诸侯国都还墨守周制，势力大致均衡。郑国于中原立国后，与之相邻近的诸侯国有齐、鲁、宋、卫、陈、蔡、许等。齐国与鲁国，立国早，疆土大，国力不弱，但地理位置上较郑距周王室远，血亲关系也不如郑与周王室密切，且二国与郑并不直接接壤，对郑国威胁不大，于是郑团结大国，较早与齐结盟；郑国较大的直接邻国是宋、卫，有一定实力；其他邻国如陈、蔡，国小力弱，因邻近宋，受其制约，只好依附于宋对抗郑国。郑国认真分析周边形势后制定了远交近攻的外交策略，即交好齐、鲁，打击宋、卫，讨伐弱小。郑国依靠尊威尚在的周王室，加上郑庄公的谋力经营，形成了中原地区郑国独强的局面。

一、郑齐结盟

周王朝建立后，姜太公被封于殷商与东夷的薄姑旧地，建立齐国，国都营丘（今山东省淄博市境内）。《史记·周本纪》："于是封功臣谋士，而师尚父为首封，封尚父于营丘，曰齐。"[①]《史记·齐太公世家》："太公至国，修政，因其俗，简其礼，通商工之业，便鱼盐之利，而人民多归齐，齐为大国。"[②]春秋初年齐国的疆域，"东与纪国（今山东省寿光市南）为郊，东南是莱（今山东省黄县东南）、莒（今山东省莒县）、阳（今山东省临沂市北），西与鲁国相连，西南还有遂（今山东省肥城市南）、谭（今山东省济南市东）、鄣（今山东省东平县东北）几个小国，北接北燕。从地望上看，大约东到海，南到穆陵关与泰山，西到古黄河及今运河之西，北到冀鲁交界一带，广运约三五百里之间。其疆域大小，仅次于楚晋，而较秦、越、燕、鲁、卫、郑国较大"[③]。齐国地域虽大，但势力未盛，经济及军事力量在诸侯国中并不突出，与周王室的关系当然也比不上后来建国的郑。进入春秋后齐国的第一个国君为齐僖公，是位有作为的国君，他审时度势地分析了国内外形势，看到当时郑国势头正盛，就与郑国发展好关系。

《左传·隐公三年》："冬，齐、郑盟于石门，寻卢之盟也。"[④]这表明"卢之盟"早已有之。石门，在今山东省济南市长清区西南约35公里，第二次在

---

① 司马迁撰：《史记·周本纪》，中华书局，1959年，第127页。
② 司马迁撰：《史记·齐太公世家》，中华书局，1959年，第1480页。
③ 王阁森、唐致卿主编：《齐国史》，山东人民出版社，1992年，第176页。
④ 《十三经注疏》整理委员会整理，李学勤主编：《春秋左传正义》，十三经注疏标点本，北京大学出版社，1999年，第78页。

此会盟主题是重温"卢之盟",周平王东迁时间为公元前770年,这表明郑齐结盟应在平王东迁不久就开始了。诸侯间结盟在西周时期是违犯礼制的行为。周礼规定,"诸侯非民事不举,卿非君命不越竟",诸侯会盟不免有结党朋私之嫌,但从记载来看,进入春秋以来,诸侯会盟是常有之事。郑、齐"卢之盟"后,鲁、宋结"宿之盟",郑、齐再结"石门之盟",结盟成为诸侯联合对抗共同敌人的手段,越礼之事已成常态。

郑国与齐国结盟主要是为了对抗宋、卫,郑国在对付它们联合作战中并不占上风,需要与大国建立统一战线。三国由于常年战争,都很疲惫,于是齐国就居间调停,促成了隐公八年(公元前715年)的"温之盟"。《左传·隐公八年》:"齐人卒平宋、卫于郑。秋,会于温,盟于瓦屋,以释东门之役,礼也。"①瓦屋,杜预注"周地",今河南省温县西北20里。郑伯非常感谢齐僖公的调节,当年"八月,丙戌,郑伯以齐人朝王,礼也"。温之盟对齐国来说也是一件大事,证明了齐国的地位和齐僖公的威望,于是齐国向鲁国通报了此事,鲁隐公说:"君释三国之图,以鸠其民,君之惠也,寡君闻命矣,敢不承受君之明德。"此次会盟被认为是齐僖公"小伯"的表现,《国语·郑语》:"齐庄、僖于是乎小伯。"韦昭注:"庄,齐太后十二世庄公购也。僖,庄公之子禄父也。小伯,小主诸侯盟会。"②"伯主"为春秋时期对能够主盟的诸侯国的称呼,后世称为"霸主"。齐僖公的"小伯",后世学者多有评价,童书业认为:"其实齐在僖公时完全成为郑庄之傀儡,'小霸'乃郑庄,非齐僖也。"③从齐与郑的关系上来看,春秋初期的齐国更多的是依仗郑国,虽有一定的实力与作为,但也只能是"小伯"的地位。

盟约只是暂时的,温之盟后不久,郑、宋又战火不断,但齐国一直是郑国的同盟军,《左传》常记载二国协同作战的事情:隐公九年(公元前714年),齐国随同郑国讨伐不王的宋;隐公十年(公元前713年),齐同郑、鲁伐宋,九月,又同郑人入郕以讨违王命;隐公十一年(公元前712年),齐同郑、鲁讨伐许国;桓公二年(公元前710年),宋国内乱,华氏贿赂齐、郑、陈、鲁等国会盟于稷(今河南省商丘市境内),承认了华氏政权,"以成宋乱";桓公五年(公元前707年),齐、郑合谋攻打纪国;等等。繻葛之战后,两国关系

---

① 《十三经注疏》整理委员会整理,李学勤主编:《春秋左传正义》,十三经注疏标点本,北京大学出版社,1999年,第112页。
② 上海师范大学古籍整理组校点:《国语》卷十六,上海古籍出版社,1978年,第524-525页。
③ 童书业:《春秋左传研究》,上海人民出版社,1980年,第49页。

更为密切。桓公六年（公元前706年），"北戎伐齐，齐使乞师于郑。郑大子忽帅师救齐。六月，大败戎师，获其二帅大良、少良，甲首三百，以献于齐。于是诸侯之大夫戍齐，齐人馈之饩，使鲁为其班，后郑"①。郑国助齐国抵挡北戎进犯，表明两国已是铁的军事同盟关系。

齐国为了加强与郑的盟国关系，曾提出以文姜许于郑太子忽，但忽以"人各有耦（偶），齐大，非吾耦也"拒之。后在击败戎师后，齐再次提婚，谋臣祭仲曾劝诫太子忽曰："必取之！君多内宠，子无大援，将不立。三公子皆君也。"②但太子忽还是没有答应。太子忽拒婚之事表明此时的齐国没有郑国强势，极力想巩固齐郑联盟，忽的拒婚为以后郑国诸公子争君位引发内乱埋下了祸根。太子忽的作为是不明智的，有诗为证。《诗经·郑风·有女同车》：

> 有女同车，颜如舜华。
> 将翱将翔，佩玉琼琚。
> 彼美孟姜，洵美且都！
> 有女同行，颜如舜英。
> 将翱将翔，佩玉将将。
> 彼美孟姜，德音不忘！

《诗序》："刺忽也。郑人刺忽之不昏于齐。太子忽尝有功于齐，齐侯请妻之。齐女贤而不取，卒以无大国之助，至于见逐，故国人刺之。"③

齐国对郑国示好还表现于不顾礼制的追随。鲁桓公七年（公元前705年），齐国曾同郑人讨伐盟、向二邑民众的叛郑行为，迫使周王将盟、向人民迁于郑，公开示威于周王室，是不尊王的行为；桓公十年（公元前702年），郑国攻打鲁国，战争的起因是鲁国坚守周王室礼节的等级，引起郑国的不满，齐侯、卫侯参加，此次战争称为郎之战。郎，位于今山东曲阜近郊。《左传·桓公十年》："'齐、卫、郑来战于郎'，我有辞也。初，北戎病齐，诸侯救之。郑公子忽有功焉。齐人饩诸侯，使鲁次之。鲁以周班后郑，郑人怒，请师于齐。齐人以卫师助之。故不称侵伐。"杜预注："不称侵伐，而以战为文，明鲁

---

① 《十三经注疏》整理委员会整理，李学勤主编：《春秋左传正义》，十三经注疏标点本，北京大学出版社，1999年，第178页。
② 《十三经注疏》整理委员会整理，李学勤主编：《春秋左传正义》，十三经注疏标点本，北京大学出版社，1999年，第179页。
③ 《十三经注疏》整理委员会整理，李学勤主编：《毛诗正义》卷四，十三经注疏标点本，北京大学出版社，1999年，第296-297页。

直,诸侯曲,故言'我有辞',以礼自释,交绥而退,无败绩。"①鲁国坚守周礼而成为被讨伐的理由,表明春秋时期礼制不再被遵守,诸侯国的私利已凌驾于周天子及周礼之上。

郎之战后,鲁桓公十一年(公元前701年),"春,齐、卫、郑、宋盟于恶曹"②,是为对抗鲁国(恶曹,今河南省延津县东南)。郑、齐向来是牢固的盟国,宋、卫本是郑的宿敌,此时也投奔至郑国的同盟中,这是郑国势力强大的表现,也是郑国小霸中原的表现。

恶曹之盟后,郑庄公去世。《春秋经·桓公十三年》载,鲁"会纪侯、郑伯。己巳,及齐侯、宋公、卫侯、燕人战。齐师、宋师、卫师、燕师败绩"③,齐郑联盟打破。齐僖公晚年,齐国变得强大起来,对郑国有压倒性优势,郑国开始逐渐失去中原霸主的地位。

二、郑与鲁许

鲁国是周成王时分封给周公旦长子伯禽的封国,为周王朝同姓诸侯国,也是级别最高的诸侯国,国都奄(今山东省曲阜市)。因周公旦的特殊地位,西周初期鲁国与周王室关系亲近。鲁为大国,春秋初年其疆域为"今山东省南部小半省,兼涉苏北一隅之地。大致东到今沂水之东,南到今鲁、苏两省交界处,西到今郓城、世野、城武、单诸县境,北到泰山及汶水之北,以泰山脉及汶水北岸地与齐为界,广运约二三百里之间"④。鲁与邻国齐、宋为敌手,与郑国间隔有宋、曹、戴等。

西周时期,鲁国秉承周公之后及与周王的特殊关系,国力强盛。周平王东迁之后,鲁国势头不如新兴的郑国。鲁惠公时,公子隐率军伐郑,交战于狐壤(今河南省许昌市北),被郑军俘,后贿赂郑国大夫尹氏得以逃回鲁国,后继鲁国国君位,是为鲁隐公,此后两国关系复杂多变(表2-1)。

---

① 《十三经注疏》整理委员会整理,李学勤主编:《春秋左传正义》,十三经注疏标点本,北京大学出版社,1999年,第172-193页。
② 《十三经注疏》整理委员会整理,李学勤主编:《春秋左传正义》,十三经注疏标点本,北京大学出版社,1999年,第194页。
③ 《十三经注疏》整理委员会整理,李学勤主编:《春秋左传正义》,十三经注疏标点本,北京大学出版社,1999年,第199页。
④ 童书业撰,童教英导读:《春秋史》,上海古籍出版社,2003年,第127页。

表 2-1　春秋初年郑、鲁主要事件表

时间	事件
隐公元年（公元前 722 年）	鲁、宋结盟（宿之盟）应对郑、齐结盟（卢之盟）。不久，齐、郑再结石门之盟，加强联合以对抗鲁、宋之盟
隐公四年（公元前 719 年）	宋、卫、陈、蔡伐郑，鲁公子翚不顾隐公反对，率师协助宋国。"败郑徒兵，取其禾而还"
隐公五年（公元前 718 年）	郑人复仇宋国，以王师伐宋，攻宋之外郛。宋向鲁求救，隐公再次拒绝
隐公六年（公元前 717 年）	"郑人来渝平"，修好于鲁
隐公八年（公元前 715 年）	郑提出与鲁以祊田（今山东省费县东）易许田（今河南省许昌市南），虽未彻底执行，鲁隐公亦没有否定
隐公九年（公元前 714 年）	郑国攻打宋国，宋不再求援于鲁国。鲁、宋结盟关系不再
隐公十年（公元前 713 年）	郑、齐、鲁三国会盟中丘。同年，三国伐宋，夺宋之郜、防二邑，郑把二邑送予鲁国。郑、鲁关系亲密
隐公十一年（公元前 712 年）	郑、鲁盟于时来，商议伐许。郑、鲁、齐三国同年伐许，入许后，齐以许让鲁，鲁不受，而让于郑，郑庄公使许大夫奉许叔以居许东偏，使公孙获处西偏。同年，鲁国内乱，杀隐公，桓公继位
桓公元年（公元前 711 年）	郑、鲁结好，会盟于垂，二国完成祊、许互易。同年四月，再盟于越（山东省曹县）
桓公二年（公元前 710 年）	郑、齐、鲁、陈会于宋国的稷，立宋华氏
桓公六年（公元前 706 年）	郑、鲁助齐伐北戎，胜后宴会，鲁以王爵为序为诸侯班饩，因郑立国晚而"后郑"，引起郑国的不满
桓公十年（公元前 702 年）	郑、齐、卫三国伐鲁，战后，三国结盟于恶曹。自此鲁国被孤立。鲁郑关系破裂

桓公十二年（公元前 700 年），郑国厉公继位后，积极寻求外援支持，想与宋国讲和，请鲁桓公出面调和，但宋国君辞平。郑、鲁盟于郑国武父（今山东省明县东南），约伐宋。

郑庄公去世后，郑国国君之位争夺不断，原为郑昭公继位，后厉公夺位，再后昭公又复位后，厉公出奔鲁国。郑、鲁关系恶化，战争不断。

由春秋前期郑、鲁两国发生的事件来看，郑、鲁关系时好时坏。因鲁国与郑国并不相邻，也就没有直接的利害冲突，郑国外交战略主旨还是交好鲁国，以对付近邻宋国。春秋初年，宋、鲁两国为盟国，鲁国之所以与宋结盟，主要原因是忌怕邻国齐国，齐国又与郑国为友好国家。宋、鲁结盟对郑国的外扩极为不利，此时的郑国国势正盛，且又交好于鲁的邻国齐国，因此鲁国也想交好郑国，于是在郑、宋交恶时态度暧昧，很少参加或极力不参加宋、卫、陈、蔡等国的联合行动，鲁、宋同盟关系松散。聪明的郑庄公主动派人前来修好，于是鲁、宋关系渐行渐远，终于在隐公九年（公元前714年），鲁、宋关系破裂，随后，鲁国归入郑、齐之盟，并一起讨伐宋国。郑国把夺取的宋国二邑部（今山东省成武县南）与防（今山东省金乡县西南）送给鲁国，二邑位于鲁、宋交界地带，离郑国较远，郑国以此来稳固与鲁国的关系。后来，郑、鲁、齐三国又攻入许国，鲁国把齐国答应给自己的许国转让给郑国作为报答。鲁桓公继位后，郑、鲁完成祊、许互易，此时期为二国关系修好稳固时期。

郑、鲁关系出现裂痕是在繻葛之战后，郑国打败周王的军队，盛极一时，已是中原小霸主，对鲁国的态度也不如以前那样好。桓公六年（公元前706年），在诸侯共伐北戎的庆功会上，鲁国大夫排座次的时候，把代表郑国出席的太子忽排到了最末，这使后来成为郑国国君的太子忽大怒。后来，郑会合齐、卫与鲁战于郎（山东省鱼台县），鲁、郑关系开始恶化，此后时好时坏。再后来，鲁国又牵扯入郑公子争夺君位的争斗中，极力送郑厉公回国，连年伐郑，鲁、郑关系彻底破裂。齐国兴起后，齐桓公成为春秋霸主，郑、鲁之间关系已不再重要，郑国也就不再注重与其交往。

总之，郑国对鲁国的结交政策是明智之举，把鲁国拉入郑齐集团是对宋卫集团的沉重打击，改变了两集团军事力量的对比，巩固了郑齐同盟，安定了齐国边境，使齐国成为郑对外扩张发展的最可靠支持者，为最终郑齐同盟的胜利奠定了基础。

许国是周武王时期分封的姜姓诸侯国，始封国君为许文叔，男爵。许国疆土在今河南许昌及临颍、鄢陵一带，都城位于许昌城东20公里的张潘古城附近。春秋时期，许国为临近郑国的小国，是郑国向外发展的首要兼并对象。鲁隐公八年（公元前715年），郑、鲁达成许祊交易意向。许田，近许之田，因许田近郑，郑国请以祭泰山的祊田交换鲁国祭周公的许田，以达吞并许国的野心，两国终于桓公元年（公元前711年）达成交易。隐公十一年（公元前712年），郑国借口许国不进贡周天子，联合齐、鲁伐许。郑国主帅颍考叔取郑庄公大旗蝥弧以先登攻城，战死，瑕叔盈又继续扛旗攻城，许国城破，许庄公奔卫。因鲁国本是许的宗主国，齐国将许国让与鲁国，鲁国为答谢郑国攻宋、取宋邑给鲁之恩，把许城转让给郑国。郑庄公使许国大夫百里辅助许庄公之弟许叔管理许国东部，使郑大夫公孙获管理西部。郑庄公死后郑国发生诸子争位之乱，桓公十五年（公元前697年），许叔乘机夺回都城，实现复国。清高士奇说："许为太岳之裔，国于旧许，与郑为邻，而郑之所欲吞并以拓其封竟者也。当鲁隐之季,会齐、鲁以入许,使许叔处许东偏,仅存其祀耳。及桓公时,郑方有内难,许叔乘机窃入,非郑意也。"① 此后,郑、许为世仇之国。据统计,春秋时期许国遭受侵伐十一次,其中九次为郑国侵犯。

许国为小国,地域之小使其不具备与大国抗衡的能力,在春秋时期弱肉强食的背景下,只能接受被欺凌的命运,被迫多次迁徙,先后迁于叶(今河南省叶县)、夷(今安徽省亳州市东南)、析(今河南省西峡县)、容城(今河南省鲁山县)等,最终被郑所灭。

三、郑与宋卫陈蔡

郑国东边邻近的大国宋国,是周王朝分封的异姓诸侯国,都商丘,建立于周朝初期动乱之后。周王朝建立后,遵循"兴灭继绝"的传统,分封纣王之子武庚,以承殷之祀,并安排管叔、蔡叔、霍权(称"三监")在殷都周围建立管、蔡、霍三国进行监视,防止商的叛乱,但武庚还是联合"三监"发动了反对周公摄政的叛乱,最后被镇压。从此,周王朝不再信任商的臣服,改派早降于周的商王族微子来统治商国,并据微子封号而改称宋,因而,确切地说宋国是纣王的哥哥微子启的封国。宋国作为旧王朝商的后裔及遗民之国,与周王朝的关系脆弱而缺乏信任;同时,宋国又是异姓诸侯国,因而被排斥于周王朝核心体系之外,在诸侯列国中地位不高,不太受欢迎。

宋国在西周初期受封时,疆域较小,在今商丘周围数百里范围内,周围遍布姬姓诸侯国,这是周王室为了对其进行监视,限制其发展而采取的措施。顾栋高评论说:"周室棋布列侯,各有分地,岂无意哉!盖自三监作孽,武庚反叛,周公诛武庚而封微子于宋。岂非惩创当日武庚国于纣都,有孟门、太行之险,其民易煽,其地易震,而商丘为四望平坦之地,又近东都,日后虽子孙自作不靖,无能拒险为患哉。故殷之遗民属之懿亲康叔,而杞宋接壤,俱在开、归、匪特制驭,亦善全先代之后宜尔也。"② 春秋时期,王室衰微,诸侯皆拓疆扩土,宋国版图也有扩大,顾栋高《春秋大事表》载:"宋在春秋兼六国之地,宿、偪阳、曹三国其见于经传者也,杞、戴及彭城则经传俱不详其入宋之年,而地实兼并于宋。"③ 大致为"今河南东北部及江苏西北端,山东西端,

---

① 高士奇:《左传纪事本末》,中华书局,1979年,第614页。
② 顾栋高:《宋疆域论》,见王昶辑:《湖海文传》卷五,清道光十七年经训堂刻本,第62页。
③ 顾栋高辑,吴树平、李解民点校:《春秋大事表》,中华书局,1993年,第528-529页。

即前清归德全府及开封、徐州、曹州等府一部之地。大致东至彭城之东，南边陈蔡，西接汴梁，北至曹州以北，纵横约二三百里之间"①。

宋与郑相邻，两国为争夺边境两界地带，经常发生战争。宋国是郑国的主要敌对国，郑国的对外政策也多围绕宋国开展，如郑和齐所结的卢之盟、石门之盟，以及后来同鲁国的结盟等。春秋初年，郑国处于强盛时期，宋的同盟国鲁国对郑、宋之争抱以观望态度，使得宋国经常处于孤立状态，只好与卫、蔡、陈等国联合。

卫国为卫康叔封国，建立于西周初年周公东征平三监之乱后。周公为监摄殷商故人，把周之最为亲信之人文王幼子康叔分封于商墟故地，国号卫。《史记·周本纪》载，"初，管蔡叛周，周公讨之，三年而毕定"，周公"以武庚殷余民封康叔为卫君，居河、淇间故商墟"。卫国的疆域主要是在殷墟，北起武父（今河北省大名县有"武父城"）以南，直至圃田（今河南省郑州市东圃田）以北，西近东都洛邑（今河南省洛阳市）附近，东至山东滨海一带，疆域广大。

陈、蔡二国为西周初年就分封的小国。陈国是虞舜后裔的封国，始建都于株野（今河南省柘城县），后迁于宛丘（今河南省淮阳县）。疆域为今河南东部至安徽亳州一带，与宋、郑、蔡、楚相邻。蔡为文王之子蔡叔度的封国，蔡叔度参与武庚叛乱被流放。后来，周成王封其子于河南上蔡，复建蔡国。蔡国势力范围在今河南上蔡、新蔡及安徽一带。陈、蔡两国相邻又通婚姻，关系较近，春秋初年，常随同宋国共同参与行动。

宋卫陈蔡同盟中，郑与宋国冲突最多。隐公五年（公元前718年），宋国夺邾国之田，邾告于郑。郑庄公率领周王军队联合邾国攻打宋国，兼报东门之仇，一举攻入宋国的外城，宋求救于鲁，鲁不出兵。同年冬天，宋伐郑，围郑邑长葛，以报入郛之仇。郑想打破宋卫陈蔡同盟，于是主动示好陈国以瓦解宋国，但陈桓公并不接受，说："宋卫实难，郑何能为？"郑庄公大怒，隐公六年（公元前717年），郑侵陈，大胜，俘获许多战俘和财物。宋国于是出兵伐郑，夺取了长葛。郑庄公为了达到与陈和盟之目的，让公子忽迎娶陈国之女妫。齐国出面调解郑、宋、卫矛盾，隐公八年，郑、宋盟于瓦屋（今河南省温县西北）。但第二年，郑国就以宋公不王而以周天子名义伐宋。后，郑又联合齐、鲁共同征伐宋国，鲁国借机夺取了郜、防。宋也联合卫、蔡反伐郑，夺取郑地戴，后郑又夺回。郑国最终利用宋、卫与蔡不和的矛盾打败三国联军。同年，郑国再次讨伐宋国。隐公十一年（公元前712年），郑国联合虢国军队大

① 童书业撰，童教英导读：《春秋史》，上海古籍出版社，2003年，第128页。

败宋军。此时，宋国发生内乱，宋太宰华督杀宋殇公，并请居于郑国的公子冯回国继君位，即为宋庄公。华督贿赂齐、郑、陈等国，成为宋国的辅佐大臣。郑、宋战争停息。

卫国与郑国矛盾起于郑太叔段。鲁隐公元年（公元前722年），太叔战败后奔共，其子公孙滑出奔卫国，卫国为公孙滑之故出兵攻伐郑国，夺取郑邑廪延。郑国率王师和虢师伐卫南部边境，又请邾国出兵，与邾结盟于翼（今山东省费县西南）。第二年，郑人伐卫以讨公孙滑之乱。隐公三年（公元前720年），卫公子州吁弑杀卫桓公自立为君。州吁因与郑叔段交好，又想通过战争巩固自己的政权，于是联合宋、陈、蔡伐郑，围郑国东门五天。《左传·隐公四年》："卫州吁立，将修先君之怨于郑，而求宠于诸侯，以和其民。使告于宋曰：'君若伐郑以除君害，君为主，敝邑以赋与陈、蔡从，则卫国之愿也。'宋人许之。于是陈、蔡方睦于卫。故宋公、陈侯、蔡人、卫人伐郑，围其东门，五日而还。"①卫国人因州吁"好兵，弑桓公皆不爱"，州吁很不得人心。大臣石碏也厌恶他，于是与陈国国君联合设计逮捕州吁，并派右宰丑前往监杀州吁，迎立卫公子晋回国，是为卫宣公。郑国趁卫国内乱攻打卫国，侵牧，以报东门之仇，卫国以南燕之兵反击郑国，"郑祭足、原繁、洩驾以三军军其前，使曼伯与子元潜军军其后。燕人畏郑三军，而不虞制人。六月，郑二公子以制人败燕师于北制"。结果卫败。

春秋早期，郑与宋、卫、陈、蔡间战火不断，主要事件如表2-2所示。

表2-2 春秋初年郑与宋、卫、陈、蔡主要事件表

时间	事件
隐公元年（公元前722年）	郑共叔之乱，公孙滑出奔卫，卫人为之伐郑，取廪延。郑人以王师、虢师伐卫南郊
隐公二年（公元前721年）	郑人伐卫
隐公三年（公元前720年）	宋穆公疾传位于殇公（宣公子），穆公子冯奔郑，被郑国视为政治筹码，伺机回国争夺君位
隐公四年（公元前719年）	卫州吁弑卫桓公。宋、陈、蔡、卫伐郑，围其东门五日而还，为东门之役。秋，四国再伐郑，宋向鲁求师，鲁不应答。卫人杀州吁，立公子晋
隐公五年（公元前718年）	郑人侵卫牧，卫人以燕师伐郑，郑败燕师。郑以王师、邾国军队伐宋，入其郛。宋人伐郑，围长葛，以报入郛之役

---

① 《十三经注疏》整理委员会整理，李学勤主编：《春秋左传正义》，十三经注疏标点本，北京大学出版社，1999年，第86-87页。

续表

时间	事件
隐公六年（公元前717年）	郑侵陈，大获。宋人取长葛
隐公七年（公元前716年）	宋及郑平，盟于宿。陈及郑平，郑公子忽娶陈女
隐公八年（公元前715年）	齐人卒平宋、卫于郑，秋，盟于瓦屋，以释东门之役
隐公九年（公元前714年）	宋公不王，郑伯为王左卿士，以王命讨之，伐宋
隐公十年（公元前713年）	郑鲁齐伐宋胜利，取宋的郜、防两邑，归于鲁。宋、卫攻郑，蔡人伐戴。郑伯围戴，败三国军队。蔡失和宋、卫。九月，郑入宋，报入郑之役
隐公十一年（公元前712年）	郑以虢师伐宋，大败宋师
桓公二年（公元前710年）	宋华弑督宋殇公，召公子冯回国继君位，并贿赂郑、齐、鲁、陈等国，诸国会于宋稷。郑、宋息战。蔡、郑会于邓
桓公十一年（公元前701年）	宋参加郑国主持的恶曹之盟，以对抗鲁国

从以上记载来看，宋殇公在位的十年（公元前720—前710年）中有十一战，其中郑、宋间有十战，可谓是真正的敌对国家。当时，郑国势力正为强劲，于是宋、卫、蔡、陈联合与郑抗衡。郑采取瓦解敌人的策略，先与陈和好，又利用蔡与宋、卫的矛盾，彻底打败宋国；又借机宋国内乱，使其臣服，宋国于桓公十一年（公元前701年）参加郑国主持盟会。郑庄公去世后，宋国改变对郑国的恭敬态度，在诸郑公子争位中支持厉公，驱逐郑昭公，屡挑事端。

郑与宋、卫、陈、蔡间的交往有以下几个特点。

（1）郑、宋之争，就战争结果看，两国互有胜负，但郑国显然较强。如东门之役，宋及联军并未取得实质性的胜利，不得不向鲁国乞师，但就这样，还仅是打败了郑国的徒兵，取其禾，故杨伯峻注曰："古皆车战，此言仅败其徒兵，足见郑虽败，未受大创。"[①]郑国不仅有王室卿士之势，同时也有与东方大国齐国建立的牢固同盟，使宋国屡遭重挫。隐公九年（公元前714年）、十年（公元前713年），郑庄公以王命讨宋之不庭，名正言顺，取宋之邑而赠予鲁，既巩固了郑鲁同盟，又重伤了敌国，还伸张了礼法，履行了王室卿士之职。隐公十一年（公元前712年），郑国集合虢国之师再次伐宋，又给宋国以沉重打击。

（2）郑对宋的政策是孤立和重创。宋国与鲁国有姻亲关系，也订有盟约，

---

① 杨伯峻编著：《春秋左传注》，中华书局，1990年，第37页。

但郑国不断拉拢鲁国，鲁国对郑国也有敬畏之心，导致鲁的立场摇摆不定，最终与宋同盟破裂，加入郑、齐阵营。郑对陈国采取拉拢政策，与之联姻结盟，使宋卫陈蔡联盟瓦解。隐公六年至八年的两年，郑、宋两国因频繁的战争都已疲惫，于是讲和，订立宿之盟。此时鲁、陈与郑皆修好，宋国处于孤立无援局面，也是不得已而为之。

（3）郑、宋关系在宋殇公死后进入亲密期，表现为宋国被郑国所掌控。桓公二年（公元前710年），宋国时任太宰的华督攻杀孔父夺其妻，后又杀殇公，迎立居于郑的公子冯为君，为宋庄公，表明了迎合郑的态度。宋庄公当政期间，与郑关系亲密。如桓公十一年（公元前701年）的恶曹之盟，史书没有明确记载宋国是否参加，但有一部分学者认为宋国参加了此次会盟。笔者赞同此观点，因此时郑庄公仍在位，还是强盛时期，宋国是宋庄公当政，亲郑政策仍延续，参会合情合理。

（4）卫国是大诸侯国，西周时期的诸侯之长，春秋时期仍实力较强，故能为公孙滑之故进攻郑国，首先挑起两国争端。州吁弑主自立后，因得不到国人认可而对外发动战争，联合宋、陈、蔡伐郑。郑国对其采取强硬政策，多次率周王之师，联合虢师讨卫。十年之间，卫、郑交战五次。因郑国力量较强，卫国联合他国也难取得实质性胜利，反而遭到沉重打击，国力进一步削弱。

（5）陈、蔡俱是小国，为宋之同盟国，多追随宋国参加对外征战。郑国对其软硬兼施，瓦解其与宋卫的同盟关系。如隐公六年（公元前717年），郑大败陈国军队，随后，又与陈平，并与陈缔结姻亲关系。蔡国亦如此，桓公二年（公元前710年），郑、蔡会盟。

第四节　春秋初年的晋楚

西周王朝分封有几个大的诸侯国，东方的齐、西方的秦、北方的晋、南方的楚，春秋初年都还处于发展之中。如晋、楚两个版图较大的诸侯国，由于内乱不止及地形的局限，或者默默无闻，或者局部发展，强大的力量尚未勃发，郑国强盛时期也无与其交锋。当时，郑国外扩及政治斗争的精力主要集中于其周边的中原地区，对南北蓄势待发的两大国没有足够重视，也就没有预先遏制的计划，为以后两面受制于人埋下了祸根。

一、晋之内乱

　　晋国源于周朝建立后周成王分封其弟叔虞于唐（今山西省南部翼城县西）。据史书载，周成王年幼继位，在一次游戏中将桐叶削成圭状封给叔虞，因"天子无戏言"，故周成王在大臣的主持下，对叔虞进行了正式的册封，建立唐国，史书称"桐叶封弟"。后叔虞子燮父继位，改唐为晋。西周时期的晋国，范围在河、汾以东一带，即今曲沃、绛县、侯马之间，国土不大。西周末年的晋文侯时期，因晋国与周王室的直系血缘关系，也一直是周平王的坚定拥护者。因与郑武公夹辅周平王东迁有功，平王赐晋文侯秬鬯、圭瓒，作《文侯之命》，王曰，"父义和！其归视尔师，宁尔邦。用赉尔秬鬯一卣，彤弓一，彤矢百，卢弓一，卢矢百，马四匹"①，以为殊荣。春秋初期晋文侯死后，其子昭侯继位，将文侯弟成师封于曲沃，由此引发了长达近70年的内乱并最终导致了晋国政权的更替。

　　晋昭侯封其叔父成师于曲沃，号为桓叔。曲沃是晋国最大的邑，大于国都所在地翼，桓叔受封时已58岁，政治经验丰富，好德，在曲沃招揽人心，"晋国之众皆附焉"。因此人们说："晋之乱其在曲沃矣。末大于本而得民心，不乱何待！"②曲沃与公室的斗争从此开始。关于此间内乱，《史记·晋世家》载如下：

> （昭侯）七年，晋大臣潘父弑其君昭侯而迎曲沃桓叔。桓叔欲入晋，晋人发兵攻桓叔，桓叔败，还归曲沃。晋人共立昭侯子平为君，是为孝侯。诛潘父。
>
> 孝侯八年，曲沃桓叔卒，子鳝代桓叔，是为曲沃庄伯。
>
> 孝侯十五年，曲沃庄伯弑其君晋孝侯于翼。晋人攻曲沃庄伯，庄伯复入曲沃。晋人复立孝侯子郄为君，是为鄂侯。
>
> 鄂侯六年卒。曲沃庄伯闻鄂侯卒，乃兴兵伐晋。周平王使虢公将兵伐曲沃庄伯，庄伯走保曲沃。晋人共立鄂侯子光，是为哀侯。
>
> 哀侯二年，曲沃庄伯卒，子称代庄伯立，是为曲沃武公。
>
> 哀侯八年，晋侵陉廷。陉廷与曲沃武公谋，九年伐晋于汾旁，虏哀侯。晋人乃立哀侯子小子为君，是为小子侯。

---

① 《十三经注疏》整理委员会整理，李学勤主编：《尚书正义》卷二十《文侯之命》，十三经注疏标点本，北京大学出版社，1999年，第559-560页。
② 司马迁撰：《史记·晋世家》，中华书局，1959年，第1638-1640页。

小子元年，曲沃武公使韩万杀所虏晋哀侯。曲沃益强，晋无如之何。

晋小子之四年，曲沃武公诱召晋小子杀之。周桓王使虢仲伐曲沃武公，武公入于曲沃，乃立晋哀侯弟缗为晋侯。

晋侯二十八年，曲沃武公伐晋侯缗，灭之，尽以其宝器赂献于周厘王，厘王命曲沃武公为晋君，列为诸侯，于是尽并晋地而有之……更号曰晋武公。[1]

在长达 67 年的内斗中，曲沃桓叔系最终灭晋公室，代晋成为诸侯，实现了晋国的统一。但此时的晋国，势力局限于山西南部一带，仍旧保持在受封之初的大致百里之地，力量也并不强大。周王承认曲沃武公是贿赂的结果，于是公元前 678 年，"王使虢公命曲沃伯以一军为晋侯"，郑玄注："曲沃武公遂并晋国，僖王因就命为晋侯。小国，故一军。"孔颖达正义："周礼，小国一军。晋土地虽大，以初并晋国，故以小国之礼命之。"[2] 周王承认曲沃伯依诸侯标准建制，与郑国的"三军"建制相去甚远。是时，"今晋国之方，偏侯也。其土又小，大国在侧，虽欲纵惑，未获专也"[3]，对郑国还构不成威胁。

二、楚之初兴

楚国位于长江流域，为西周时期华夏族建立的一个诸侯国。楚人的祖先是最早活动于中原地区的颛顼后人，后南迁至丹水和淅水、湖北荆山一带。楚国的建立者为鬻熊，商朝末年文王、武王伐纣时鬻熊投靠周人，采取与周联合的政策推翻了商王朝，乘机建立了自己的国家。鬻熊之后熊绎于成王时受到西周王朝的分封。《史记·楚世家》："熊绎当周成王之时，举文、武勤劳之后嗣，而封熊绎于楚蛮，封以子男之田，姓芈氏，居丹阳。楚子熊绎与鲁公伯禽、卫康叔子牟、晋侯燮、齐太公子吕伋俱事成王。"[4]

西周前期，楚人乘周公灭三监之乱时发展起来，此时楚国国君为熊渠，其团结江汉流域群蛮百濮、大小方国，开始与周王朝分庭抗礼。《史记·楚世

---

[1] 司马迁撰：《史记·晋世家》，中华书局，1959 年，第 1638-1640 页。
[2] 《十三经注疏》整理委员会整理，李学勤主编：《春秋左传正义》，十三经注疏标点本，北京大学出版社，1999 年，第 256 页。
[3] 马骕：《绎史》卷五十一上，清文渊阁四库全书本，第 718 页。
[4] 司马迁撰：《史记·楚世家》，中华书局，1959 年，第 1691-1692 页。

家》:"当周夷王之时,王室微,诸侯或不朝,相伐。熊渠甚得江汉间民和,乃兴兵伐庸、杨粤,至于鄂。熊渠曰:'我蛮夷也,不与中国之号谥。'乃立其长子康为句亶王,中子红为鄂王,少子执疵为越章王,皆在江上楚蛮之地。"①及周厉王时,楚畏惧周王朝重新振作的强大武力及经济实力,去王称号,又臣服于周王朝。周宣王时期,为了巩固对南方的统治,打击楚国的气焰,周宣王派大将召伯虎振旅伐楚,《诗经·大雅·江汉》记载了其情景,"江汉汤汤,武夫洸洸。经营四方,告成于王","江汉之浒,王命召虎:式辟四方,彻我疆土。匪疚匪棘,王国来极。于疆于理,至于南海"。宣王伐南方取得了胜利,征服江汉地区,在西周王朝与楚之间建立了一道防线,即所谓的"汉阳诸姬",以藩屏周。"汉阳诸姬"的建立,是西周王朝无力伐灭南方楚国的表现。"汉阳诸姬"是周王朝封在汉水流域以姬姓为主的方国,也包括非姬姓国,李玉洁先生考证主要有申、吕、曾、随、唐、厉、贰、轸、郧、西黄、应、息、道、房、柏等,这些国家多为周公东征后或宣王时期所封,是周王朝向南拓殖的基地,也是阻止楚国向北发展的屏障②。

春秋时期,周王室天下共主地位的丧失,使得中原诸侯国处于混乱争斗之中,但南方的楚国政局较为稳定,楚熊通过弑杀手段自立为楚君,趁中原乱局扩张领土,首先攻打汉水北岸的随,名义为使周王室尊楚。《史记·楚世家》载熊通曰:"我蛮夷也,今诸侯皆为叛,相侵或相杀,我有敝甲,欲以观中国之政,请王室尊吾号。"因周王室不同意,又曰:"吾先鬻熊,文王之师也,早终。成王举我先公,乃以子男田令居楚,蛮夷皆率服,而王不加位,我自尊耳。"③于是熊通自立为武王,强与随盟,迫使随承认其王的尊位,随后"开濮地而有之",灭邔,攻克州、蓼,臣服了随、唐④,此时楚国的势力已遍及江汉。

楚武王三十八年(公元前703年),攻邓国,两年后,攻打贰、轸,强迫二国订盟,后又灭二国,随后打郧国,娶郧女,郧成为楚势力所在地。通过征伐,楚武王打通了楚至汉东的道路。接着,楚武王又从大洪山西麓向汉北进攻,伐绞、攻罗、灭卢⑤,楚国领土迅速向北扩展,西至襄阳、东至随的道路

---

① 司马迁撰:《史记·楚世家》,中华书局,1959年,第1692页。
② 李玉洁:《楚国史》,河南大学出版社,2002年,第58-62页。
③ 司马迁撰:《史记·楚世家》,中华书局,1959年,第1695页。
④ 邔,今河南省淅川县西,现遗有丹水故城,即古邔国地;州,杜预注:"在南郡华容县东南",即今湖北省监利县东南之州陵城;蓼,古蓼国,在今河南省唐河县境内;随、唐国为周王室分封于汉水流域的诸侯国。
⑤ 此处小国分别与今地对应为:贰,今湖北省应城市境内;轸,今湖北省应城市西;郧,今湖北省安陆市一带;绞,今湖北省郧县西北;罗,今湖北省宜城市西二十里罗川城一带;卢,今湖北省襄樊西南。

基本打通，打开了进攻中原的缺口。

楚武王咄咄逼人的灭国运动，引起了相邻小国的恐惧，也引起了郑国的警惕。《左传·桓公二年》："蔡侯、郑伯会于邓，始惧楚也。"邓，杜预注："颍川召陵县西南有邓城。"① 此时为郑庄公三十四年（公元前710年），蔡国本为郑国之敌国宋国的盟国，但郑国与之会盟，表明事态发展的严重性，因此杜预曰："楚武王始僭号称王，欲害中国。蔡、郑，姬姓，近楚，故惧而会谋。"② 说明楚国已有图谋中原之心，但实力与中原诸国相比并不占上风，还不具有称霸中原的能力，因此，童书业先生认为楚之强未必过于"病齐"之北戎③。

楚武王死后，其子熊赀立，为楚文王，其继续开拓进攻中原的道路，目标为阻挡其北进的"汉阳诸姬"。"文王二年，伐申过邓，邓人曰：'楚王易取'，邓侯不许也。六年伐蔡，掳蔡哀侯以归，已而释之。楚强，凌江汉间小国，小国皆畏之。"④ 楚先后灭掉的小国有邓、申、吕、缯、息。陈、蔡被迫臣服，汉水流域的"汉阳诸姬"基本被楚吞灭或臣服。楚国发展至东可取淮夷之地，北可直逼郑、许、洛邑，进可攻，退可守，"天下之势尽在楚矣"。因此，顾栋高说："楚横行南服，由丹阳迁郢，取荆州以立根基。武王旋取罗、鄀，为鄢郢之地，定襄阳以为门户；至灭申，遂北向以抗衡中夏。然其始要非一朝一夕之故也，平王东迁即切切焉。"⑤ 楚国已经成为中原诸国的最大威胁。

楚国的大发展是周王室衰微无暇顾及造成的。周厉王之后，周王朝再无力南下征服，东迁后，中原诸侯国不再以捍卫周王朝安危为己任，而是卷入集团争斗中，纷争不断，使得楚国可以顺利向汉东、汉北挺进，势力抵至中原边缘。再者，楚国偏居南方，中原诸侯国对之重视不够。当时郑国居天下之中，活动也只是集中于中原地区，对楚国的北上侵扰，虽感觉到汹汹之势，但已不能也无力遏制其发展。郑国在庄公去世后，陷入争位内乱，而楚国政治安定，相继又吞并一些小国家，版图继续扩大，待其完成歼灭小国的战争，稳固局面之后，就势必向中原地区发展。同时，北方的齐国任管仲为相后率先发展起来，晋国局势安定后也进入了快速发展时期。待四周大国兴起后，郑国随时成为它们蚕食的对象，也就不可避免地要处于南北大国争伐掠夺的夹缝中。

---

① 王樵辑：《春秋辑传》第十三卷，清文渊阁四库全书本，第45页。
② 《十三经注疏》整理委员会整理，李学勤主编：《春秋左传正义》，十三经注疏标点本，北京大学出版社，1999年，第150页。
③ 童书业：《春秋左传研究》，上海人民出版社，1980年，第45页。
④ 司马迁撰：《史记·楚世家》，中华书局，1959年，第1696页。
⑤ 顾栋高：《楚疆域论》，见王昶辑：《湖海文传》卷五，清道光十七年经训堂刻本，第64页。

第三章　郑国的动乱与衰落

郑国东迁于中原地区，依靠与周王室的特殊关系和独特的地理优势，加上郑国几代国君的苦心经营，到郑庄公时期达到鼎盛，成为春秋时期的小霸主。但郑庄公之后的内乱，使郑国发展停滞，四面大国纷纷发展起来，大国争霸的时代已经来临。郑国国土面积较小，四周国家林立，东有齐、鲁、宋，南有陈、蔡，西有秦、晋，北有卫、燕，这些都是文化发达国家，郑国的发展空间受限。郑国地处中原要冲，势必成为大国争霸图强的争夺对象，郑国又没有足够的实力与大国抗衡，加之国内政局不稳，也就不得不扮演墙头草的角色。

第一节　郑国的动乱

郑国的动乱始于庄公去世。庄公立长子忽为太子继承君位，但其他庶子也得到庄公的宠爱，各培植有党羽。郑国公族在段叔集团被歼灭后，势力不大，异姓卿大夫掌握大权。他们扶立公子，依自己意志废立君主，使得郑国国君更替频繁，国家长期处于动荡之中，庄公开创的霸主局面终止。郑国经过近三十年的内乱，待公元前679年郑厉公复位执政时，四方强国皆已壮大，郑国已无力抗衡，开始成为列强争夺的对象。

一、郑国的权臣

郑国权臣兴起于郑庄公克段后，由于国内政局稳定，公族的势力得到打压，郑庄公任用异姓诸臣为自己服务，以防止君权受到挑战与威胁。庄公时期的权臣主要有祭仲、高渠弥等。他们一方面建言献策，协助庄公统领军队，为庄公的霸业做出了贡献；另一方面，身居要位，长此以往形成了自己的势力。庄公去世之后，他们为了一己之利，干预君位的继承，对郑国内乱起到了推波助澜的作用。

（一）祭仲

祭仲，名足，仲为其家中排序。祭，今河南陈留长垣县东北有祭城，以采为氏。祭仲的活动见于《左传》隐公元年至桓公十八年。《春秋考》载，"祭封人仲足，有宠于庄公，庄公使为卿"①，杜预注其为郑国大夫。司马迁《史记·十二诸侯年表》中载，"郑庄公寤生元年祭仲生"，和《左传》所载不符，庄公继位时只有13岁，封段时祭仲为卿士进谏，表明已是成年，故《史记》所载应有误，《史记·郑世家》载祭仲死于郑子亹八年。可见祭仲在春秋初年一直担任郑国的卿士，为郑之权臣。

祭仲最早出现于《左传·隐公元年》，郑庄公继位后封弟段于京，祭仲进谏，曰："今京不度，非制也，君将不堪。"②其认为封邑过大，心怀不轨的段叔有发动叛乱的危险，但庄公以此是母亲武姜提出，不好推诿为由，说"多行不义必自毙"，没有听取祭仲劝谏，后来事情的发展，证明了祭仲的政治远见。《诗经·郑风·将仲子》即讽庄公不听祭仲之言而招致大祸，《诗序》云："《将仲子》，刺庄公也。不胜其母以害其弟，弟叔失道而公弗制，祭仲谏而公弗听，小不忍以致大乱焉。"③

隐公三年（公元前720年），周平王驾崩，周桓王想任虢公为卿士以分散庄公的权力，郑庄公命祭仲率领军队取周王室温地和成周的麦、禾，以报复周王室。

隐公五年（公元前718年），祭仲与原繁、泄驾领军击败卫国和燕国的联军，"侵卫牧，以报东门之役"。

桓公五年（公元前707年），周桓王伐郑的繻葛之战中，祭仲为郑军左拒与高渠弥等率兵与周王军队作战，周王被祝聃射伤，庄公为缓和矛盾，派祭仲

---

① 吕祖谦：《春秋左氏传续说》卷二，清文渊阁四库全书本，第13页。
② 《十三经注疏》整理委员会整理，李学勤主编：《春秋左传正义》，十三经注疏标点本，北京大学出版社，1999年，第51-53页。
③ 《十三经注疏》整理委员会整理，李学勤主编：《毛诗正义》卷四，十三经注疏标点本，北京大学出版社，1999年，第279页。

夜间到军营探望周王。

以上事件表明，祭仲有智谋有军功，为郑庄公的亲信重臣，地位应为上卿。《史记·郑世家》："祭仲甚有宠于庄公，庄公使为卿。公使娶邓女，生太子忽，故祭仲立之，是为昭公。"郑庄公娶邓国女邓曼即为祭仲的主张，后邓曼生忽，因此祭仲与太子忽关系密切。忽曾经带兵助齐国战胜北戎的侵犯，齐人将妻之，忽拒绝，祭仲说："君多内宠，太子无大援将不立，三公子皆君也。"①但忽不听，后果不其然。庄公去世后，太子忽继君位，为郑昭公，但因庄公娶宋国雍氏生子突，雍氏在宋国又受到宋庄公的宠爱，所以宋国诱逼祭仲立公子突为郑国国君，否则就有生命之险，祭仲无奈，只得立突为郑国君，是为郑厉公。昭公不得已逃奔卫国。

祭仲掌握着废立君主的权力，可见权势之大。郑厉公继位后，因祭仲专国政，引起厉公不满，于是密谋杀掉祭仲，结果失败，郑厉公逃到郑邑栎（今河南省禹县），祭仲迎接郑昭公回国复位。郑昭公做太子时与卿士高渠弥不合，高渠弥担心昭公会借故杀害自己，于是在一次陪同昭公外出打猎时，射杀了郑昭公，祭仲和高渠弥并不迎接郑厉公回国，而是立昭公之弟公子亹为君，史称郑子亹。公元前694年，郑子亹让祭仲、高渠弥随同自己参加齐襄公在卫国首止召开的会盟，祭仲称病不往，也劝郑子亹莫去，郑子亹不听，结果郑子亹因与齐襄公年少时发生过争斗而不道歉，被怀恨的齐襄公所杀。当时就有人议论道"祭仲以知免"，祭仲说："信也。"②祭仲又立郑子婴为君，郑子婴十二年（公元前682年），祭仲去世。

从祭仲生平可以看出，祭仲为卿执政近三十年。他是位出色的政治家，深得庄公的信任，故被委以重任，当时就握有大权，庄公去世后，有实力废免君主，干预君位的继承。但祭仲之行为，实为郑国内乱的推动者，有能力而没有倾力稳固局势，推动郑国由强盛至衰落，所以后人对祭仲颇有微词。司马迁在《史记·太史公自序》中说"祭仲要盟，郑久不昌"③；孔颖达正义"汪诸言大夫者"曰："以其名氏显见于《传》，更无卑贱之验者，皆以大夫言之，其实是大夫以否，亦不可委知也。"④但祭仲虽权倾一时却并没有把这种权力延及子

---

① 司马迁撰：《史记·楚世家》，中华书局，1959年，第1791页。
② 《十三经注疏》整理委员会整理，李学勤主编：《春秋左传正义》，十三经注疏标点本，北京大学出版社，1999年，第214页。
③ 司马迁撰：《史记·太史公自序》，中华书局，1959年，第3310页。
④ 《十三经注疏》整理委员会整理，李学勤主编：《春秋左传正义》，十三经注疏标点本，北京大学出版社，1999年，第51页。

孙，故没有形成卿族势力。

（二）高渠弥

高渠弥也是郑庄公时期的卿士，大概在庄公中年后任职，此时太子忽已成年。《左传·桓公十七年》："初，郑伯将以高渠弥为卿。昭公恶之，固谏，不听。"①因此，太子忽与高渠弥早年就结下怨仇，但高渠弥深得庄公信任，繻葛之战中，高渠弥与原繁统领中军，可见高渠弥也统有兵权。

高渠弥的活动主要见于郑庄公去世后，昭公继位，高渠弥怕昭公因怨而杀自己，于是先下手为强，在一次外出围猎时先杀死昭公，立公子亹为君。第二年，齐襄公邀请郑国君臣与会于首止，祭仲认为齐襄公包藏祸心未去，高渠弥随同郑子亹前往，齐国人杀死子亹，将高渠弥车裂分尸。

祭仲和高渠弥都在郑庄公时期任职，权力都很大，都为郑庄公的称霸做出了贡献。庄公在世时，因庄公出色的个人才能，他们做事都为国家考虑，不敢有太出格的举动；庄公去世后，他们却不是能在困境中扶植君主的良臣，他们操纵政局，为个人利益而废立君主。祭仲在受迫宋国威胁时，为了明哲保身，便废掉昭公，开启了郑国君主的更替之乱；郑子亹君臣前赴齐襄公盟会时，祭仲知有危险而不阻挡，更是加剧了郑国的政局动乱。权臣的失职加剧了郑国的内乱，削弱了郑国的国力，郑国小霸局面不复存在。

二、昭厉争国

郑国君位的更替起于别国的干涉。郑庄公死后太子忽继位，名正言顺，但昭公母为小国邓国之女，忽又拒绝大国齐国的联姻而娶了小国陈国之女，陈国国势弱小，不能成为昭公的强力外援。因而，忽在和其他公子争夺君位中没有强有力的后盾，在宋国支持的公子突的威逼下，祭仲毫无顾忌地把昭公忽废除，昭公只好出奔卫国。

公元前700年，公子突继位，是为郑厉公，其在母亲之国宋国的支持下夺得君位，因而他当政后，宋国多次索要贿赂，使郑国不堪忍受，郑厉公便请鲁桓公调节，鲁、宋先后会于句渎、虚、龟，但宋庄公贪图郑赂，拒不接受鲁国的调和，于是鲁、郑会盟于武父，决定伐宋。第二年，郑国会同纪国、鲁国打

---

① 《十三经注疏》整理委员会整理，李学勤主编：《春秋左传正义》，十三经注疏标点本，北京大学出版社，1999年，第211页。

败了齐、宋、卫、燕联军。郑厉公感谢鲁国的协助，继续加强与鲁国的关系，桓公十四年（公元前698年）春，与鲁桓公会盟于曹，夏，派郑子人至鲁国寻盟，修曹之会。自此，郑厉公摆脱了宋国的控制，但同时也失去了原本自己的支持国，郑、宋反目为敌。同年冬，"宋人以诸侯伐郑，报宋之战也。焚渠门，入，及大逵。伐东郊，取牛首。以大宫之椽归，为卢门之椽"①，郑国惨败。

郑厉公是郑庄公诸公子中个人能力较突出的一位，对外联鲁以摆脱宋国掌控，表明其精明和强势，对内也是如此。厉公也是在祭仲扶持下登上君位的，祭仲权力之大对厉公形成羁绊，厉公当然想改变这种局面。《左传·桓公十五年》："祭仲专。郑伯患之，使其婿雍纠杀之。将享诸郊，雍姬知之，谓其母曰：'父与夫孰亲？'其母曰：'人尽夫也，父一而已，胡可比也？'遂告祭仲曰：'雍氏舍其室而将享子于郊。吾惑之，以告。'祭仲杀雍纠……夏，厉公出奔蔡。"②鲁、宋、蔡、卫、陈乘郑国之乱伐郑以谋求利益。厉公后"居栎"达17年，厉公建立了自己的根据地，伺机寻求转机。

三、郑厉公复位

郑厉公出逃后，昭公回国复位，使另一位权臣高渠弥深感不安，于是在桓公十七年（公元前695年）杀昭公立其弟公子亹，第二年，公子亹及高渠弥为齐襄公所杀，祭仲又立公子婴为君。公子婴在位期间，因厉公在栎地据守，国君又没有足够实力歼灭他，公子婴只能固守国都。《左传·庄公三年》："'公次于滑'。将会郑伯谋纪故也。郑伯辞以难。"③滑，为郑国之地，在今河南省睢县西北，郑国君子婴不敢前往，皆是惧怕厉公伺机而入的缘故。郑国君不敢出兵征伐，不去与诸侯会盟，窝居国内，地位已从诸侯小霸国家沦落为弱势小国。鲁庄公十四年（公元前680年），郑厉公带兵自栎地入郑国国都，至大陵时，俘虏郑国大夫傅瑕，傅瑕为保性命与郑厉公盟誓，回都城后杀死了国君郑子婴及其两个儿子，迎接郑厉公回国，郑厉公重新继君位。

郑厉公复位成功，稳定国内形势后，又重新回归政治舞台，但形势已经

---

① 《十三经注疏》整理委员会整理，李学勤主编：《春秋左传正义》，十三经注疏标点本，北京大学出版社，1999年，第204页。
② 《十三经注疏》整理委员会整理，李学勤主编：《春秋左传正义》，十三经注疏标点本，北京大学出版社，1999年，第206页。
③ 《十三经注疏》整理委员会整理，李学勤主编：《春秋左传正义》，十三经注疏标点本，北京大学出版社，1999年，第223页。

发生了巨变，齐桓公已经称霸，其他大国如晋、楚也都发展起来，实力大增，此时的郑国只得依附于强国。于是郑厉公加入齐国阵营，郑、齐关系由从前的对等同盟变为主次之位。鲁庄公十五年（公元前679年），齐、宋、陈、卫、郑会于鄄，承认齐国的霸主地位。郑国与宋国虽都为齐之同盟国，但仇恨仍在，同年，郑乘诸侯为宋伐郳之机，入侵宋国，破坏鄄之盟。第二年，齐国率领诸侯伐郑，可见郑国在盟国中地位并不高。同年冬天，楚国也讨伐郑国，以"郑伯栎入，缓告于楚"故，实际上是因郑国加入齐国之盟的缘故。鲁庄公十七年（公元前677年），"齐人执郑詹，郑不朝也"①。因郑国地处中原交通要道的重要地理位置，开始成为强国争霸的对象，衰落的郑国悲剧角色从此开始。

郑庄公后的诸子争位之乱是郑国由强至衰的转折点。郑国内乱期间，齐、楚迅速扩张，晋国也结束内乱走向发展之路。郑国强盛时期没有抓住有利时机突出地域狭小的重围，又和周王室闹僵了关系，使得政治优势不复存在，待内乱后重回诸侯国舞台时，已是四面强国。郑厉公虽励精图治，但也只是在末年依靠周王赏赐收回了旧有的"武公之略"，此时的郑国虽还有一定实力，但已不可与庄公时期同日而语，郑国走向被诸侯争夺的泥潭已不可避免。因此，清顾栋高对郑国前期历史评价时不无惋惜地说："郑当幽王之世，王室未迁，遽兴寄帑之谋，攘取虢、桧之国而有其地，首乱天朝之疆索，郑诚周室之罪人矣。入春秋后，庄公以狙诈之资，倔强东诸侯间。是时楚僻处南服，而晋方内乱，庄公与齐、鲁共执牛耳。其子昭公、厉公，俱枭雄绝人。使其兄弟辑睦，三世相继，郑之图伯未可知也。乃三公子争立，卒归厉公，与虢叔定王室，庶几桓文勤王之义，然自是而楚患兴矣。"②

第二节　齐楚争衡与郑国

随着郑庄公的去世，郑国群公子为君位争斗不断，郑国陷入内乱之中。齐国经过管仲改革开始强大起来，齐桓公称霸成为春秋的首位真正霸主，与郑

---

① 《十三经注疏》整理委员会整理，李学勤主编：《春秋左传正义》，十三经注疏标点本，北京大学出版社，1999年，第257页。
② 顾栋高辑，吴树平、李解民点校：《春秋大事表》卷四，中华书局，1993年，第536页。

的关系也不再是对等的同盟关系，而有了主次之别。南方的楚国基本上统一了江汉流域，矛头开始直指中原。郑文公后的郑国已无能力保全独立地位，只得在此起彼伏的诸强争夺中摇摆不定。

一、齐楚争衡

齐、楚俱为大国。齐国具有地缘疆域优势，东临大海，享鱼盐之利，建国之初便注重发展商品经济，齐国的手工业、农桑业等也发展起来，积累了大量财富，一直都是不可小觑的大国。齐僖公时就曾小伯于诸侯，与郑国共掌中原，至齐桓公时，任用管仲为相，励精图治，锐意改革，对齐国内政外交进行调整：实行国野分治制度，"叁其国而伍其鄙"，士乡中实行军政合一编制，使齐国军事力量大增；用人制度继续姜太公以来的任人唯贤政策，实行上计制、三选制、书伐制，打破西周以来的任人唯亲原则；外交上采取"尊王攘夷"策略，兴灭国，继绝嗣，保护华夏诸国，对夷狄进行征伐，一战而帅服三十一国，取得周王室和诸侯国的支持。经过齐桓公和管仲的努力，齐国国富民强，势力迅速发展，鲁庄公十五年（公元前679年），齐始霸，齐桓公成为春秋第一位霸主。面对齐国称霸的国际局势，郑国加盟齐国阵营。《左传·庄公十六年》载，郑与鲁、齐、宋、陈、卫、许、滑、滕盟于幽，只不过郑国虽然经过内乱，实力尚存，以前小霸中原的心理优势还在，故有时并不朝齐，引致齐国伐郑，"执郑詹"，至郑文公时，郑国主动朝齐。

齐桓公称霸的同时，南方的楚国亦开始强大，通过楚武公、楚文公时期的灭国运动，基本上统一了江汉流域。楚文王之后楚成王继位，以公子子元为令尹，对外扩张目标就是中原地区。鲁庄公十五年（公元前679年），郑国刚入齐盟，楚国便来发难，以"郑伯自栎入，缓告于楚"为由伐郑，齐、楚争郑开始。鲁庄公二十五年（公元前669年），郑国迫于楚国压力，获成于楚；两年后，郑国重归齐盟，与齐、鲁、宋、陈、郑"同盟于幽，陈、郑服也"，楚国马上率军征伐。《左传·庄公二十八年》：

> 秋，子元以车六百乘伐郑，入于桔柣之门。子元、斗御强、斗梧、耿之不比为旆。斗班、王孙游、王孙喜殿。众车入自纯门，及逵市。县门不发。楚言而出。子元曰："郑有人焉。"诸侯救郑。楚

师夜遁。郑人将奔桐丘,谍告曰:'楚幕有乌。'乃止。①

楚国令尹子元帅大军伐郑,兴师动众,攻入郑国都城,齐、鲁、宋出兵救郑,最终楚军无功而返。

二、齐楚召陵之盟

楚国强大后,一直把进攻中原当作既定目标。齐国称霸中原后,楚国不敢贸然北上,于是整顿内政,安定民心,休养生息,伺机进攻中原。楚成王任用子文为令尹。子文是楚国历史上有名的贤相。《战国策·楚策一》:"昔令尹子文,缁帛之衣以朝,鹿裘以处;未明而立于朝,日晦而归食;朝不谋夕,无一月之积,故彼廉其爵,贫其身,以忧社稷者,令尹子文是也。"②经过子文励精图治、廉洁奉公的统率治理,楚国进入了一个新时期,吞并了周王室分封在汉水流域的汉阳诸姬,攻陷南阳盆地,矛头直指中原。待郑国内乱结束,楚国正是国内政治稳定、对外扩张势头正猛之时,郑国成为楚国北上势必染指的国家。《左传》:

> 僖公元年(公元前659年):"秋,楚人伐郑,郑即齐故也。"
> 僖公二年(公元前658年):"冬,楚人伐郑,斗章囚郑聃伯。"
> 僖公三年(公元前657年):"楚人伐郑,郑伯欲成。孔叔不可,
> 曰:'齐方勤我,弃德不祥。'"

楚国连续三年讨伐郑国,使郑文公难以招架,欲投降楚国,大臣孔叔劝说文公,最好还是等齐国来救援。楚国咄咄进逼之势引起了北方诸华夏国家的惊恐,身为中原霸主的齐国也深感忧虑,鲁庄公三十二年(公元前662年):"齐侯为楚伐郑之故,请会于诸侯。"僖公元年(公元前659年):"楚人伐郑,郑即齐故也。盟于荦,谋救郑也。"③荦,杨伯峻先生认为当在今河南省淮阳县西北,这两次会盟皆为救郑,但史书没有记载出兵与楚交战,可能齐之盟军的准备尚未成熟,所以楚国才有连续猛攻郑国的行为。在僖公二年(公元前658

---

① 《十三经注疏》整理委员会整理,李学勤主编:《春秋左传正义》,十三经注疏标点本,北京大学出版社,1999年,第290-291页。

② 刘向集录:《战国策》卷十四,上海古籍出版社,1985年,第514页。

③ 《十三经注疏》整理委员会整理,李学勤主编:《春秋左传正义》,十三经注疏标点本,北京大学出版社,1999年,第322页。

年)、僖公三年(公元前657年)楚国伐郑的战争中,楚国俘虏了郑大夫聃伯,郑国已无力与楚国抗衡,齐国出兵救郑抗楚已不能再拖延下去了。于是,僖公四年(公元前656年),齐桓公率齐、郑、鲁、宋、陈、卫、许、曹各国联军南下攻楚,先攻伐臣服楚国的蔡国,蔡军溃败,齐盟军"遂伐楚,次于陉"(陉,今河南省郾城县西南),两军对峙。

《左传·僖公四年》详细记载了齐、楚交锋的过程:楚使者问齐国讨伐楚国的理由,管仲以楚"苞茅不入,王祭不共,无以缩酒"和"昭王南征而不复"为由。楚成王面对八国联军的声威,只得认错,楚使说:"贡之不入,寡君之罪也,敢不共给。昭王之不复,君其问诸水滨!"杜预注:"昭王时汉非楚竟,故不受罪。"① 杨伯峻则认为:"贡不入罪小,故认改;昭王不复罪大,故推诿。"② 李玉洁先生认为:"楚成王答应了周王室纳贡青茅,履行纳贡之义务,其实就是继续承认对周王室的臣属地位,在这里,楚成王采取了较为灵活的态度,以纳贡周室为条件,达成与齐国的暂时和解。"③ 后齐之联军退至召陵,齐桓公让楚使者屈完一同乘车观看诸侯之师,齐桓公说:"以此众战,谁能御之?以此攻城,何城不克?"屈完对曰:"君若以德绥诸侯,谁敢不服?君若以力,楚国方城以为城,汉水以为池,虽众,无所用之。"④ 于是,齐、楚乃盟,称为"召陵之盟"。

召陵之盟是齐、楚的一次正面交锋,表面上齐国取得了胜利,楚国承认不贡周天子的错误,但实际上齐国的目的并不是非要楚国进贡周天子,而是向楚炫耀武力,使其不敢再侵郑,觊觎中原。楚国在齐国的声威下,也不得不先退让一步,避其锋芒,伺机再战。于是楚武王至楚庄王期间,楚国把进攻矛头转向了东北方向的江淮平原。齐、楚争郑暂告一段落。

从召陵之盟可以看出,齐、楚势力相当,或可以说管仲、子文棋逢对手,不得不各自有所收敛。另外,齐国忧于中原受北方狄戎侵犯而不能贸然南下,所以只要郑国不再受楚侵扰而已,并无能力去除楚国这个潜在的大威胁。清人顾栋高于《春秋大事表》中分析说:"管仲与子文并世而生,管仲有节制之师,而子文亦有持重之计,召陵之役,按兵不出,遣屈完如师,方城、汉水数言,

---

① 《十三经注疏》整理委员会整理,李学勤主编:《春秋左传正义》,十三经注疏标点本,北京大学出版社,1999年,第332页。
② 杨伯峻编著:《春秋左传注》,中华书局,1990年,第291页。
③ 李玉洁:《楚国史》,河南大学出版社,2002年,第110页。
④ 《十三经注疏》整理委员会整理,李学勤主编:《春秋左传正义》,十三经注疏标点本,北京大学出版社,1999年,第333页。

隐然有坚壁清野,以逸待劳之计,故桓不得已成盟而退,于楚未大创,故天下从违之势未分也。……然齐桓之志,志在服郑而已。当日北方多故,桓公之为备者多,狄病邢、卫,山戎病燕,淮夷病杞,伊雒之戎为患王室,方左支右吾之不暇,明知天下之大患在楚,而未暇以楚为事,以为王畿之郑能不向楚,则事毕矣,故终其身竭力以图之。至如楚之江、黄……无如何也。"①

三、郑国背齐向楚

春秋时期,周天子"天下共主"的地位逐渐降低,因其实力不济,故希望天下诸侯势力均衡,以维持对周王室表面的尊重。齐桓公称霸以来,打"尊王"之旗行周王之权,令周天子心生不快,更令周惠王生气的是齐国支持太子郑继承王位,而自己却想立少子带为王位继承人。齐、楚的召陵之盟使周惠王想到了牵制齐国的妙策,即借助楚国来打压齐桓公的气势,郑国的向附是齐、楚力量消长的关键,于是周惠王授意郑国背齐向楚。《左传·僖公五年》:

> 会于首止,会王大子郑,谋宁周也。
> 秋,诸侯盟。王使周公召郑伯,曰:"吾抚女以从楚,辅之以晋,可以少安。"郑伯喜于王命,而惧其不朝于齐也,故逃归不盟。孔叔止之,曰:"国君不可以轻,轻则失亲;失亲,患必至。病而乞盟,所丧多矣。君必悔之。"弗听,逃其师而归。②

诸侯会于首止③,本是谋求周王室的安宁,但周王却授意郑叛齐盟。郑国不参加齐国召集的盟会,投楚。僖公六年(公元前654年),齐桓公率鲁、宋、陈、卫、曹等联军伐郑,围新城(今河南省荥阳市密县)。楚成王亲自率师攻伐许国以解郑国之围,齐与诸侯转而救许,郑围解,郑国正式倒向楚国阵营。同年冬,许僖公也降楚国,成为楚国的仆从国,楚国的势力之强可见一斑。僖公七年(公元前653年)齐国继续伐郑,此时齐桓公霸业正盛,郑国岌岌可危,郑国大臣孔叔谏议向齐国臣服,"国危矣,请下齐以救国"。于是郑国向齐乞盟请降,杀死与楚国关系亲近的申侯以乞齐盟,并派太子华参与齐、宋盟

---

① 顾栋高辑,吴树平、李解民点校:《春秋大事表》,中华书局,1993年,第1951-1952页。
② 《十三经注疏》整理委员会整理,李学勤主编:《春秋左传正义》,十三经注疏标点本,北京大学出版社,1999年,第341-342页。
③ 首止,近于郑,当在今河南省睢县东南,见:杨伯峻编著:《春秋左传注》,中华书局,2008年,第153页。

会，以听从齐国的安排。太子华包藏私心，想借齐国的势力扫除国内政敌，并将此作为降齐的条件，但管仲认为齐国应以德、刑、礼、义会诸侯，不应掺杂私人条件，并且料定危机中的郑国必定会前来受盟，于是齐桓公没有接受郑太子华的请求。同年冬，"郑伯使请盟于齐"，以示臣服，并将背离齐国的罪责推给陈国。

四、郑入齐盟

僖公八年（公元前652年），郑国参加齐国主持的洮会盟，拥立太子郑继王位，是为周襄王。僖公九年（公元前651年），郑国又参加齐桓公召集的宋、卫、鲁、许、曹等国的葵丘会盟，周襄王派宰孔赐齐桓公胙肉，以回报齐桓公的支持，也表示周王室承认齐桓公的霸主地位，这是齐国霸业的顶峰。

此后的十余年间，郑国一直是齐国的追随者，再无背齐行为。郑国主要活动如下：

僖公九年（公元前651年），随齐侯讨伐晋国内乱，支持晋惠公即位。

僖公十一年（公元前649年），周襄王之弟叔带依靠戎师同伐京师，入王城，焚东门，秦晋伐戎以救周。楚从伐黄，第二年，灭黄国。

僖公十二年（公元前648年），狄人侵卫，诸侯城卫楚丘之郭，惧狄难。冬，齐侯使管夷吾平戎于王，使隰朋平戎于晋。

僖公十三年（公元前647年），公会齐侯、宋公、陈侯、郑伯、许男、曹伯于咸（咸，卫地东郡濮阳县东南有咸城）。秋，淮夷病杞，且谋王室。

僖公十四年（公元前646年），狄人侵郑。

僖公十五年（公元前645年），楚人伐徐，徐即诸夏故也。齐、鲁、宋、陈、卫、郑、许、曹盟于牡丘，寻葵丘之盟，次于匡以待之，救徐。匡，卫地，在陈留长垣县西南。伐楚国附属厉国，以救徐。

僖公十六年（公元前644年），王以戎难告于齐，齐征诸侯而戍周。冬，郑杀子华。十二月，齐与诸侯会于淮，谋鄫。

僖公十七年（公元前643年），冬，齐桓公卒。齐国诸子争位，内乱。

僖公十八年（公元前642年），宋襄公以诸侯伐齐，齐人杀无亏。郑伯始朝于楚。

从《左传》所载来看，从僖公八年至十八年的十年间，郑国都是追随齐国参加国际事务，并没有背叛齐的行为。僖公十七年（公元前643年）齐桓公去世，桓公内宠的六个夫人之六子争位，齐国因内乱而无暇外顾，楚国再次兴兵北上，灭申、息，制陈、蔡，直抵郑国大门，郑国无力抵抗才又朝楚。郑国处于齐楚相争的中间地带，因而成为两国争霸的主要目标。顾栋高分析说："齐方图伯，楚亦浸强，北伐不已，陈、蔡、郑、许适当其冲，郑之要害，尤在所先，中国得郑则可以拒楚，楚得郑则可以窥中国。故郑者，齐、楚必争之地也。"[①]郑为小国，无力抗拒，只得采取附强战略，因地制宜应对不断变化的政局，在大国争斗中谋生存。

五、宋襄公试霸

齐、楚召陵之盟后，楚国北上受阻，因而避开齐国正盛之锋芒，把精力集中于江汉流域。楚对中原的策略也有所改变，效仿齐桓公尊周王，取得道义上的制高点，以使自己能融入华夏诸侯国集团。楚国的对外政策不再是一味地进攻，而是又拉又打，一方面，臣服周天子，向周王室朝贡，周王大喜，赐楚以胙肉。周制规定："宗庙胙肉，只分同姓。"楚得到胙肉无疑是极大的荣幸，同时，周天子还予以楚很大的权力，"镇尔南方夷越之乱，无侵中国"。这样楚国就成为南方诸侯国的首领，担任屏卫周王室的重任。另一方面，楚国也致力于改善与中原诸侯国的紧张关系，齐桓公死后的第二年，郑投楚，为笼络郑国，"楚子赐之金，既而悔之，与之盟曰：'无以铸兵。'"[②]后楚国又嫁芈氏女于郑文公，热情款待逃亡中的晋公子重耳，这都是为争得中原诸侯国信任而做的努力，目的是打破中原诸侯国同视自己为敌的局面，为称霸做准备。

齐桓公死后，齐国和郑国一样，因继承人位置不固而导致诸公子争位之乱。齐桓公有六个儿子，生前立郑姬之子昭为太子，并托孤于宋襄公。《史记·齐太公世家》："孝公元年三月，宋襄公率诸侯兵送齐太子昭而伐齐。齐人恐，杀其君无诡。齐人将立太子昭，四公子之徒攻太子。太子走宋，宋遂与齐人四公子战。五月，宋败齐四公子师，而立太子昭，是为齐孝公。宋以桓公与管仲属之太子，故来征之。"[③]桓公死后国内大乱，昭不能继位只好逃到宋

[①] 顾栋高辑，吴树平、李解民点校：《春秋大事表》，中华书局，1993年，第1954页。
[②] 《十三经注疏》整理委员会整理，李学勤主编：《春秋左传正义》，十三经注疏标点本，北京大学出版社，1999年，第391页。
[③] 司马迁撰：《史记·齐太公世家》，中华书局，1959年，第1494页。

国，宋襄公率军打败了称霸一时的齐国军队。于是，宋襄公想当然地认为齐桓公之后自己就应是北方霸主了。

僖公十九年（公元前641年），宋襄公以霸主身份召盟，"宋人执滕子婴齐。夏六月，宋公、曹人、邾人盟于曹南（今山东省曹县南）"，又"使邾文公用鄫子于次睢之社，欲以属东夷"，又"围曹，讨不服"，宋襄公执滕宣公，又指使邾文公把鄫国国君做为人牲。人牲在春秋时期已是令人反感的现象，引起国人的担忧，公子目夷就说："齐桓公存三国以属诸侯，义士犹曰薄德。今一会而虐二国之君，又用诸淫昏之鬼，将以求霸，不亦难乎？得死为幸！"①意即宋襄公无德之表现，其他诸侯也反感。同年，郑、楚、陈、蔡会盟于齐，修桓公之好。但宋襄公自不量力，想会盟称霸，僖公二十一年（公元前639年），召集楚人会盟鹿上，秋，"宋公、楚子、陈侯、蔡侯、郑伯、许男、曹伯会于盂（盂，今河南省睢县，现有盂亭），执宋公以伐宋"。杜注："不言楚执宋公者，宋无德而争盟，为诸侯所疾。"②这次会盟是宋襄公执意要召楚国前来参加，只有大国的承认才算是真正的霸主。《史记·楚世家》："宋襄公欲为盟会，如楚，楚王怒曰：'召我，我将好往袭辱之。'遂行，至盂，遂执辱宋公，已而归之。"③宋襄公乘车会往，楚设伏兵车，执宋襄公准备伐宋。幸亏宋国左师公子目夷设防守器械以守国，又假立新君，说："吾赖社稷之神灵，吾国已有新君矣。"④楚国知以宋襄公为质已不能要挟宋国，于是"会于薄以释之"。宋襄公的所作所为引起中原小国的背弃，他们与楚一起伐宋，此时郑国与楚国同盟。

宋襄公梦想成为中原霸主，几次会盟诸侯。郑国参加了盂之盟，和其他小国一起加入楚国阵营。僖公二十二年（公元前638年），"郑伯如楚，夏，宋公伐郑"，楚人伐宋以救郑。宋、楚开战于泓水（今河南省柘城县北三十里），以宋国惨败而告终。不久，宋襄公伤于泓故，去世。

六、郑国附楚

齐国霸主地位丧失后，中原诸侯国群龙无首，宋襄公意欲继承齐桓公之

---

① 《十三经注疏》整理委员会整理，李学勤主编：《春秋左传正义》，十三经注疏标点本，北京大学出版社，1999年，第394页。
② 《十三经注疏》整理委员会整理，李学勤主编：《春秋左传正义》，十三经注疏标点本，北京大学出版社，1999年，第397页。
③ 司马迁撰：《史记·楚世家》，中华书局，1959年，第1697页。
④ 《十三经注疏》整理委员会整理，李学勤主编：《春秋公羊传注疏》，十三经注疏标点本，北京大学出版社，1999年，第244页。

霸业，但宋为中等国家，并不具有称霸的实力，故只是数次会盟小国，大国并不认服，"仅可当作小霸看待"①。楚国凭借优越的地理条件，积聚了雄厚力量，已完全具备了与中原诸国抗衡的能力，与宋国的泓水之战是楚国第一次与中原诸侯国的正面交锋，楚国大获全胜，楚国争霸的时代已经到来。泓水之战后，郑国立即向楚示好。《左传·僖公二十二年》：

> 丙子晨，郑文公夫人芈氏、姜氏劳楚子于郑地柯泽。楚子使师缙示之俘馘。君子曰："非礼也。妇人送迎不出门，见兄弟不逾阈，戎事不迩女器。"丁丑，楚子入飨于郑，九献，庭实旅百，加笾豆六品。享毕，夜出，文芈送于军，取郑二姬以归。叔瞻曰："楚王其不没乎！为礼卒于无别，无别不可谓礼，将何以没？"诸侯是以知其不遂霸也。
>
> 孔颖达正义：《周礼·大行人》云："上公九献，侯伯七献，子、男五献。"……九献者，九为献酬而礼始毕也。楚宾子爵，以霸主自许，故郑以极礼待之。②

楚成王以霸主身份自居，郑文公极力献媚，以诸侯献王的规格答谢楚王。僖公二十四年（公元前636年），宋国也臣服楚国。至晋文公称霸之前，中原已无国家能抵御楚国，楚国再次向中原地区发展。郑国此段时间对楚的依附，表明了郑国敏锐的观察力，即依自身实际情况调整战略，根据强国力量消长的变化而转变立场。因此，齐桓公去世后的楚、宋相争时期，郑国的附强战略还是成功的。

第三节 中衰的郑国与王室

春秋时期，周王室日益衰微，势力强大的诸侯开始挟持王室发号施令。首先是郑国，其凭借与周王室的特殊关系，开启了诸侯称霸的先河，随后称霸的齐国虽然表面上"尊王攘夷"，但周天子无比清楚此时的王权与昔日已不可

---

① 苗永立：《周代宋国史研究》，吉林大学博士学位论文，2008年，第71页。
② 《十三经注疏》整理委员会整理，李学勤主编：《春秋左传正义》，十三经注疏标点本，北京大学出版社，1999年，第405-406页。

同日而语，王权虽高也只能让位于霸权。在诸侯峰起、郑国中衰后，郑与周王室的关系也进入了一个新阶段。

一、郑虢勤王

春秋初期郑国的小霸使周、郑亲密关系日渐疏远，郑厉公复位后极力改善与周王室的关系。《左传·庄公十九年》：

> 初，王姚嬖于庄王，生子颓。子颓有宠，蒍国为之师。及惠王即位，取蒍国之圃以为囿。边伯之宫近于王宫，王取之。王夺子禽祝跪与詹父田，而收膳夫之秩，故蒍国、边伯、石速、詹父、子禽祝跪作乱，因苏氏。秋，五大夫奉子颓以伐王，不克，出奔温。苏子奉子颓以奔卫。卫师、燕师伐周。冬，立子颓。①

于是周惠王向郑国告急，郑厉公开始调和王室矛盾，支持周惠王。"二十年，春，郑伯和王室，不克。执燕仲父。夏，郑伯遂以王归，王处于栎。秋，王及郑伯入于邬。遂入成周，取其宝器而还。"②郑与周王的关系恢复融洽。王子颓设享礼招待五大夫，乐及遍舞，不合周礼，于是郑厉公和虢叔商议同伐王城，杀王子颓及五大夫，平息了叛乱，郑厉公在宫门西阙设宴招待周惠王。因郑厉公勤王有功，周惠王将原平王时期赐予郑国的虎牢关以东土地又赐给厉公③。杨伯峻注："王以自虎牢以东郑武公之旧土与郑厉公也。武公，郑武公，传周平王，平王赐之地，自虎牢以东，后又失其地，今惠王复与之。"④此事为郑国衰弱后为数不多的喜事。不久，郑厉公去世，其子文公继位。同年，"王巡虢守。虢公为王宫于玤，王与之酒泉。郑伯之享王也，王以后之鞶鉴予之。虢公请器，王予之爵。郑伯由是始恶于王"⑤。周惠王厚虢薄郑的做法引起了郑

---

① 《十三经注疏》整理委员会整理，李学勤主编：《春秋左传正义》，十三经注疏标点本，北京大学出版社，1999年，第262-263页。
② 《十三经注疏》整理委员会整理，李学勤主编：《春秋左传正义》，十三经注疏标点本，北京大学出版社，1999年，第263页。
③ 《左传》把周平王时期，因郑武公助王室有功，把虎牢关以东土地归于郑国，称为"武公之略"，后可能在郑国诸公子争位过程中丢失。
④ 杨伯峻编著：《春秋左传注》，中华书局，1990年，第217页。
⑤ 《十三经注疏》整理委员会整理，李学勤主编：《春秋左传正义》，十三经注疏标点本，北京大学出版社，1999年，第265-266页。

国的不满,周、郑关系再度恶化。

二、郑人入滑

滑,载入史籍最早见于齐桓公时期幽之盟。《左传·庄公十六年》:"冬,十有二月,会齐侯、宋公、陈侯、卫侯、郑伯、许男、滑伯、滕子,同盟于幽。"杜注:"滑国都费,河南缑氏县也。"滑为周、郑、晋、卫之间的小国,为姬姓采邑性质,都城费,在今河南偃师缑氏城。郑国强盛时期,滑曾为郑的附与国,但情况时有改变,滑经常在郑、卫之间来回依附。僖公二十年(公元前640年),"滑人叛郑而服于卫,夏,郑公子士泄、堵寇帅师入滑"。郑国因滑背叛而攻入滑国都邑,滑于是听命郑国,但郑人回国后又倒向卫国。对于郑、卫二国对滑的争夺,周王偏向卫国,把滑转给卫国。僖公二十四年(公元前636年),郑国再派公子士洩、堵俞弥率师第二次伐滑,周襄王派伯服、游孙伯向郑求情。面对周王对郑国的打压,前有惠王入郑避子颓之乱,郑虢勤王而不予厉公爵,此次再有襄王偏袒滑入卫国的行为,引起了郑文公的极度不满,故坚决不服王命,拘伯服、游孙伯等。周王大怒,以狄人攻伐郑国。郑国与周王室为同宗关系,不仅有"平、惠之勋,又有厉、宣之亲",周王以狄伐郑是"不忍小忿以弃郑亲",实是一种不分亲疏的行为,但周襄王不听大臣富辰的劝谏,派颓叔、桃子助狄人同攻郑国,取郑国大邑栎。更为甚者,不久后,周王又娶狄女为后,周王室和郑国的关系更加恶化。

三、周襄王避难于郑

周襄王以狄师攻伐中原同宗的郑国,是背信弃义、违背周礼、周制的行为,又娶狄女为后,大臣富辰就谏劝周王不要这样,否则狄将成为祸患,周王不听。《左传·僖公二十四年》:

> 初,甘昭公有宠于惠后,惠后将立之,未及而卒。昭公奔齐。王复之。又通于隗氏。王替隗氏,颓叔、桃子曰:"我实使狄,狄其怨我。"遂奉大叔以狄师攻王。王御士将御之。王曰:"先后其谓我何?宁使诸侯图之。"王遂出。……秋,颓叔、桃子奉大叔,以狄师

伐周，大败周师，获周公忌父、原伯、毛伯、富辰。王出适郑，处于氾。……郑伯与孔将鉏、石甲父、侯宣多省视官、具于氾，而后听其私政，礼也。①

受宠于周惠王的王子带在争夺王位中失败，但并不甘心，屡次伙同戎狄进攻周王都城，被打败后逃奔于齐十余年，僖公二十二年（公元前638年），周襄王才招其回周王城。王子带回都城后，便和襄王的狄女王后私通，襄王废黜狄后，从而引发了王子带利用狄师的第二次反叛。狄人大败周王室军队，俘虏王室大臣，周王只得出逃到郑国的氾。氾②，郑南氾也，在襄城县南。郑文公亲自和郑国大夫每日省视当国官司，令具其器用，送到氾地，听王之私政，尽到尊王的礼义。僖公二十五年（公元前635年），晋文公上任为晋君，勤王，"右师围温，左师逆王"，平定王子带之乱，护送周襄王回成周。襄王复位，杀子带，将阳樊、温、攒茅、原四邑赐予晋文公。晋国疆域扩大，为建立霸业提供了有利条件。

四、周郑关系实质

春秋时期的郑国与周王室，存在着纠缠不清的关系。郑国由于封国较晚，与周王室血缘关系最近，王室东迁后，郑国理所应当是其保护者，郑国三代君主皆任王室卿士，因而郑国的行为大部分带有王命的性质，所以郑国能于春秋初期屡"以王命讨不庭"，对不朝王的诸侯进行讨伐，以维护王制。同时，随着周天子王权的衰落，狄戎屡次进攻中原，对中原诸侯国形成极大的威胁，郑国也是周王室的屏卫者。《左传》中屡记郑师大败戎师，助齐大败戎师，郑国的行为本是周天子所要担当的，也是增强王权的行为，但周王室要借助郑国的力量来体现其存在的局面实在是周王不愿意看到的，故从郑武公开始，周王室对郑国就有一种打压心态，在处理事情时有意贬损郑国的利益，终于导致周与郑交质、交战，关系恶化分裂。周、郑关系恶化是郑国小霸迅速衰落的重要原因之一。

---

① 《十三经注疏》整理委员会整理，李学勤主编：《春秋左传正义》，十三经注疏标点本，北京大学出版社，1999年，第422-424页。
② 李学勤主编《春秋左传正义》引文中为"氾"，注疏中为"汜"。《辞源》"氾"条按："氾，汜二字，古书多混用。"《辞源》，商务印书馆，2001年，第1718页。

周、郑关系的分分合合，使双方都认识到实际上二者是共同一体的命运。郑国虽对周王及其处事表示不满，但在周王室遭难的紧要关头首先来勤王，王子颓、王子带的叛乱即是证明；周王有难也毫不犹豫地出奔郑国，郑国总是不计前嫌地接待周王，并以王臣之礼款待。《国语·周语》云："平、桓、庄、惠皆受郑劳。"韦注曰："平王东迁，依郑武公；桓王即位，郑庄公佐之。庄，桓王之子庄王他也。惠，庄王之孙、僖王之子惠王凉也，为子颓所篡，出居于郑，郑厉公纳之。自平王以来，郑世有功，故曰'皆受郑劳'。"①这其中当然有郑国想借助周天子威望实现霸权、复兴的愿望，但也有血浓于水的至亲之情。

周、郑关系除给郑国带来小霸的辉煌外，春秋中期实际上给郑国带来的是被争夺的命运。郑国地处中原交通中枢，是齐、楚、晋强国中间的缓冲地带，控制郑国往往在战略上即占有优势；但另一隐形的原因则是郑与周王室的特殊关系，降服郑国实则是对"尊王"的补充，表面上的尊王掩不住对王权的挑战。

（编者按：显赫一时的郑国经历了30年短暂的强盛后骤然衰落，由原来的"挟天子以令诸侯"变为被齐、晋、楚等大国交相征伐的对象，其中原因值得后人深思，仔细分析可以看出郑国由强至弱的历史必然性。）

（一）公子争位、异卿专权

郑庄公去世后，公子忽继位。郑国公族势力不大，异姓卿大夫掌有大权，依自己意志废立君主，造成郑国国君更替频繁，国家长期处于动荡之中。公元前679年，郑厉公复位成功，才结束了长达20年的君位之争。长期内乱耗费了国力，是造成郑国由强至衰的主要原因。

（二）大国兴起，优势不再

庄公离世，郑国陷入君位之争，国力很快衰落。待郑国内乱平定后，国际形势已发生大的变化。春秋初年郑国强盛之时，"楚僻处南服，而晋方内乱"，齐、鲁力量虽不弱，但无郑国地理及政治优势，且两国忙于争斗，对郑国构不成威胁；春秋中期，齐、楚、晋等国得到大发展，突飞猛进，蒸蒸日上，实力早已超过郑国。他们处于郑国四周，对郑形成包围之势。郑国与周王室关系恶化后，渐行渐远，内乱后的郑国已不是原来的郑国，周王也不是原来的周王。

---

① 上海师范大学古籍整理组校点：《国语》，上海古籍出版社，1978年，第50-52页。

郑国丧失了发展强大的机会和空间，原有的优势消失或变为劣势，小霸局面已不能维持，一个原本强大的郑国沦落为任人鱼肉的二三流国家。齐国兴起后郑成为齐的追随者。齐霸业衰落后，晋、楚强大，郑国处于晋楚之间，成为大国争夺的对象，郑国为了保全自己，不得不在夹缝中求生存。

（三）位置中枢，国力有限

春秋时期，诸侯国中大多发生过内乱，相比之下，郑国不是最严重的，但导致的结果却是最触目惊心的，这不能不和其自身国力及地理位置联系起来。郑国处于中原腹地，四周国家林立，虽然有的国家如滑、戴、许、胡、柏等，国小力弱，但都为姬姓国家，与郑同宗，郑依于周礼不便吞并占领。另外，邻国如宋、鲁、陈、蔡等，实力虽不及郑国，但也并不太弱，对郑国的攻击能有效地予以回击。这样，郑国的扩张受到限制，且国土有限，一经灾难恢复起来比较困难。黄朴民先生总结说："郑国地处河南腹心一带，虽有'河山控戴，形胜甲于天下'之誉，但'河南者，四通五达之郊'，'盖四方必争之地也'。这种位于中原咽喉之地理条件，决定郑国势必成为南北必争的焦点，兵连祸结，几乎无可避免。同时由于它周围都是文化发达的地区，宋、卫、曹、陈诸国实力并不逊色于郑国，故郑国的任何军事行动，都必将受到强烈的反弹。而这种内线作战的态势，也给它本身的发展造成极大的限制。加上郑庄公父子在外交、军事方针上的一系列失误，更加速了郑国丧失暂时的优势，而成为晋楚争霸大战略环境夹缝中的苟且幸存者。"①

（四）地位尊贵，王权缩影

郑国邻近周王室、中原交通要道的位置，在强国争霸中格外受到青睐。郑国的小霸也是凭借周王室及特殊的政治、经济、地理位置，但国力衰落后，被别国侵占攻伐也是基于此原因。齐、楚称霸打着"尊王"的大旗，实际上并非如此，就连蛮夷的楚国也知周王室的重要性，每每假意贡王。在实不"尊王"但又"共王"的情景下，郑国成为周王室的潜在影子，控制郑国的意义就不仅是战略上地理位置的考虑，更重要的是有向王权挑战的意味。因此，齐、晋、楚、秦大国争霸，甚至于想称霸的宋国，都把控制住郑国看作是争霸的重要一步。郑国与周王室的特殊关系是郑国沦为大国争夺的又一重要原因。

---

① 黄朴民：《兵要地理环境对春秋中等诸侯国国运的影响》。

第四章　晋楚争霸与郑的倒伏

郑国于春秋初年小霸之后迅速陨落，大诸侯国如齐、楚、晋、秦却相继崛起。齐国霸权衰落后，中原地区很长时间内没有产生一个足以对抗楚国的诸侯国。宋襄公想称霸，但心有余而力不足，宋、楚泓水之战后，宋国已彻底灭去称霸的野心，安心小国自保的命运。晋、楚则依据广阔的国土，在春秋中期相继发展成实力雄厚的大国。楚国通过歼灭小国运动，版图扩大，国力大增，对北方逐渐蚕食，"始得曹，而新昏于卫"，势力已渗透至中原北部。楚国的几代国君，奋发图强，一直把北伐中原、称雄华夏作为既定目标，对中原诸侯国始终有咄咄逼人之势。中原的晋国，为西周分封的老牌姬姓诸侯国，公子重耳继任国君后，国势渐强，成为中原霸主。晋与楚争锋的过程中，因与中原诸侯国有天然的血亲关系，自然得到其他华夏诸侯的支持，占据了天时条件。两强相遇，必定是涂炭一片。

晋、楚两国为争夺中原霸业进行了长达百年的战争。郑国邻近楚国，楚国北上对其威胁最甚。晋国比之中原诸国又有绝对实力，谁控制郑国，在争霸战争中就占有优势，郑国遂成为晋、楚争霸的前沿阵地。郑国不得不采取两面奉迎的附强战略，在朝楚暮晋中来回变换立场，"常首鼠两大国之间，视其强弱以为向背"①。

第一节　晋国称霸　晋秦争郑

晋国内乱于春秋中期渐渐平复，公子重耳历经磨难回到晋国，公元前636

---

① 司马迁撰：《史记·郑世家》，中华书局，1959年，第1757页。

年继位国君,即晋文公。他励精图治,在国内实行了一系列改革,发展经济,安定民心,政权趋于稳定;对外积极参与政事活动,勤襄王以示义,伐原以示信,大搜教民以示礼,又于晋献公二军基础上扩充军事力量,"作三军",晋国出现良好的发展态势,吸引许多中原国家向晋,如宋僖公本连续三年朝楚,也开始"叛楚即晋"。在被视为蛮夷的楚国威逼下,中原诸国自然围拢日益强大的晋国,形成联盟。秦国本与晋为友好国家,在利益驱使下两国开始分道扬镳。

一、晋楚城濮之战

城濮之战的导火索为宋国的背楚趋晋。公元前636～前634年,宋国迫于楚的强大,三年朝楚。晋文公上任后晋国渐强,作为讲求礼仪的宋国从内心来讲还是不想屈附于蛮夷的楚国,于是倒向晋国。楚成王大怒,鲁襄公二十七年(公元前546年),楚国率陈、蔡、郑、许几国军队围攻宋国,宋公孙固如晋告急,晋国君臣十分重视此事,认为"取威、定霸,于是乎在矣",晋国做了充分的战争准备和规划。

鲁襄公二十八年(公元前545年),晋国先以晋文公流亡曹、卫时遭到冷遇为由攻打楚的盟国曹、卫,仅数月就颠覆二国并割曹、卫之地予宋国,然后让宋国向齐、秦贿赂重币,请求二国替自己向楚求情,这当然遭到楚国的拒绝,于是齐、秦两大国也归入晋国同盟,组成了以晋国为中心的秦、齐、宋等北方国家的联合阵营。晋国又私下与曹、卫约盟,允许其复国,这样原为楚盟国的曹、卫就归入晋国之盟,晋国扣押楚国使者以激怒楚军主师令尹子玉,楚军果然撤去围宋军队,与晋军对阵于城濮。

楚成王本不想与晋国开战,但令尹子玉想以战争取得胜利来巩固若敖家族在楚国的地位,楚王虽答应与晋作战,但对晋国的实力估计并不充分,所以"少与之师,唯西广、东宫与若敖之六卒实从之"①。于是,楚国令尹子玉将中军、子西斗宜申将左军、子上斗勃将右军,楚的盟国陈、蔡也被迫前来参战,实为楚国的右军。两军对阵后,晋文公遵守流亡于楚时因受恩惠而立的誓约,退避三舍以示谦让。在当时的礼制下,晋文公以君避臣,臣不应追赶,

---

① 《十三经注疏》整理委员会整理,李学勤主编:《春秋左传正义》,十三经注疏标点本,北京大学出版社,1999年,第445页。

但子玉求胜心切，穷追不舍，激怒了晋国将士。当时晋军有战车700乘，每乘75人，共计52 500人，以原轸、郤溱将中军，胥臣将下军，狐毛、狐偃将上军，训练有素，经验丰富，乘楚国无礼而激起的高涨士气，采用诱敌深入、蒙马虎皮等战术，一举打败了楚军。楚军损失惨重，人员器械毁伤无数，《史记·晋世家》："晋焚楚军，火数日不息。"[①]另还俘获楚军驷介百乘，徒兵千人。

城濮之战，名义上是北方中原诸侯国联盟对楚国联盟的会战，但参战的是晋国对楚国及陈、蔡联军，实际上是晋、楚第一次大规模的正面交锋，晋国凭借日益上升的国力挫败了楚国北上扩张的锋芒，一战而霸，楚的盟国纷纷参与晋盟。鲁僖公二十八年（公元前632年），晋与鲁、齐、宋、蔡、郑、卫、莒盟于践土（今河南省荥阳市），周天子策命晋文公为"侯伯"，"赐之大辂之服，戎辂之服，彤弓一，彤矢百，玈弓矢千，秬鬯一卣，虎贲三百人"。[②]晋以王命讨诸侯，实现了晋国称霸的梦想，晋文公成为继齐桓公之后的第二任春秋霸主。从此以后，北方国家正式形成了以晋国为核心的军事集团，足有能力对抗北上的楚之联盟。城濮之战楚国虽然战败，但并未损伤真正主力，仍有能力与中原诸国抗衡。

二、郑间秦晋之盟

齐国霸主地位丧失后，楚国一度是实力最强的国家，故郑国一直是楚之盟国，还跟随楚国讨伐背叛的宋国。城濮之战时，郑国也积极修好与楚国关系，"如楚致其师"，城濮之战楚国的失败，让郑国开始担心晋国会对其报复，并且郑国在晋文公流亡时不曾礼遇，于是立即派人向晋求和。僖公二十八年（公元前632年），"郑伯如楚致其师，为楚师既败而惧，使子人九行成于晋。晋栾枝入盟郑伯。五月丙午，晋侯及郑伯盟于衡雍（今河南省原阳县）。……郑伯傅王，用平礼也"。杜预注："以周平王享晋文侯仇之礼享晋侯。"[③]随后，郑国参加了确立晋文公霸主地位的践土之盟及随后晋国召集的温之盟，跟随晋

[①] 司马迁撰：《史记·晋世家》，中华书局，1959年，第1668页。
[②] 《十三经注疏》整理委员会整理，李学勤主编：《春秋左传正义》，十三经注疏标点本，北京大学出版社，1999年，第449-451页。
[③] 《十三经注疏》整理委员会整理，李学勤主编：《春秋左传正义》，十三经注疏标点本，北京大学出版社，1999年，第449页。

国攻伐卫国和许国。

郑国主动讨好晋国却得不到晋文公的宽恕，这可能与郑国在强国之中的摇摆政策有关。于是僖公二十九年（公元前631年），也就是晋文公称霸后的第二年，晋国与周王使者、晋、宋、齐、陈、蔡、秦盟于翟泉（今河南省洛阳城大仓西南池水），目的是重温践土之盟，巩固晋国的霸主地位，另外商议伐郑，以使郑国彻底归附。第二年，晋、秦以郑国曾"无礼于晋，且贰于楚"为由派兵围攻郑国，其实晋国还另有目的，即想易郑国国君以达到便于掌控的目的。《史记·郑世家》载郑文公有宠子五人，皆早死，郑文公怒驱诸公子，公子兰逃奔至晋国，并且得到晋文公的赏识，晋国便想扶持公子兰回国继位，以便长久保持晋、郑间的友好关系，在与楚国争霸中占据有利条件，于是晋国联合秦国伐郑。《左传·僖公三十年》：

> 九月，甲午，晋侯、秦伯围郑，以其无礼于晋，且贰于楚也。晋军函陵，秦军氾南。佚之狐言于郑伯曰："国危矣！若使烛之武见秦君，师必退。"……夜，缒而出，见秦伯曰："秦、晋围郑，郑既知亡矣。若亡郑而有益于君，敢以烦执事。越国以鄙远，君知其难也，焉用亡郑以陪邻？邻之厚，君之薄也。若舍郑以为东道主，行李之往来，共其乏困，君亦无所害。且君尝为晋君赐矣，许君焦、瑕，朝济而夕设版焉，君之所知也。夫晋何厌之有？既东封郑，又欲肆其西封，不阙秦，焉取之？"①

郑国识破了晋国的阴谋，看到了秦、晋两个大国同盟合作温情面具下的利益冲突及潜在威胁，采取瓦解敌人同盟的策略，于是郑文公派烛之武夜说秦伯。烛之武并不提郑国的利益，而是站在秦国立场上，分析郑国灭亡对晋国有利，而郑国保存下来则对秦国有利，并承诺郑国愿做秦国军队及商旅的中转站，为秦国的发展提供帮助。秦伯很高兴郑国的许诺，于是撤军，并留下杞子、逢孙、杨孙帮郑国戍守，郑国达到了瓦解敌人的目的。

秦国虽退兵，但以郑国的力量也仍不能抗拒晋国，只好派石甲父、侯宣多向晋国请和，答应晋国提出的条件，迎逃亡在晋国的公子兰为太子，就是以后的郑穆公。晋国达到了目的，于是撤军。

---

① 《十三经注疏》整理委员会整理，李学勤主编：《春秋左传正义》，十三经注疏标点本，北京大学出版社，1999年，第463-464页。

三、秦晋由同盟至对抗

晋国文公即位后，晋、秦一直是友好国家，并且二者还为姻亲之国，在楚国侵犯北方中原时，常一同对敌。如泓水之战，晋、宋、齐、秦四国联合抗楚；僖公二十五年（公元前635年），楚、晋争夺秦国边境小国都时，"秦晋伐鄀"。晋国成为北方霸主后，秦晋关系也较为亲密，但大国争霸不可避免地存在利益之争。僖公三十年（公元前630年），秦、晋围攻郑国即为例证，秦国经不住烛之武的游说，因私利而撤军，当时晋国狐偃就主张移兵追击秦军，但晋文公新霸，不想破坏秦晋同盟而罢，可见秦晋同盟是脆弱的。僖公三十二年（公元前628年），晋文公卒，晋国国丧，秦穆公不顾蹇叔的反对，执意偷袭晋国，结果在崤大败。此时的郑国跟随晋国四处征伐，秦国很不高兴，于是准备攻打郑国。秦国军队行至滑（河南省偃师县）时，遇郑国商人弦高，弦高一面假借郑国国君之名犒劳秦军，一面派人回国报信，秦人以为郑国已知偷袭之事，只好"灭滑而返"，郑国也将秦人杞子等驱回秦国。

秦国偷袭晋国的崤之战是两国关系激化的高峰，秦穆公错误地估计了晋国国内的稳定局面，想当然地以为晋文公死后，晋国还会如以往一样出现诸子争位现象，但文公之子晋襄公继位实现了平稳过渡，没有像齐国和郑国那样，由于君主的离世，公子争位而导致霸业渐衰。公元前627年，晋、秦崤之战以秦军大败结束，秦之偷袭阴谋没有得逞。晋文公死后，晋国的霸业依然延续，只是秦、晋两国结束了友好但不彻底的合作关系，开始了两大国间的长期对抗局面，对晋国霸业造成了危机。

鲁文公六年（公元前621年），晋襄公卒，晋国陷入诸子争位的混乱中。晋国托孤执政卿赵盾并不想立晋襄公托付的幼子夷皋，而想迎立客居秦国的襄公之弟雍，以与秦修好，晋另一权臣贾季则想立居于陈国的公子乐，于是双方各自行动，最后贾季失败而远奔于狄，晋国从此赵氏专权。

鲁文公七年（公元前620年），立孤胜利的晋国大夫赵盾迫于晋襄公夫人穆嬴的一再请求而立幼子夷皋，是为晋灵公，但此时秦国已派白乙丙率人马护送公子雍到了晋的令狐（今山西省临猗县境），赵盾没有办法，只得阻止秦人及公子雍入晋，曰："我若受秦，秦则宾也；不受，寇也。"[1] 于是，他亲率大

---

[1] 《十三经注疏》整理委员会整理，李学勤主编：《春秋左传正义》，十三经注疏标点本，北京大学出版社，1999年，第519-520页。

军,与大将先克、荀林父与秦军战于令狐。秦军毫无准备,大败。

令狐之役,使秦、晋两国的怨恨进一步加深。秦国在与晋国崤之战后就向楚国示好,但内心还是想与强大的晋国修缮关系,想以扶立晋国新君重修秦晋之好,结果事与愿违,又引发了令狐之战。战后,秦、楚两国彻底走向了联合。秦由与晋修好变为与楚同盟,在晋景公、晋厉公时期,多次配合楚国进攻晋国,晋国霸业受阻,影响了春秋中后期的国际局势。

郑国在晋、秦、楚大国的对抗中,追随强大的晋国,如文公二年(公元前625年),郑国参加晋国的垂陇之盟、又随晋伐秦等,虽偶私通于秦,但多是采用依附强晋的战略。

第二节　晋楚争郑　楚建霸业

晋、楚城濮之战后,楚国北上受阻,于是暂停对中原大规模的征伐,但是两国间的小冲突还是时有发生。郑国处于冲突的前缘地带,面对来自南北两个强国的压力苦不堪言,不得不在双方中周旋,开始了"介居生存"之道。

一、晋楚对郑的争夺

僖公三十三年(公元前627年),郑、陈、蔡跟随晋国讨伐楚国的附属国许国。《左传·僖公三十三年》:

> 晋、陈、郑伐许,讨其贰于楚也。楚令尹子上侵陈、蔡。陈、蔡成,遂伐郑,将纳公子瑕。门于桔柣之门,瑕覆于周氏之汪,外仆髡屯禽之以献。文夫人敛而葬之邶城之下。①

晋、陈、蔡、郑攻伐许国,楚国令尹子上为解许国之围而攻伐陈、蔡,结果陈、蔡二国迅速降楚。楚国接着攻打郑国,欲立逃亡在楚国的郑国公子瑕为君,但攻至郑国桔柣城门时,公子瑕战死。晋国救援郑国,派晋阳处父攻打

---

① 《十三经注疏》整理委员会整理,李学勤主编:《春秋左传正义》,十三经注疏标点本,北京大学出版社,1999年,第478页。

已降楚的蔡国，楚军转救蔡国，郑国之围解。晋、楚对峙于泜水（今河南省鲁山县东）。晋国统帅阳子害怕"劳师费财"不愿与楚交锋，于是派使者告诉楚军主帅令尹子上，愿意退兵让楚军渡泜水决战，子上怕渡水受攻，也愿意退兵让晋军渡过泜水而战，结果子上中计，楚军撤退时，晋帅阳子扬言"楚军遁矣"。于是，晋、楚各自退兵而还。此为夹泜之役。

夹泜之役后，令尹子上回楚国。因子上与太子商臣素有矛盾，太子商臣就此事向楚成王进谗言借机杀掉了子上。后来，商臣弑其父楚成王继位，是为楚穆王。

文公三年（公元前624年），郑国随晋、宋、陈、卫伐沈国，因沈臣服于楚之故，沈国不能抵抗，溃败。楚国于是攻打晋的附与国江国，以解沈之围。晋国将此事禀告周王，周王令卿士桓公、晋阳处父伐楚以解救江国，但晋国阳父不敢与楚开战。第二年，江国为楚国所灭。

文公九年（公元前618年），楚国因"晋君少，不在诸侯，北方可图也"①，遂北上中原欲争霸权，首先把郑国作为目标。楚军俘获郑国公子坚、公子龙及乐耳三位大夫，郑国只得与楚讲和。晋、宋、卫、许联合救郑，但没有遇到楚军。同年，楚又侵陈，陈人败楚，俘获楚公子茷，但陈国畏惧楚国，也与楚讲和。次年，蔡、宋二国也被迫投降楚国。

郑国面对楚国侵犯而投楚，但内心还是忌惮晋国。文公十三年（公元前614年），郑穆公与鲁文公会于棐（郑国地名），请平与晋。第二年，郑、陈、宋、鲁、卫、许、曹参加晋国召集的新城（今河南省商丘市西南）之盟，又都加入了中原诸侯国的晋之盟。晋虽中衰，但余威尚在，楚、晋较量，楚国还是处于下风。

二、郑国背晋附楚

郑国处于楚、晋二国争霸冲突的中间地带，面对南北强大的压力而处于摇摆不定的状态。一面加入中原诸侯与晋结盟，但又时常被迫贰于楚国。

文公十五年（公元前612年），郑参加晋主持的扈之盟，以巩固新城之盟并商议伐齐。

---

① 《十三经注疏》整理委员会整理，李学勤主编：《春秋左传正义》，十三经注疏标点本，北京大学出版社，1999年，第528页。

文公十七年（公元前610年），郑随晋国伐宋，讨其弑君之罪，同时郑国又与楚联姻。《史记·楚世家》："庄王左抱郑姬，右抱越女，坐钟鼓之间。"[1]晋国不满郑国私好于楚国的行为，郑国闻讯后很害怕，郑穆公急切朝见晋灵公，但"晋侯不见郑伯，以为贰于楚也"。郑国执政大夫子家闻讯后，立即修书一封，使人送给晋国执政赵盾，告诉其缘由：

> 寡君即位三年，召蔡侯而与之事君。九月，蔡侯入于敝邑以行。敝邑以侯宣多之难，寡君是以不得与蔡侯偕。十一月，克减侯宣多，而随蔡侯以朝于执事。十二年六月，归生佐寡君之嫡夷，以请陈侯于楚，而朝诸君。十四年，七月，寡君又朝以蒇陈事。十五年，五月，陈侯自敝邑往朝于君。往年正月，烛之武往，朝夷也。八月，寡君又往朝。以陈、蔡之密迩于楚，而不敢贰焉，则敝邑之故也。虽敝邑之事君，何以不免？在位之中，一朝于襄，而再见于君。夷与孤之二三臣相及于绛。虽我小国，则蔑以过之矣。今大国曰：'尔未逞吾志。'敝邑有亡，无以加焉。古人有言曰：'畏首畏尾，身其余几。'又曰：'鹿死不择音。'小国之事大国也，德，则其人也；不德，则其鹿也，铤而走险，急何能择？命之罔极，亦知亡矣，将悉敝赋以待于鯈，唯执事命之！文公二年，六月，壬申，朝于齐。四年，二月，壬戌，为齐侵蔡，亦获成于楚。居大国之间，而从于强令，岂其罪也？大国若弗图，无所逃命！[2]

郑大夫子家历数了郑穆公即位以来的数次朝晋，表示了郑国对晋国的忠心追随，但郑是小国，面对南边强大的近邻楚国，修好实属无奈，并不是蓄意背叛晋国，交好或交恶皆由大国决定，最后成功消除了晋国的误解。子家信中又讲到郑国在晋同盟体系中所处的地位及影响，郑国本身具有一定的军事实力和影响力，郑国附从晋国，可以带动一批中小国家加入晋国同盟行列，并对他们有威慑作用。子家言之凿凿，有理有节，晋国只好与郑修好并交换人质。

郑与晋结好也是权宜之计，此时为晋国称霸的后期，晋国虽还强大但已渐失人心。如宋人弑昭公，晋国荀林父以诸侯之师伐宋；齐伐鲁国，晋会诸侯于扈商讨伐齐国，但这两件事晋国皆收贿赂而还，晋已失霸主之德于天下。于

---

[1] 司马迁撰：《史记·楚世家》，中华书局，1959年，第1700页。
[2] 《十三经注疏》整理委员会整理，李学勤主编：《春秋左传正义》，十三经注疏标点本，北京大学出版社，1999年，第570-572页。

是郑国私下又与楚结盟。鲁宣公元年（公元前608年），郑因晋国收受宋、齐之贿不出兵伐不义而叛晋国，郑穆公说"晋不足与也"，遂受盟于楚，并说服陈国也转盟楚国，但陈国因楚人不礼而转盟于晋国。楚国伐陈、宋，晋赵盾率师来救并讨伐郑国，楚国为解郑之围，与晋军战于北林（今河南省中牟县西南），晋军败而返。随后晋又伐郑以报北林之败，又败于楚国。可见此时晋国力量已逊于楚国。鲁宣公二年（公元前607年），郑受命于楚讨伐宋国，因宋国为郑之邻国且多次随晋国攻打郑国，郑、宋战于大棘（今河南省睢县柘城西北），郑国大胜，俘宋国大夫华元，杀宋将乐吕，缴获甲车460乘，俘250人，斩首100人。随后，宋国愿意以兵车百乘、文马百驷赎回华元，但赎物交付一半时，华元却自己逃回宋国。晋国虽欲救助宋国，但因郑有强楚的支持，也只能撤兵。同年，晋、宋、卫、陈又联合伐郑，楚救郑，晋不战而撤。

郑国国力虽敌不过楚、晋等大国，但对宋、陈而言，军事上还具有绝对实力，在中原小诸侯国中有一定影响力，因此，晋、楚对郑的征服也有威慑其他国家之意。晋国自灵公即位以来国力日衰，郑国的背晋附楚，表明晋、楚力量对比进入一个变动期，作为霸主的晋国国力趋于下降，而主要竞争对手楚国国力正迅速发展，处于上升阶段，两个势均力敌的国家同时对郑国进行威胁压迫，使郑国不得不采取摇摆战略。

三、郑国摇摆战略

楚庄王继位初期，楚国因内部派系斗争及南部不稳不能全力北上，在与晋国争夺郑国的斗争中，势均力敌，郑国只好晋来服晋，楚来服楚，实行摇摆战略。从宣公三年（公元前606年）至十一年（公元前598年），郑国对楚、晋依附变动如下：

宣公三年，晋侯伐郑，郑及晋平。夏，楚人侵郑。

宣公四年，冬，楚子伐郑，郑未服也。

宣公五年，楚人伐郑。陈及楚平。晋荀林父救郑，伐陈。

宣公六年，楚人伐郑，取成而还。

宣公七年，郑及晋平，盟于黑壤。

宣公九年，楚子伐郑，晋郤缺救郑，郑败楚于柳棼。

宣公十年，郑及楚平，诸侯之师伐郑，取成而还。楚子伐郑，晋士会救郑，逐楚师于颍北。

宣公十一年，楚复伐郑，郑乃从楚。夏，楚、郑、陈盟于辰陵（今河南省淮阳县西60里）。但郑又傲事于晋。

从《左传》所载可以看出，楚、晋依据大国实力对郑国展开争夺，郑为保全社稷只能两面倒伏，郑子良说："晋、楚不务德而兵争，与其来者可也。晋、楚无信，我焉得有信？"杨伯峻注曰："六年郑虽与楚成，七年又及晋平，八年郑伯又与晋及诸侯会于扈，九年郑伯且败楚师，十年郑又虽及楚平，诸侯之师伐郑，复取成而还；十一年又从楚。数年之间，晋、楚交兵，郑皆不得已而与来者。"① 春秋中期，"德""信"已丧失，晋国称霸与齐桓公称霸时代已不同，不再把周礼倡导的德、义、礼、信作为原则，而只是依仗军事力量讨伐弱国，晋、楚的争雄其实都是如此。陈国同郑国一样对晋、楚依服不一，但较多地跟随晋国。宣公十一年（公元前598年），楚借口陈国夏氏之乱而灭掉陈国，弑陈灵公，置之为县。陈国是帝舜之后的封国，在华夏诸侯国中是应享受特殊礼遇优待的国家，但楚国却曾对陈国傲慢不礼，现在又违背先秦以来"灭国不绝祀"的原则而灭陈为县，震惊中原诸侯国。大夫申叔时对楚庄王说："诸侯之从也，曰讨有罪也。今县陈，贪其富也。以讨召诸侯，而以贪归之，无乃不可乎王。"② 楚庄王怕此举引起中原诸侯国的群体反对，才又使陈复国。

楚国一直实行"灭国为县"的原则，对周边小国进行吞并，不断扩大疆土。楚国对中原诸侯国素有称霸野心。宣公三年（公元前606年）时，楚庄王曾"伐陆浑之戎，遂至于雒，观兵于周疆"，就曾露出觊觎之心，"欲偪周取天下"，向周王使者问鼎之轻重，周王使王孙满答曰："周德虽衰，天命未改，鼎之轻重未可问也。"③ 楚庄王曾狂妄地说："子无阻九鼎，楚国折钩之喙，足以为九鼎。"④ 足见楚国是不守周礼的国家。也正因如此，郑国一面畏于楚国，但又看到楚国灭亡华夏诸国的做法，于是在与楚国结盟后，马上又投向晋国，把晋国视为中原华夏诸侯国的靠山。

楚庄王在平定国内形势后，就意图北上称霸中原，郑、宋二国是要首先攻取的目标。宣公十二年（公元前597年），楚庄王以郑与晋结鄢陵之盟而发

---

① 杨伯峻编著：《春秋左传注》，中华书局，1990年，第716页。
② 《十三经注疏》整理委员会整理，李学勤主编：《春秋左传正义》，十三经注疏标点本，北京大学出版社，1999年，第630页。
③ 《十三经注疏》整理委员会整理，李学勤主编：《春秋左传正义》，十三经注疏标点本，北京大学出版社，1999年，第604页。
④ 司马迁撰：《史记·楚世家》，中华书局，1959年，第1700页。

重兵伐郑，希望彻底征服郑国。《左传·宣公十二年》：

> 楚子围郑。旬有七日，郑人卜行成，不吉；卜临于大宫，且巷出车，吉。国人大临，守陴者皆哭。楚子退师。郑人修城。进复围之，三月，克之。入自皇门，至于逵路。郑伯肉袒牵羊以逆，曰："孤不天，不能事君，使君怀怒以及敝邑，孤之罪也。敢不唯命是听？其俘诸江南以实海滨，亦唯命。其剪以赐诸侯，使臣妾之，亦唯命。若惠顾前好，徼福于厉、宣、桓、武，不泯其社稷，使改事君，夷于九县，君之惠也，孤之愿之，非所敢望也。敢布腹心，君实图之。"左右曰："不可许也，得国无赦。"王曰："其君能下人，必能信用其民矣，庸可几乎？"退三十里，而许之平。潘尪入盟，子良出质。①

此次征伐，楚军先围郑17天，退，又进而围城3个月，攻入郑国都城，郑襄公肉袒牵羊以逆楚王，愿把郑国作为楚国之县。在这种情况下，楚庄王令师退三十里，与郑国盟，郑大臣子良至楚国为人质。郑国完全臣服于楚。

对郑国的朝晋暮楚行为，晋、楚大国是"怒其贰而哀其卑"，晋国大夫士会说："楚君讨郑，怒其贰而哀其卑，叛而伐之，服而舍之，德、刑成矣。伐叛，刑也；柔服，德也。二者立矣。"②即一方面对郑国屡次背叛而讨伐，另一方面又怜其卑小而安抚。大国对郑的征伐行为是郑国"唯强是从"的结果，而郑国的行为则是"晋、楚不务德而兵争"的无奈选择。

四、晋楚邲之战

宣公十二年（公元前597年）春，楚国伐郑，完全降服了郑国。晋国派荀林父救助郑国，但六月才至，此时距楚攻破郑国已三月有余，当晋军行至黄河将要渡河之际，传来了郑、楚讲和的消息。晋国中军帅荀林父欲还回，认为既然郑已降楚，那只有等楚国退兵后再伐郑，使郑国再归服晋国，但中军先縠说："不可。晋所以霸，师武、臣力也。今失诸侯，不可谓力。有敌而不从，

---

① 《十三经注疏》整理委员会整理，李学勤主编：《春秋左传正义》，十三经注疏标点本，北京大学出版社，1999年，第633—635页。

② 《十三经注疏》整理委员会整理，李学勤主编：《春秋左传正义》，十三经注疏标点本，北京大学出版社，1999年，第636页。

不可谓武。由我失霸，不如死。且成师以出，闻敌强而退，非夫也。命以军帅，而卒以非夫，唯群子能，我弗为也。"①先縠不听从中军帅荀林父之命，率领自己的军队渡过了黄河。

楚国与晋国的上次交锋为城濮之战，楚败，因而对晋军仍心有余悸。楚庄王闻晋军至，欲还，楚庄王的亲信伍参分析了晋军的弱点，说："晋之从政者新，未能行令。其佐先縠刚愎不仁，未肯用命。其三帅者，专行不获。听而无上，众谁適从？此行也，晋师必败。且君而逃臣，若社稷何？"②晋军实际情况也的确如此，将帅不一，荀林父主和，先縠主战，先縠未经主帅荀林父同意而率军渡过黄河，晋军司马韩厥首先感到"此师殆哉"，于是对荀林父说："彘子（先縠）以偏师陷，子罪大矣。子为元帅，师不用命，谁之罪也？失属亡师，为罪已重，不如进也。事之不捷，恶有所分，与其专罪，六人同之，不犹愈乎？"③于是，晋军全部渡过黄河，驻扎在敖、鄗之间（今河南省荥阳市县北），待与楚军决战。

此时楚军驻于郔（今河南省郑州市北），对战争做了充分准备。楚国自国君克庸以来就"无日不讨国人而训之"，楚庄王继位后，灭若敖氏，平定国内形势，实行"有德者受我爵禄，有功者受我田宅""举不失德，赏不失劳"的军功行赏制度，激励了广大将士的斗志。楚国君臣上下同仇敌忾，充满着与敌决战的勇气。

宣公十二年（公元前597年）夏六月，晋、楚两军在邲（今河南省荥阳市东北）展开了一场恶战，史称"邲之战"。

交战之前，楚庄王即实行两面战略，一方面遣使者于晋军求成，假约盟期以惑晋军；另一方面派勇士挑战晋军，许伯驾快车至晋师披靡向前，"御靡旌摩垒而还"。乐伯致晋师，"左射以菆，代御执辔，御下，两马、掉鞅而还"；摄叔致晋师，"右入垒，折馘、执俘而还"。晋军追赶时，乐伯左射马而右射人，晋军不能进。楚将三战晋师而胜，晋军士气受挫，楚军士气更加高涨。

楚军的英勇震慑住了晋军，晋军想请和。晋军内部不但将帅不和，军心

---

① 《十三经注疏》整理委员会整理，李学勤主编：《春秋左传正义》，十三经注疏标点本，北京大学出版社，1999年，第639-640页。
② 《十三经注疏》整理委员会整理，李学勤主编：《春秋左传正义》，十三经注疏标点本，北京大学出版社，1999年，第643页。
③ 《十三经注疏》整理委员会整理，李学勤主编：《春秋左传正义》，十三经注疏标点本，北京大学出版社，1999年，第642页。

不稳，还有将领包藏祸心。晋军魏锜曾因求公族大夫之职没有得逞而心存怨恨，意欲使晋军失败，于是请求出使楚军成盟；晋赵旃也曾求卿未得逞，也想使晋军失败，于是也请求去楚军"召盟"。实际上，二人想办法激怒楚军与晋军开战，而晋军却蒙在鼓里，毫无准备，还等候与楚军立盟。楚军乘晋军不备突然袭击，《左传·宣公十二年》：

> 孙叔曰："进之！宁我薄人，无人薄我。《诗》云：'元戎十乘，以先启行。'先人也。《军志》曰'先人有夺人之心'，薄之也。"遂疾进师，车驰卒奔，乘晋军。桓子不知所为，鼓于军中曰："先济者有赏！"中军、下军争舟，舟中之指可掬也。①

荀林父首先乱了阵脚，慌乱指挥，渡河撤退。晋军先上船者，恐船过重不能载，也担心敌军将至，驾船欲走；后来者则攀船舷欲上，船上的人就以刀斩斫，船中攀者手指可掬，反映了晋军败退的惨状。

邲之战，是晋、楚城濮之战后的第二次较量。楚军做了充分准备，精心布置，晋军的失败是必然的。晋军损失惨重，只有上军因事先伏兵于敖山、镐山之间，损失较轻，战争以楚军全胜结束。战后，郑襄公、许昭公前来向楚军表示祝贺，许国也归附了楚国，邲之战巩固了楚国对郑、陈、许的控制。不久，晋、宋、卫、曹会盟于清丘，"恤病，讨贰"，即加强联合讨伐不服之国，意欲阻挡楚国的北上，但显然已抵挡不住楚庄王北伐中原的雄雄之势。

五、楚庄王称霸

邲之战，楚国取得了对中原霸主晋国的胜利，郑、陈二国完全臣服于楚国，成为楚国进军中原的前沿阵地，楚以此为据点屡次侵伐中原诸侯国，楚国称霸的时代已来临。

宣公十二年（公元前597年）冬，楚伐萧（今安徽省萧县西北十五里），楚庄王亲自督战，萧迅速溃败。楚国要想称霸中原，服郑、陈、许还远远不够，下一个攻伐的目标为宋国。宣公十三年（公元前596年）夏，楚国以借道向宋挑战，围伐宋国。第二年秋，楚子围宋，至宣公十五年（公元前594年），

---

① 《十三经注疏》整理委员会整理，李学勤主编：《春秋左传正义》，十三经注疏标点本，北京大学出版社，1999年，第648-649页。

"夏，五月，楚师将去宋"，楚师围宋达9个月之久。宋国派使者告急于晋，但此时与楚战败的晋国已不敢与楚抗衡，晋表示鞭长莫及，楚之强乃天之所授，晋不敢违天。晋国只派一个使者去宋国，劝宋不要降楚，并以"晋师悉起，将至矣"来空许宋国。宋国等不到援兵，城内"易子而食，析骸以爨"，实在无力支持下去。宋大夫华元夜入楚师，希望楚师退兵三十里，以与楚讲和。"（楚）兴师围宋九月，宋人易子而食之，析骨而爨之，宋公肉袒执牺，委服告病，曰：'大国若宥图之，唯命是听'，庄王曰：'情矣，宋公之言也。'乃为却四十里，而舍于庐门之阖，所以为成而归也。"①

楚国迫使宋国臣服，后又经"蜀之役"征服鲁国，势力达到齐鲁地区。成公二年（公元前589年），"冬，楚师、郑师侵卫"，郑国随楚国参加了征伐卫国的行动。楚国已进入中原腹地，代替晋国成为中原霸主。《左传·成公二年》："十一月，公及楚公子婴齐、蔡侯、许男、秦右大夫说、宋华元、陈公孙宁、卫孙良夫、郑公子去疾及齐国之大夫盟于蜀。"②《春秋经·成公二年》载参加蜀之盟的诸侯国，除上述之外还有"曹人、邾人、薛人、鄫人"四国，蔡侯、许男因乘楚车，谓之失位。

蜀之盟会，是春秋参加国家最多的盟会，诸侯国承认了楚国的霸主地位。楚国不仅臣服了郑、宋、陈、蔡中原南部诸侯国，还臣服了齐、鲁、曹、卫这些华夏地区北方的诸侯国，势力达到泰山一带。楚国几代君主称霸中原的梦想终于实现。

第三节　晋楚分霸　诸侯弭兵

楚庄王时期的楚国，问鼎中原，饮马大河，邲之战打败了中原霸主晋国，臣服郑、宋、鲁、卫、许、陈、蔡等中原诸侯国，主持中原盟会，成为新一代霸主。成公二年（公元前589年），楚庄王卒，楚共王继位。共王时期，楚国国内形成了公子政治，加之楚大夫申公巫臣叛逃于晋，为晋通吴，吴国兴起后对楚国展开猛烈进攻，牵制了楚国精力，楚霸业中衰。晋国国内同样矛盾重

---

① 吕不韦：《吕氏春秋》卷二十《行论篇》，四部丛刊景明刊本，第181页。
② 《十三经注疏》整理委员会整理，李学勤主编：《春秋左传正义》，十三经注疏标点本，北京大学出版社，1999年，第649页。

重，晋国卿大夫专政，公室衰落，形成君权与族权、族权与族权的斗争，使晋国也无力应对国外战争。

晋、楚长期的战争给本国造成了极大创伤，处于夹缝中的郑、宋等更是苦不堪言，希望消弭战争，得到喘息的机会。于是，晋、楚两国在宋国调解下，达成弭兵盟约。晋、楚平分了春秋晚期的霸业。

一、晋重图霸业及服郑

晋国自灵公即位后，便进入了卿大夫专政时期，国力渐弱，邲之战又使实力大损，已无力抵抗楚国，出现"晋不竞于楚"的局面。晋国虽然还是中原盟主，但已不能给中原诸侯国以佑护。宣公十二年（公元前597年），晋、宋、卫、曹盟于清丘，主旨为"恤病，讨贰"，但又"于是卿不书，不实言也"，意即没有按盟约办事。同年，宋因陈附楚而讨伐陈国，但卫国却帮助陈国对抗宋国，表明晋国主持的清丘之盟已废，正如杜预注曰："宋伐陈，卫救之，不讨贰也。楚伐宋，晋不救，不恤病也。"[①]晋在中原诸侯国中已失去了威信。于是，晋国势力暂从中原退出，转向北部边境，兼并赤狄。鲁成公三年（公元前588年），晋"作六军"，军事设置已僭越王制，意欲重新图霸中原。同年，晋联合鲁、宋、卫、曹伐郑，驻扎在伯牛（今河南省郑州市附近），"遂东侵郑，郑公子偃帅师御之，使东鄙覆诸鄤，败诸丘舆，皇戌如楚献捷"[②]。郑国挫败晋军，表明晋国力量并不强大，还有待恢复。

成公五年（公元前586年），"秋，八月，郑伯及晋赵同盟于垂棘"[③]，垂棘，晋地，确址无考。冬，晋、郑、鲁、齐、宋、卫、曹、邾、杞等国盟于虫牢（今河南省封丘县北），"郑服也"。第二年，郑伯如晋拜成。郑国背楚投晋，使晋国地位再次提升，很快得到了中原诸侯国的广泛支持。晋国也积极参加国际活动，充当盟国的保护者。

楚共王为了争得霸主地位，出兵讨伐倒晋的华夏诸侯小国。《左传·成公

[①] 《十三经注疏》整理委员会整理，李学勤主编：《春秋左传正义》，十三经注疏标点本，北京大学出版社，1999年，第658页。

[②] 《十三经注疏》整理委员会整理，李学勤主编：《春秋左传正义》，十三经注疏标点本，北京大学出版社，1999年，第712页。

[③] 《十三经注疏》整理委员会整理，李学勤主编：《春秋左传正义》，十三经注疏标点本，北京大学出版社，1999年，第721页。

六年》载，郑国加入晋国同盟，引起楚国恼怒，出兵讨伐郑国。"楚子重伐郑，郑从晋故也……晋栾书救郑，与楚师遇于绕角。楚师还。晋师遂侵蔡。"①绕角，在今河南省鲁山县东南，为蔡地。此处并没有详述此战役经过，但在《左传·襄公二十六年》有详细记述，云："绕角之役，晋将遁矣。析公曰：'楚师轻窕，易震荡也。若多鼓钧声，以夜军之，楚师必遁。'晋人从之，楚师宵溃。晋遂侵蔡，袭沈，获其君；败申、息之师于桑隧，获申丽而还。郑于是不敢南面。楚失华夏，则析公之为也。"②成公七年（公元前584年），"秋，楚子重伐郑，师于汜。诸侯救郑。郑共仲、侯羽军楚师，囚郧公钟仪，献诸晋"③。郑国大夫共仲与侯羽率军抓获楚国郧公钟仪，献给晋国。楚国连续出师不利，损失惨重，不但失去郑国，也失去了蔡、申、息等华夏小诸侯国。

成公七年（公元前584年），郑与诸侯会盟于马陵（今山西省阳平元城县东南），寻虫牢之盟，巩固晋国在盟国的地位。成公九年（公元前582年），晋、齐、鲁、郑、宋、卫、曹、莒、杞再次同盟于蒲（今山西省隰县西北），晋国再次成为中原霸主。

二、晋楚抗衡分霸

楚庄王时期，楚国力量积聚至顶点，气势汹汹地向中原挺进，郑国当然不能抵抗，只得投降。郑国虽降服楚国，仍对中原霸主晋国心存畏惧，当晋军前来时，就曾秘派使者皇戌如晋师，曰："郑之从楚，社稷之故也，未有贰心。楚师骤胜而骄，其师老矣，而不设备。子击之，郑师为承，楚师必败。"④但在战斗中，"郑反助楚，大破晋军于河上"⑤。战后，郑襄公前往楚国祝贺胜利，随后，郑国作为臣属国参加了楚主持的盟会和征伐。《左传·宣公十四年》："夏，晋侯伐郑，为邲故也。告于诸侯，蒐焉而还。中行桓子之谋也。曰：'示之以整，使谋而来。'郑人惧，使子张代子良于楚。郑伯如楚，谋晋故

---

① 《十三经注疏》整理委员会整理，李学勤主编：《春秋左传正义》，十三经注疏标点本，北京大学出版社，1999年，第725页。
② 《十三经注疏》整理委员会整理，李学勤主编：《春秋左传正义》，十三经注疏标点本，北京大学出版社，1999年，第1045页。
③ 《十三经注疏》整理委员会整理，李学勤主编：《春秋左传正义》，十三经注疏标点本，北京大学出版社，1999年，第727页。
④ 《十三经注疏》整理委员会整理，李学勤主编：《春秋左传正义》，十三经注疏标点本，北京大学出版社，1999年，第643页。
⑤ 司马迁撰：《史记·郑世家》，中华书局，1959年，第1769页。

也。"杜预注："晋败于邲，郑遂属楚。"①

郑国及华夏小诸侯国对楚臣服是暂时的。因楚国以灭国启土为宗旨，对华夏诸国采取强逼之势，华夏诸侯国普遍认为楚国的最终目的是将其灭掉，因而对楚怀有戒心。《左传·成公四年》载，鲁成公朝聘晋国，因晋景公不够礼遇，鲁成公欲叛晋成楚，季文子就说："不可，晋虽无道，未可叛也。国大臣睦，而迩于我，诸侯听焉，未可以贰。《史佚之志》有之，曰：'非我族类，其心必异'，楚虽大，非吾族也，其肯字我乎？"②鲁成公乃止。华夏诸侯国普遍认为，楚是异族，不会真心佑护华夏诸国，而晋国为姬姓诸侯，与中原诸侯国同族，有本源的血亲关系，所以在晋、楚二国争霸过程中，中小国家多倾向于晋国，"春秋霸主，多在晋国"，晋在争霸中占据上风。

晋、楚两大国，实力相当，势均力敌，故争霸相持日久。综观春秋时期的争霸，一个国家要想长期称霸，必须要有雄厚的实力作后盾，而实力主要来自辽阔的疆土、发达的经济、济济的人才，先后称霸中原的齐、晋、楚、秦均是如此。晁福林先生说："在霸权迭兴的时代，中小国家的许多诸侯尽管对霸主之称企羡不已，但却未能登上霸主宝座。这种情况的决定性因素不在于诸侯的个人才能，而在于其国家实力的弱小。"③从而也反证了郑国春秋初年"小霸"短暂辉煌的原因，单靠军事力量及狭小国土维持不了长久的霸主地位。晋、楚虽然也都一度中衰，但只要经过改革和重新调整，就又能重聚复霸的力量，这也是晋、楚长期成为春秋南北两大霸主的重要原因。

晋、楚两国在中原进行了长达百年的争霸战争，双方消耗巨大，给中原诸侯国带来了沉重负担，尤其是处于两国之间以郑国为代表的中小国家，更是苦不堪言。正如《左传·襄公九年》郑公子骈所言："天祸郑国，使介居二大国之间。大国不加德音，而乱以要之，使其鬼神不获歆其禋祀，其民人不获享其土利，夫妇辛苦垫隘，无所底告。"④《左传·襄公八年》载，郑服楚后，派王子伯骈告晋，曰："……敝邑之众，夫妇男女，不遑启处，以相救也。翦焉倾覆，无所控告。民死亡者，非其父兄，即其子弟。夫人愁痛，不和所庇。民

---

① 《十三经注疏》整理委员会整理，李学勤主编：《春秋左传正义》，十三经注疏标点本，北京大学出版社，1999年，第660-661页。
② 《十三经注疏》整理委员会整理，李学勤主编：《春秋左传正义》，十三经注疏标点本，北京大学出版社，1999年，第717页。
③ 晁福林：《论春秋霸主》，《史学月刊》1991年第5期，第12-18页。
④ 《十三经注疏》整理委员会整理，李学勤主编：《春秋左传正义》，十三经注疏标点本，北京大学出版社，1999年，第874页。

知穷困，而受盟于楚。孤也与其二三臣不能禁止，不敢不告。"①表现了郑国的无奈，也反映了郑国在晋、楚二大国之争中所遭受的沉重灾难。因此，春秋中期以后，郑国采取较灵活的对外政策，即晋来从晋、楚来从楚，"唯有礼与强可以庇民者是从"。

三、诸侯国初次弭兵

楚庄王时期，楚国打败了强大的晋国，臣服了郑、宋、陈、蔡、鲁等中原诸侯国，登上了霸主地位，但楚国内部也渐现矛盾和危机。楚国攻破宋国后，伐宋功臣子重向楚庄王请封申、吕为自己的赏田，申公巫臣从中作梗，从此二人结怨。楚灭陈后，因为陈国美妇夏姬，申公巫臣又和楚公子子反结下怨恨，申公巫臣携夏姬逃奔晋国。楚共王继位后，子重、子反成为楚国执政重臣，歼灭申公巫臣之族。申公巫臣为了报复楚国，说服晋景公培植吴国为楚国的敌国，并出使吴国为晋通吴。申公巫臣为吴国带去了先进的战车、兵器及作战方法，并使其子为吴行人②，输入高级管理执政人才，吴国力量迅速壮大，开始频繁骚扰楚国边境，楚国忙于两端作战，疲于奔命。吴国成为楚国后背之患，牵制了楚进攻中原的力量，楚国霸业受到影响。

晋灵公之后，晋国国君频替，局势不稳。长年的战争使军功贵族崛起，公室渐衰，公室与大夫间矛盾加剧，同时由于军功贵族的增多，他们之间也产生了矛盾，晋国政局处于动荡之中。《左传·成公八年》："晋赵庄姬为赵婴之亡故，谮之于晋侯，曰：'原、屏将为乱。'栾、郤为征。六月，晋讨赵同、赵括。"③晋景公听从赵庄姬、栾氏、郤代之言而灭赵括、赵同之族，引起晋国大族的惊慌。晋国内部的争斗使晋国无心再继续与楚争逐。

两大国在此形势之下，都有和解的愿望。成公九年（公元前582年），晋国释放了绕角之役中俘获的楚人仲仪，使其回楚，转达晋国希望与楚国和解之意。楚国随后派公子辰出使晋国，"请修好，结成"。第二年，晋又派大夫籴茷使楚。晋、楚都想通过和解缓和局势，使双方得到喘息的机会。

---

① 《十三经注疏》整理委员会整理，李学勤主编：《春秋左传正义》，十三经注疏标点本，北京大学出版社，1999年，第859页。
② 行人，掌接待诸侯及诸侯之上卿之礼的官员。
③ 《十三经注疏》整理委员会整理，李学勤主编：《春秋左传正义》，十三经注疏标点本，北京大学出版社，1999年，第733页。

身受晋、楚争霸之害的宋国看准时机，积极推动和解行动，提出弭兵的建议。弭兵，即停止消弭战争。宋国执政大夫华元因善于楚令尹子得，又善于晋栾武子，于是担当两国弭兵斡旋人。"华元如楚，遂如晋，合晋、楚之成"①，成公十二年（公元前579年），众诸侯在宋国西门召开了弭兵盟会。《左传·成公十二年》："宋华元克合晋、楚之成，夏，五月，晋士燮会楚公子罢、许偃。癸亥，盟于宋西门之外，曰：'凡晋、楚无相加戎，好恶同之，同恤菑危，备救凶患。若有害楚，则晋伐之；在晋，楚亦如之。交贽往来，道路无壅；谋其不协，而讨不庭。有渝此盟，明神殛之，俾队其师，无克胙国。'郑伯如晋听成，会于琐泽，成故也。"②此即为晋、楚的第一次弭兵之会。

晋、楚弭兵后，鲁、郑、宋、齐、卫、曹、邾等华夏诸国纷纷倒向晋国，成公十三年（公元前578年），"晋师以诸侯之师及秦师战于麻隧。秦师败绩，获秦成差及不更女父"③。楚国对此不满，于是成公十五年（公元前576年），楚国出师北伐郑、卫等中原诸侯国。"楚子侵郑，及暴隧。遂侵卫，及首止。郑子罕侵楚，取新石。栾武子欲报楚。"④硝烟再起，初次弭兵之盟成空文。

四、晋楚鄢陵之役

晋、楚之争再起，继续重视郑国的附属倒向。成公十五年（公元前576年），楚伐郑、卫。第二年，楚国主动示好于郑国。"楚子自武城使公子成以汝阴之田求成于郑"⑤，贪图小恩小惠的郑国于是叛晋，郑子驷与楚子盟于武城（今山东省武城县），晋国立即伐郑。郑成为晋、楚争夺的焦点，郑服楚，晋则伐；郑服晋，楚则讨。郑国为了本国利益不得不在晋、楚之间来回变换阵营。郑的归属最终引起了晋、楚的一场大战。成公十六年（公元前575年），因郑叛晋，晋栾书认为"不可以当吾世而失诸侯，必伐郑"，出兵伐郑，晋、楚两

---

① 《十三经注疏》整理委员会整理，李学勤主编：《春秋左传正义》，十三经注疏标点本，北京大学出版社，1999年，第748页。
② 《十三经注疏》整理委员会整理，李学勤主编：《春秋左传正义》，十三经注疏标点本，北京大学出版社，1999年，第749页。
③ 《十三经注疏》整理委员会整理，李学勤主编：《春秋左传正义》，十三经注疏标点本，北京大学出版社，1999年，第761页。
④ 《十三经注疏》整理委员会整理，李学勤主编：《春秋左传正义》，十三经注疏标点本，北京大学出版社，1999年，第768页。
⑤ 《十三经注疏》整理委员会整理，李学勤主编：《春秋左传正义》，十三经注疏标点本，北京大学出版社，1999年，第774页。

军遇于鄢陵，双方交战已不可避免。

鄢陵之战时的楚国已非邲之战时的楚国。楚国东南部的吴国已兴起，时常骚扰楚国边境。两军开战之际是夏四月至六月，其间正是楚国春耕农忙时节，而楚国却迫不及待地北伐。楚国主帅为司马子反，将中军，令尹子重为左军帅，但二人却有仇隙，不和。楚国军队的配置也不如以前，楚军战斗力最强的应是中军王卒，但"王卒以旧""旧不必良"，数年没有更新，仍为旧家子弟。另外，随同参战的还有郑国、陈国及蛮夷之兵，"郑陈而不整，蛮军而不陈，陈不违晦，在陈而嚣，合而加嚣。各顾其后，莫有斗心"①。郑、陈军队虽有阵势却不整齐严肃，南夷之军则连阵容也没有，从来没有训练过，这些军队合在一起时，毫无纪律，喧哗吵闹，甚至不能安静下来，他们互相观望、依赖，仅是凑人数而没有战斗力。因此，这些不利因素注定了楚国失败的必然性，正如战前申叔对子反所言："今楚内弃其民，而外绝其好；渎齐盟，而食话言；奸时以动，而疲民以逞。民不和信，进退罪也。人恤所底，其谁致死？子其勉之！吾不复见子矣。"②

此时的晋国实力则有所恢复，弭兵之盟后又成为中原霸主，对晋国更为有利的是，此战役中得到了楚国逃亡大臣苗贲皇的帮助。苗贲皇是楚庄王时令尹斗椒之子，斗椒若敖氏叛乱后被灭族，苗贲皇带着对楚国的刻骨仇恨逃到晋国，时常想着复仇，交战时，苗贲皇就在晋侯之侧，为晋谋划指挥。苗贲皇对楚军的情况非常清楚，对晋侯说："楚之良，在其中军王族而已。请分良以击其左右，而三军萃于王卒，必大败之。"③

战斗开始于清晨，晋军主要攻打中军楚王周围，晋吕锜射中楚共王目，楚军败。晚上，楚主帅子反"命军吏察夷伤，补卒乘，缮甲兵，展车马，鸡鸣而食，唯命是听"。晋军苗贲皇也下令："蒐乘、补卒，秣马、利兵，修陈、固列，蓐食、申祷，明日复战！"④但第二天，子反却因晚间饮酒过量沉醉不醒，不能指挥作战，苗贲皇故意放走楚军俘虏使通楚军，说晋国已整装待发，楚王本已眼睛受伤，见此状况说"天败楚也夫！余不可以待"，乃宵遁。楚军惨败，

---

① 《十三经注疏》整理委员会整理，李学勤主编：《春秋左传正义》，十三经注疏标点本，北京大学出版社，1999年，第778-779页。

② 《十三经注疏》整理委员会整理，李学勤主编：《春秋左传正义》，十三经注疏标点本，北京大学出版社，1999年，第776页。

③ 《十三经注疏》整理委员会整理，李学勤主编：《春秋左传正义》，十三经注疏标点本，北京大学出版社，1999年，第779-780页。

④ 《十三经注疏》整理委员会整理，李学勤主编：《春秋左传正义》，十三经注疏标点本，北京大学出版社，1999年，第785页。

退至瑕（今湖北省随县之瑕），楚共王令司马子反依楚国败将之惯例，自杀身亡。

鄢陵之战给楚国以打击，楚共王认为是自己执政时期的不德而招致楚国失败，"是以不德而亡师于鄢，以有辱社稷"①，再也无心向北挺进中原。

五、晋楚拉锯争郑

鄢陵之战，楚国失败，郑成公认为楚王因救郑而伤，因此仍然忠心于楚国。成公十七年（公元前574年）正月，郑国子驷侵晋国虚、滑二邑。五月，郑国又让太子髡顽、大夫侯獳于楚为人质，楚国也派公子成、公子寅为郑成守。成公十八年（公元前573年），郑国又随同楚国出伐宋国。晋国经常集结诸侯伐郑，成公十七年，一年中就三次集结诸侯讨伐郑国，楚国也时常出兵援助郑国。晋、楚为郑国又展开争夺，郑国成为晋国攻楚、楚国北伐的前线。

晋国在鄢陵之战中大获全胜。成公十八年（公元前573年），晋厉公为强公室而去私室，"欲尽去群大夫而立其左右"而"杀其大夫"②。第二年，晋大夫栾书、中行偃杀晋厉公，立悼公。晋悼公继位后，命百官"施舍，已责，逮鳏寡，振废滞，匡乏困，救灾患，禁淫慝，薄赋敛，宥罪戾，节器用，时用民，欲无犯时。使魏相、士鲂、魏颉、赵武为卿"③，知人善任，起用贤能，内修养，外和戎。晋国国力重新增强，出现了君明臣忠、上竞下让、国家富足、边境安定的局面。晋国继续与宋国联合，又使齐国加入晋之同盟，尊重中原小诸侯国，减轻它们的贡赋，巩固以晋为首的华夏诸侯同盟，同时对楚国近邻吴国采取拉拢策略以钳制楚国，晋国有足够实力和有利环境与楚国抗衡。

襄公二年（公元前571年），晋、郑、齐、鲁、卫、宋、陈、曹、莒、邾、滕、郯等会于戚，确定了晋悼公的霸主地位。以后又多次举行盟会，甚至南方的吴国也前来参加，晋悼公"八年之中，九合诸侯"，霸业达到全盛，恢复了晋国在中原的霸业。鄢陵之战后的楚国已不敢与晋交战，如襄公九年（公元前564年），秦景公意欲联合楚国抗晋，楚令尹子囊说："不可，当今吾不能与晋

---

① 《十三经注疏》整理委员会整理，李学勤主编：《春秋左传正义》，十三经注疏标点本，北京大学出版社，1999年，第910页。

② 《十三经注疏》整理委员会整理，李学勤主编：《春秋左传正义》，十三经注疏标点本，北京大学出版社，1999年，第796页。

③ 《十三经注疏》整理委员会整理，李学勤主编：《春秋左传正义》，十三经注疏标点本，北京大学出版社，1999年，第802页。

争。晋君类能而使之，举不失选，官不易方。其卿让于善，其大夫不失守，其士竞于教，其庶人力于农穑，商工皂隶，不知迁业。……当是时也，晋不可敌，事之而后可。"① 楚人已知晋国的强大而不能敌。

晋、楚对郑的争夺并未停息，《左传》载如下②：

襄公元年（公元前 572 年），"夏五月，晋韩厥、荀偃帅诸侯之师伐郑，入其郛，败其徒兵于洧上。于是东诸侯之师次于鄫，以待晋师。晋师自郑以鄫之师侵楚焦、夷及陈（陈此时为楚臣属国）……秋，楚子辛救郑，侵宋吕、留。郑子然侵宋，取犬丘。"

襄公二年（公元前 571 年），"春，郑师侵宋，楚令也"，"秋……会于戚，谋郑故也"，"冬，复会于戚……遂城虎牢，郑人乃成"。晋率诸侯之兵筑城虎牢关，迫使郑国归服。

襄公八年（公元前 565 年），郑国为讨媚晋国，不听从子展劝谏，侵蔡。楚国不甘心失于郑国，楚子囊伐郑，讨其侵蔡也。郑国没有办法，只得服于楚，并随楚国伐鲁侵宋。

襄公九年（公元前 564 年），因郑叛楚，晋率十二国诸侯伐郑，攻破郑的城门，占据虎牢，郑国又与晋讲和，与晋的诸侯同盟于戏。因郑有异议，晋又以诸侯再伐郑国。因郑归晋，楚国又来伐郑，郑又与楚盟。

襄公十年（公元前 563 年），楚、郑伐宋侵鲁。晋率诸侯伐郑，郑国发生西宫之乱，执国的子驷、子国、子耳劫郑国君，诸侯之师占领虎牢。郑及晋平。楚国来救郑。

襄公十一年（公元前 562 年），郑伐宋，诸侯伐郑，郑国服于晋国。楚国闻后联合秦国讨伐郑国，郑国又服于楚国，并与楚合伐宋国。九月，诸侯悉师又讨伐郑国，郑国服晋。十月，郑国出席晋侯主持的会盟，又贿赂晋侯。

从襄公元年（公元前 572 年）至十一年（公元前 562 年）的十多年间，郑国作为南北两强争夺的焦点，战争没有停息过。郑国处于夹缝之中，不论服从于哪一方，都会受到另一方的征伐，郑国要想生存下去，不得不采取灵活的做法，因地制宜地与来者盟。如襄公八年（公元前 565 年），郑国征伐蔡国，郑子展认为郑国身为小国，"无文德而有武功"，必会招来灾祸，后果然引来楚国的讨伐，子展认为晋国此时实力较强，应归服晋国。郑子良说："晋楚不务德

---

① 《十三经注疏》整理委员会整理，李学勤主编：《春秋左传正义》，十三经注疏标点本，北京大学出版社，1999 年，第 872-873 页。

② 《十三经注疏》整理委员会整理，李学勤主编：《春秋左传正义》，十三经注疏标点本，北京大学出版社，1999 年，第 812-904 页。

而兵争，与其来者可也，晋、楚无信，我焉得有信。"一切从实际出发，立即请服，不与强国兵戈相见，保存国力，等另一强国来伐时，立即推翻盟誓，与来者平，犹如《左传·襄公九年》载："子孔、子蟜曰：'与大国盟，口血未干而背之，可乎？'子驷、子展曰：'吾盟固云"唯强是从"。今楚师至，晋不我救，则楚强矣。盟誓之言，岂敢背之？且要盟无质，神弗临也。所临唯信。信者，言之瑞也，善之主也，是故临之。明神不蠲要盟，背之可也。'"①梁启超先生说："天下无霸则先叛，天下有霸则后服"，"投骨于地，从而食之，摇尾乞怜，郑之谓也"，"因此得保其社稷，常倔强于诸侯间"②。

郑国为了取得较长时间的平安，想方设法结束这种动荡局势，考虑到晋国实力强于楚，于是主动发起战争以取得与晋建立稳固同盟的机会。《左传·襄公十一年》："郑人患晋、楚之故，诸大夫曰：'不从晋，国几亡。……晋疾，楚将辟之。何为而使晋师致死于我，楚弗敢敌，而后可固与也。'子展曰：'与宋为恶，诸侯必至，吾从之盟。楚师至，吾又从之，则晋怒甚矣。晋能骤来，楚将不能，吾乃固与晋。'"③郑国首先讨伐宋国以怒晋国，引其率诸侯来伐，使楚与晋交战，郑又施贿晋国，以达到能长期加入晋国集团的目的。

晋国的强大使郑国意图靠服，实际郑国也是晋国称霸征服的主要目标，童书业先生认为："统看悼公的霸业，可以说他最大的目的是在征服郑国。"④杨伯峻先生说："欲称霸中原，必先得郑。当晋、秦争霸时，郑为晋、秦所争。今晋、楚争霸，又为晋、楚所争。国境屡为战场，自襄公以来，几至年年有战事。"⑤

春秋时期，身为小国受欺负是常事，如卫、陈、蔡、许等，但没有哪个国家如郑国这样处于不堪之境。如卫国春秋早期常受到攻伐，但晋国强盛后则一直归服晋国，执行亲晋邦交的外交策略，即使晋国义襄霸业辉煌过后，也不改此方针，一心向晋，这就使得晋卫关系长期处于稳定状态。卫国地理位置近晋远楚，四周皆为晋阵营国家，由于晋国的保护，卫国很少受到他国的进攻，从而避免了如郑国那样屡受战争之苦，积蓄了一定的国力。相反郑国则要糟糕得多。郑国居于中原，在两强相遇的中间地带，无论谁得到郑国就占据了天

---

① 《十三经注疏》整理委员会整理，李学勤主编：《春秋左传正义》，十三经注疏标点本，北京大学出版社，1999年，第877-878页。
② 梁启超：《饮冰室合集》第五卷专集之四十五《春秋载记》，中华书局，1989年，第1499页。
③ 《十三经注疏》整理委员会整理，李学勤主编：《春秋左传正义》，十三经注疏标点本，北京大学出版社，1999年，第897页。
④ 童书业：《春秋史》，山东大学出版社，1987年，第193页。
⑤ 杨伯峻编著：《春秋左传注》，中华书局，1990年，第988页。

时、地利及心理上的优势，正所谓"欲霸中原，必先得郑"，因此郑国成为诸侯称霸的首要征服对象。在晋楚争霸的百年战争中，郑国夹居中间无处逃脱，国小势弱无力抗衡，依附一方又势必与另一方为敌，成为讨伐的对象。于是郑国不得不开启介居生存之道，即依附强者，晋强依晋、楚强依楚，在晋、楚之间来回摇摆，奉行"与来者盟"的两面战略，郑大夫子象就说："居大国之间而从于强令，岂其罪也？"史念海先生说："晋楚两国争霸历年最为长久，郑国夹处于晋楚之间，成为两国相互争夺的对象，行成于楚则晋怒，行成于晋则楚怒，真可谓动辄得咎。"①郑国的出尔反尔，使晋、楚两国都非常痛恨，引起两国交替征伐。晋楚力量均等，长期的拉锯战使郑国成为交战的前沿阵地，战火不断，处于哀苦之中。正如顾颉刚先生所言，"诸国之中苦痛最甚者莫若郑，以其居晋、楚两大之冲，为双方争夺目标，不仅索贡而已，而又加之于师旅，受其死亡之实祸"②。

六、诸侯国再次弭兵

晋国乘楚国力量有所衰弱，意欲再次合诸侯图霸中原之时，西部的秦国逐渐发展强大起来。秦、晋自郩之战后，互为仇敌。秦国与楚结盟共同对抗晋国，同时极力向西开拓疆域，发展壮大力量，至秦穆公时，"用由余谋伐戎王，益国十二，开地千里，遂霸西戎"③。

秦国发展起来后，就把矛头指向中原，第一个目标即是霸主晋国，秦国开始不断地出击晋国。襄公十一年（公元前562年），秦庶长鲍、庶长武率师伐晋。鲍先领兵入晋，武从后面包抄，在栎（《方域纪要》载其为临潼县北三十里）与晋交战，秦国打败了晋国。襄公十四年（公元前559年），晋率诸侯伐秦，以报栎战之败。晋使六卿率诸侯之师以进，济泾水驻扎。秦人放毒于泾水上游，诸侯之师人马多死。加上晋军指挥不当，于是无功而返。晋、秦两次交战，晋军皆败，秦国已成为晋国的背后之患。

襄公十六年（公元前557年），晋悼公死，晋平公继位。晋平公才能平平，晋国六卿逐渐上位。六卿对大国的争霸并无兴趣，他们关注的是土地和晋国的

---

① 史念海：《郑韩故城溯源》，侯仁之、周一良编：《燕京学报》（新七期），北京大学出版社，1999年，第33-63页。
② 顾颉刚：《史林杂识初编》，中华书局，1963年，第23页。
③ 司马迁撰：《史记·秦本纪》，中华书局，1959年，第194页。

政权，并且他们之间矛盾重重，晋国陷入争斗之中。襄公二十一年（公元前552年），晋栾盈因范氏谮而出奔楚国，后至齐国，再由齐潜回晋国曲沃。栾盈率曲沃之甲，借魏献子的关系进入晋都绛，遭到赵氏、韩氏、中行氏、智氏、范氏的夹击，"尽杀栾氏之族党"。后来，韩、赵、魏、智又与范氏、中行氏之间发生矛盾，互相残杀争斗。长时间的内斗使晋国政治、军事一片混乱，国力日衰，"戎马不驾，卿无军行，公乘无人，卒列无长。庶民罢敝，而宫室滋侈。道殣相望，而女富溢尤。民闻公命，如逃寇仇"，"政在家门，民无所依。君日不悛，以乐慆忧。公室之卑，其何日之有？"①晋国贵族与贵族之间、私室与公室之间的斗争消耗了晋国国力。

晋作为中原霸主加强对小国的盘剥，引起了小国的背叛。"四邻诸侯不闻令德，而闻重币""夫诸侯之贿聚于公室，则诸侯贰"，晋国内外交困，再也无力继续维持中原霸业。楚国在与晋国争斗中渐趋劣势，处境也与晋同，内部局势不稳，外部吴国侵扰，也不能集全力与晋抗衡。

晋、楚争霸战争给中原人民带来了重大灾难，他们自身也为战争所累，苦不堪言，双方都遭受重大伤亡，消耗了大量的人力财力，无力再把这场拉锯战进行下去。中原小国在大国争霸战争中疲于奔命，时常处于"缮贡赋以共从者，犹惧有讨"的恐惧中，早已厌倦了战争，想求得长时间的和平。大国对连年征战也感到倦怠。晋的盟国齐国发生了内乱，崔杼弑其君齐庄公，立齐景公，崔杼、庆封为相，为了缓和国内矛盾，也不愿再出兵打仗。晋国执政赵武说："自今以往，兵其少弭矣！齐崔、庆新得政，将求善于诸侯。武也知楚令尹。若敬行其礼，道之以文辞，以靖诸侯，兵可以弭。"②晋、楚、齐、秦等国都有意弭兵，弭兵成为诸侯国的普遍诉求。襄公二十六年（公元前547年），秦、晋首先休战订盟，秦伯之弟针赴晋修成，晋国此时极想与秦建立友好关系，晋叔向就说："秦、晋不和久矣！今日之事，幸而集，晋国赖之。不集，三军暴骨。"③

在各诸侯国都有意停战的国际形势下，深受战争之苦的宋国又担当起调解的任务。宋国大夫向戌因其与晋、楚二国执政者关系都较好，于是发起第二

---

① 《十三经注疏》整理委员会整理，李学勤主编：《春秋左传正义》，十三经注疏标点本，北京大学出版社，1999年，第1183-1184页。
② 《十三经注疏》整理委员会整理，李学勤主编：《春秋左传正义》，十三经注疏标点本，北京大学出版社，1999年，第1020页。
③ 《十三经注疏》整理委员会整理，李学勤主编：《春秋左传正义》，十三经注疏标点本，北京大学出版社，1999年，第1031页。

次弭兵运动。襄公二十七年（公元前546年），晋、楚、齐、秦、鲁、卫、陈、蔡、郑、许、宋、曹、邾、滕等十四国会于宋国蒙门外，此为春秋时期的第二次弭兵大会。虽然晋、楚还矛盾重重，针锋相对，但最终还是缔结了盟约。盟约的主要内容是"晋、楚之从交相见也"，即晋的仆从国要朝拜楚国，楚国的仆从国也要朝拜晋国。在与会的十四国中，齐为晋的盟国，不朝楚；秦为楚的盟国，不朝晋；邾为齐的私属国，滕为宋的私属国，不参与盟会。

第二次弭兵会盟后，晋、楚对峙局面结束了，延续一百多年的春秋中期大国争霸战争终以休战而结束。对小国来说，弭兵后战争相对减少了，但弭兵会盟是在牺牲小国利益基础上达成的，小国不得不双侍其主，"仆仆于晋、楚之庭"，"牺牲玉帛，待于二境"，受到晋、楚的双重剥削。如襄公二十八年（公元前545年），齐、陈、蔡、北燕、杞、胡、沈、白狄等国朝于晋，其中陈、蔡、胡、沈为楚之属国；鲁、宋、陈、郑、许朝于楚国。对于宋、郑等小国来说，实现和平的代价较大，大国对小国诛求无时，穷征暴敛，使小国"不敢宁居，悉索敝赋，以来会时事"①。《左传·襄公二十九年》载晋女叔侯语，"鲁之于晋也，职贡不乏，玩好时至……史不绝书，府无虚月"。晋向鲁索赋之严重，连晋臣都感觉过分。小国不敢稍有懈怠，郑国贡赋更为沉重，子产说："诸侯靖兵、好以为事，行理之命，无月不至。贡之无艺，小国有阙，所以得罪也。诸侯修盟，存小国也。贡赋无极，亡可待也。"②小国要尽其土实，重其币帛，供其职贡，从其时命，贺福吊凶，小国的负担虽然更重了，但他们摆脱了长期的战患，得到了喘息的机会，有利于国力的恢复和发展，这对饱经战患的人民来说，也不啻为一个福音。

第四节　郑对小国的继续威逼

春秋初年是郑国的强盛时期，郑国率先挑战王权，主持盟会，攻伐他国，成为春秋第一位小霸主。郑的称霸伴随着对他国的侵略与吞并，如对邻国许国

---

① 《十三经注疏》整理委员会整理，李学勤主编：《春秋左传正义》，十三经注疏标点本，北京大学出版社，1999年，第1128页。
② 《十三经注疏》整理委员会整理，李学勤主编：《春秋左传正义》，十三经注疏标点本，北京大学出版社，1999年，第1328-1329页。

的攻击打压，郑庄公时以许"不共于王"灭掉许国，建立傀儡政权，并派郑大夫驻守，后许庄公又趁郑国内乱复国。郑国衰落之后，虽然无力对抗晋、楚、齐、秦等大国，但对小国的高压态势并没有改变，正如晋、楚对自己一样，同样是欺凌有加。

一、郑对许的逼迫

郑国衰落后成为列强图霸中原的争夺对象，尤其在晋、楚拉锯式的争霸时期，郑国不得不于强国间盘旋，左右倒伏，来回逢迎，郑国对大国的倒伏相向成为首要大事。在此期间，许国同样面临着这样的问题，服楚还是服晋，有时郑、许两国为同一集团，有时又有相背。在大的时代背景下，郑、许关系又增添了新因素。《左传》载春秋中晚期郑、许交集如下：

僖公三十三年（公元前627年），此时郑附晋，于是晋、陈、郑联合伐许，讨其贰于楚也。

文公九年（公元前618年），楚伐郑，公子遂会晋赵盾、宋华耦、卫孔达、许大夫救郑。

文公十四年（公元前613年），鲁、宋、陈、卫、郑、许、曹、晋同盟于新城，且谋邾也。

成公三年（公元前588年），郑、许之间纠纷再起，双方正式对抗。"许恃楚而不事郑，郑子良伐许。"据《春秋经》载，此年冬，郑再伐许。

成公四年（公元前587年），"冬，十一月，郑公孙申帅师疆许田。许人败诸展陂。郑伯伐许，取鉏任、泠敦之田"①。晋军救许伐郑，取郑国氾、祭之地。楚国派子反救助郑国。

成公五年（公元前586年），"许灵公愬郑伯于楚。六月，郑悼公如楚讼，不胜。楚人执皇戌及子国。故郑伯归，使公子偃请成于晋"②。郑、许因争田都向楚国通报此事宜，但楚国没有判定郑国胜，并扣郑国皇戌及公子子国为质。郑悼公很不满，于是派公子偃向晋国请成，郑投附晋国。

成公八年（公元前583年），郑伯将会晋师，途经许国时，见其无备，于

---

① 《十三经注疏》整理委员会整理，李学勤主编：《春秋左传正义》，十三经注疏标点本，北京大学出版社，1999年，第717-718页。
② 《十三经注疏》整理委员会整理，李学勤主编：《春秋左传正义》，十三经注疏标点本，北京大学出版社，1999年，第721页。

是攻其东门,大获全胜。

成公九年(公元前582年),晋因郑贰于楚而杀郑使者,执郑君。于是郑人围许,示晋不急君也。

成公十四年(公元前577年),"八月,郑子罕伐许,败焉。戊戌,郑伯复伐许。庚子,入其郛。许人平以叔申之封"。面对郑国的攻伐威逼,许国不得应允郑公孙申疆许田之事,以求和于郑。

成公十五年(公元前576年),许灵公畏逼于郑,请迁于楚。辛丑,楚公子申迁许于叶。

面对郑国长期不断的侵扰,许国困窘难耐,只得请示宗主国楚国,迁国于叶。叶,位于今河南叶县南,邻许昌,迁移并不远,但叶属楚境,表明许完全依附于楚国。许的这种行为必定为视楚为蛮夷的中原诸侯国所不容,于是襄公三年(公元前570年),"公会单顷公及诸侯。己未,同盟于鸡泽"。"许灵公事楚,不会于鸡泽。冬,晋知武子帅师伐许。"①许迁叶后,郑占旧许之地,但许新迁之地并不远,仍受到郑的威胁。杨伯峻先生说:"许自迁徙以后,其本土为郑所有,郑人称之为旧许。此后,许为楚附庸,晋会盟侵伐,许皆不从;楚有事,许则无役不从。"②由此看来,许的迁徙并没有改变许国命运,反而成为中原华夏诸侯国的外敌。

许国国小,无力承担与华夏为敌的代价,况且此时晋国国势正盛,故许灵公想脱楚归晋。襄公十六年(公元前557年),"许男请迁于晋,诸侯遂迁许。许大夫不可。晋人归诸侯。郑子蟜闻将伐许,遂相郑伯以从诸侯之师"。许国迁晋,因国内大夫反对而不成行,又被以晋为首的中原诸国集团讨伐,郑国积极参与此次行动,"六月,次于棫林。庚寅,伐许,次于函氏(棫林、函氏,皆许地)",晋、楚"战于湛阪,楚师败绩。晋师遂侵方城之外,复伐许而还"③。

许国此后不断受到晋、郑的讨伐,许国无奈,只得求助于楚国。襄公二十六年(公元前547年),"许灵公如楚,请伐郑,曰:'师不兴,孤不归矣!'八月,卒于楚"④。

---

① 《十三经注疏》整理委员会整理,李学勤主编:《春秋左传正义》,十三经注疏标点本,北京大学出版社,1999年,第827页。
② 杨伯峻编著:《春秋左传注》,中华书局,1990年,第877页。
③ 《十三经注疏》整理委员会整理,李学勤主编:《春秋左传正义》,十三经注疏标点本,北京大学出版社,1999年,第940-941页。
④ 《十三经注疏》整理委员会整理,李学勤主编:《春秋左传正义》,十三经注疏标点本,北京大学出版社,1999年,第1047-1048页。

许灵公死后，许悼公继位。许国身为弱小国家，其命运并不为楚所关注，与曾、申、吕、随等国一样，只是楚国战略政策的一个棋子，于是在楚的安排调度下，许国又有三次迁徙：

昭公九年（公元前533年），"楚公子弃疾迁许于夷（今安徽省亳州东地70里城父故城），实城父。取州来淮北之田以益之。伍举授许男田，然丹迁城父人于陈，以夷濮西田益之。迁方城外人于许"①。

昭公十三年（公元前529年），"楚之灭蔡也，灵王迁许、胡、沈、道、房、申于荆焉。平王即位，既封陈、蔡，而皆复之，礼也"②。

昭公十八年（公元前524年），"楚左尹王子胜言于楚子曰：'许于郑，仇敌也，而居楚地，以不礼于郑。晋、郑方睦，郑若伐许，而晋助之，楚丧地矣。君盍迁许？许不专于楚，郑方有令政。许曰"余旧国也"郑曰"余俘邑也"，叶在楚国，方城外之蔽也。土不可易，国不可小，许不可俘，仇不可启。君其图之！'楚子说。冬，楚子使王子胜迁许于析，实白羽"。

楚平王即位后，为安抚楚之附与国，允许其复国，许又迁于叶。随着楚国力量的衰弱，又因郑、晋结盟，楚担心郑联晋伐许会使楚丧失叶地，故又迁许于析（即白羽，今河南西峡县西关外）。据《春秋经·定公四年》载，许迁于容城③，具体情况在《左传》无载。关于许国的几次迁移，杨伯峻曰："许初立国于今河南许昌市与鄢陵县之间，离郑较近，可云畏郑。成十五年迁于叶，在今叶县南，则距郑较远矣。此复由叶迁夷，未必畏郑也。十八年又迁于析，即今河南内乡县西北。定四年又迁于容城，则又在叶县西。许凡四迁，俱楚所为。"④

除许国第一次迁移是畏郑的主动迁移外，后来几次都是楚国的安排。晋、楚弭兵后，郑国受南北两面夹击的局面得到改善，楚国势力衰弱，为自身利益，只得牺牲许国，故才有后来的许国三迁。正如楚人所说，郑、许为世仇。郑国终于在定公六年（公元前504年）灭许，实现了多年的夙愿。《春秋经》载："春，郑游速帅师灭许，以许男斯归。"《左传》载："郑灭许，因楚败也。"

---

① 《十三经注疏》整理委员会整理，李学勤主编：《春秋左传正义》，十三经注疏标点本，北京大学出版社，1999年，第1266-1267页。
② 《十三经注疏》整理委员会整理，李学勤主编：《春秋左传正义》，十三经注疏标点本，北京大学出版社，1999年，第1331页。
③ 《十三经注疏》整理委员会整理，李学勤主编：《春秋左传正义》，十三经注疏标点本，北京大学出版社，1999年，第1541页。
④ 杨伯峻编著：《春秋左传注》，中华书局，1990年，第1306页。

二、郑对陈的征伐

春秋早期,陈国与周王室关系密切,与蔡、卫有姻亲关系,对外交往频繁活跃,常和宋、蔡、卫联合讨伐郑国。甚至对郑国的主动示好,陈桓公也不以为然,这表明陈国具有一定实力,或者可以认为并不具备战略眼光。隐公七年(公元前716年),郑、陈修好,陈国嫁女于郑公子忽,成为郑的友好国家。陈桓公死后,郑国扶植亲郑的公子佗继位,后被杀,郑和蔡联合又立公子跃为国君。此时郑国对陈有一定的掌控权。

大国争霸时期,陈国不得不采取附强战略。齐桓公称霸时,陈国多次参加齐主持的会盟和征伐。晋、楚争霸时,陈国成为大国争夺的对象,被迫从楚或随晋,夹在二国之间艰难生存。陈与郑地理位置较为接近,处境也较为相似,都陷入南北受敌境地,但陈较郑弱,地理位置更接近楚,故受楚欺凌更多。楚二次灭陈为县,后迫于压力,允许陈复国。

陈依附于楚国,故常随楚征伐郑国,郑对陈也是极其厌恶。襄公二十五年(公元前548年)郑伐陈即是报复:

> 郑子展、子产帅车七百乘伐陈,宵突陈城,遂入之。陈侯扶其大子偃师奔墓,遇司马桓子,曰:"载余!"曰:"将巡城。"遇贾获,载其母妻,下之而授公车。公曰:"舍而母!"辞曰:"不祥。"与其妻扶其母以奔墓亦免。子展命师无入公宫,与子产亲御诸门。陈侯使司马桓子赂以宗器。陈侯免,拥社。使其众男女别而累,以待于朝。①

郑人伐陈的情景可以说是宣公十二年(公元前597年)楚人入郑景象的再现,当年郑伯肉袒牵羊待楚人,如今陈侯拥社自抱迎郑人,郑人以此得到很大的满足。陈表示完全降服,愿为郑之仆隶,子产派人协助陈人进行管理。此年冬天,郑向晋献捷后,再伐陈,最终使陈与郑结成同盟。

陈国自陈灵公后,大都昏庸无为,不理政事,国内多次发生内乱,给外敌进攻以口实,此种状况逃脱不了灭亡的命运。襄公三十年(公元前543年),

---

① 《十三经注疏》整理委员会整理,李学勤主编:《春秋左传正义》,十三经注疏标点本,北京大学出版社,1999年,第1019页。

子产如陈莅盟，回来后就预言："陈，亡国也，不可与也。聚禾粟，缮城郭，恃此二者，而不抚其民。其君弱植，公子侈，大子卑，大夫敖，政多门，以介于大国，能无亡乎？不过十年矣。"① 吴公子札对陈国的评价如子产，"国无主，其能久乎"，反映出陈国的灭亡不仅是其介于大国之间受到两端攻伐，更多的是其君昏臣乱，外交无能，陈国终于在哀公十七年（公元前 478 年）为楚所灭。

从《左传》所载郑对相邻小国许、陈的威逼可以看出，郑国是好战成性的国家，有较强的军事力量，故一直以攻伐他国为主要对外策略。在大国争霸时期，其军事力量虽不能与大国抗衡，但对小国如许、陈等则有绝对实力。郑在晋楚两大国的欺压下，对小国也采取同样的欺压政策，不仅积极参加盟国对许国的一切军事行动，还多次寻找借口，单方面讨伐许国。许国对郑国只得割地求和，但郑国并不满足，最后终于灭许。对陈国也是如此，郑国瞅准时机，毫不手弱地伐陈，再伐陈，最终使其臣服。郑国对小国的这种态度，也是它受大国侵扰造成的，其地位从小霸之位下降后，为了加强国力，提升国势，把对他国的征伐看作是显示实力的重要手段，只有这样，在春秋弱肉强食的时代背景下，才不至于沦落更为不堪之境。

---

① 《十三经注疏》整理委员会整理，李学勤主编：《春秋左传正义》，十三经注疏标点本，北京大学出版社，1999 年，第 1117 页。

第五章　七穆专政与郑国的灭亡

郑国七穆政治是春秋后期世卿专权政治的缩影。晋之六卿、鲁之三桓、宋之华氏等都早于郑之世族形成，"政在大夫"是春秋中后期诸侯国政治发展的潮流趋势。七穆集团执政实行的"世爵非世职"制，是穆族集团保持稳定的基石。以子产为代表的穆氏卿族于内竭力维护宗族团结，对外坚持以礼为尚的外交策略，七穆集团以郑国国君为尚，为国家利益而奔走，使郑国虽于强国围困中仍能坚守下来，可以说是集体的力量。七穆集团的独霸政治，也是遵守一定秩序而行，上卿之位在子展当政之前按卿位之次轮流担任，后来才发展为罕氏一枝独霸最高之位，其余五卿依次增补，出现罕氏、驷氏专权局面，这是二氏长期经营的结果，也是集团内部分化兼并的必然趋势。春秋后期，郑国虽尚存一定的军事实力，但频繁的战争使得国力进一步削弱，世卿专权局面使得他人难有上升的空间和渠道，虽然有子产的力挽狂澜，努力兴郑，但郑国还是不可避免地走上灭亡道路。

第一节　七穆政治的形成

卿，《礼记·王制》载，"诸侯之上大夫曰卿"，卿为爵位，也配以职位，是列国大夫中的上层。卿的家族称为卿族。世卿，指世代显贵的卿族，也即在国家政治、经济方面有支配权力、代代相传的卿大夫家族。卿，出自公族和异姓之族。公族，指与诸侯国君有血缘关系的同宗，也即为国君非嫡系的后人，后来专指当朝国君的直系后裔，包括公子和公孙两代；异姓卿族指与国君异姓的卿族。西周以来的政治体制为：公族授爵，由爵入职；异姓授职，由勋入爵。春秋前期，公族势力强劲，卿权依旧依附于君权，各诸侯国都没有形成世卿惯例。《孟子·告子》载齐桓公葵丘会盟诸侯时，曾载书"士无世官"，赵岐注："仕为大臣，不得世官。"郑国也是如此。春秋早中期，郑国虽有异姓卿族专权，但根基不深，多由国君好恶而任免，皆为一世卿族。郑厉公上位后，剪除异卿，实行公室政治，卿族统治没有机会形成。春秋中后期，情况发生了改变，郑国公族在子家专政后，卿权明显有世袭化、集团化倾向，郑国也和鲁、齐、晋一样形成了卿族集团执政的局面，即卿级高官由父子世代相袭继承，形成世卿制。这种制度的特点就是它本身是一种较为稳定的继承方式，并已制度化，因而不同于执政者作为君主的权臣依靠于君主的意志，也不同于卿大夫彼此相争、强者掌权的情况，而是由几个利益共存的大家族实行联合统治，制定一定的秩序传递执政权，并以此为依据来分配和组织政治权力。[1] 它在郑国的表现，就是出现了"七穆"专权的局面。

一、郑国世卿的兴起

郑庄公死后，郑国出现了祭仲、高渠弥异卿专权局面，但最终在郑厉公复位后结束，没有形成世族。郑厉公至郑文公时期，郑国执政者为卿大夫叔詹。《左传·庄公十七年》："齐人执郑詹，郑不朝也。"杜预注："詹为郑执政大臣，诣齐见执。"[2]《史记·郑世家》记叔詹为郑文公之弟，也有人释其为"郑大夫，名儋"。齐桓公始霸时，郑国忙于内乱而没有及时派人前往朝齐，齐国故而不满。僖公七年（公元前653年），郑大子华奔齐欲使齐助之去泄氏、孔氏、子人氏三族，管仲谓"郑有叔詹、堵叔、师叔三良为政，未可间也"[3]。叔詹应是位列第一的执政者，同时也反映出郑国的三族可能已很有势力，但还没有对郑国政局造成影响。

叔詹执政四十余年。晋文公逃难至郑时，叔詹劝谏郑文公礼遇之，"重耳贤，且又同姓，穷而过君，不可无礼"。但郑文公不听，叔詹担忧地说："君如弗礼，遂杀之；弗杀，使即反国，为郑忧矣。"[4] 后来晋文公果然报复郑国的不

---

[1] 朱凤瀚：《商周家族形态研究》，天津古籍出版社，1990年，第578页。
[2] 《十三经注疏》整理委员会整理，李学勤主编：《春秋左传正义》，十三经注疏标点本，北京大学出版社，1999年，第257页。
[3] 《十三经注疏》整理委员会整理，李学勤主编：《春秋左传正义》，十三经注疏标点本，北京大学出版社，1999年，第351页。
[4] 司马迁撰：《史记·郑世家》，中华书局，1959年，第1765页。

礼，与秦国围攻郑国，叔詹为国解难，"言于郑君曰：'臣谓君，君不听臣，晋卒为患。然晋所以围郑，以詹，詹死而赦郑国，詹之愿也。'乃自杀。郑人以詹尸与晋"①，保全了郑国。叔詹还曾斥责楚成王的失礼，称其无以称霸。叔詹与齐国管仲、鲁国臧文仲皆是春秋时期良臣的楷模。

叔詹后郑国的执政者为皇武子。《左传·僖公二十四年》："宋及楚平，宋成公如楚。还，入于郑。郑伯将享之，问礼于皇武子。"杜预注："皇武子，郑卿。"②僖公三十二年（公元前628年），皇武子随郑穆公视秦三大夫客馆，揭穿秦戍郑之阴谋。

文公二年（公元前625年）始，郑穆公起用子家，"郑公子归生伐秦"，至鲁文公十七年（公元前610年），子家相郑穆公朝晋国，子家为郑国执政卿。

子家，"或为灵公弟"，也有可能为文公族兄弟。郑穆公初当政时，可能皇武子有较大权势，于是穆公用子家代替皇武子。子家执政时间较长，跨郑穆公、郑灵公时期。《左传·宣公四年》：楚献鼋于郑，郑灵公不让公子宋尝，于是"子公怒，染指于鼎，尝之而出。公怒，欲杀子公。子公……反谮子家。子家惧而从之。夏，弑灵公"③。郑灵公在位时间不长，被杀。子家专权局面形成，宣公十年（公元前599年），"郑子家卒。郑人讨幽公之乱，斫子家之棺，而逐其族"④。子家之族也没有形成世卿，可见郑国的历代权臣往往只是一代而终，"郑国所谓的'卿大夫'实际上具有公室家臣的性质，他们还没有成为据有封邑、聚族而居且其政治、经济地位世代传承的卿大夫"⑤。

郑国真正的世卿出现于郑灵公死后。郑穆公有十三个儿子，郑灵公死后，子家、子公选子良继君位，子良辞曰："以贤，则去疾不足；以顺，则公子坚长。"推荐其兄公子坚为君，是为郑襄公。郑襄公惧公子争位，想除去其他兄弟以求自己、国家的长久安定，只有子良让贤可留，子良阻止说："穆氏宜存，则固吾愿也；若将亡之，则亦皆亡，去疾何为？"⑥子良的坚持保住了群穆生

---

① 司马迁撰：《史记·郑世家》，中华书局，1959年，第1766页。
② 《十三经注疏》整理委员会整理，李学勤主编：《春秋左传正义》，十三经注疏标点本，北京大学出版社，1999年，第424页。
③ 《十三经注疏》整理委员会整理，李学勤主编：《春秋左传正义》，十三经注疏标点本，北京大学出版社，1999年，第606页。
④ 《十三经注疏》整理委员会整理，李学勤主编：《春秋左传正义》，十三经注疏标点本，北京大学出版社，1999年，第626页。
⑤ 段志洪：《周代卿大夫研究》，文津出版社，1994年，第109页。
⑥ 以国君谥号为称发之族，"穆氏"指穆公的后裔遗族。见朱凤瀚：《商周家族形态研究》，天津古籍出版社，1990年，第436页。

存，因此，子良让位是"穆氏秉政之始"，此后穆氏子孙世代为大夫，形成庞大的家族集团，把持郑国卿权，交替执政，郑国真正的世卿出现。穆氏子世系如表5-1所示。

表 5-1 郑穆公十三子世系表

氏	子及其世系
	公子夷（灵公）
	公子坚（襄公）→公孙费（悼公）
良	公子去疾（子良）→公孙辄（子耳）→良霄（伯有）→良止
罕	公子喜（子罕）→公孙舍（子展）→罕虎（子皮）→婴齐（子齹）→罕达（子姚） └→罕魋 └→公孙鉏──→罕朔
国	公子发（子国）→公孙侨（子产）→国参（子思）
孔	公子嘉（子孔）→公孙泄→孔张
驷	公子骓（子驷）→公孙夏（子西）→驷带（子上）→驷偃（子游）→丝 └→驷乞（子瑕）→驷歂（子然）→驷弘（子般） └→公孙黑（子晳）→印
游	公子偃（子游）→公孙虿（子蟜）→游眅（子明）→良 └→游吉（子大叔）→游速（子宽） └→公孙楚（子南）
丰	（子丰）→公孙段（伯石）→丰卷（子张） └→丰施（子旗）
印	（子印）→公孙黑肱（子张）→印段（子石）→印癸（子柳） └→印堇父
然	（子然）→然丹（子革）→然明（鬷蔑）
子良	士子孔→子良
羽	子羽→公孙申→马师颉（羽颉）

二、七穆专权

郑穆公儿子中，除子夷、子坚继位为国君外，有四子皆短命或出逃。襄公十九年（公元前554年），公子嘉（子孔）被杀，灭族；子然和士子孔的儿子被株连出逃；成公十三年（公元前578年），子羽被杀。最后剩下七个儿子：子罕（公子喜）、子驷（公子骓）、子丰、子游（公子偃）、子印（公子舒）、子国（公子发）、子良（公子去疾），他们另立宗族，为罕氏、驷氏、丰氏、游氏、印氏、国氏、良氏。他们从襄公时代起渐操持国柄，繁衍成大族，被称为"七穆"。

"七穆"出现于《左传·襄公二十六年》，晋叔向曰："郑七穆，罕氏其后亡者也，子展俭而壹。"孔颖达疏："郑穆公十一子，子然、子孔、士子孔三族已亡，子羽不为卿，所存而当政者七族，至于此时，则子展公孙舍之为罕氏，子西公孙夏为驷氏，子产公孙侨为国氏，伯有良霄为良氏，子大叔游吉为游氏，伯石公孙段为丰氏，子石印段为印氏，故曰七穆。"①

七穆中最先掌权的是子良，其因让位于郑襄公而得宠，但直至宣公九年（公元前600年）才再次出现于《左传》，可见其前期并没有掌握大权，故政治活动不多，应是听命于子家。《左传·宣公十年》载子家死后，子良借机铲除子家势力，才开始执掌郑国内政。郑襄公时期，只有子良活跃于历史舞台，七穆气候尚未形成。之后，郑悼公至成公年间，群穆开始活跃频繁（表5-2）。

表5-2 郑悼公至成公年间七穆主要事件表

时间	事件
成公四年（公元前587年）	郑子良伐许
成公五年（公元前586年）	郑悼公楚讼，不胜。楚人执皇戌及子国（公子发）。故郑伯归，使公子偃请成于晋
成公六年（公元前585年）	郑伯如晋拜成，子游（公子偃）相
成公七年（公元前584年）	郑子良相成公以如晋，且拜师
成公九年（公元前582年）	晋执郑成公。公孙申谋之，曰郑将改立君主，使晋归郑君
成公十年（公元前581年）	郑公子班闻叔申之谋。三月，公子班（字子如）立公子繻。夏，四月，郑人杀繻，立髡顽。子如奔许。晋伐郑归还郑成公，穆公子立即行动以应郑成公回郑，子罕赂以襄钟，子然盟于脩泽，子驷为质。郑成公杀被晋拘时在国内立新君之人，叔申、叔禽被杀
成公十三年（公元前578年）	郑公子班发动叛乱，自訾求入于大宫，不能，杀子印、子羽，反军于市。己巳，子驷帅国人盟于大宫，遂从而尽焚之，杀子如、子騑、孙叔、孙知。此次叛乱中，穆公子子印、子羽被杀，但公子班集团彻底失败

---

① 杨伯峻编著：《春秋左传注》，中华书局，1990年，第1117页。

续表

时间	事件
成公十四年（公元前577年）	郑子罕伐许，败焉
成公十五年（公元前576年）	郑子罕侵楚，取新石
成公十六年（公元前575年）	郑子罕伐宋
襄公二年（公元前571年）	郑伯睔卒。于是子罕当国，子驷为政，子国为司马

从子良让位开始，起初群穆中只有子良执政，至襄公二年群穆占据卿位中的三个，这表明群穆力量渐强，逐渐掌握了郑国大权，其间历时四十三年。穆族势力逐渐增强是群穆集团斗争的结果，他们的政治赌注为郑成公。在郑成公被晋国拘禁期间，公子班另立新君，群穆团结一致打败了公子班，成功迎回郑成公复位。后来，穆族又平定了公子班的叛乱，稳固了成公之位，从而得到郑成公的信赖和支持，这是穆族集团发展的转折点。此后，穆族成为郑成公的政治基石，郑成公临终时，令子罕当国，子驷为政，子国为司马，穆族占据了三卿之位。从此，穆族开始了对卿权的集团性独占，使新国君也难再立公子、公孙为卿，郑国开始了七穆宗族的联合政治。襄公九年（公元前564年），穆族占据了全部六卿位置。《左传·襄公九年》，郑与晋结盟，"将盟，郑六卿公子騑、公子发、公子嘉、公孙辄、公孙虿、公孙舍之及其大夫、门子皆从郑伯"[1]。七穆中的驷、国、良、游、罕、孔六族皆参政，余丰、印二氏尚未居卿位。七穆垄断了郑国卿权，从占据三卿至六卿，郑国发展成世卿制。

六卿官职中以执政卿权力最大，执政卿为国家最高长官，主要职责是对内发布政令、治理刑罚狱讼、掌管朝会礼、掌发兵权等[2]。春秋时期，郑国共有17位执政卿，其中11位为七穆成员，先后为子良、子罕、子驷、子孔、子展、伯有、子产、子大叔、驷颛（子然）、罕达（子腾）、驷弘等，七穆轮流掌卿权，执政时间为郑襄公至郑声公八个君主期间，长达150年。襄公八年（公元前565年），子驷为政，"为田洫"，引发干酪氏、堵代、侯氏、子师氏等叛乱，子驷、子国、子耳被杀，但子孔免于难。此后，子孔执政达十年之久，穆氏参政人数不断增加，范围逐渐扩大，逐渐形成群穆集团，《左传》襄公二十七年和昭公元年均载，国众卿皆出自七穆。至子产时，七穆权力达到顶

---

[1] 《十三经注疏》整理委员会整理，李学勤主编：《春秋左传正义》，十三经注疏标点本，北京大学出版社，1999年，第874页。

[2] 朱凤瀚：《商周家族形态研究》，天津古籍出版社，1990年，第524页。

峰。昭公十六年（公元前 526 年），"郑六卿伐宣子于郊"，其组成人员皆为七穆成员。七穆执政情况如表 5-3 所示。

表 5-3　郑国穆公至声公时期的执政情况表[①]

时间	鲁公	郑公	执政	参政情况	
				七穆人员	异氏人员
公元前 625—前 600 年	文公二年至宣公九年	穆公三年至襄公五年	归生子良	子良：让位 1 见，忧国 1 见	公子归生：帅师 2 见，聘享 2 见，弑君 1 见。公子宋：弑君 1 见，相郑伯 1 见。石楚：帅师 1 见，为质 1 见。公子坚、公子龙、乐耳、公子曼满：各 1 见
公元前 599—前 583 年	宣公十年至成公八年	襄公六年至成公二年	子良	子良：制外交政策 1 见，帅师 1 见，盟会 1 见，为质 2 见，相郑伯 1 见。子张：为质 1 见。子游：帅师 1 见，请成 1 见，相郑伯 1 见。子国：被执 1 见	石制：立公子鱼臣 1 见。共仲、侯羽：帅师各 1 见。公孙申疆：田 1 见。皇戌：献捷 1 见，相郑伯 1 见，被执 1 见
公元前 582—前 570 年	成公九年至襄公三年	成公三年至僖公元年	子罕	子罕：帅师 3 见，赂晋 1 见，当国 1 见，止子丰 1 见。子驷：为质 1 见，帅师 2 见，盟会 2 见，请息肩于晋 1 见，为政 1 见。子然：盟会 1 见，帅师 1 见。子印、子羽：被杀各 1 见。子国：为司马 1 见。子丰：欲废僖公 1 见	伯蠲：行成 1 见。公孙申：谋伪立君 1 见，被杀 1 见。公子班：立君 1 见，叛乱 1 见。姚句耳：使楚 1 见。石首：御 1 见。唐苟：为车右 1 见。髡顽：为质 1 见，被立 1 见。侯獳：为质 1 见。皇辰：帅师 1 见
公元前 569—前 564 年	襄公四年至襄公九年	僖公二年至简公二年	子驷	子驷：弑杀 2 见，从楚 2 见，从郑伯盟 1 见，被杀 1 见。子国：聘 1 见，帅师 1 见，欲从楚 1 见，从郑伯盟 1 见，被杀 1 见	皇耳：帅师 1 见。司氏、堵氏、侯氏、子师氏与尉氏：为乱 1 见。王子伯骈：告晋 1 见。子狐、子熙、子侯、子丁：被杀各 1 见
公元前 563 年	襄公十年	简公三年	子驷	子耳：帅师 2 见，欲从楚 1 见，从郑伯盟 1 见，被杀 1 见。子蟜：待晋 2 见，主从楚 1 见，从郑伯盟 1 见，为司马 1 见，助平乱 1 见。子展：待晋 1 见，从楚 1 见，从郑伯盟 1 见。子孔：欲待晋 1 见，从郑伯盟 1 见	孙击、孙恶：奔 1 见

① 房占红：《七穆与郑国的政治》，吉林大学硕士学位论文，1999 年，第 9-15 页。

续表

时间	鲁公	郑公	执政	参政情况	
				七穆人员	异氏人员
公元前562—前554年	襄公十一年至十九年	简公四年至十二年	子孔 子展	子孔：欲去诸大夫1见，不敢联楚1见，被杀分室1见。子展：促成萧鱼之会，出盟1见，守城1见，杀子孔1见，当国1见。良宵：如楚归郑2见，从郑伯伐齐1见。子蟜：帅师1见，如晋2见，相郑伯2见，卒1见。子张：从郑伯伐齐1见。子西：守城1见，杀子孔1见，听政1见。子产：1见，为卿1见，谏子孔1见	石：如楚归郑2见。王子伯骈：行成1见。堵女父、尉翩、司齐：被杀1见，堵狗1见
公元前553—前544年	襄公二十年至襄公二十九年	简公十三年至简公二十二年	子展 伯有	子展：废立1见，使令1见，相郑伯2见，帅师1见，被赐1见，从郑伯1见，不御楚1见，卒1见。子产：谏2见，帅师1见，献捷1见，被赐1见，相郑伯2见，预言2见，从郑伯1见，言政1见。子大叔：被立1见，问政1见，戒1见，从郑伯1见，聘会3见，为令正1见。子西：相郑伯1见，帅师1见，从郑伯1见，聘晋1见。伯有：与宋之盟1见，从郑伯1见，议出使1见，强使1见，盟1见。印段：从郑伯1见，被使1见。公孙黑：强争1见。印堇父：被囚1见	公孙挥：聘晋1见，言政1见，预言1见。然明：预言1见，言政1见。皇颉：被囚1见。裨灶：预言1见，言政1见，宛射犬1见
公元前543年	襄公三十年	简公二十三年	伯有 子产	伯有：嗜酒1见，强使1见，奔1见，伐旧北门1见，被杀1见。子产：相郑伯1见，如陈预言1见，反田里1见，被诵1见，敛伯有氏1见，受盟1见，作封洫1见，隧伯有1见，不受召1见，奔晋1见。子晳：攻伯有1见，盟大夫1见。子皮：言伯有不免1见，止子产与印段1见，不攻伯有1见，怒止驷氏攻子产1见，使命1见，会澶渊1见，授子产政1见，逐丰卷1见。子大叔：疑事伯石1见，盟1见。公孙鉏：为马师1见。丰卷：征役1见，请祭奔晋各1见	公孙胖：入盟1见；子羽：与裨灶预言1见；仆展：从死1见；羽颉：奔晋1见

续表

时间	鲁公	郑公	执政	参政情况	
				七穆人员	异氏人员
公元前542—前522年	襄公三十一年至昭公二十年	简公二十四年至定公八年	子产	子产：使令3见，讨立3见，火作后警事1见，盟1见，预言5见，相郑伯1见，不毁游氏庙2见，作丘赋1见，铸刑书1见，为丰施归州田1见，争承1见，被谏4见，辞晋问1见，言为政1见，饯宣子1见，戒1见，谏子皮2见，弗讨1见，弗与环1见，卒1见。子大叔：盟1见，预言1见，聘会4见，言政1见，预知1见，问政1见，咎子产1见，谏2见，拖延毁庙2见，饯宣子1见，言为政1见。印段：被使1见、盟1见，劳工君1见。子皮：使令2见，将救蔡1见，固请以币行1见，如晋3见，戒见，盟1见，娶于齐1见，言子产高明1见，预知1见。公孙段：盟1见，相郑伯1见。公孙黑：争妻1见，欲去游氏1见，强与盟1见，被杀1见。子南：争妻1见，被流放1见。驷带：盟1见。驷偃：饯宣子1见，卒1见。驷乞：被立1见。印癸：饯宣子1见，丰施归州田1见。孔张：失位1见。公孙泄、良止：被立1见	子羽：为行人1见，被使1见，谏子产1见，子皮与之言子产1见。冯简子：逆客1见，断大事1见。然明：钦服子产1见。浑罕：反对作丘赋1见。裨灶：预言4见。富子：谏1见。屠击、祝款、坚柎：有事桑山各1见
公元前521—前506年	昭公二十一年至定公四年	定公九年至献公八年	子大叔	子大叔：兴徒兵1见，相郑伯2见，谏1见，预言1见，吊且送葬1见，与于盟诸侯1见。国参：会成周1见	
公元前505—前496年	定公五年至定公十四年	献公九年至声公五年	子然	驷歜（子然）：嗣位为政1见，杀邓析1见。游速：灭许1见，会齐、卫1见（齐、卫、郑、鲁结盟）	邓析：作竹刑1见
公元前495—前479年	定公十五年至哀公十六年	声公六年至二十二年	子腾	罕达：帅师3见，允邑1见。驷弘：帅师2见，桓子思言不可不救曹1见（齐、郑与晋铁之战）	许瑕：求邑1见

续表

时间	鲁公	郑公	执政	参政情况	
				七穆人员	异氏人员
公元前478—前464年	哀公十七年至悼公四年	声公二十三年至三十七年	驷弘	驷弘请救1见,先下知伯1见,子思争1见(齐、鲁为郑故谋伐晋,郑人辞诸侯)	

三、七穆的外争

七穆政治形成后,要想独霸郑国之权就要同国君、公族及其他世族进行斗争。

(一)对国君及公族的斗争

穆族要霸政,首先要战胜掌握政权的国君及其公族。郑成公时期是穆族成长壮大的重要时期,郑成公作为国君,其意志要得到贯彻执行,穆族要听从国君指令。《左传·襄公二年》:"郑成公疾,子驷请息肩于晋。公曰:'楚君以亲郑故,亲集矢于其目,非异人任,寡人也。若背之,是弃力与言,共谁瞩我?免寡人,唯二三子。'"襄公七年(公元前566年),"郑伯将会于鄬,子驷欲与楚,郑伯不可"。从这两件事上可以看出,此时郑国国君具有绝对权力,成公不同意,子驷等人阴谋并不能得逞。郑成公死后,穆族开始变得强势,因继位的郑僖公与诸穆不合,威胁到穆族安全,他们就先下手为强。当时的执政卿子驷趁郑僖公出使晋国时,指使贼夜杀僖公,立其五岁的儿子子嘉为简公。年幼的国君只能听任于七穆,穆族终于战胜国君,开始把持郑国政治、军事、经济大权。他们发号施令,日益强横,俨然成为第二个国君,操纵着国家的命运。《左传·襄公二十二年》子展说,"国卿,君之贰也,民之主也",意卿为民之主。《左传·昭公十六年》:"郑六卿饯宣子于郊。宣子曰:'二三君子请皆赋,起亦以知郑志。'"子产也说自己的职权为"发命之不衷,出令之不信,刑之颇类,狱之放纷,会朝之不敬,使命之不听,取陵于大国,罢民而无功,罪及而弗知,侨之耻也"①。子产议政与其他诸卿商量,而从不向国君请示,此时的郑君形同虚设,不再拥有统治国家的权力。杨伯峻先生注曰:"六卿之志

---

① 《十三经注疏》整理委员会整理,李学勤主编:《春秋左传正义》,十三经注疏标点本,北京大学出版社,1999年,第1349页。

即足以表示郑国之志。"朱凤瀚先生认为:"郑执政权在七穆内依一种固定制度承继,郑伯虽存,但近于虚设,因而在郑国也出现了较典型的、成熟的卿大夫执政制。"①

穆族不但控制国君,还要防范政治上最大的敌人——公族。春秋早期,公族因与国君较近的血缘关系,易立家,发展成较强的政治势力。据《左传》载,郑国从鲁隐公元年(公元前722年)至鲁成公十三年(公元前578年),公子、公孙活跃于政坛的有三十多人,其中以郑庄公母弟大叔段最为著名,他以公之弟封赐京邑,后因叛被歼,逃亡他地;郑庄公时公子忽、公子突因立战功,都形成了一定的公族势力;郑穆公时的公子归生、公子宋,郑襄公时的穆族众公子,郑成公时的公子班等,也均以公族身份立家。他们是春秋早期郑国的统治支柱,"身隶玉籍,职任亲贵,入参密勿,出总师旅;君位之定每须咨询贵公子;国际会盟也通常由身为卿大夫的公子担任折冲樽俎的任务"②。七穆集团形成后,宣公十年(公元前599年),斫子家棺,逐其族。公子班原有一定势力,在与七穆斗争中处于下风,郑成公被晋国俘虏时,于国内立公子繻为君,郑成公回国后,逃奔许国;成公十三年(公元前578年),子班自訾地起兵欲攻郑,"求入于大宫,不能,杀子印、子羽,反军于市。己巳,子驷帅国人盟于大宫,遂从而尽焚之,杀子如、子骍、孙叔、孙知"③,彻底铲除了子班势力。从此非穆族的公子、公孙再也不能执掌郑国权柄,即使当朝国君之公子、公孙也不能再凭借身份享有卿大夫的爵位,公族不再有立家者。

(二)对世族的斗争

七穆集团形成之前,郑国有影响较大的卿大夫世族。七穆兴起后,其他氏族也有见于《左传》所载。例如,泄氏见于鲁宣公三年前;尉氏、司氏、子师氏、侯氏见于襄公十年(公元前563年),襄公十三年(公元前560年),之后不见有载;石氏于襄公十三年后不见有载;堵女氏见于襄公十五年(公元前561年)载,堵女氏因乱被诛,后不再有载;皇氏于鲁襄公后也不见有记载,这表明郑国其他氏族都衰弱下去。七穆压抑排斥非穆族势力,以西宫之乱最为典型。《左传·襄公十年》:

> 初,子驷与尉止有争。将御诸侯之师,而黜其车。尉止获,又

---

① 朱凤瀚:《商周家族形态研究》,天津古籍出版社,2004年,第518页。
② 许倬云:《春秋战国间的社会变动》,《求古编》,联经出版事业公司,1982年,第321页。
③ 《十三经注疏》整理委员会整理,李学勤主编:《春秋左传正义》,十三经注疏标点本,北京大学出版社,1999年,第762页。

与之争。子驷抑尉止曰：'尔车，非礼也。'遂弗使献。初，子驷为田洫，司氏、堵氏、侯氏、子师氏皆丧田焉。故五族聚群不逞之人，因公子之徒作乱。于是子驷当国，子国为司马，子耳为司空，子孔为司徒。冬，十月，戊辰，尉止、司臣、侯晋、堵女父、子师仆帅贼以入，晨攻执政于西宫之朝，杀子驷、子国、子耳，劫郑伯以如北宫。……子蟜帅国人助之，杀尉止、子师仆，盗众尽死。侯晋奔晋，堵女父、司臣、尉翩、司齐奔宋。子孔当国，为载书，以位序，听政辟。①

西宫之乱由子驷骄横而引起。尉止等五族受到子驷欺压，依靠公子族党反抗，杀子驷，劫持郑简公，但力量不够强大，被子产、子蟜平定，逃至宋国，后郑国贿赂宋国，将乱党抓回歼灭。西宫之乱，七穆彻底铲灭了异族势力，郑国政治舞台上只剩下穆族了。宣公九年（公元前 600 年）至郑国灭亡的时期内，以子良为政开始，郑国执政卿均为七穆成员担任，六卿也由七穆成员组成。七穆集团垄断了郑国卿位，使他族没有可能和机会觊觎，即便他族偶为卿士，但人数少，其势力也不可能与穆族相比，形成了七穆之兴、他族不再的局面。因此，有学者认为，"穆兴起前有较大影响的世族的衰落，应与七穆的兴起有密切关系，他们当是在七穆强大势力的威逼下，偃旗息鼓或坠命亡氏者。七穆之所以能长期垄断郑执政之柄，削弱其他强族是其必经之路"②。

四、七穆集团的内斗

穆族集团对外排斥公族及他族以达到霸政的目的，同时，内部也充满了尔虞我诈的矛盾与斗争。总体看来，七穆集团内部势力较为均衡，如哪一氏族想要歼灭他氏而独霸政权，会遭到其他几氏的联合抵对，因而七穆的内斗，伴随着集团内几氏的大团结，他们共同维护着郑国的国家利益。

（一）罕、驷灭孔

子驷于襄公三年（公元前 570 年）继子罕当国，掌握大权，而子孔与子驷

---

① 《十三经注疏》整理委员会整理，李学勤主编：《春秋左传正义》，十三经注疏标点本，北京大学出版社，1999 年，第 888-889 页。
② 段志洪：《周代卿大夫研究》，文津出版社，1994 年，第 112 页。

素有不和。在对外从晋还是从楚问题上，两者分属不同的外交路线：子驷与子国、子耳欲从楚；子孔与子蟜、子展则欲待晋。西宫之乱时，子驷骄横铲除他族引起叛乱，穆族成员子驷、子国、子耳皆被杀，子孔则坐视不管，"子孔知之，故不死"，子产率众平叛时，子孔身为司徒却"闭门高坐"，子蟜平乱时，还不见子孔身影。这些都表明子孔与西宫之乱或有关系，或想借助叛乱铲除位列其前的子驷、子国、子耳，达到独掌大权的目的。襄公十八年（公元前555年），子孔继任当国，曾想借助楚国力量"以去诸大夫"，楚师驻扎于纯门，称"纯门之师"。但罕氏子展及驷氏子西事先知道了子孔的阴谋，有所防备，且他们与晋国关系密切，子孔不敢轻举妄动，未能如愿。襄公十九年（公元前554年），子展、子西联合攻杀专权的子孔并分其室，"郑人使子展当国，子西听政，立子产为卿"①，孔氏被歼灭。

（二）驷氏灭良

穆氏发迹于子良让位保穆，子良以让贤受到恩宠参政，因此良氏具有较高声望及较大势力。子良死后其子子耳参政，在西宫之乱中被杀，后其子伯有入政。伯有凭借良氏祖荫，身居要位，引起孔氏、罕氏的忌惮和排挤，这刺激了伯有发展壮大自己势力的欲望。伯有执郑国政后，开始向驷氏挑战。襄公二十九年（公元前544年），伯有使公孙黑如楚，公孙黑（子晳，子驷子）不从，认为郑、楚正处交恶期，如去则是送死，但伯有执意为之，引起子晳的恼怒，欲伐伯有，被他人劝阻。第二年，伯有再次使子晳如楚，"子晳以驷氏之甲伐而焚之，伯有奔雍梁"。在这次争斗中，子晳的支持者甚众，待伯有反扑时，驷带率国人以伐之，杀死伯有于羊肆，良氏被灭。

良、驷两大族的争斗，使七穆集团分派站队。游氏太叔闻乱奔晋，罕氏子皮持中立态度，国氏子产持中立态度，印氏段态度与子产同。子产收敛、埋葬伯有及其追随者令驷氏不满，驷族欲攻子产，被子皮制止。

（三）诛灭子晳

子晳经过伯有之乱后日益膨胀，违背命令，恣意妄为。昭公元年（公元前541年），与游氏子南争妻。子南即公孙楚，子游庶子，聘郑徐吾之妹为妻，子晳"既而櫜甲以见子南，欲杀之而取其妻。子南知之，执戈逐之，子晳伤而归"。对子晳的行为，众大夫却欲治子南罪，身为执政卿的子产也只好隐忍。

---

① 《十三经注疏》整理委员会整理，李学勤主编：《春秋左传正义》，十三经注疏标点本，北京大学出版社，1999年，第962页。

同年，因为游楚乱故，郑六卿罕虎、公孙侨、公孙段、印段、游吉、驷带私盟于闺门外，但子晳却堵其来路，强行参加六卿会盟，"使大史书其名，且曰'七子'"。杜预注："自欲同于六卿，故曰'七子'。"① 驷带为驷氏之大宗，子晳敢与大宗并称为"子"，表明其不顾宗子与庶子的地位之殊，随着自身力量的强大已向大宗挑战，完全不遵守传统之礼了。子产这一次还是姑息了子晳的行为，子晳愈加骄横。子晳因与子南争妻被伤后，一直耿耿于怀，鲁昭公二年（公元前540年），"欲去游氏而代其位"，即要灭游氏而代其卿位。子晳的一系列行为引起众怒，众穆密谋除掉子晳，连其大宗驷带都参加谋划，子晳"伤疾作而不果"，驷氏与诸大夫都想趁此机会而欲杀之，"子产在鄙，闻之，惧弗及，乘遽而至"，历数其罪，逼其自缢而死，终于除掉了子晳这个七穆集团中的大逆不道者。

五、七穆政治的特点

通过《左传》所载可以看出，七穆对郑国政治的把持不仅表现在牢占六卿之中最为重要的执政卿之位，其他如外交、军队、政治等方面权位也要由七穆担任，这是因为执政卿虽然权力大，但一人并不能完全掌控政治局面，他们要占据所有国之大权，表现出穆氏集团的联合执政。七穆政治有以下特点。

（一）七穆集团独霸郑国政治舞台

七穆集团的形成和发展是攫取卿权并垄断卿权的过程，形成了郑国的世卿政治制度。世卿局面的形成是卿族擅权的标志，卿权是国家政治、经济、军事、宗法权力的合一，七穆集团垄断了郑国的卿权，也就掌握了国家的命脉，也即意味着垄断了与君主共分一杯羹的最高权力②。郑国七穆，鲁国三桓，宋国华氏，齐国的国氏、高氏、陈氏等世卿大族形成后，"政在私门"，这些国家不会再形成新的公族势力，春秋前期公族政治走向末路。如许倬云先生的研究："依据班固《古今人表》，选出名见一《左传》者516人，分成各个阶层，予以量化，结果发现公子集团的活动性随时递减，反之，大夫集团则日渐活跃，这显示政治活动的重心，由统治的公室转移入大夫集团。"③春秋中后期的

---

① 《十三经注疏》整理委员会整理，李学勤主编：《春秋左传正义》，十三经注疏标点本，北京大学出版社，1999年，第1156页。
② 房占红：《七穆与郑国的政治》，吉林大学硕士学位论文，1999年，第17页。
③ 许倬云：《春秋战国间的社会变动》，《求古编》，联经出版事业公司，1982年，第319-352页。

国之事由"礼乐征伐自诸侯出"变成"礼乐征伐自大夫出"。

春秋后期,七穆集团中的罕、驷二族发展壮大,其余五族诸氏已不见记载,郑国政治愈加集中于他们之手,变群穆共政为两家独擅。但无论七穆如何专权,内部如何斗争,都没有危及国君,这与郑国所处的艰难国际环境有很大关系,他们只有提升国君的地位以外争于诸侯,才能提高国家及个人的地位。如公孙黑肱言:"吾闻之,生于乱世,贵而能贫,民无求焉,可以后亡。敬共事君,与二三子。"①

(二)七穆集团内部相互制衡、联合执政

郑国世卿政治前期,穆氏集团总体上团结为政,虽内部有激烈的党争,但都明白任何一族要想独揽国政都不大可能,因此大多数穆氏还是极力维持安定团结的局面,实行"爵袭职不袭"制度,并依职之高低排列卿之位次,维护内部秩序稳定,联合执政。春秋末年,罕氏、驷氏才独揽大权。

七穆集团内部虽斗争不断,但总体实力较强,把持了春秋后期郑国国政,此时的郑国处于诸侯霸政时期,国际危机局势使得郑国卿大夫必须团结一致,共同对抗外敌,所以他们总能把公室国君利益置于头等重要地位。执政卿的继承也是有序的,并没有出现强势争夺的恶性事件,"基本上是依卿位先后次序递继的,且后继者必在前任卒后方可升任"②。因此七穆专政并不扰乱国君地位与国之大事,他们团结于国君周围,联合对外,使郑国保存于危机之间。白川静在评论此段历史时说:"亲族依然维持王室之命脉,似是因为对王室在名义上给以维持,符合其利益,篡夺王位的机会虽然并非没有,但是能有实力收拾这个混乱局面的世族亦尚不存在。异族入侵频繁,世族只有围绕于王朝周围联合对外,才能生存。"③

(三)七穆联合于外交上求生存与独立

郑国七穆兴起时,正值春秋时期晋文公霸业衰落、晋楚争霸、群雄方起并图霸中原时期。童书业先生曾说:"晋、楚两国的历史是一部《春秋》的中坚。"④郑国处于天下之中,成为两国争霸的必争之地,"中国得郑则可以拒楚,

---

① 《十三经注疏》整理委员会整理,李学勤主编:《春秋左传正义》,十三经注疏标点本,北京大学出版社,1999年,第981-982页。
② 朱凤瀚:《商周家族形态研究》,天津古籍出版社,2004年,第522页。
③ 《十三经注疏》整理委员会整理,李学勤主编:《春秋左传正义》,十三经注疏标点本,北京大学出版社,1999年,第819-820页。
④ 童书业:《春秋史》,山东大学出版社,1987年,第181页。

楚得郑则可以窥中国"。晋、楚怀揣虎狼之心，对郑国强取豪夺，郑为小国，随时都面临兵火、灭亡的危险，为了生存不得不在两强之间来回游走。因此，七穆政治的重心即外交，周旋于列强之间，以外交求生存、求独立、求发展。《左传》所载郑国穆公后的历史，即是七穆世卿政治的历史，也是七穆的外交史，参政的七穆成员个个负有外交使命，出使于聘、享、会、盟、侵、伐、御，为郑国的生存而努力。《左传》载有：

1. 郑成公疾，子驷请息肩于晋。公曰："楚君以郑故，亲集矢于其目，非异人任，寡人也。若背之，是弃力与言，其谁暱我？免寡人，唯二三子。"

2. 楚子囊伐郑。……子驷、子国、子耳欲从楚，子孔、子蟜、子展欲待晋。子驷曰："……民矣，姑从楚以纾吾民；晋师至，吾又从之。敬共币帛以待来者，小国之道也。牺牲玉帛，待于二竟，以待强者而庇民焉。寇不为害，民不疲病，不亦可乎？"子展曰："小所以事大，信也。小国无信，兵乱日至，亡无日矣。五会之信，今将背之，虽楚救我，将安用之？亲我无成，鄙我是欲，不可从也。不如待晋。晋君方明，四军无阙，八卿和睦，必不弃郑。楚师辽远，粮食将尽，必将速归，何患焉？舍之闻之：'杖莫如信'。完守以老楚，杖信以待晋，不亦可乎？"

3. 楚子伐郑，子驷将及楚平，子孔、子蟜曰："与国盟，口血未干而背之，可乎？"子驷、子展曰："吾盟固云：'唯强是从'。"

4. 楚子囊，郑子耳伐宋，师于訾毋。……卫侯救宋师于訾毋。……卫侯救宋师于襄牛。郑子展曰："必伐卫，不然，是不与楚也。得罪于晋，又得罪于楚，国将若之何？"子驷曰："国病矣。"子展曰："得罪于二大国，必亡！病，不犹愈于亡乎？"

5. 郑人患晋楚之故。诸大夫曰："不从晋，国几亡；楚弱于晋，晋不吾疾也。晋疾，楚将避之；何为而使晋师致死于我？楚弗敢敌，而后可固也。"

因此，郑国中后期的外交主要以七穆为主，穆氏集团以外交求生存，求独立于列强之间，使郑国在纷争不断的残酷环境中坚存下来，可以说这是七穆集团功劳的体现。

第二节　子产与郑国

子产，名侨，郑穆公之孙，父为公子发（字子国），七穆国氏之族，是春秋时期杰出的政治家、外交家。子产十四岁能论政，襄公十九年（公元前554年），"郑人使子展当国，子西听政，立子产为卿"，子产被立为卿士。襄公二十九年（公元前544年），"郑子展卒，子皮即位"，杜预注："子皮代父为上卿。"襄公三十年（公元前543年），"郑子皮授子产政"，杜预注："伯有死，子皮知政，以子产贤，故让之。"由于子产为卿时期表现出了卓越的政治才能，子皮认为他是治国的绝佳人选，于是把执政权交予他，当时子产三十七岁，任郑国执政卿，直至逝世。

子产当政后，对郑国的内外形势有清醒认识，认为郑国"国小而偪，族大宠多"，因此子产对内团结七穆，制定改革措施，发展经济，明确法令；对外则奉行积极的外交政策，据理力争，维护郑国的独立与尊严，为郑国赢得了良好的发展空间。子产执政时期被誉为郑国后期的中兴。

一、子产内政

子产内政的基础是穆族内部的团结。子产在仕卿之前就认识到了这一点，表现在襄公十二年（公元前561年）发生的子产请为焚书事件。郑国西宫之乱后，"子孔当国，为载书，以位序、听政辟"。杜预注："自群卿诸司各守其职位，以受执政之法，不得与朝政。"实则是子孔要专政，结果"大夫、诸司、门子弗顺，将诛之"，穆族内部争斗血案马上要发生。而此时，郑国正面临着晋、楚大国的轮番进攻，如果国内再发生内乱，对郑国来说无疑是灭顶之灾。于是子产"止之，请为之焚书"，子孔不可，曰："为书以定国，众怒而焚之，是众为政也，国不亦难乎？"子产曰："众怒难犯，专欲难成，合二难以安国，危之道也。不如焚书以安众。子得所欲，众亦得安，不亦可乎？专欲无成，犯众兴祸，子必从之！"其劝诫子孔，化解矛盾，后"焚书于仓门之外，众而后定"[①]，从而避免了一场流血冲突，维护了国内稳定局面，这展现了子产的政治

---

① 《十三经注疏》整理委员会整理，李学勤主编：《春秋左传正义》，十三经注疏标点本，北京大学出版社，1999年，第889-890页。

才干。因而，子产执政后，认为要想治理好郑国，维护郑国在日益激烈国际形势下的地位，首要任务是维持国内团结与稳定，即团结穆族势力，以保持郑国的正常发展；其次是顺应民心，秉承"以宽服民"的治国理念。

（一）团结穆族

七穆集团屡因私族势力发展引起内耗，西宫之乱、纯门之师、伯有之乱等均为穆氏集团的内斗。子产当政后，为解除"国小而偪，族大宠多"的局面，积极致力于穆族团结。首先是自律。鉴于子驷当国因食邑被杀，子孔为政专又被杀、食邑被分之例，子产引以为戒。襄公二十六年（公元前547年），"郑伯赐子产次路再命之服，先六邑。子产辞邑"①，不受郑简公所封的六邑，在简公的一再坚持下，"乃受三邑"。其次是团结穆族。子产团结罕氏、印氏等大族。子产因参政后外交上挫败大国屡立功绩，获得罕氏与印氏欣赏。伯有之乱后，罕氏子皮力推子产为执政卿，他说："虎帅以听，谁敢犯子？子善相之。"子皮成为子产政治上得力支持者，帮助子产治理郑国：伯有之乱，"子产不谋而行，子皮止之"。子产葬伯有，"子驷欲攻子产，子皮怒之，曰：'礼，国之干也。杀有礼，祸莫大焉。'乃止"。丰卷因子产不允其请田后祭，欲攻子产，"子产奔晋，子皮止之，而逐丰卷。丰卷奔晋"②。"子产为政，始终左右调护，人皆归功于子皮，非子皮，子产不能自立。"③

子产团结驷、罕、丰三氏。子产对子晳与子南争妻、子晳强行参加郑六卿之盟的容忍，即是因子晳出于驷族，而"罕、驷、丰同生"，子晳社会背景及其族势力强大，子产为了穆族的稳定团结而采取视其为昌的态度以待时机。后果然发展至公孙黑（子晳）"欲去游氏而代其位"的地步，引起穆族众怒。子产看准时机，果断出击，历数其罪，逼其自缢而亡，"尸诸周氏之衢，加木焉"④。

子产团结游氏。游氏的游吉（子大叔）是子产当政治国的助手，时常以国家利益为重，因而游氏也是子产的支持者。子产也保护游氏家族利益。《左传》载子产两次不毁游氏宗庙，表明其对游氏祭祀权的尊重，也是"知礼"的

---

① 《十三经注疏》整理委员会整理，李学勤主编：《春秋左传正义》，十三经注疏标点本，北京大学出版社，1999年，第1035页。
② 《十三经注疏》整理委员会整理，李学勤主编：《春秋左传正义》，十三经注疏标点本，北京大学出版社，1999年，第1122-1123页。
③ 吕祖谦：《左氏传说》，清文渊阁四库全书本，第60页。
④ 《十三经注疏》整理委员会整理，李学勤主编：《春秋左传正义》，十三经注疏标点本，北京大学出版社，1999年，第1176-1177页。

表现。

子产团结丰氏。丰氏伯石以贪婪虚伪著称，但丰氏势力大对子产执政有助，因而子产参政之初便贿赂拉拢丰氏，"有事伯石，赂与之邑"，他认为人"无欲实难，皆得其欲，以从其事，而要其成"，采取赂以邑、后任为卿的办法笼络大族而得和顺。团结丰氏是子产为暂时稳定调和七穆内部矛盾而采取的笼络政策，如《郑书》所曰"安定国家，必大焉先"，杜预注："先和大族，而后国家安。"①

子产为驷氏责晋人。《左传·昭公十九年》载，郑驷偃卒，子丝年幼，故他的父辈兄辈立年长的驷乞为继承人。丝母国为晋国，于是晋人带财礼来到郑国询问驷乞之立故。子产以执政卿身份谴责晋人不应干涉郑国内政，使晋人作罢，避免了驷族的内乱。

子产团结了七穆集团中的罕、印、游、丰、驷等氏族，遏制穆族的内争，以国家大局为重，保存了郑国的执政力量。

（二）保民识人

春秋时期，西周以来的礼制遭到破坏，社会日益动荡不安。列国之间战争不断，人，成为决定国家兴衰的重要因素，因而各国都注重争取民众，民本意识开始抬头。郑国作为小国，争霸已不可能，只有在强国争夺中维持生存，国之存亡的压力使争取民众支持显得更加重要。子产认识到国小识民的道理，把保民卫国作为主要治国方略。如季梁所言："臣闻小之能敌大也，小道大淫。所谓道，忠于民而信于神也。上思利民，忠也；祝史正辞，信也。"②

子产保民思想体现在"不毁乡校"。《左传·襄公三十一年》：

> 郑人游于乡校，以论执政。然明谓子产曰："毁乡校，何如？"子产曰："何为？夫人朝夕退而游焉，以议执政之善否。其所善者，吾则行之；其所恶者，吾则改之。是吾师也，若之何毁之？我闻忠善以损怨，不闻作威以防怨。岂不遽止？然犹防川，大决所犯，伤人必多，吾不克救也。不如小决使道，不如吾闻而药之也。"③

---

① 《十三经注疏》整理委员会整理，李学勤主编：《春秋左传正义》，十三经注疏标点本，北京大学出版社，1999年，第1122页。
② 《十三经注疏》整理委员会整理，李学勤主编：《春秋左传正义》，十三经注疏标点本，北京大学出版社，1999年，第174页。
③ 《十三经注疏》整理委员会整理，李学勤主编：《春秋左传正义》，十三经注疏标点本，北京大学出版社，1999年，第1132-1133页。

乡校，是古代贵族子弟读书的地方，"郑人游于乡校"，吕思勉先生解释为："惟仅冬日教学，余时皆如议会场所，亦如俱乐部，故人得朝夕游其间也。"①可见乡校也是国人集会活动的场所，是人们谈论国事之地。然明担心人们的议论会影响当政者的威信，危害国家安全，建议毁掉乡校，但子产认为民众不同的政见有利于治理国家，应把人们好的谏议作为治病的药引。然明称赞曰："蔑也今而后知吾子之信可事也。小人实不才。若果行此，其郑国实赖之，岂唯二三臣？"后来孔子也赞曰："以是观之，人谓子产不仁，吾不信也。"实际上，子产所为不是仁与不仁的问题，而是作为统治者心胸及气量的衡量。不毁乡校，"是关系一个国家的人民有无言论自由的问题。而言论自由的要义，就是人民议论国政的自由。判断一个国家、一个时代的政治清明是否，这是一个很好的试金石。如果无人敢谈国事，恐怕问题就严重了。早在先秦的春秋时期，小小一个郑国的子产能够做到不毁乡校，仅此一点，他就是无愧于伟大政治家的称号，人们有理由加以崇敬"②。

子产对选拔任用人才十分重视，注重选用真才实学之人，而不任人唯近。如劝说子皮欲使尹何为邑之事，《左传》中进行了详细描述。襄公三十一年：

> 子皮欲使尹何为邑。子产曰："少，未知可否。"子皮曰："愿，吾爱之，不吾叛也。使夫往而学焉，夫亦愈知治矣。"子产曰："不可。人之爱人，求利之也。今吾子爱人则以政。犹未能操刀而使割也，其伤实多。子之爱人，伤之而已，其谁敢求爱于子？子于郑国，栋也。栋折榱崩，侨将厌焉，敢不尽言？子有美锦，不使人学制焉。大官大邑，身之所庇也，而使学者制焉。其为美锦，不亦多乎？侨闻学而后入政，未闻以政学者也。若果行此，必有所害。譬如田猎，射御贯，则能获禽。若未尝登车射御，则败绩厌覆是惧，何暇思获？"子皮曰："善哉！虎不敏。吾闻君子务知大者远者，小人务知小者近者。我，小人也。衣服附在吾身，我知而慎之；大官大邑，所以庇身也，我远而慢之。微子之言，吾不知也。他日我曰：'子为郑国，我为吾家，以庇焉，其可也。'今而后知不足。自今请虽吾家，听子而行。"子产曰："人心之不同，如其面焉。吾岂敢谓子面如吾面乎？抑心所谓危，亦以告也。"子皮以为忠，故委政焉。子产

---

① 吕思勉：《中国通史》，上海古籍出版社，2009年，第46页。
② 余元洲编著：《春秋通叙》，新华出版社，2009年，第153页。

是以能为郑国。①

子皮因爱尹何，想让他治理一个采邑，子产认为其年少学浅不能担当此任，子皮这样做虽爱但实则为害之。然后子产细致动情地分析了子皮的思想错误，通过恰当的例证使子皮认识到这样做的不妥，从而打消了这个念头。子产的远见卓识、一心为公、不徇私情和知无不言的坦诚态度，更是赢得了子皮的尊重，使其进一步增强了对子产的信任并放心重用。

子产善于识人，能扬其长避其短地使用人才。《左传·襄公三十一年》：

> 子产之从政也，择能而使之。冯简子能断大事；子大叔美秀而文；公孙挥能知四国之为，而辨于其大夫之族姓、班位、贵贱、能否，而又善为辞令；裨谌能谋，谋于野则获，谋于邑则否。郑国将有诸侯之事，子产乃问四国之为于子羽，且使多为辞令；与裨谌乘以适野，使谋可否；而告冯简子，使断之；事成，乃授子大叔使行之，以应对宾客，是以鲜有败事。

相卫襄公的北宫文子说："郑有礼，其数世之福也。其无大国之讨乎！《诗》云：'谁能执热，逝不以濯。'礼之于政，如热之有濯也。濯以救热，何患之有？"②

子产充分发挥本国有能之士的特长，使各尽其职、各挥其能，才使其执政时期，内政外交都能"鲜有败事"，这是子产的英明之处。

二、子产改革

春秋中晚期是社会转变动荡的年代。西周以来的井田制遭到破坏，尤其是卿大夫形成世卿专权后，乘势扩大采邑，成为大采邑主。他们占有大量田地，又不向国家交纳赋税，另外又利用权力，将国有土地封授予陪臣，以扩充自己的势力。这样就使得奴隶主贵族的私田不断增多，而国有土地日渐减少，国库日益空虚，严重地削弱了国家力量。郑国的世卿政治形成后，情况尤为严重。襄公三十年（公元前543年），子产开始执政，着手进行了一系

---

① 《十三经注疏》整理委员会整理，李学勤主编：《春秋左传正义》，十三经注疏标点本，北京大学出版社，1999年，第1133-1134页。

② 《十三经注疏》整理委员会整理，李学勤主编：《春秋左传正义》，十三经注疏标点本，北京大学出版社，1999年，第1132页。

列改革。

（一）作封洫

子产在国内强宗大族被安抚后，便制定政策对郑国政治进行彻底整顿。《左传·襄公三十年》："子产使都鄙有章，上下有服，田有封洫，庐井有伍。大人之忠俭者，从而与之；泰侈者因而毙之。"①"都鄙有章，上下有服"即是让城乡有区别，上下尊卑各有职责，也就是城乡遵守既有的规章制度，以界定人们的身份地位和等级关系；"田有封洫"，是对原有的井田沟洫进行整理。关于"洫"，《说文》有释：广四尺深四尺的为沟，广八尺深八尺的为洫。因此，洫指田间的水道，也包括沟，用以灌溉和排水。意即子产开挖沟洫以界定土地，把贵族占有的多余土地分给无田者。耕田上作大小水渠，改变地块疆界，对土地所有权进行重新确定，把土地上的人口以一定形式进行编制，庐舍另作布置，即所谓"庐井有伍""大人之忠俭者，从而与之；泰侈者因而毙之"，即是政治上起用忠诚俭朴的大夫，惩办骄奢的官吏，使贤者发挥其长处，做到人尽其才，各挥所长。

子产所作封洫制度，现代学者多认为是具有开创性的举措。关于井田制规定的沟洫地界，在铁农具使用之前，不可能有很大规模的普及，多是属于制度中的理想状态，所以郑国实行农田排水的沟洫制度，在春秋时还是新鲜事物。实际上，子产作封洫是子驷当政时"为田洫"的继续。子驷当政时，司氏、堵氏、侯氏、子师氏都占有大量田地，子驷"作田洫"意把占田过制的田地分予他人，于是丧田的四大穆族发动暴乱，子驷改革以失败告终。孔颖达疏："为田造洫，故称'田洫'。此四族，皆是富家，占田过制。子驷为此田洫，正其封疆，于分有剩，则减给他人。故正封疆而侵四族田也。"②这表明春秋时期井田制已遭到破坏，一些贵族不但把原公田变为私田，还把农民开垦的私田据为己有。子产改革之初也遭到了人们的反对，"从政一年，舆人诵之曰：'取我衣冠而褚之，取我田畴而伍之，孰杀子产，吾其与之'。及三年，又诵之：我有子弟。子产诲之，我有田畴，子产殖之。子产而死，谁其嗣之？"《吕氏春秋》也载："民相与诵曰：'我有田畴，而子产赋之。我有衣冠，而子产贮之。'"③其反映了子产田制改革的成效。之所以子产和子驷改革出现不同

---

① 《十三经注疏》整理委员会整理，李学勤主编：《春秋左传正义》，十三经注疏标点本，北京大学出版社，1999年，第1122-1123页。
② 《十三经注疏》整理委员会整理，李学勤主编：《春秋左传正义》，十三经注疏标点本，北京大学出版社，1999年，第889页。
③ 陈奇猷校释：《吕氏春秋校释》，学林出版社，1984年，第989页。

结果，是因为子产维护井田制，同时又以折中办法对私田制进行管理。三年后，生产得到发展，人们普遍受益，故对子产的改革都表示拥护。

（二）作丘赋

晋、楚弭兵之会后，战争停息，但按照盟约，郑国对晋、楚两大国都要纳币，负担更加沉重了。郑国"无岁不聘，无役不从"，每次朝聘都要"用币必百两，百两必千人"，到了难以为继的程度。子产执政后，实行"作丘赋"，以增加收入，"非此不足以待强邻"。《左传·昭公四年》："郑子产作丘赋。"孔颖达正义："丘，十六井，当出马一匹，牛三头。"[①] "丘"系地方基层组织名称。《左传·昭公元年》载，鲁国"三月，作丘甲"，杜预注曰："《周礼》：'九夫为井，四井为邑，四邑为丘。'丘十六井，出戎马一匹，牛三头。"[②] 赋，《周礼·大司马》郑玄注："赋，给军用者也。"[③]《小司寇》注："赋，谓出车、徒、给徭役也。"[④] 杨伯峻先生注，"作丘赋"即是一丘出一定数量的军赋，丘中人按耕田数分摊[⑤]。子产曾说卿大夫"立于朝而祀于家，有禄于国，有赋于军"[⑥]，有采邑的卿大夫要出军赋。

鲁国早在郑国作丘赋之前实行"丘作甲"制。《谷梁传》："丘甲，国之事也。丘作甲，非正也。丘作甲之为非正，何也？古者立国家，百官具，农工皆有职以事上。古者有四民：有士民，有商民、有农民，有工民。夫甲，非人人之所能为也，丘作甲，非正也。"[⑦] 之所以称为"非正"，是因为西周以来实行的是国野、乡遂制度。国，为首都所在地，近郊称为乡，居住者主要为征服者、统治者及其族人或国人；近郊以外称为"遂""野"，居住者为被征服的庶人、野人。按周制，国之军队由"六乡"的国人组成，也即是只有在国家中享

---

① 《十三经注疏》整理委员会整理，李学勤主编：《春秋左传正义》，十三经注疏标点本，北京大学出版社，1999年，第1203页。
② 《十三经注疏》整理委员会整理，李学勤主编：《春秋左传正义》，十三经注疏标点本，北京大学出版社，1999年，第683页。
③ 《十三经注疏》整理委员会整理，李学勤主编：《周礼注疏》，十三经注疏标点本，北京大学出版社，1999年，第765页。
④ 《十三经注疏》整理委员会整理，李学勤主编：《周礼注疏》，十三经注疏标点本，北京大学出版社，1999年，第277页。
⑤ 杨伯峻编著：《春秋左传注》，中华书局，2008年，第784页。
⑥ 《十三经注疏》整理委员会整理，李学勤主编：《春秋左传正义》，十三经注疏标点本，北京大学出版社，1999年，第1349页。
⑦ 《十三经注疏》整理委员会整理，李学勤主编：《春秋谷梁传注疏》，十三经注疏标点本，北京大学出版社，1999年，第211页。

有一定政治权利的公民"士"①"国人"才有资格服兵役,"执干戈以卫社稷";六乡以外的庶人、野人不服兵役,只是被征去"师田行役",为军队服务。鲁国的"丘作甲",是要野人也制甲,当然是"非正"的。郑国的作丘赋,即是要丘所在地的人们供应军赋,一丘出一定数量的军赋,丘中人各按所耕田数分摊,不同于公田制农夫出同等的军赋。

关于赋,后世多数人认为是军赋,内容包括车、甲、马、牛等。《汉书·食货志》:"赋共车马甲兵士徒之役,充实府库赐予之用。"②郑国实行的作丘赋也即是要求野人同国人一样服兵役,赋予野人当兵的权利,这会造成国人政治地位的下降。另外,作丘赋扩大了赋的课征量,把贵族原不纳赋的私田也归于其中,这当然触动了贵族和国人的利益,遭到人们的反对。"国人谤之,曰:'其父死于路,己为虿尾。以令于国,国将若之何?'"子产曰:"何害?苟利社稷,死生以之。且吾闻为善者不改其度,故能有济也。民不可逞,度不可改。《诗》曰:'礼义不愆,何恤于人言?'吾不迁矣。"③子产不为动摇,坚持改革,最终增加了财政收入,提高了经济实力,增强了军事力量,人们看到实效后才转而支持改革。

子产"作丘赋"与鲁国"作丘甲"改革一样,本意为增加军队的供给,但实际效果还包括消灭了原有的国、鄙分界,扩大了兵源;同时,打破了井田制下私田不收赋税的旧制,也即肯定了个体私有制的合法性。作丘赋是在郑国"国小而偪",而晋、楚又处于弭兵时期实行的税赋改革,目的是"常欲使郑国整齐有余,不使到阙乏地位"④。

(三) 铸刑书

子产于国内推行的经济改革,需要种种政治法律措施的配合和保护,郑国族多纷杂,如果处理不好,必定导致大混乱。《左传·昭公六年》:"三月,郑人铸刑书。"杜预注:"铸刑书于鼎,以为国之常法。"鼎,为先秦时期祭祀神器,子产把法律条文铸于鼎,表明了法律条文的神圣不可亵渎。同时,其向国人明示法律条文的内容,使人们以为常法,便于遵守。子产铸的刑书,是我国最早的成文法。

---

① 士,指处于大夫等级下的小贵族,贵族等级中的末级。
② 班固撰:《汉书·食货志》,中华书局,1962年,第1120页。
③ 《十三经注疏》整理委员会整理,李学勤主编:《春秋左传正义》,十三经注疏标点本,北京大学出版社,1999年,第1203-1204页。
④ 吕祖谦:《左氏传说》卷十,清文渊阁四库全书本,第65页。

子产铸刑书遭到晋国叔向的反对。《左传·昭公六年》：

> 叔向使诒子产书，曰："始吾有虞于子，今则已矣。昔先王议事以制，不为刑辟，惧民之有争心也。犹不可禁御，是故闲之以义，纠之以政，行之以礼，守之以信，奉之以仁，制为禄位，以劝其从，严断刑罚，以威其淫。惧其未也，故诲之以忠，耸之以行，教之以务，使之以和，临之以敬，莅之以彊，断之以刚。犹求圣哲之上，明察之官，忠信之长，慈惠之师，民于是乎可任使也，而不生祸乱。民知有辟，则不忌于上，并有争心，以征于书，而徼幸以成之，弗可为矣。夏有乱政，而作《禹刑》。商有乱政，而作《汤刑》。周有乱政，而作《九刑》。三辟之兴，皆叔世也。今吾子相郑国，作封洫，立谤政，制参辟，铸刑书，将以靖民，不亦难乎？《诗》曰：'仪式刑文王之德，日靖四方。'又曰：'仪刑文王，万邦作孚。'如是，何辟之有？民知争端矣，将弃礼而征于书，锥刀之末，将尽争之。乱狱滋丰，贿赂并行。终子之世，郑其败乎！肸闻之，'国将亡，必多制。'其此之谓乎！"①

从叔向之书可知我国很早就已产生"法"。夏、商、周时期，已有《禹刑》《汤刑》《九刑》，被称为"三辟"。春秋时期，各诸侯国也都制定法律，但这些法律均为贵族掌握，藏于官府，并不公开，因"民可使由之，不可使知之"，如果铸刑书于众使民众知道，则"民知争端矣，将弃礼而征于书"。杜预注："临事制刑，不豫设法也，法豫设民知争端。"民众弃礼而依法，实际上是摒弃周代以来实行的礼治传统；民众据法争取自己的合法权利，必会挑战统治者的等级制度，触及贵族阶层高高在上的地位。所以叔向说"惧民有争心也"，孔颖达疏："但共犯一法。情有浅深，或轻而难原，或重而可恕，临其时事，议其重轻，虽依准旧条，而断有出入，不豫设定法告示下民，令不测其深浅，常畏威而惧罪也。"②可见，所谓的"法"是压迫人民的工具，而不是从治理国家出发的，叔向所反对的也并不是子产所制的刑书，而是铸于鼎、显于众的形式。

子产铸刑书的目的是从国家利益出发，促进社会的发展，保障改革的实

---

① 《十三经注疏》整理委员会整理，李学勤主编：《春秋左传正义》，十三经注疏标点本，北京大学出版社，1999年，第1225-1229页。

② 同①。

行。刑书内容包含法的要素，即把法引入旧的礼制之中。子产铸刑书的重要意义在于以下几个方面。

第一，触动了以往"刑不上大夫"的律令。春秋以前虽有法，但实行的是"礼治"，贵族阶级享有特权，所谓"礼不下庶人，刑不上大夫"。《礼记·曲礼》注："贤者犯法则在八议，轻重不在刑书。"① 法的本质为平等，"刑无等级"，"刑过不辟大臣"。因此，法的公布实行，必定会损害礼治下既得利益团体的利益而引起他们的反对，贵族如有犯法也要受到追究，体现不出贵族阶层的优越地位，叔向即是其代表。子产铸刑书23年后晋国大夫赵鞅铸刑书于鼎时，也招致孔子同于叔一样的反对，孔子说："晋其亡乎！失其度矣。夫晋国将守唐叔之所受法度，以经纬其民，卿大夫以序守之，民是以能尊其贵，贵是以能守其业。……今弃是度也，而为刑鼎，民在鼎矣，何以尊贵？贵何业之守？贵贱无序，何以为国？"②

第二，铸刑书将法以条文形式固定并示于民，冲击了统治阶级"议事以制"体制，他们不能再"随事议断"，限制了断案的随意性，孔颖达疏"铸刑书"曰："令郑铸之于鼎，以章示下民，亦既示民，即为定法。民有所犯，依法而断。设令情有可恕，不敢曲法以矜之。罪实难原，不得违制以入之。法既豫定，民皆先知，于是倚公法以展私情，附轻刑而犯大恶，是无所忌而起争端也。"③ 统治阶级不能再随意执法，民知法后就会"弃礼征书"，也不再"忌于上"而"有争心"，此局面也即是叔向所谓的"郑其败乎"。

第三，子产铸刑书，顺应了历史发展潮流，不仅给郑国带来了新气象，即子产所说的"吾以救世也"，也推动了其他国家的法制建设，其后他国也制定并公布了法律。以公开的成文法代替秘密的随意法是社会发展的潮流，因而子产铸刑书具有划时代的意义。

子产死后，改革继续实行。当政的驷歂杀邓析而用其《竹刑》，将郑国刑法进一步完善。但综合来说，郑国的改革多采用折中妥协的办法，在保护旧贵族利益基础上又扶持新兴的地主阶级，结果只能是取得暂时的成效，国家不可能有大的改观。也正因如此，郑国不能通过改革完成封建化的过程，也就不可避免地随着奴隶制的灭亡而灭亡。

---

① 皮锡瑞：《礼记浅说》卷上，清光绪二十五年刻本，第1页。
② 《十三经注疏》整理委员会整理，李学勤主编：《春秋左传正义》，十三经注疏标点本，北京大学出版社，1999年，第1513页。
③ 《十三经注疏》整理委员会整理，李学勤主编：《春秋左传正义》，十三经注疏标点本，北京大学出版社，1999年，第1226页。

三、子产外交

春秋中晚期,郑国面对强国进攻,采取"唯强是从"的外交策略,如晋栾书说:"楚、郑亲矣。来劝我战,我克则来,不克遂往,以我卜也!"① 即以战之胜负来定从晋或从楚。晋、楚争霸给郑国了带来沉重灾难,郑国无论从晋或楚,都要参加其盟会,随其征伐,贡其赋币,始终处于奔波困顿之中。对于郑国的外交之策,子产自幼识之,认为并不妥当。鲁襄公八年(公元前565年),"郑子国、子耳侵蔡,获蔡司马公子燮。郑人皆喜,唯子产不顺,曰:'小国无文德而有武功,祸莫大焉。楚人来讨,能勿从乎?从之,晋师必至。晋、楚伐郑,自今郑国,不四五年,弗得宁矣。'子国怒之,曰:'尔何知!国有大命,而有正卿。童子言焉,将为戮矣'"②。子产参政后,力图改变郑国外交困局,对外政策有所改变,郑国的国际地位和处境也有新的改观。子产外交事务表现见于《左传》记载。

(一)对晋征朝

襄公十九年(公元前554年),子产被立为卿,开始着手外交事务。《左传·襄公二十二年》记载了子产的第一次外交活动。

> 夏,晋人征朝于郑,郑人使少正公孙侨对,曰:"在晋先君悼公九年,我寡君于是即位。即位八月,而我先大夫子驷从寡君以朝于执事。执事不礼于寡君。寡君惧,因是行也。我二年六月朝于楚,晋是以有戏之役。楚人犹竞,而申礼于敝邑。敝邑欲从执事,而惧为大尤,曰,'晋其谓我不共有礼',是以不敢携贰于楚。我四年三月,先大夫子蟜又从寡君以观衅于楚,晋于是乎有萧鱼之役。谓我敝邑,迩在晋国,譬诸草木,吾臭味也,而何敢差池?楚亦不竞,寡君尽其土实,重之以宗器,以受齐盟。遂帅群臣随于执事,以会岁终。贰于楚者,子侯、石盂,归而讨之。湨梁之明年,子蟜老矣,公孙夏从寡君以朝于君,见于尝酎,与执燔焉。间二年,闻君将靖

---

① 《十三经注疏》整理委员会整理,李学勤主编:《春秋左传正义》,十三经注疏标点本,北京大学出版社,1999 年,第 645 页。
② 《十三经注疏》整理委员会整理,李学勤主编:《春秋左传正义》,十三经注疏标点本,北京大学出版社,1999 年,第 856 页。

东夏,四月,又朝以听事期。不朝之间,无岁不聘,无役不从。以大国政令之无常,国家罢病,不虞荐至,无日不惕,岂敢忘职?大国若安定之,其朝夕在庭,何辱命焉?若不恤其患,而以为口实,其无乃不堪任命,而翦为仇雠?敝邑是惧,其敢忘君命?委诸执事,执事实重图之!"①

子产向晋人慷慨陈词,内容有三:一是陈述郑国臣于晋的事实,"无岁不聘,无役不从",进而证明"征朝于郑"纯属借口;二是谴责晋国政令无常,常以郑"贰于楚"而伐郑,是蓄意发动战争;三是申明利害,如晋与郑和好,不讨伐郑国,郑国自会常去朝聘,如晋国"不恤其患而以为口实",郑国则将成为楚的附与国。因而,杜预注曰:"传言子产有辞,所以免大国之讨。"②

(二)劝宣轻币

《左传·襄公二十四年》:

> 范宣子为政,诸侯之币重,郑人病之。二月,郑伯如晋,子产寓书于子西,以告宣子,曰:"子为晋国,四邻诸侯不闻令德,而闻重币,侨也惑之。侨闻君子长国家者,非无贿之患,而无令名之难。夫诸侯之贿聚于公室,则诸侯贰。若吾子赖之,则晋国贰。诸侯贰,则晋国坏。晋国贰,则子之家坏。何没没也!将焉用贿?夫令名,德之舆也。德,国家之基也。有基无坏,无亦是务乎!有德则乐,乐则能久。《诗》云:'乐旨君子,邦家之基。'有令德也夫!'上帝临女,无贰尔心'。有令名也夫!恕思以明德,则令名载而行之,是以远至迩安。毋宁使人谓子:'子实生我。'而谓'子浚我以生'乎?象有齿以焚其身,贿也。"宣子说,乃轻币。③

子产写信给晋国范宣子,劝其减轻郑国对盟主的币赋负担,陈述了重币对小国的危害,强调了德于治国的重要性,认为德是邦家之基本,不必过多担心财宝,而应担心名声,如过多取人之财,不顾美德,将会使各诸侯国对晋

---

① 《十三经注疏》整理委员会整理,李学勤主编:《春秋左传正义》,十三经注疏标点本,北京大学出版社,1999年,第979-981页。

② 《十三经注疏》整理委员会整理,李学勤主编:《春秋左传正义》,十三经注疏标点本,北京大学出版社,1999年,第981页。

③ 《十三经注疏》整理委员会整理,李学勤主编:《春秋左传正义》,十三经注疏标点本,北京大学出版社,1999年,第1004-1005页。

国存有二心，最后也会危及晋国，并且也会使晋国内部产生矛盾，范宣子家族将会受到损害。范宣子听后，觉得子产之言寓情于理，不得不减轻郑国的纳赋负担。

（三）伐陈献捷

楚国自平王后，因南方吴国的牵制，已无力再经营中原，与晋争锋，郑国外交上渐趋于晋国。襄公二十四年（公元前549年），郑国向晋国禀报要讨伐亲楚的陈国作为对晋的献礼，结果伐陈胜利，郑国以此向晋国献捷，以讨好晋国，加强两国关系。《左传·襄公二十五年》：

> 初，陈侯会楚子伐郑，当陈隧者，井堙木刊。郑人怨之。六月，郑子展、子产帅车七百乘伐陈，宵突陈城……子展命师无入公宫，与子产亲御诸门。陈侯使司马桓子赂以宗器。陈侯免，拥社。使其众男女别而累，以待于朝。……郑子产献捷于晋，戎服将事。晋人问陈之罪，对曰："昔虞阏父为周陶正，以服事我先王。我先王赖其利器用也，与其神明之后也，庸以元女大姬配胡公，而封诸陈，以备三恪。则我周之自出，至于今是赖。桓公之乱，蔡人欲立其出。我先君庄公奉五父而立之，蔡人杀之。我又与蔡人奉戴厉公，至于庄、宣，皆我之自立。夏氏之乱，成公播荡，又我之自入，君所知也。今陈忘周之大德，蔑我大惠，弃我姻亲，介恃楚众，以凭陵我敝邑，不可亿逞。我是以有往年之告。未获成命，则有我东门之役。当陈隧者，井堙木刊。敝邑大惧不竞，而耻大姬。天诱其衷，启敝邑之心。陈知其罪，授手于我。用敢献功！"晋人曰："何故侵小？"对曰："先王之命，唯罪所在，各致其辟。且昔天子之地一圻，列国一同，自是以衰。今大国多数圻矣，若无侵小，何以至焉？"晋人曰："何故戎服？"对曰："我先君武、庄，为平、桓卿士。城濮之役，文公布命曰：'各复旧职！'命我文公戎服辅王，以授楚捷，不敢废王命故也。"①

诸侯向霸主献捷实是一种讨好行为。周礼制规定诸侯应向周王献捷，诸侯间不能互献。《周礼·天官·玉府》郑玄注云："古者致物于人，尊之则

---

① 《十三经注疏》整理委员会整理，李学勤主编：《春秋左传正义》，十三经注疏标点本，北京大学出版社，1999年，第1019-1024页。

曰献，通行曰馈。《春秋》曰：'齐侯来献戎捷'，尊鲁也。"①《左传·庄公三十一年》："'齐侯来献戎捷'，非礼也。凡诸侯有四夷之功，则献于王，王以警于夷，中国则否。诸侯不相遗俘。"②成公二年（公元前589年），晋侯使巩朔献齐捷于周，王弗见，使周卿士单襄公曰："蛮夷戎狄，不式王命，淫湎毁常，王命伐之，则有献捷，王亲受而劳之，所以惩不敬，劝有功也。兄弟甥舅，侵败王略，王命伐之，告事而已，不献其功，所以敬亲昵、禁淫慝也。"③春秋时期，霸权成为最高、最有力的权威，小国不顾礼制而向强者献捷实是一种曲意奉承的行为，但即便这样也难免受到责备，郑国的献捷即是如此。子产对晋国步步紧逼的责难，从容不迫，理起直气壮，侃侃而谈，一一对答。这段外交辞令语言明快，思维敏捷，道理雄辩，使晋人不得不折服，于是文子曰："其辞顺，犯顺不祥。"乃受之。这段文辞也引起孔子的赞叹："《志》有之：'言以足志，文以足言。'不言，谁知其志？言之无文，行而不远。晋为伯，郑入陈，非文辞不为功。慎辞哉！"④孔子为子产言辞折服，以此为例，论证了文辞的重要性，言语是为了充分表达意思，文采是为了充分表达言语，没有文采，言语不能流传至远。晋人称霸、郑人入陈，没有辞令是不能成功的。

（四）预蔡不免舍不为坛

《左传·襄公二十八年》：

> 蔡侯归自晋，入于郑。郑伯享之，不敬。子产曰："蔡侯其不免乎？日其过此也，君使子展迂劳于东门之外，而傲。吾曰：'犹将更之。'今还，受享而惰，乃其心也。君小国，事大国，而惰傲以为己心，将得死乎？若不免，必由其子。其为君也，淫而不父。侨闻之，如是者，恒有子祸。"……九月，郑游吉如晋，告将朝于楚，以从宋之盟。子产相郑伯以如楚，舍不为坛。外仆言曰："昔先大夫相先君，适四国，未尝不为坛。自是至今，亦皆循之。今子草舍，无乃不可乎？"子产曰："大适小，则为坛。小适大，苟舍而已，焉用

---

① 《十三经注疏》整理委员会整理，李学勤主编：《周礼注疏》，十三经注疏标点本，北京大学出版社，1999年，第158页。
② 《十三经注疏》整理委员会整理，李学勤主编：《春秋左传正义》，十三经注疏标点本，北京大学出版社，1999年，第296-297页。
③ 《十三经注疏》整理委员会整理，李学勤主编：《春秋左传正义》，十三经注疏标点本，北京大学出版社，1999年，第709页。
④ 《十三经注疏》整理委员会整理，李学勤主编：《春秋左传正义》，十三经注疏标点本，北京大学出版社，1999年，第1024页。

坛? 侨闻之, 大适小有五美: 宥其罪戾, 赦其过失, 救其菑患, 赏其德刑, 教其不及。小国不困, 怀服如归。是故作坛以昭其功, 宣告后人, 无怠于德。小适大有五恶: 说其罪戾, 请其不足, 行其政事, 共其职贡, 从其时命。不然, 则重其币帛, 以贺其福而吊其凶, 皆小国之祸也。焉用作坛以昭其祸? 所以告子孙, 无昭祸焉可也。"①

子产以大适小和小适大的五美与五恶论证了为舍不设坛的缘由, 有理有据, 表现了高超的智慧。子产为卿时表现出卓越的外交才能, 缘于其对当时国内及国际形势的正确判断及自身的渊博知识、敏捷思维、巧言令色, 因此才能立足于己, 据理力争, 为郑国争取最大利益及国际上的正当地位。

(五) 坏晋馆垣

子产当政后, 为郑国利益而奔走。执政后第一年, 即陪同郑伯朝晋, 对晋国接待郑伯的不尊之举, 怒而坏其馆垣。《左传·襄公三十一年》:

> 公薨之月, 子产相郑伯以如晋, 晋侯以我丧故, 未之见也。子产使尽坏其馆之垣, 而纳车马焉。……对曰: "以敝邑褊小, 介于大国, 诛求无时, 是以不敢宁居, 悉索敝赋, 以来会时事。逢执事之不间, 而未得见, 又不获闻命, 未知见时, 不敢输币, 亦不敢暴露。其输之, 则君之府实也。非荐陈之, 不敢输也。其暴露之, 则恐燥湿之不时而朽蠹, 以重敝邑之罪。侨闻文公之为盟主也, 宫室卑庳, 无观台榭, 以崇大诸侯之馆。馆如公寝, 库厩缮修, 司空以时平易道路, 圬人以时塓馆宫室。……不畏寇盗, 而亦不患燥湿。今铜鞮之宫数里, 而诸侯舍于隶人。门不容车, 而不可逾越。盗贼公行, 而夭厉不戒。宾见无时, 命不可知。若又勿坏, 是无所藏币以重罪也。敢请执事, 将何以命之?"②

子产表达了郑国作为小国对大国诛求无时而"不敢宁居"的辛苦, 及对晋国纳币的守时, 但晋借口鲁丧而不见郑国君臣, 故才不得不坏馆垣以使纳币车马入内, 为的是使币品不至于毁坏; 接着子产又对比了晋文公在世时和今日晋国对待诸侯的态度之异, 以退为进, 使晋不能诘, 赵文子只得承认晋之不

---

① 《十三经注疏》整理委员会整理, 李学勤主编: 《春秋左传正义》, 十三经注疏标点本, 北京大学出版社, 1999年, 第1073-1077页。
② 《十三经注疏》整理委员会整理, 李学勤主编: 《春秋左传正义》, 十三经注疏标点本, 北京大学出版社, 1999年, 第1126-1130页。

德,而重筑馆垣,"晋侯见郑伯,有加礼,厚其宴,好而归之",晋侯接见并宴请郑国君臣,还赠送了厚礼。晋叔向对子产的胆略及能言善辩十分佩服,说:"子产有辞,诸侯赖之"。

(六)防楚逆女

昭公元年(公元前541年),楚国令尹公子围到郑国聘娶公孙段女。聘后,楚将以兵入逆妇,郑国人认为其包藏祸心,于是让子羽接待他们,"以敝邑褊小,不足以容从者",让楚军于城外驻扎。公子围命大宰伯强调迎亲曾祭告楚庄王、共王之庙,今郑国让他们在野外举行,是不合于礼的。子产只好让子羽实话实说:"小国无罪,恃实其罪。将恃大国之安靖己,而无乃包藏祸心以图之?小国失恃,而惩诸侯,使莫不憾者,距违君命,而有所壅塞不行是惧。"①楚国知郑国有备,只得垂橐而入,郑国避免了被偷袭的可能。

(七)探晋侯疾

昭公元年(公元前541年),晋平公有疾,经占卜说是主管参星之神实沈与主管汾河之神台骀在作祟。郑简公特派子产前去慰问。《左传·昭公元年》:

> 晋侯有疾。郑伯使公孙侨如晋聘,且问疾。叔向问焉,曰:"寡君之疾病,卜人曰'实沈、台骀为祟'史莫之知,敢问此何神也?"子产曰:"昔高辛氏有二子,伯曰阏伯,季曰实沈,居于旷林,不相能也。日寻干戈,以相征讨。后帝不臧,迁阏伯于商丘,主辰。商人是因,故辰为商星。迁实沈于大夏,主参。唐人是因,以服事夏、商。其季世曰唐叔虞。当武王邑姜,方震大叔,梦帝谓己:'余命而子曰虞,将与之唐,属诸参,其蕃育其子孙。'及生,有文在其手曰'虞',遂以命之。及成王灭唐而封大叔焉,故参为晋星。由是观之,则实沈,参神也。昔金天氏有裔子曰昧,为玄冥师,生允格、台骀。台骀能业其官,宣汾、洮,障大泽,以处大原。帝用嘉之,封诸汾川。沈、姒、蓐、黄,实守其祀。今晋主汾而灭之矣。由是观之,则台骀,汾神也。抑此二者,不及君身。山川之神,则水旱疠疫之灾,于是乎禜之。日月星辰之神,则雪霜风雨之不时,于是乎禜之。若君身,则亦出入饮食哀乐之事也,山川星辰之神,又何为焉?侨闻之,君子有四时:朝以听政,昼以访问,夕以修令,夜以安身。

---

① 《十三经注疏》整理委员会整理,李学勤主编:《春秋左传正义》,十三经注疏标点本,北京大学出版社,1999年,第1140-1141页。

于是乎节宣其气，勿使有所壅闭湫底，以露其体。兹心不爽，而昏乱百度。今无乃壹之，则生疾矣。侨又闻之，内官不及同姓，其生不殖。美先尽矣，则相生疾，君子是以恶之。故《志》曰：'买妾不知其姓，则卜之。'违此二者，古之所慎也。男女辨姓，礼之大司也。今君内实有四姬焉，其无乃是也乎？若由是二者，弗可为也已。四姬有省犹可，无则必生疾矣。"叔向曰："善哉！肸未之闻也。此皆然矣。"①

子产知识渊博，精通星象学，能深入占卜学说之核心，以外象解开事实真相。他为晋平公分析星相学，解释自然界现象及对策，遇到风雨雪霜等不合时令之天气，可祭祀日月星辰来消灾；如遇到水旱瘟疫等灾祸，可祭祀山川之神来免祸。但是晋君的疾病与这些都没有关系，是由于劳逸、饮食、哀乐不适度造成的，特别是与美色有关，如去掉四个美姬，病就会好起来。子产从晋平公生活习惯和作息规律入手，引典故，用天文来具体分析，晋侯很高兴，誉子产为"博物君子"。

（八）解楚于申

昭公四年（公元前538年）春，楚灵王欲会诸侯于申，得到晋国准许，但楚王仍有疑虑，问于子产。《左传·昭公四年》：

> 楚子问于子产曰："晋其许我诸侯乎？"对曰："许君。晋君少安，不在诸侯。其大夫多求，莫匡其君。在宋之盟，又曰如一。若不许君，将焉用之？"王曰："诸侯其来乎？"对曰："必来。从宋之盟，承君之欢，不畏大国，何故不来？不来者，其鲁、卫、曹、邾乎！曹畏宋，邾畏鲁，鲁、卫偪于齐而亲于晋，唯是不来。其余，君之所及也，谁敢不至？"王曰："然则吾所求者，无不可乎？"对曰："求逞于人，不可。与人同欲，尽济。"②

子产依据形势，对当时各国外交关系背向向楚王作了详细分析，认为晋国会准许楚会诸侯，诸侯中除鲁、卫、曹、邾不来者，都会来会盟，又劝谏楚王不可强加私欲于人。事情的发展果如子产所料。

---

① 《十三经注疏》整理委员会整理，李学勤主编：《春秋左传正义》，十三经注疏标点本，北京大学出版社，1999年，第1158-1164页。
② 《十三经注疏》整理委员会整理，李学勤主编：《春秋左传正义》，十三经注疏标点本，北京大学出版社，1999年，第1194页。

（九）平丘争承

昭公十三年（公元前 529 年），晋昭公会盟诸侯于平丘，讨论各国的"班贡"问题。子产知此会盟对郑国不利，遂亲自为会盟场所设帐，争取列席参加。盟会上，子产因要郑国承担的贡赋重而据理力争。《左传·昭公十三年》：

> 及盟，子产争承，曰："昔天子班贡，轻重以列，列尊贡重，周之制也。卑而贡重者，甸服也。郑伯，男也，而使从公侯之贡，惧弗给也。敢以为请。诸侯靖兵，好以为事。行理之命，无月不至。贡之无艺，小国有阙，所以得罪也。诸侯修盟，存小国也。贡献无极，亡可待也。存亡之制，将在今矣。"自日中以争，至于昏，晋人许之。①

按周制，位卑而贡赋重的只有天子直属的"甸服"，郑国在京畿之外，爵位又低于公侯，却担负同样的贡赋，这是难以承命的。这场争论从日中直至黄昏，由于子产的坚持，晋国最后同意了郑国的要求。事后，子大叔还心有余悸地说："诸侯若讨，其可渎乎？"子产曰："晋政多门，贰偷之不暇，何暇讨？国不竞亦陵，何国之为？"②这表明子产的做法是建立在充分的研究基础上，知己知彼，才能有的放矢。

（十）拒宣子环

子产执政时期，敢于拒绝大国的无理要求，维护国家和人民的利益。《左传·昭公十六年》载，晋国韩起丢失一只玉环，后流传至郑国商人手中，他遂以聘郑为名，向郑国国君索要玉环。子产认为这是无礼行为，如不依礼拒绝，就不复成国，于是以"非官府之守器也，寡君不知"为由推托。子大叔劝等认为晋为大国，应将玉环送给韩起。子产认为："大国之人令于小国，而皆获其求，将何以给之？一共一否，为罪滋大。大国之求，无礼以斥之，何餍之有。吾且鄙邑，则失位矣。"认为献环不合礼仪。终不肯给。韩起又向郑国商人购买，商人曰："必告君大夫。"韩起又向子产复求。于是子产述说缘由，"昔我先君桓公，与商人皆出自周"并"世有盟誓，以相信也，曰：'尔无我叛，我无强贾，毋或匄夺。尔有利市宝贿，我勿与知。'恃此质誓，故能相保，以至

---

① 《十三经注疏》整理委员会整理，李学勤主编：《春秋左传正义》，十三经注疏标点本，北京大学出版社，1999 年，第 1327-1329 页。

② 《十三经注疏》整理委员会整理，李学勤主编：《春秋左传正义》，十三经注疏标点本，北京大学出版社，1999 年，第 1329 页。

于今。今吾子以好来辱,而谓敝邑强夺商人,是教敝邑背盟誓也,毋乃不可乎!"① 韩起只好辞玉并表示歉意。

四、后世评子产

春秋时期是大变革的时代,诸侯争霸使得一批才能之士脱颖而出,子产即是其中的佼佼者。他对内团结大族,维护安定团结的局面,倾听民意,尊重传统,改革土地赋税政策,促进经济发展,颁布法律,整顿国内秩序,提高了郑国的经济实力和军事实力;对外工于辞令,能言善辩,据理力争,从晋和楚,摆脱两面受敌的窘境,维护小而四面受敌的郑国地位。其外交事宜有以下几个特点:强调主权,反对干涉;反对战争,力求安定;洞察时局,确保成功。但纵使子产再怎样努力也不可能改变郑国的地位,子产的外交也都是以贡赋为前提下的外交,只是暂时取得其他诸侯国的尊重,保持了国家的短期和平。

子产对内对外取得的成果,证明他是春秋时期一位卓越的政治家,当时就极具声誉,不仅得到国人的称赞,也赢得对手的夸奖,极具人格魅力。如襄公二十九年(公元前544年),吴季札聘于郑,"见子产,如旧相识,与之缟带",子产也回敬其纻衣。是年,传载裨谌曰:"善之代不善,天命也,其焉辟子产?举不逾等,则位班也。择善而举,则世隆也……天祸郑久矣,其必使子产息之。"② 孔子给予子产评价最多,也极高。孔子把子产称为"惠人",列为郑国四贤之一,见于《论语·宪问》:"为命:裨谌草创之,世叔讨论之,行人子羽修饰之,东里子产润色之。"③ 裨谌、世叔、子羽为郑国治国良臣,他们对国事进行谋划、讨论,子产对其进行统筹润色,提高办事成功率。无疑,这是孔子理想的治国模式。孔子还认为子产有君子之道,"有君子之道四焉:其行己也恭,其事上也敬,其养民也惠,其使民也义"④,子产对上的恭与敬和对下的惠与义,孔子认为可称得上是君子。子产不毁乡校,让人民参与议论国

---

① 《十三经注疏》整理委员会整理,李学勤主编:《春秋左传正义》,十三经注疏标点本,北京大学出版社,1999年,第1350-1353页。
② 《十三经注疏》整理委员会整理,李学勤主编:《春秋左传正义》,十三经注疏标点本,北京大学出版社,1999年,第1108-1110页。
③ 《十三经注疏》整理委员会整理,李学勤主编:《论语注疏》,十三经注疏标点本,北京大学出版社,1999年,第185-186页。
④ 《十三经注疏》整理委员会整理,李学勤主编:《论语注疏》,十三经注疏标点本,北京大学出版社,1999年,第62页。

政,孔子认为是仁的表现。《左传·昭公二十年》载孔子评曰:

> 善哉!政宽则民慢,慢则纠之以猛。猛则民残,残则施之以宽。宽以济猛,猛以济宽,政是以和。《诗》曰,"民亦劳止,汔可小康;惠此中国,以绥四方",施之以宽也。"毋从诡随,以谨无良,式遏寇虐,惨不畏明",纠之以猛也。"柔远能迩,以定我王",平之以和也。又曰,"不竞不绑,不刚不柔,布政优优,百禄是遒",和之至也。①

孔子赞赏子产的外交才能,认为是子产德的表现,可以称作国家根基。昭公十三年(公元前529年),子产与晋平丘争承,维护郑国国家利益,孔子对子产的外交辞令给予充分的肯定,说:"《志》有之:'言以足志,文以足言。'不言,谁知其志?言之无文,行而不远。晋为伯,郑入陈,非文辞不为功。慎辞也。"还说:"子产于是行也,足以为国基矣。《诗》曰:'乐只君子,邦家之基。'子产,君子之求乐者也。且曰:'合诸侯,艺贡事,礼也。'"②

孟子评价子产:"惠而不知为政。岁十一月,徒杠成;十二月,舆梁成,民未病涉也。君子平其政,行辟人可也,焉得人人而济之?故为政者,每人而悦之,日亦不足矣。"③ 孟子认为为政应放眼于天下,不能"每人而悦之",天下之大,行小惠难治;而子产致力于郑国,郑国狭小,小惠易行。

对子产评价最高的是司马迁。《史记·循吏列传》:"为相一年,竖子不戏狎,斑白不提挈,僮子不犁畔。二年,市不豫贾。三年,门不夜关,道不拾遗。四年,田器不归。五年,士无尺籍,丧期不令而治。治郑二十六年而死,丁壮号哭,老人儿啼,曰:'子产去我死乎!民将安归?'"④《史记·郑世家》:"郑相子产卒,郑人皆哭泣,悲之如亡亲戚。子产者,郑成公少子也。为人仁爱人,事君忠厚。孔子当过郑,与子产如兄弟云。及闻子产死,孔子为泣曰:'古之遗爱也!'"⑤

刘向《说苑》:"子产相郑,终简公之身,内无国中之乱,外无诸侯之患也。"⑥

---

① 《十三经注疏》整理委员会整理,李学勤主编:《春秋左传正义》,十三经注疏标点本,北京大学出版社,1999年,第1407-1409页。
② 《十三经注疏》整理委员会整理,李学勤主编:《春秋左传正义》,十三经注疏标点本,北京大学出版社,1999年,第1330页。
③ 杨伯峻译注:《孟子译注》,中华书局,1960年,第185页。
④ 司马迁撰:《史记·循吏列传》,中华书局,1959年,第3101页。
⑤ 司马迁撰:《史记·郑世家》,中华书局,1959年,第1775页。
⑥ 刘向撰,向宗鲁校证:《说苑校证》,中华书局,1987年,第156页。

总体来看，子产是春秋时期重要的政治家、外交家、思想家，是《左传》中浓墨重彩的人物。童书业先生对子产进行了总结性评述："当子产为政时，郑卿族间多内乱，而郑又以小国介于晋、楚两大国之间，国内外形势俱属不利。子产为大贵族中之比较开明贤能者，故执政子皮使之为政。子产针对当时本国形势，以容忍及执法之两种手段对付贵族，以靖内乱。又善利用晋、楚之间及晋、楚国内之矛盾以应付外交。子产本人亦长于文辞，外交无失，屡获胜利，以靖外患，是其能也。子产又针对当时社会政治形势，整顿旧制及创立新法以'救世'，不顾保守者之反对，又有早期法家之风。然彼虽以猛治民，而接受舆论；以法绳贵，而以宽济之，故能于交错之矛盾中推行渐进性之改革。至于其改革内容与成效之有限，则时代使之然也。"① 何新文先生也评《左传》说："用洋洋万余言的巨大篇幅，描写了子产在内政外交方面的具体言行和显著功绩，显现了他英明果决、大公无私、老练沉着、机敏应变、坚忍不拔的性格特点，和他博学多闻、能言善辩、足智多谋、善理国政的卓越才能，为中国历史文学提供了一个突出的'贤相'典型。"② 子产的改革对郑国经济、政治、军事实力具有重大促进作用，为郑国后期的发展赢得了空间，正因有了子产，才有春秋晚期郑国的中兴之势。但与齐、晋两国相比，其改革具有很大局限性和不彻底性。子产身为穆族，面对郑国国小而偪、族大庞多、国君式微的局面，不可能进行自上而下彻底的变革，往往采用折中的做法，既保护旧贵族的利益，又兼顾新兴的封建力量，所以改革也就不能从根本上改变郑国外忧内困的窘境，也不能使郑国摆脱迅速灭亡的命运。

第三节　郑国的灭亡

春秋末年，郑国保持有一定的实力，郑简公、郑定公时期还时常参与国际活动。郑献公、郑声公期间，执政者依次为驷颛、罕达、驷弘，他们的外交路线主要以战争为主，在中原无霸主的形势下，较多地以武力参与对外征伐。

定公六年（公元前504年），郑国灭掉许国，又趁周王子朝叛乱之际，伐周的冯、滑、胥靡、负黍、狐人、阙外六邑。定公七年（公元前503年），郑、

---

① 童书业：《春秋左传研究》，上海人民出版社，1980年，第88页。
② 何新文：《〈左传〉人物论稿》，中国社会科学出版社，2004年，第297页。

齐结盟于咸，征会于卫，欲摆脱晋国的制约。第二年，郑与卫又盟于曲濮，欲共同反叛晋国。但晋国还是强大，叛晋的行动终不能得逞。"晋六卿强，侵夺郑，郑遂弱。"①春秋晚期的中原霸主晋国，大夫专权，范氏、中行氏、知氏、赵氏、韩氏、魏氏六卿为了各自利益于国外寻求外援，范氏、中行氏得到郑国的支持。定公十五年（公元前495年），范氏、中行氏发动叛乱失败后逃到朝歌，郑国执政驷歂派子姚、子般率军救援，被晋军所败。齐国也支持范氏、中行氏，于哀公二年（公元前493年），"齐人输范氏粟，郑子姚、子般送之。"②与赵简子的晋军战于铁（今河南省濮阳市西北），郑国子姚（罕达）、子般（驷弘）助战，晋国视郑国为大敌，邀卫国参战，卫派太子助赵简子，卫太子"望见郑师众，太子惧，自投于车下"，"郑人击简子，中肩，毙于车中"。郑国是小国，终不敌大国，郑败，损失齐粟千车。

郑国虽打不过大诸侯国晋国，但在中小诸侯国中军事力量还不算弱，对宋不断发生战争。哀公七年（公元前488年），宋人围曹，郑国派兵救曹，侵宋。哀公十二年（公元前483年），宋向巢率师伐郑，第二年，郑国罕达率师伐宋。宋与晋也时常来伐郑，"三十六年，晋知伯伐郑，取九邑"。

晋国六卿经过多年斗争，范氏、中行氏、知氏被打败。悼公十四年（公元前453年），赵、魏、韩三家瓜分晋国，历史进入战国时期。郑国此时期也几易其君。《史记·郑世家》：

> 哀公八年，郑人弑哀公而立声公弟丑，是为共公。
>
> 共公三年，三晋灭知伯。三十一年，共公卒，子幽公已立。
>
> 幽公元年，韩武子伐郑，杀幽公。郑人立幽公弟骀，是为缙公。
>
> 缙公十五年，韩景侯伐郑，取雍丘。郑城京。
>
> 十六年，郑伐韩，败韩兵于负黍。二十年，韩、赵、魏列为诸侯。二十三年，郑围韩之阳翟。
>
> 二十五年，郑君杀其相子阳。二十七年，子阳之党共弑缙公骀而立幽公弟乙为君，是为郑君。
>
> 郑君乙立二年，郑负黍反，复归韩。十一年，韩伐郑，取阳城。
>
> 二十一年，韩哀侯灭郑，并其国。③

---

① 司马迁撰：《史记·郑世家》，中华书局，1959年，第1775页。
② 《十三经注疏》整理委员会整理，李学勤主编：《春秋左传正义》，十三经注疏标点本，北京大学出版社，1999年，第1618页。
③ 司马迁撰：《史记·郑世家》，中华书局，1959年，第1776页。

清华简《系年》记郑国事件有:

> 楚声桓王立四年,宋公田、郑伯骀皆朝于楚,王率宋公以城榆关,是武阳。
>
> 郑人侵榆关,阳城桓定君率榆关之师与上国之师以交之,与之战于桂陵,楚师无功。
>
> 明岁,晋余率晋师与郑师以入王子定。鲁阳公率师以交晋人,晋人还,不果入王子。
>
> 明岁,郎庄平君率师侵郑,郑皇子、子马、子池、子封子率师以交楚人,楚人涉沱,将与之战,郑师逃入于蔑。楚师围之于蔑,尽逾郑师与其四将军,以归于郢。郑太宰欣亦起祸于郑,郑子阳用灭,无后于郑。
>
> 明岁,楚人归郑之四将军与其万民于郑。①

进入战国时期的郑国处境维艰、内忧外困。战国初年郑国三个国君都被杀,表明国内形势的混乱。外部南北两面继续受到夹击。晋分三家的韩,从西南进攻郑国,魏则从西北包抄郑国。尤其是韩国,三家中面积最小,与周围大国抗拒不起,只好将扩张目标定为郑国。韩国时常进攻郑国,韩武子伐郑时杀掉幽公。此时郑、韩力量相当,攻战各有胜负。如郑缪公时期,郑、韩多次交锋,郑缪公十五年(公元前408年),韩景侯伐郑,攻下郑国的雍丘(今河南省杞县)、京地。第二年,郑国伐韩,在负黍(今河南省登封市西南)打败韩军,夺得韩国的负黍,取得了暂时性胜利,后又攻袭韩国首邑阳翟,此时的郑国,军事力量仍不可小觑。郑缪公时期,楚国也多次攻打郑国。《史记·六国年表》载:楚悼王三年,"归榆关于郑",四年,"败郑师,围郑,郑人杀子阳。"②据《系年》看,这是对郑国前一年与晋联合出师的报复,楚国力量强大,这次战争对郑国来说无疑是灭顶之灾。楚国俘虏郑国军队,其中包括郑国"四将军"郑皇子、子马、子池、子封子,他们皆郑国当权世族,引起郑国统治阶层的内乱。

郑国内部卿族矛盾尖锐。七穆联合执政于春秋末年走向破裂,驷、罕二族突大,其他则已破落。罕氏子阳一度夺取郑国君主位。"太宰欣取郑"③,太

---

① 《十三经注疏》整理委员会整理,李学勤:《清华大学藏战国竹简(二)》,中西书局,2011年,第196-197页。
② 司马迁撰:《史记·六国年表》,中华书局,1959年,第710-711页。
③ 陈奇猷校注:《韩非子集释》卷十七,上海人民出版社,1974年,第407页。

宰欣即为子阳，还可能当上了国君，《韩非子·说疑》列郑国君主中有子阳。《史记·郑世家》载缪公二十五年，郑君终把子阳杀死，重新夺回政权。"郑子阳刚毅而好罚，其于罚也。执而无赦。"子阳死后，郑国又经历了三年的分裂内战，"郑子阳身杀，国分为三"①。鲁阳文君也说，"郑人三世杀其君父，而天加诛焉，使三年不全"②。郑国除掉掌权的子阳一族来迎合楚国，第二年楚人将俘虏的"四将军与其万民"归还给郑。此役之后，郑国改变外交策略，服于楚。缪公二十七年（公元前396年），子阳之党联合国人弑缪公，幽公之弟乙被立为国君。可见，子阳是郑国一位重要人物，刚毅威猛，拥有一定的政治力量，也应具有很高威信，才使国人为其被杀而反攻缪公，杀缪公立乙。春秋晚年，郑国统治者平庸无能，纲常紊乱，缺少治国能臣，无人也无力收拾残存局面，使民众失去了保家卫国的凝聚力。此时郑国已没有时机和能力完成向封建制转变的过渡，国势日益衰弱，再也抵挡不住韩国的进攻。郑君乙十一年（公元前385年），韩伐郑国，攻取阳城（今河南省登封市东南），郑君乙二十一年（公元前375年），终灭掉郑国。

导致郑国灭亡的不仅是内乱和外患，还有末年郑国外交政策的失误，以为依附强国可保国家苟延，但这一次找错了对象。《韩非子·饰邪》说："郑恃魏而不听韩，魏攻荆而韩灭郑。"③《战国策·魏策四》载："郑恃魏以轻韩，伐榆关而韩氏亡郑。"④这说明郑国对国际形势判断的失误，这也是其灭亡的主要原因。

郑国的灭亡是历史的必然。春秋晚期郑国的自然优势早已丧失，或转化为劣势。长年的战争消耗了国力，世卿的专权阻挡了他族进爵的道路，统治集团的内斗不断；郑又好兵而不固守，积极频繁地对外诉诸武力，灭亡是其必定的命运。正如隐公十一年，郑败息师时，"君子是以知息之将亡也。不度德，不量力，不亲亲，不征辞，不察有罪，犯五不韪而以伐人，其丧师也，不亦宜乎！"⑤此话用于郑国同样贴切。

---

① 陈奇猷校注：《韩非子集释》卷十七，上海人民出版社，1974年，第407页。
② 吴毓江撰，孙启治点校：《墨子校注》卷十三，中华书局，2006年，第734页。
③ 陈奇猷校注：《韩非子集释》卷五，上海人民出版社，1974年，第344页。
④ 刘向集录：《战国策》卷二十五，上海古籍出版社，1985年，第889页。
⑤ 《十三经注疏》整理委员会整理，李学勤主编：《春秋左传正义》，十三经注疏标点本，北京大学出版社，1999年，第128-129页。

第六章 郑国的政治与外交

政治制度是一个国家的立国之本。郑国遵守周制，建立了周代诸侯国应有的整套政治制度。随着时代的发展，这些制度也有变化，特别是春秋中后期，出现了世卿专权的局面，国君权力受到限制，很多时候只是徒有虚名。子产执政时期的作封洫、作丘赋、铸刑书等一系列改革，是新形势下巩固统治，实现富国强兵的必要措施。子产所铸刑书是我国历史上的第一部成文法，此间郑国也出现了我国历史上的第一位辩护律师，对当时及后世都具有重大影响。

郑国的外交政策随着国际形势变化及郑国在诸侯国中的地位而改变，郑国衰落后，成为大国争霸斗强的对象，其外交关系着国家生死存亡，是郑国的头等大事。

第一节 郑国官制、田制与军制

郑国起于西周晚期桓公友受封的郑地，属王畿采邑性质。桓公作为王室近亲，任王朝卿士，在郑地则为采邑主，或称"内诸侯"。郑地采邑内官制应和其他采邑一样，有自己的一套官职，如设"宰"来总管事务，设司徒、司马、大夫等职管理各项具体工作。郑地处于王畿，较其他诸侯国内采邑不同，其与周王室保持密切的一致性。郑东迁中原后，成为诸侯国性质的国家，设立了较为完善的行政机构保持国家的运行，但仍是周王朝分封的诸侯国，郑武公及郑庄公都任王朝卿士，郑国行政机构与周王室还是臣属关系。

一、郑国官制

郑国东迁中原新郑之后，和其他诸侯国一样非常重视官制的设立。《左传·襄公十五年》："官人，国之急也，能官人，则民无觎心。"此话道出建立官制的必要性和重要性，健全的官制是保持国家运行的首要条件。郑国官制是在周王朝统领下的官制体系，设置与周王朝一致，为金字塔形的统治结构。

国君，是郑国的最高首领，具有最尊贵的地位。国君制定的行为规则即是最高法律，全国人民都要遵守。国君对官吏有随意任免权，对人民有生杀予夺权。国君处于行政官僚机构的最高端。

国君之下，郑国实行卿贵族专制。郑国前三位国君桓公、武公、庄公都任周王朝卿士，为周天子所命之卿。郑国国内之卿为郑国国君所命，七穆集团形成后，卿位有世袭性质，为七穆所垄断，不再由国君任命，形成世卿世官制。卿，"诸侯之上大夫曰卿"，分为上卿和下卿。据《左传》载，郑国共有六卿，配有六种官职：当国、为政、司马、司空、司徒、少正[①]。上卿为最高长官，即当国。襄公二十九年（公元前544年），郑子展卒，子皮即位，杜预注"子皮代父为上卿"，即任当国。其余为下卿，听命于国君或当国。有时卿也指爵位。《左传·襄公九年》："郑六卿：公子騑、公子发、公子嘉、公子辄、公孙虿、公孙舍之及其大夫、门子，皆从郑伯。"

郑国主要官职有：

当国，又称为正卿、上卿，主持国政。《左传·襄公二年》载郑成公卒，"子罕当国"，杜预注："（当国）摄君事。"孔颖达疏："子驷为政，已是正卿，知当国为摄君事矣。"当国可以代君摄政，具有君主的权威，它的兴起应是七穆专权后国君力量式微的结果。当国执政时，下有其他卿大夫听政，负责具体事务。郑国当国执政开始于襄公二年（公元前571年），郑成公临终时，令子罕当国、子驷为政、子国为司马。襄公十年（公元前563年），诸穆废杀郑僖公后，子驷当国，子国为司马，子耳为司空，子孔为司徒。西宫之乱后，子孔为当国，载书以位序，听政辟。襄公十九年（公元前554年），子展、子西等杀子孔后，子展当国，子西听政，子产为卿。伯有之乱后，子皮当国，推子产

---

① 童书业先生认为当国、为政可能不是官职名称。童书业：《春秋左传研究》，上海人民出版社，1980年，第172页。

听政，子皮说："虎师以听，谁敢犯子？"这表明了当国的权威。杨伯峻《春秋左传注》："当国谓专大政。其次为听政，则与闻政事而不能专。"有时当国者也任下一级官职执政，把二者权力合并。郑国正卿有时也称为"冢宰"，《左传·昭公元年》："赵孟私于子产，曰：'武请于冢宰矣。'"冢宰，即子皮，当时子皮为郑正卿。

听政，也称执政、为政，是位于当国下的第二重要位置的官职。当国代行君主权力，听政即为实际上的总管，相当于"宰"，具体事务有赏惩、制定政策法令、外交等。如子驷、子西、子产等都做过听政，是国家事务的实际管理执行者，也称执政卿。

司马，掌军政和军赋，包括兵役及组织训练，军法的执行及军用物资的筹备供应等。

司空，掌管土地，农田水利、工业技术等。

司徒，主管田地耕作及征发徒役。

司马、司空、司徒为国之重卿，是听政下的三个重要官职，称为三公，掌握着国家政治经济命脉，与当国、听政都是掌握国之重权者，称为大正。郑国三公皆由穆氏宗族担任，如子驷任当国时，子国为司马，子耳为司空，子孔为司徒。

少正，位于大正下的官职，相对于大正而言，为六卿之长"正"的副职，主要协助大正处理具体事务。宋邓名世《古今姓氏书辩证》："周制六官之长曰正，则其贰谓之少正。"《尚书·酒诰》："厥告毖庶邦庶士，越少正御事，朝夕曰祀兹酒。"孙星衍疏："少正者，正人之副。"襄公十九年（公元前554年），郑人使子展当国，子西听政，立子产为卿，即子产位次第三，而亚于听政。《左传·襄公二十二年》："夏，晋人征朝于郑，郑人使少正公孙侨对。"杜预注："少正，郑卿官也。"杨伯峻注："少正即亚卿。十九年传谓'郑人使子展当国，子西听政，立子产为卿'，则子产位次第三，而亚于听政。国君以下握大权者谓之大政，昭十五年传可证。大政，《汉书·五行志》作大正，政正二字本可通作。少正对大正而言。"①

司寇，与六卿相当，位次于三公，分司寇和野司寇两种。司寇掌都城之内的刑狱、纠察等事务。《左传·昭公二年》："公孙黑将作乱，子产曰：'不速死，司寇将至。'"《左传·昭公十八年》载，郑大火，子产"使司寇出新客，禁旧客勿出于宫"，"使野司寇各保其征"，杜预注："野司寇，县士也。"野司

---

① 杨伯峻编著：《春秋左传注》，中华书局，1990年，第1065页。

寇，为县司寇之别称，职掌郊野之讼诉。徐中舒注《左传》："野司寇，主野人刑狱的官。"

令正，主管文告辞令的官职，郑国独有。《左传·襄公二十六年》："子大叔为令正。"杜预注："主作辞令之正。"

执汛，主掌通讯的官职，郑国独有。《左传·文公十七年》："郑子家使执讯而与之书，以告赵宣子。"杜预注："执讯，通讯问之官。"

行人，掌管朝聘外交，有时充当使者。

郑国为周王朝子弟国，官制设置和鲁、卫、宋等诸侯国相仿，表现出因循守旧的特点。郑国各部门官职设置齐全。昭公十八年（公元前524年），郑国大火中，子产令各司其职，官职名称见有司寇、祝史、府人、库人、司宫等。其中祝史为掌祭祀之官，府人、库人为掌管府藏、库藏的官员，司宫为掌管后宫之官。《左传·襄公九年》载，宋发生火灾，"令司宫、巷伯儆宫"。杨伯峻注："司宫即《周礼》之内小臣，为宫内奄人之长。……若清代之总管太监。"郑国司宫也为同样性质官员。对比《周礼》所载，郑国官制设置确实与周王朝有较多一致性。

郑国高级官职虽为七穆垄断，但有时也实行选拔制。子产执政时，任用官吏"择能而使之"，选举有才能之人而任之政事。

二、郑国田制

西周时期实行井田制，土地所有权属于周王，"溥天之下，莫非王土"，周天子分封诸侯，并赐予一定数量的土地和人民。《国语·周语》："昔我先王之有天下也，规方千里以为甸服，以供上帝山川百神之祀，以备百姓兆民之用，以待不庭不虞之患。其余以均分公侯伯子男，使各有宁宇，以顺及天地，无逢其灾害，先王岂有赖焉。"[1] 周天子有分封权，也有对诸侯土地的剥夺权。《孟子·告子》："（诸侯）一不朝则贬其爵，再不朝则削其地，三不朝则六师移之。"[2]

郑于中原立国后，与周王室保持一致，实行井田制，向农民征收地租和劳役。春秋时期社会大变革，国家制度随时代潮流也做出改变，田制也是如

---

[1] 上海师范大学古籍整理组校点：《国语》卷十六，上海古籍出版社，1978年，第54页。
[2] 焦循峻撰，沈文倬点校：《孟子正义》卷二十五，十三经清人注疏，中华书局，1987年，第841页。

此。郑国田制前后经历两次变化。

第一次，郑国井田制遭到严重破坏。春秋时期，由于金属农具的使用，郑人大量开垦荒芜的土地，这样于公田以外又增加了大量私田，并且贵族还不断侵吞公田据为私有，使原来井田制下的田界和灌溉系统遭到破坏，国家收入日益减少，出现了"私门富于公室"的现象。子驷当国时，实行"为田洫"的改革，即在田地上造水沟以正公田、私田之疆界，收缴大贵族多占田地，使"司氏、堵氏、侯氏、子师氏皆丧田焉。故五族群聚不逞之人因公子之徒以作乱"，改革最终失败。

第二次，子产执政后，对田地实行封洫制度。这实际上是继续推行子驷"为田洫"的改革，使"田有封洫，庐井有伍"，即耕田上作大小水渠，改变地块疆界，表面上是为了整理田地、兴修水利，实际上是对土地所有权进行重新确定，维护井田制，对贵族阶级盗窃公田、侵占官地进行打击；同时对私田进行妥协处理，实行"庐井有伍"，不改变私田所有权，但把土地连同居民户口按"伍"编制，加以管理，征收赋税，实际上是承认了私田的合法性。把民按五家为伍编制起来，一可维护社会秩序，二可增强国力。而后，子产又实行"作丘赋"，按"丘"征收军赋，不再按照井田数量来征收。这种剥削方式的改变，表明郑国井田制进一步瓦解，被封建土地所有制所代替。

子产的改革同样遭到反对，但子产改革有所折中，一方面维护井田制及公室的利益，另一方面则对贵族私田进行管理，对其征收赋税，郑国地租也由劳役向实物形式过渡。随后子产又作丘赋，即按丘收赋，丘中人按田纳赋，打破以往井田不收赋的旧制，为国家增加了税赋收入。

三、郑国军制

周王朝建立之初，为了保持自己军事力量的绝对优势，建立了严格的军制。西周时期没有"军"字，金文中为"𠂤"，译为"师"，为军事编制中的最大单位。周王朝有西六师和成周八师两大军队；诸侯国担负着"以藩屏周"的作用，自建立之日就拥有自己的军队，地方诸侯"方伯二师，诸侯一师"。《周礼·夏官·司马》："凡制军，万有二千五百人为军，王六军，大国三军，次国二军，小国一军，军将皆命卿。"① 所用"军"表明其成书于战国时期，也有

---

① 《十三经注疏》整理委员会整理，李学勤主编：《周礼注疏》，十三经注疏标点本，北京大学出版社，1999年，第743页。

人认为这种制度出现于西周晚期"厉王革典"之后。

春秋时期,王权衰落,诸侯纷起,争霸战争引起诸侯国的军备竞赛。各诸侯国都注重增加军事力量,"军"作为军队最高单位开始出现。周天子还是名义上的宗主,诸侯国在建军体制上仍遵守西周以来的原则,数量上不能超过王师。《穀梁传·襄公十一年》:"王正月,作三军。作,为也,古者天子六师,诸侯一军。"①《白虎通·三军》:"诸侯所以一军者何?诸侯,蕃屏之臣也,任兵革之重,距一方之难,故得有一军。"②所谓的诸侯,只有高级的"侯伯"才有资格建立军队。《国语·鲁语下》:"季武子为三军,叔孙穆子曰:'不可。天子作师,公帅之,以征不德。元侯作师,卿帅之,以承天子。诸侯有卿无军,帅教卫以赞元侯。自伯、子、男有大夫无卿,帅赋以从诸侯。'"③这说明按周制,只有天子和元侯才可建军,侯国只能建立卫兵,伯、子、男等级的国家只有民兵。鲁为西周最早分封的诸侯国,属元侯级别,最早有一军建制。郑国为小国,最多为一军建制,但春秋初年带头破坏旧制,拥有"三军"建制,《左传·隐公五年》:"卫人以燕师伐郑。郑祭足、原繁、洩驾以三军军其前,使曼伯与子元潜军军其后。燕人畏郑三军,而不虞制人。"④郑国出动三军打败卫、燕联军。此后,楚、齐随着力量的强大,也先后设立"三军"。《左传·襄公十四年》:"成国不过半天子之军。周为六军,诸侯之大者,三军可也。"⑤春秋中期后,大诸侯国普遍为三军建制,如齐、楚、宋、晋、秦等,小国则为一军,如鲁国遵守旧制,公元前562年才"请为三军",但还遭到大夫叔孙穆子的反对。

郑国军队编为左拒、中拒、右拒三军。《左传·桓公五年》:"王以诸侯伐郑,郑伯御之。王为中军;虢公林父将右军,蔡人、卫人属焉;周公黑肩将左军,陈人属焉。郑子元请为左拒,以当蔡人、卫人;……曼伯为右拒,祭仲足为左拒,原繁、高渠弥以中军奉公,为鱼丽之陈。"杜预注:"拒,方阵。"⑥郑国出动三军与周王抗衡,取得了胜利。

---

① 《十三经注疏》整理委员会整理,李学勤主编:《春秋穀梁传注疏》,十三经注疏标点本,北京大学出版社,1999年,第254页。
② 陈立撰,吴则虞点校:《白虎通疏证》卷五,新编诸子集成,中华书局,1994年,第201页。
③ 上海师范大学古籍整理组校点:《国语》卷五,上海古籍出版社,1978年,第188页。
④ 《十三经注疏》整理委员会整理,李学勤主编:《春秋左传正义》,十三经注疏标点本,北京大学出版社,1999年,第97页。
⑤ 班固撰:《白虎通义》,清文渊阁四库全书本,第21页。
⑥ 《十三经注疏》整理委员会整理,李学勤主编:《春秋左传正义》,十三经注疏标点本,北京大学出版社,1999年,第165-167页。

郑国是最早建立地方军队的国家。共叔段在京扩充自己的部队，力量发展到可与国君抗敌。隐公五年（公元前718年）："郑二公子以制人败燕师于北制。"桓公十五年（公元前697年），郑厉公"因栎人杀檀伯"，在此地建立地方武装，发展自己的势力。制、栎为郑国军事要地，在此设立由国君直接控制的地方武装，除平时加强防守抵御外敌外，必要时随机调征备一时之需。春秋晚期，卿大夫都有自己的私人武装，称为"家兵"。七穆宗族的内斗，是私人武装最常见的用武之地。

春秋早期，郑国公室力量强大，对军队拥有绝对掌握权。国君是最高军事统帅，常亲率大军指挥作战或委派公室成员率军出征，如武公、庄公对宋、陈、息、北戎等战争中亲自临战，繻葛之战中庄公率军打败周王室军队；公子忽、公子突等都曾作为军事统帅。春秋中期后，郑国公室衰微，世卿专政形成，军事领导权也被七穆掌握，征战杀伐皆自其出，当国和执政成为军队的主要统帅。

郑国军队的作战形式，主要是车兵及徒兵混合，有时也单用徒兵。隐公二年（公元前721年），郑庄公伐段出车共二百乘。隐公四年（公元前719年），"诸侯之师，败郑徒兵，取其禾而还"①，郑国以徒兵抗击陈、宋、蔡、卫四国联军，表明其徒兵具有较强的作战能力；隐公九年（公元前714年），北戎侵郑，郑庄公曰，"彼徒我车，惧其侵轶我也"，郑国徒兵没有北戎强大，还是车、徒结合，采取机动之策大败戎师。襄公元年（公元前572年），"晋韩厥、荀偃帅诸侯之师伐郑，入其郛。败其徒兵于洧上"②。春秋时期是作战形式变化的过渡期。

《周礼》载周代军事编制为"军师旅卒两伍"六级，郑国军队编制同于定制。编制中车兵结合组成的"乘"，为两车协同作战的主要核心编制单位。《司马法》："革车一乘，士十人，徒二十人。""士十人"为中坚力量，车上有御手、弓箭手、击矸手各1人，车下武士7人；"徒二十人"指随车徒兵15人和杂役5人。《周礼·地官·司徒》："五人为伍，五伍为辆。"即每辆车为25兵士，加杂役5人，构成每车30人编制。春秋中期后，每乘扩充至75人。繻葛之战时，郑国布"鱼丽之阵，先偏后伍，伍承弥缝"，杜注："车战二十五乘为

---

① 《十三经注疏》整理委员会整理，李学勤主编：《春秋左传正义》，十三经注疏标点本，北京大学出版社，1999年，第87页。

② 《十三经注疏》整理委员会整理，李学勤主编：《春秋左传正义》，十三经注疏标点本，北京大学出版社，1999年，第815页。

偏，以车居前，以伍次之。"偏，为战车编制单位；伍，为步兵编制单位。"先编后伍"即战车在前，步兵居后，步兵夹于两列战车之间，故称为"以承弥缝"。步兵编制不见于文献记载。

郑国车马兵甲等军事装备平时皆藏于府库及廊内，战时授给出征之人。隐公十一年（公元前712年），"郑伯将伐许，五月甲辰，授兵于大宫。公孙阏与颍考叔争车"；襄公十年（公元前563年），"子驷与尉止有争，将御诸侯之师而黜其车……子驷抑尉止"。

春秋初年，郑国军队兵士来源主要为国人，军队主干由国人中具有士身份以上的贵族子弟担任。后随着战争的频繁和扩大，国与野分界的逐渐消失，子产推行"作丘赋"改革，按每丘出军赋，丘中野人同国人一样服兵役，野人成为主要兵源，兵数增加。春秋后期，襄公二十五年（公元前548年），郑子展、子产率车七百乘伐陈；哀公二年铁之战，晋以郑为大敌，卫太子在晋师，登铁丘上望郑军甚众，于是惧，"自投于车下"。郑国在春秋晚期军事力量也不算弱。

第二节　郑国的法律

法，是统治阶级建立，强制人们遵守的规章制度。早在郑国东迁之前，史伯对郑桓公分析郑地形势之后，就提出"修典刑以守之，是可以少固"的建议，认为郑国位于中原小国包围的地区，要想治理好，就要修典刑才可稍微牢固些。在我国，法产生较早，夏商周三代据传已有《禹刑》《汤刑》《九刑》，即"三辟"。春秋以来，各国都修订有典刑，只是这些法律条文并不公开，而是掌握于贵族阶级内部。郑国也不例外，从郑国于春秋早期能够小霸中原来看，其东迁后应修有"典刑"。如桓公与商人订立的盟誓，即有法制的性质。郑国早期军队训练有素，以"鱼丽之阵"著名，只有在强有力的制度推动下，才能在短时期内使国家实力聚集到一定高度，可见典刑已初具规模。郑国中后期，身为小国在南北受敌、四面围困的情况下，为更有效地解决国内矛盾，进行了法制改革，出现了我国最早的成文法及解释法律条文的私人刑法，郑国法制建设及法律意识走在了时代前列。

一、郑国成文法

春秋中后期,"礼崩乐坏"的局面加剧。礼的功能减退,逐渐失去其规范社会秩序的功能,为弥补这一缺失,需要一种新的约束机制代替礼。这样,原融于礼中的法渐渐分离出来,并开始与礼对立。礼,是统治者维护自己尊贵地位及特权的工具,强调等级、亲疏、贵贱,具有等级性、随意性、不公平性的特点,是依据统治者利益而定;法,则是明确规定的法则,强调公平、公开和确定,具有强制性、公平性、确定性的特点。礼和法具有对抗性,从某一方面来讲,也有互补性。

子产时期,郑国外临强敌,内有大族专权,礼制损毁殆尽。郑国为了国家利益,对外交往重礼,对内统治则重法,并且进行了法制上的重大改革——"铸刑书"①,即把刑法条文铸于鼎上,打破以往刑法密不示众的惯例,结束了法律的神秘状态,使士、民能明白法律条文,从而监督法律的执行,争取自身的合法权益。这种局面的出现当然会破坏过去法掌于大贵族之内的制度,冲击贵族的专制统治,代之而行的是依法规定而量刑,必然导致如晋国叔向所谓的"民知有辟,则不忌于上"的局面,扰乱礼治下的传统伦理道德和宗法制度。子产铸刑书,是郑国尊崇法制的表现,体现出子产作为统治者的开明态度,在开启民智、引领郑国士、民参与政事及团结一心、抵御外敌等方面,起到了积极作用。

子产所铸刑书,是我国的第一部成文法,有别于夏、商、西周时期所作的"三辟",对其他诸侯国产生了一定的影响。在春秋诸侯争霸愈演愈烈的情况下,争取国内民心,实现富国强兵,是统治者的首要任务,而法律公开使民众参与政事无疑是笼络民心的一种有效措施。所以继子产铸刑书后,各国纷纷仿效,相继进行公开律令的改革。如晋国"铸刑鼎",虽然遭到国内外的强烈反对,但让士民先知法、后守法的时代已经来临,这是子产开的先河,反映出郑国法制思想启蒙孕育的较早及成熟。

二、邓析及《竹刑》

子产铸刑书当然还是为郑国贵族阶级专制统治服务的,当民众与贵族相

---

① 前面已有述及,此处不再赘述。

争时，发现刑书维护的还是郑国大贵族的利益。民智已开，就难免有反对者，其中以邓析最为著名。

邓析在子产执政时期任郑国大夫，首先不满子产所铸的刑书，对刑书的法律条文提出质疑，以"悬书"形式来对抗官府。"悬书"即仿春秋以来的"布法象魏"，将文书悬挂在城阙、门楼之上或张贴于通衢闹市之中，公示于众。只不过政府的"布法象魏"，目的是使民众畏惧，而邓析的"悬书"则是使民知政府法律之谬。《吕氏春秋·离谓》详细地记载了邓析"悬书"反对子产所铸刑书的情况，"郑国多相悬以书者。子产令无悬书，邓析致之。子产令无致书，邓析倚之。令无穷，则邓析应之亦无穷矣。是可与不可无辨也。可与不可无辨，而以赏罚，其罚愈疾，其乱愈疾，此为国之禁也"[1]。这反映出当时反对子产刑书的人颇多，从"郑国多相悬以书者"来看，不止邓析一人，只是邓析反对的最为激烈，手段也最多，也最为坚决。正如范耕研先生所说："书者，文字。悬书者，张之通衢，俾众周知之也。郑国有此俗，不仅邓析也。子产既禁之，人皆不敢悬，而邓析犹致之。致书者，投递之也。倚者，依也；倚书者，依倚他物杂而寄之，避讥检也。"[2]

邓析编《竹刑》，以表示对子产刑书的不满。因此，有人认为，"邓析之《竹刑》，殆即其所以教民为争之具，而当时之贵者，乃不得不转窃其所以为争者以为治也。此亦当时世变之一大关键也"[3]。《竹刑》应主要是教人理解法律的书，因子产所铸刑书开成文法的先河，有许多不完善之处，邓析则巧妙利用这些漏洞，与官府作对。《左传·定公九年》："郑驷歂杀邓析，而用其《竹刑》。"杜预注："邓析，郑大夫，欲改郑所铸旧制，不受君命，而私造刑法，书之于竹简，故云《竹刑》。"孔颖达正义："昭六年子产铸刑书于鼎，今邓析别造《竹刑》，明是改郑所铸旧制。若用君命遣造，则是国家法制，邓析不得独专其名，知其不受君命而私造刑书，书之于竹，谓之《竹刑》。驷歂用其刑书，则其法可取，杀之不为作此书也。"[4]可见，邓析《竹刑》是基于子产的刑书而著，统治者用其书而杀其人，表明统治者也承认了《竹刑》具有法律效力。

邓析作《竹刑》是为了修改郑国旧制，即子产所铸的刑书。子产作为郑

---

[1] 许维遹撰，梁运华整理：《吕氏春秋集释》卷十八，新编诸子集成，中华书局，2009年，第487页。
[2] 范耕研：《吕氏春秋补注》，《江苏国学图书馆年刊》1933年第6期。
[3] 钱穆：《先秦诸子系年》，商务印书馆，2001年，第22页。
[4] 《十三经注疏》整理委员会整理，李学勤主编：《春秋左传正义》卷五十五，十三经注疏标点本，北京大学出版社，1999年，第1579页。

国贵族阶层的代表，铸刑书的目的是维护国家稳定、维护贵族阶级的利益，即"礼法合治"。邓析不受国君指令而私自著书，肯定与统治者利益有不符合之处。《列子·力命》载邓析"数难子产之治"，表明《竹刑》中的许多法则是与子产刑书相违背的。邓析还主张不应完全效法先王或遵从礼义，"不法先王，不是礼义"①，而应有所变通，依法行事，提出"事断于法"，即以法为判断人们言行是非的标准。他将刑法书写于竹简上，这和以往铸于鼎相比，更易于传抄阅读，便于人们熟知法律，从而利用法律维护自己的权益。因此，《竹刑》在一定程度了代表了民众的诉求，受到了民众的欢迎。

三、邓析的法律辩护

邓析利用熟知的法律知识为民狱论辩护，应是中国最早的辩护律师。邓析擅长辩论，常"以非为是，以是为非"，而"所欲胜则胜，所欲罪则罪"，邓析成为当时最伟大最成功的"辩者"。文献中对他辩护的案例多有记载。《吕氏春秋·离谓》：

> 洧水甚大，郑之富人有溺者，人得其死者；富人请赎之，其人求金甚多，以告邓析。邓析曰："安之，人必莫之卖矣。"得死者患之，以告邓析；邓析又答之曰："安之，此必无所更买矣。"②

此例是邓析"操两可之说，设无穷之辩"的典型，表现出极强的雄辩才能，同时也表现出邓析并没有一定的核心标准，而只是于不同的立场得出不同的看法，但因屡胜，使学讼者不可胜数。邓析借机兴起诉讼之法，并私招门徒，传授法律知识。《吕氏春秋·离谓》载：

> 子产治郑，邓析务难之，与民之有狱者约，大狱一衣，小狱襦袴。民之献衣襦袴而学讼者不可胜数，以非为是，以是为非，是非无度，而可与不可日变。所欲胜因胜，所欲罪因罪。郑国大乱，民口欢哗。子产患之，于是杀邓析而戮之，民心乃服，是非乃定，法律乃行。今世之人，多欲治其国，而莫之诛邓析之类，此所以欲治而愈乱也。③

---

① 王先谦撰，沈啸寰、王星贤点校：《荀子集解》卷三，新编诸子集成，中华书局，1988年，第93页。
② 许维遹撰，梁运华整理：《吕氏春秋集释》卷十八，新编诸子集成，中华书局，2009年，第487页。
③ 许维遹撰，梁运华整理：《吕氏春秋集释》卷十八，新编诸子集成，中华书局，2009年，第488页。

由此可见，邓析对子产治郑所用刑法不满意，于是与有狱讼者辩护，大狱者当事人送衣，小狱者则送襦袴，邓析是站在民间立场上的法律思想家，得到了郑国民众的拥护和敬慕。章太炎先生评价说："若邓析者，变乱是非，民献襦裤而学讼，殆与后世讼师一流。"①向他学习法律知识和讼诉技巧的人越来越多，这是统治者惧怕的局面。

民众民主意识的觉醒，是专制统治者的噩梦，他们不会容忍这样局面的出现，定要铲除叛逆者，邓析终招来杀身之祸，"邓析以辩亡"②。《列子·力命》："邓析操两可之说，设无穷之辞，当子产执政，作《竹刑》。郑国用之，数难子产之治。子产屈之。子产执而戮之，俄而诛之。然则子产非能用《竹刑》，不得不用；邓析非能屈子产，不得不屈，子产非能诛邓析，不得不诛也。"③邓析的思想闪现着民主的光辉，促进了郑国民众民主意识的觉醒，在他的倡导和鼓励下，郑国民众纷纷起来维护自己的权益，兴起了革新浪潮，这触犯了统治阶级的利益，对旧贵族统治造成严重的威胁。

《吕氏春秋·离谓》《列子·力命》《荀子·宥坐》《说苑·指武》认为邓析为子产所杀，《淮南子》也持相同观点，"子产诛邓析，而郑国之奸禁"，高诱注曰："邓析，诡辩奸人之雄也，子产诛之，故奸禁也。"④《左传》认为邓析被子驷杀害，定公九年（公元前501年），"郑驷歂杀邓析，而用其《竹刑》"。杨伯峻先生注《列子》曰："此传云子产诛邓析，左传云驷歂杀邓析而用其竹刑，子产卒后二十年而邓析死也。"⑤郑国采用邓析《竹刑》而诛邓析，表明郑国贵族统治者在民众的压力下，不得不对刑书条文进行修改的事实，也说明《竹刑》符合历史发展潮流，邓析是走在时代前列的政治家。

传与邓析有关的史书有《邓析子》，《汉志》中有著录，认为是战国时期学者的托著。今本《邓析子》为唐宋时人杜撰，学术界公认其为伪书，但从中也可以了解到关于邓析的一些信息。如《无厚》："势者，君之舆；威者，君之策"，"循名责实，察法立威"，"上循名以督实，下奉教而不违"。《转辞》"循名责实，实之极也；按实定名，名之极也。参以相平，转而相成，故得之形名"，"夫治莫大于私不行，功莫大于使民不争。今也立法而行私，与法争，其乱也甚于无法"等，皆为邓析的思想理论和主张。因此，《四库全书总目提要》

---

① 章太炎：《国学讲演录》，华东师范大学出版社，1995年，第167页。
② 欧阳修、宋祁撰：《新唐书》卷一百四十五，《吴通玄列传》，中华书局，1975年，第4733页。
③ 杨伯峻撰：《列子集释》卷六，新编诸子集成，中华书局，1979年，第201-202页。
④ 张双棣撰：《淮南子校释》卷十三《氾论训》，北京大学出版社，1997年，第1442、1446页。
⑤ 同③。

把今本《邓析子》归为子部法家，"其大旨主于势统于尊，事核于实，于法家为近"。也有人认为邓析是法家思想的近源之一。①

第三节 郑国的外交

春秋时期，诸国林立，国际形势风云变幻。在纷繁复杂的国际舞台上，对外结交不仅关系到国家地位，更关系到国家的生死存亡，因此如何适时地对外结交、结盟就显得尤其重要。在中原立国并崛起的郑国，经历了从强盛到衰落的变化，身处大国包围的四战之地，在不同的发展阶段采取了不同的对外政策，主要有强盛时期的强硬外交、衰落后的唯强是从、子产执政时期的争取自主平等、末期的武力征伐为主等外交政策。

一、春秋初期的强硬策略

郑国强盛时期为郑武公、郑庄公时期。郑武公凭借与秦、晋护送周平王东迁之功，与王室较近的血缘关系，任王朝卿士，不仅可以提高郑国威望，还可借周王朝之力打伐别国，开疆拓土。郑武公先后灭郐、灭虢、灭胡，使郑国在中原立足，并向外扩张，为郑国强盛创造了条件。郑庄公继位后，平定国内段叔之乱，继任王朝卿士。面对周王室衰微、诸侯叛离的情况，郑国制定出扶挟周室、外讨不庭的外交政策；同时对中原诸侯列国，采取远交近攻、结强制弱的方针，两方面都取得很大成效，实现了郑国利益的最大化。

东迁后的周王朝实力大不如前，郑国积极维护周王室的安全与威望，率领军队屡伐不义之国。如隐公二年（公元前721年），郑国率王室、虢国军队攻伐卫国，讨卫国不守周礼而弑君自立之罪。隐公五年（公元前718年），郑国又因宋国强占郑国领地，率王室之军伐宋。隐公九年（公元前714年），因宋不朝王，郑国又以周王室之名协同其他诸侯国讨伐宋国的不朝王行为；隐公十年（公元前713年），郑国与齐国军队讨伐违王命的郕国。

郑国屡以王命讨不庭之行为，使郑国势力大增，威望享誉诸侯，但对周

---

① 韩星：《先秦儒法源流述论》，中国社会科学出版社，2004年，第173页。

王室来说则是夺天子威信威风之行为，周王室对郑国的霸权行为日益不满。周平王想任虢公为王朝卿士以平分庄公卿权，郑庄公前去责问，周王否认，周、郑交质以换取彼此信任，君臣关系已降为平等级的两国关系。周桓王上任后，罢免庄公之卿位，郑庄公在利益受损后，派人取温之麦、成周之禾，周、郑交恶愈演愈烈，最终爆发繻葛之战，郑国打败周、蔡、卫联军，并射中王肩，使周王颜面扫地。但周王室还是天下宗主，抗拒王师、射中王肩是大逆不道的行为，庄公曰："犯长且难之，况敢陵天子乎？"于是郑国连夜向战败的王师请罪，给周王致歉以平息事态。

郑国在对周王室军事胜利的前提下，保持了外交主动权。事后，郑国积极主动地和好周王室，修缮间隙，弥合矛盾，防止事态扩大，这是郑国外交成功的表现。郑对周王室的强硬措施，目的是保证自己在周王朝政治体系中的权位，保持政治上的优势。实际上郑国很清楚小霸局面并不是仅凭其国力强大，而是因为与周王室的特殊关系，才可结强伐弱，"挟天子以令诸侯"。因而，郑国是尊周王为天下共主的极力维护者。

春秋初期的中原诸侯国，实力较强的有齐国、鲁国、宋国、卫国等。宋、卫与郑国相邻，郑国突飞猛进的发展使它们深感不安，于是它们联合陈、蔡小国对抗郑国。齐、鲁为大国，与郑国并不接邻，对郑国构不成直接威胁。郑庄公审时度势，决定联合齐、鲁，进攻宋、卫、陈、蔡。郑国首先与齐国结盟，鲁与宋本为盟国，郑国巧妙利用宋、鲁之间的矛盾，于隐公六年（公元前717年）派使者去鲁国示好；桓公元年（公元前711年），郑、鲁完成"以祊易许田"的计划，郑、鲁结为盟国，瓦解宋鲁联盟。这样，郑国解除了后顾之忧，可以集中力量对抗邻国。

郑国最大的敌国是宋国，宋国联合卫、陈、蔡对抗郑国。郑国为孤立宋国就要打破其联盟，郑国首先瞄准陈国，通过一系列手段和措施，与陈国联姻和盟。对于蔡国，郑国也利用其与宋、卫的矛盾进行拉拢，最后瓦解宋与他国联盟，取得对宋国长期战争的上风。

郑国春秋初年的外交策略是根据对国际形势的准确判断和认真分析作出的。郑国以本国利益为中心，总体上以强硬策略对外交往，对周王室表面上尊崇，但当其和本国利益冲突时，则公然冒天下之大不韪，以武力威逼周王室；对周边国家结强伐弱，远交近攻，屡以王命讨不义，成为中原诸侯国的小霸主。

郑国前三位国君利用王朝卿士身份为郑国捞取到不少利益，吞并虢、郐等十邑，灭胡国，蚕食王畿土地。庄公时期是郑国的极盛时期，除高举"尊王"大旗率王师征伐"不尊"者外,还屡以郑国之力打伐他国,频繁活动于春秋早期的国际舞台,主要活动见表6-1。

表6-1 春秋初期郑国主要活动表

年份	主要活动
隐公二年（公元前721年）	郑人伐卫,讨公孙滑之乱也
隐公三年（公元前720年）	周、郑交质。王子狐为质于郑,郑公子忽为质于周。王崩,周人将畀虢公政。四月,郑祭足帅师取温之麦。秋,又取成周之禾
隐公五年（公元前718年）	宋人取邾田。邾人告于郑。郑人以王师会之,伐宋,入其郛,以报东门之役 郑人侵卫牧,以报东门之役,卫人以燕师伐郑。……郑二公子以制人败燕师于北制 宋人伐郑,围长葛,以报郛之役也
隐公六年（公元前717年）	郑伯侵陈,大获。……宋人取长葛 郑伯如周,始朝桓王也
隐公七年（公元前716年）	宋及郑平,陈及郑平 郑公子忽在王所,故陈侯请妻之,郑伯许之,乃成昏
隐公八年（公元前715年）	齐人卒平宋、卫于郑。秋,会于温,盟于瓦屋 郑伯请释泰山之祀而祀周公,以泰山之祊易许田
隐公九年（公元前714年）	北戎侵郑,郑伯御之……戎师大奔。十一月甲寅,郑人大败戎师 宋公不王,郑伯为王左卿士,以王命讨之。伐宋。……秋,郑人以王命来告伐宋。冬,公会齐侯于防,谋伐宋也
隐公十年（公元前713年）	公会齐侯、郑伯于中丘。盟于邓,为师期 公会齐侯、郑伯于老桃。……庚午,郑师入郜。……郑师入防 蔡人、卫人、郕人不会王命。秋七月庚寅,郑师入郊。……八月,郑伯围戴。癸亥,克之,取三师焉……九月戊寅,郑伯入宋。冬,齐人,郑人入郕,讨违王命也
隐公十一年（公元前712年）	郑伯伐许 郑、息有违言,息侯伐郑,郑伯与战于竟,息师大败而还 郑伯以虢师伐宋。壬戌,大败宋师,以报其入郛也
桓公元年（公元前711年）	鲁、郑修好,卒易祊田。郑伯以璧假许田
桓公二年（公元前710年）	立公子冯为宋君以亲郑
桓公五年（公元前707年）	王夺郑伯政,郑伯不朝。……战于繻葛……王卒大败。祝聃射王中肩

郑庄公凭借其政治优势地位,采用远交近攻策略,结交齐国与鲁国,对

周边的宋、卫、蔡、陈等国多次用兵，并时常取得胜利。隐公十一年（公元前712年），郑联合齐、鲁攻打许国，使许庄公奔卫，郑庄公占领许国，"使许大夫百里奉许叔以居许东偏……乃使公孙获处许西偏"，既表面上保持了许国政权，又建立了自己的势力范围，还获得了有礼的赞誉。郑国成为春秋初期中原地区的强国。

二、大国争霸时期的唯强是从

郑庄公死后，郑国陷入诸子争位的内乱中，无暇外顾，而国际形势风云突变，大诸侯国齐、楚、晋等相继崛起，实力大增，为争夺土地、财物和人口频繁发动战争。此时周天子权威更是一落千丈，天下已失共主，诸侯争霸的时代正式到来。内乱后的郑国实力大大下降，庄公创造的小霸时代一去不复返，郑国地处诸国中间的交通枢纽位置，使其不可避免地成为列国争霸的降服对象。郑国为了求得生存，不得不实行唯强是从的对外策略，随形势变化时常改变与强者的关系，实行与强者结盟的摇摆之术。

齐桓公成为中原霸主后，郑入齐盟。此时南方楚国势力发展迅猛，灭掉汉阳诸姬后矛头直指中原，郑国成为其攻克目标。庄公二十五年（公元前669年），郑降楚，两年后，郑又入齐盟。楚国开始连年伐郑，郑国难以招架，齐桓公率领中原诸国军队挫败楚国。僖公六年（公元前654年），楚国又开始进攻中原伐郑，郑脱齐入楚。僖公七年（公元前653年），齐国霸业正盛，于是郑国又向齐乞盟。齐国霸业衰落后，楚又进攻中原，郑国又依附于楚国。

晋国国势强大后情况与齐国一样，面临楚国的北上中原，郑国依然采取两面倒伏战略。城濮之战，晋国战败楚国，晋文公成为霸主，中原诸国纷纷加入晋国同盟。战前，郑国为楚国盟国；战后，郑国派人示好，请和晋国，转投晋之同盟，参加晋国主持的会盟并跟随晋国征伐他国。楚庄王继位后，楚国势力达到顶峰，率军北伐，饮马大河，郑国又成为其攻伐的目标。郑国面对南北两大强国的轮番争夺，外交政策是唯强是从，唯利是视，左右摇摆，疲于应会晋楚两霸之间，晋来服晋，楚来服楚。在长达一百多年的晋楚争霸中，郑国无奈地重复使用与强者结盟的策略。

唯强是从是郑国迫于强国的无奈之举。郑国地处强国包围的四战之地，是大国争雄的缓冲地带，自然成为争夺的焦点。郑国只能因时因地地与来者盟，以换取短暂的和平，至于后果则是不能顾及的。总的来看，左右摇摆政策是处于劣势的郑国的明智选择，处于"介居"强国之间的郑国，只能沦为争霸的牺牲品。顾栋高评述说："其揣量两国之情形狡矣黠矣。故其术常出于顽钝无耻，卑污忍垢，民鲜罹战斗之苦，而有征赋之忧，其时国势亦赖以少安。"①

三、子产执政争取平等外交

晋楚争霸不仅使两国遭受巨大伤亡和损失，其他小国更是深受其害，于是谋求休战成为一致愿望。襄公二十七年（公元前546年），晋、楚、齐、秦、郑、宋等十四国会于宋国蒙门，召开弭兵大会，实行休战，春秋历史进入短暂的和平阶段。这一时期的郑国，进入穆族专政时期，子皮当国时任子产为执政。子产执政时期，时间上从鲁襄公十九年至子大叔卒。子产一方面团结穆族，稳定国内形势，另一方面进行一系列改革，作封洫、作丘赋、铸刑书，解决国内矛盾，促进生产发展，郑国国力得到极大恢复和发展。子产在分析晋政多门，楚国也无力骚扰的形势后，外交上坚持据理力争，改以往的被动应付为积极主动，以理服人，尽可能地争取本国利益，虽然还是从强视利，但"寖乎有立"。

子产时期的外交主要表现于对晋人征朝、劝范宣子轻币、伐陈对晋献捷、坏晋馆垣、平丘争承、拒宣子环等外交事件，对楚的外交表现于舍不为坛、防楚逆女、解楚于申等事件②。子产洞察时事，以其雄辩之辞，一次次化解危机，维护国家利益，为郑国赢得了尊重和声誉。

四、春秋末年的武力征讨

春秋晚期，晋楚势力衰弱，在无强国压制情况下，郑国对外策略较多地表现为武力征伐，放弃子产时期以礼外交的方针，联合齐、鲁、卫等国以寻求新霸主，舍弃与晋或楚的同盟，主要以战争为主，而少聘、享、会、盟等外交活动，使郑国实力大减，为后来被韩国所灭埋下伏笔。如定公六年（公元前504年），郑国灭掉许国。第二年，郑又与齐结盟，欲摆脱晋国控制。定公八

---

① 顾栋高辑，吴树平、李解民点校：《春秋大事表》卷二十五，中华书局，1993年，第1894页。
② 前面已述，此处不再详述。

年（公元前502年），郑、卫会盟，反叛晋国，最后被晋国镇压。晋国国内六卿争权时，郑国以武力支持范氏、中行氏，被晋军所败，郑国对外好战使国力受损。顾栋高说："子太叔嗣子产为政，虽无可称，然犹安静无事。至驷颛为政，结卫以叛晋，灭许而仇宋，且显然助叛人伐王室，悖逆已甚。是时晋、楚俱衰，而郑亦末世，春秋将为战国矣。"[①]

郑国的外交随着国力改变而分为几个阶段。前期国力强盛，对外交往也多以强硬姿态为主，衰落后外交以依附大国为主，但因强国对它的激烈争夺，郑之所附并不固定，因而招致更多的被动挨打，虽然也有郑国采取措施赢得外交主动之时，如子产时期，但更多时候则是消极应对，这也是春秋时期强国争霸、中小国家无奈外交的一个特点。

[①] 顾栋高辑，吴树平、李解民点校：《春秋大事表》卷二十五，中华书局，1993年，第1943-1944页。

第七章 郑国的城邑与疆域

郑国建立后,其创始者郑桓公即筹划东迁计划,在其子郑武公时期迁至天下之中的中原地区。前面已经论述了郑在西周时期的封地,故本章主要对东迁后的都城、城邑及疆域进行研究。先秦时期,"凡邑,有宗庙先君之主曰都,无曰邑"。邑,也称"鄙",本意为人民聚居之处,依民居多少而有大小之分。大邑谓之都,都,即美盛之意,也称都城。城,是指城邑四周的墙垣;邑,可有城或无,小邑虽无城,则必筑有卫墙,称之为"保",有一定防御作用。① 郑国除都城外,还有许多邑,或有城,或仅有卫墙,本章统曰之为城邑。具体到郑国,都指新郑之城,其他民居或军事之地皆称为邑。

第一节 郑国的都城

西周灭亡后,郑武公护送周王室东迁洛邑,随后也完成了郑之东迁计划。文献多有记载。《国语·郑语》韦昭注:"后桓公之子武公,竟取十邑之地而居之,今河南新郑是也。"②《左传·隐公十一年》郑庄公语:"吾先君新邑于此。"杜预注:"此,今河南新郑,旧郑在京兆。郑本在西都畿内咸林之地,汉属京兆曰郑县,今陕西西安府华州是也。武公得虢、郐之地,乃徙其封而施旧号于新邑,是为新郑。今新郑县,属河南开封府。"③《汉书·地理志》颜师古引应

---

① 童书业:《春秋左传研究》,上海人民出版社,1980年,第179页。
② 上海师范大学古籍整理组校点:《国语》卷十六,上海古籍出版社,1978年,第524页。
③ 姚培谦:《春秋左传杜注》卷一,清人十三经注疏,清文渊阁四库全书本,第24页。

劭注曰："宣王母弟友所封也。其子与平王东迁，更称新郑。"①《说文》释郑："从邑，奠声。宗周之灭，郑徙溱洧之上，今新郑是也。"②《春秋地理考实》："宣王封友于郑，今京兆郑县是也。及幽王无道，友迁其民于虢、郐，虢、郐之君分其地，遂国焉。今河南新郑县是也。"③《帝王世纪》记："或言故有熊氏之墟，黄帝之所都也，郑氏徙居之，故曰新郑。"④朱熹也有考证，"郑，邑名，本在西都畿内咸林之地，宣王以封其弟友为采地。……其子武公掘突定平王于东都，亦为司徒。又得虢、郐之地，乃徙其封而施旧号于新邑，是为新郑。咸林在今华州郑县。新郑即今郑州是也。"⑤新郑，是为与旧郑相区别而命名，本不名为郑。

新郑地域为中原交通要地，四通八达，七千多年前人们就开始在此地生息，先后有裴李岗文化、仰韶文化、龙山文化、商文化、周文化，是开发较早的地区。郑国在此建都之前属于郐国。自郑武公迁都新郑，至郑康公二十一年（公元前375年）被韩哀侯所灭，作为都城长达390多年；后又成为韩国都城146年。新郑作为郑、韩都城前后共达500多年，历时之长仅次于齐都城临淄。

一、都城营建

新郑，西周时期为郐国都城，近东都洛邑王畿之地。郑桓公初取虢、郐十邑寄帑币于此时即有建都计划。但开始建都应在灭郐（公元前769年）之后，后来郑武公又灭虢国，迁都于新郑。

先秦时期都城不仅是国家的政治、经济中心，也是人们的主要居住地，因此建都选址要考虑多方面因素。赵立瀛、赵安启总结有三方面要素：一，择中原则，"择天下之中而立国"，以便于对国家方域内的统治；二，形胜思想，即要考虑优越的地理位置，便于防御守城；三，实用思想，即要从地形的客观实际出发，因地制宜，灵活应用。⑥因此管子说："故圣人之处国者，必于不倾之地。而择地形之肥饶者，乡山，左右经水若泽，内为落渠之写，因大川而

---

① 班固撰：《汉书·地理志》，中华书局，1962年，第1544页。
② 许慎：《说文解字》卷六下，清文渊阁四库全书本，第93页。
③ 江永：《春秋地理考实》卷一，清文渊阁四库全书本，第2页。
④ 皇甫谧撰，宋翔凤、钱宝塘辑：《帝王世纪》卷一，辽宁教育出版社，1997年，第9页。
⑤ 朱熹撰，朱杰人、严佐之、刘永翔主编：《朱子全书》卷四，上海古籍出版社、安徽教育出版社，2002年，第469页。
⑥ 赵立瀛、赵安启：《简述先秦城市选址及规划思想》，《历史研究》1997年第5期，第53-55页。

注焉。乃以其天材,地之所生利,养其人以育六畜。"①即都城选址要于平稳可靠之地,靠山临水,土地肥沃,既有修城之便,又有资源可养人及六畜。郑桓公、郑武公选新郑之地营建都城,正是先秦时期择都思想的体现。

首先,新郑地处洧水和溱水交汇处。洧水现名为双洎河,是颍水的支流,溱又为洧水的支流,现名为黄水河。《诗经·郑风·溱洧》有"溱与洧方涣涣兮"。双洎河西南是著名的大隗山,黄水河以东是广阔肥沃的豫东平原。《国语·郑语》史伯对郑桓公云:"若前华后河,右洛左济,主芣、騩而食溱洧。"②是说郑桓公若占据此地,则可前临华山,后依黄河,位居洛水、济水之间,可以为芣、騩山之主,统治溱洧流域。《国语·周语》云:"国必依山川。"溱河和洧河也是建城要考虑的重要因素,其不仅供生活吃水与排水,而且还担负着运输功能,同时也是防御的天然屏障。

其次,新郑地处中原腹地,水陆交通便利,为东西南北往来必经之地。《诗经·桧风·匪风》:"顾瞻周道,中心怛兮。""周道"为周原、镐京至洛邑的大道,《桧风》所载即因郑地距洛邑不远,周道延伸于此地。战国时秦人"假道于周以伐韩"即是证明,故当时有"韩为秦魏之门户"③之称,即秦人经梁和郑地可达齐、鲁,魏人向西至秦也必经郑地。同时,中原北方向南至楚地,楚地北上入中原也都必经郑地。《左传·宣公十四年》楚"使公子冯聘于晋,不假道于郑",郑地,确为天下之中,中国的交通枢纽。

最后,郑地处于西部山区向东部平原的过渡地带。在防御上,除溱、洧两河为天然屏障外,西南有陉山要塞,西北有成皋之固,东北有辅田大泽和马陵险道。④这些都可加强都城的防守能力。另外,郑地为两河形成的冲积平原,土地肥沃,农业发达,能予以都城居民及驻军充足的粮食供应。依山傍水,农业发达,是古代建筑都邑的理想场所。

除了以上建都要考虑的因素外,郑初建之地的西郑生存环境恶化,压力增大,郑的建立者郑桓公要替郑谋求生存之路,在周王室分封诸侯领土殆尽,原本广大的王土已无地可封之时,郑桓公只好听从史伯的建议,从中原小国之地着手,一步步蚕食出一片国土来。随着周王室东迁洛邑,郑武公时期,郑国也完成了举迁计划,并于灭郐后着手修建都城。因此,郑地建都是郑国二位国

---

① 黎翔凤撰,梁运华整理:《管子校注》卷十八,新编诸子集成,中华书局,2004年,第1050-1051页。
② 上海师范大学古籍整理组校点:《国语》卷十六,上海古籍出版社,1978年,第507页。
③ 刘向集录:《战国策·韩策三》,上海古籍出版社,1985年,第1003页。
④ 马俊才:《郑、韩两都平面布局初论》,《中国历史地理论丛》1999年第2期,第115-129页。

君处心积虑的结果。

正因新郑优越的地理位置，韩灭郑后也把都城迁于此地，形成了历史上的郑韩故城。

二、城址形制

郑韩故城区域内有多处古文化遗迹，1961年被公布为全国第一批文物保护单位。1964年下半年，河南省文化局文物工作队（河南省文物考古研究所前称）对此开始进行调查和试掘，拉开了郑韩故城考古发掘的序幕。几十年来，随着考古工作的不断深入开展，故城的结构已基本明晰，科学研究工作也取得了丰硕成果。

古时建城的目的是"筑城以卫君，造郭以守民"，因此，郑国国都不仅是郑国经济、军事、文化的中心，也是郑国居民的主要居住地，城市形制依此而定，在考古学上表现为：城市基本公共设施，如城墙、城门、城壕、道路及给排水设施等；王室和政府办公场所的宫殿遗址、礼制建筑及官署等；保障城市生活的手工业作坊、市场、居住区；死后的墓葬区等。

郑都城依洧水和溱水而建，《水经注·洧水》载："洧水又东迳新郑县故城中。《左传》襄公元年，晋韩厥、荀偃帅诸侯伐郑，入其郛，败其徒兵于洧上，是也。……洧水又东为洧渊水。《春秋传》曰：龙斗于时门之外洧渊，即此潭也。今洧水自郑城西北入而东南流，迳郑城南城之南门内，旧外蛇与内蛇斗，内蛇死，六年，大夫傅瑕杀郑子，纳厉公，是其征也。水南有郑庄公望母台。……洧水又东与黄水合，……黄水又南至郑城北，东转于城之东北，与黄沟合，……又南流注于洧水也。"[①]因而城墙弯曲，使故城为不规则的长方形，民间俗称"四十五里牛角城"。都城中间有一道南北向隔墙，当地群众称为"分水岭"，《新郑县志·山川志》上称为"分国岭"或"分国城"。隔墙将故城分为东城和西城两部分，东城面积比西城大近一倍。[②]郑韩故城示意图如图7-1所示。

---

① 郦道元：《水经注》卷二十三，时代文艺出版社，2001年，第168页。
② 马世之：《新郑郑韩故城》，《河南文博通讯》1978年第2期，第54-55页。

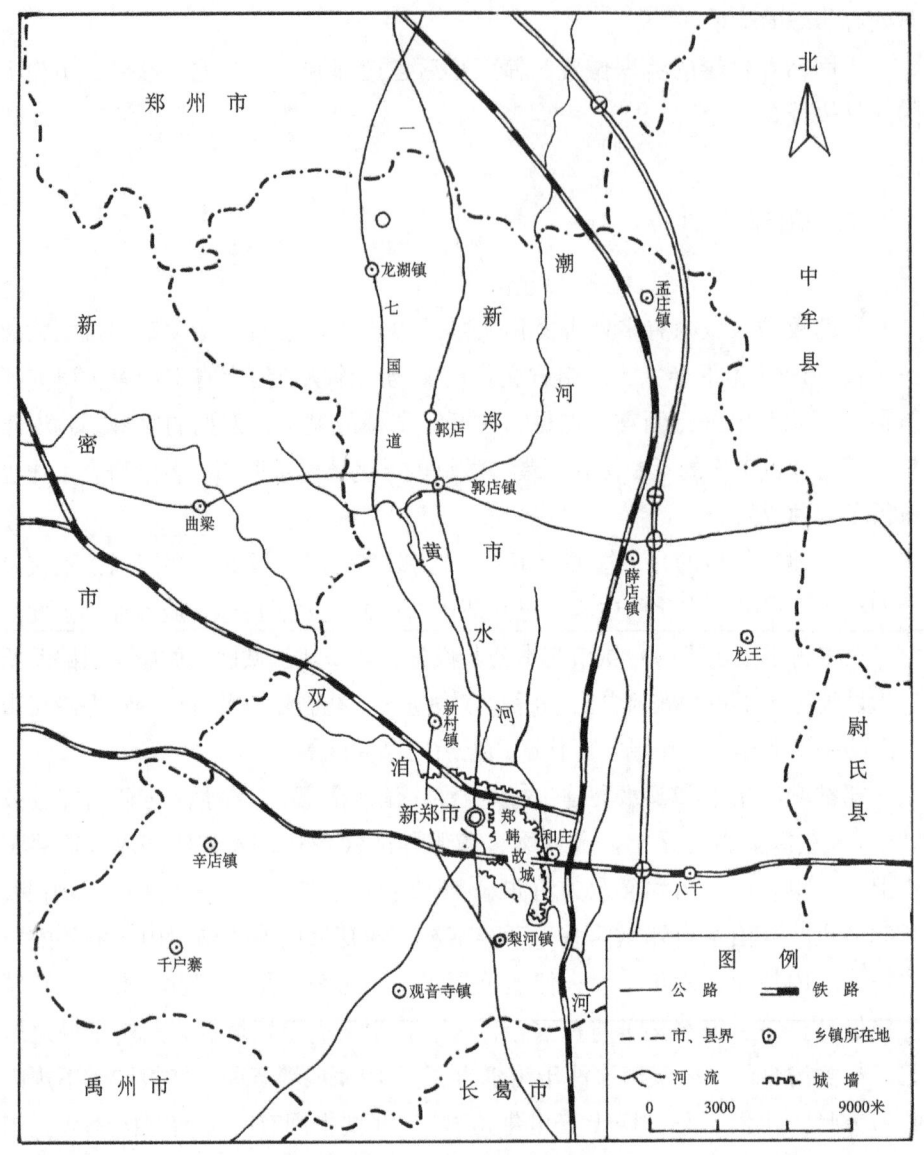

图 7-1 郑韩故城示意图

资料来源:《新郑市文物志》,中国文史出版社,2005 年

如图 7-2 所示,总体上看,全城东西长约 5000 米,南北长 4500 米,周长近 20 千米,面积近 16 平方千米。据《左传》载,春秋初年诸侯国还是遵守西周以来的礼制规定的,隐公元年(公元前 722 年),郑庄公封其弟段叔居京城,段叔建城超过礼制,祭仲曾说:"都城过百雉,国之害也。先王之制,大都不过参国之一,中五之一,小九之一。今京不度,非制也。"孔颖达正义:"天

子之城方九里，诸侯礼当降杀，则知公七里，侯伯五里，子男三里。"①郑为伯国，即使三位国君为王室卿士，称为公，依制建城也应为七里，结合城址可知，西城面积大小合于祭仲所言的"先王之制"，曲英杰先生认为是遵守公营城"方七里"之制。至于东城，则是于春秋中期后，在礼崩乐坏的大形势下，郑国又增修城池，才形成了东、西城形制。《管子·乘马》："凡立国都，非于大山之下，必于广川之上，高毋近旱而水用足，下毋近水而沟防省。因天材，就地利，故城郭不必中规矩，道路不必中准绳。"②春秋时期是一个变革的时代，诸侯国为了自身发展就要不断突破礼制的制约。

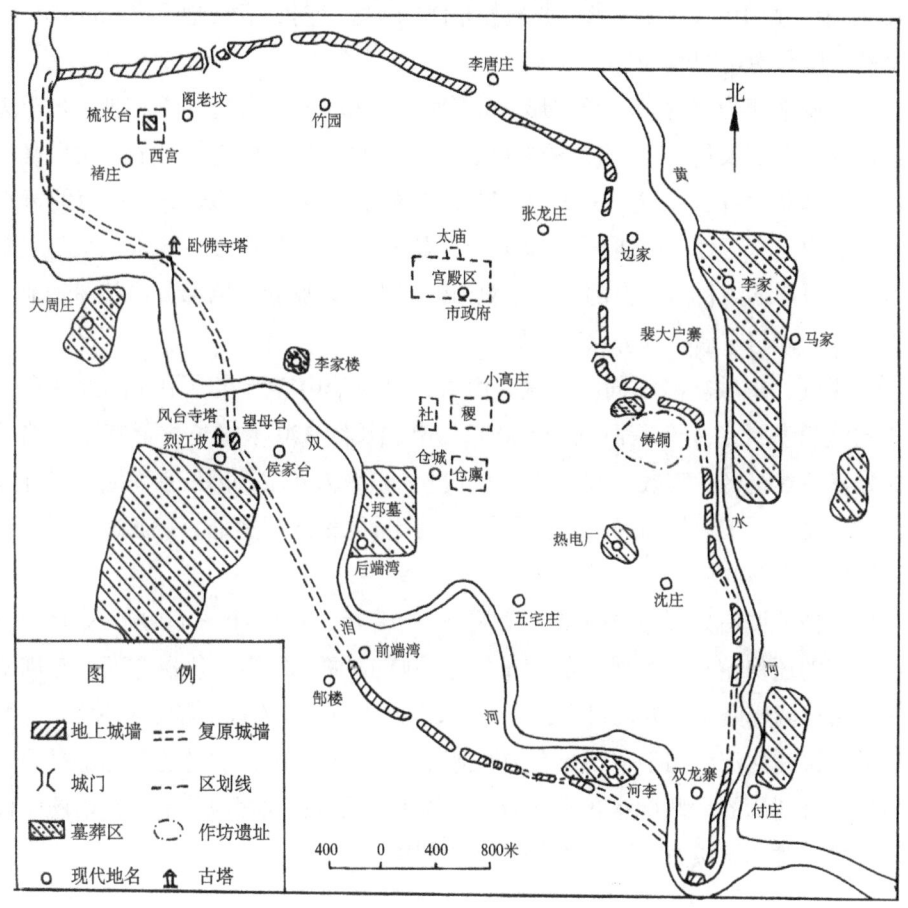

图 7-2　郑都主要区划复原图

资料来源：《河南新郑郑韩故城的钻探与试掘》图

---

① 《十三经注疏》整理委员会整理，李学勤主编：《春秋左传正义》，十三经注疏标点本，北京大学出版社，1999 年，第 51-52 页。
② 黎翔凤撰，梁运华整理：《管子校注》卷一，新编诸子集成，中华书局，2004 年，第 83 页。

西城平面呈长方形，北墙西起双洎河东岸，东至竹园村北市化肥厂一带，全长2470米，大部分墙体高耸于地面之上，一般高10～19米，墙基残存宽40～60米。隔墙保存状况较差，北端起于北墙东端，南至前端湾村南，长约3500米，基残宽10～40米，现仅存几段墙体，绝大部分被埋于地下。南墙与西墙保存较差，只发现一小部分，西墙仅在双洎河西岸与河东岸的北墙相照略偏南处有一段夯土墙，形如墓冢，东西长12米，南北宽10米，高4.5米，由此处往西南地下，有54米长的墙基与地面墙体相连，有可能是西墙的残留；南墙在双洎河南岸的凤台寺南百米处残留有一段夯土墙，俗称"望母台"，现长20米、宽10米、高3米，此地往东南的侯家台村，发现地下有350米长的墙基，应是南墙的残迹[1]。

东城平面为不规则的长方形。北墙长约1800米，西起竹园村北，东至边家村西；东墙长约5850米，较弯曲，北端与北墙东端相连接，至裴大户寨村西向东南折，在豫新药厂东北又南折，沿黄水河西岸直抵双龙寨村南的黄水河与双洎河交汇处；南墙长约2900米，基宽20米，残高3～5米，东起双龙寨，西至前端湾村南，大部分位于双洎河南岸。东城除南墙部分墙基埋于地面下外，北墙与东墙大部分保存较好。

西城、东城功能不同。西城为内城，是政治中心所在，中北部发现有密集的建筑基址，还有东西宽约500米、南北长约320米的长方形宫墙，墙内应是宫殿建筑区。宫殿、官邸都集中于此。东城为外城，因依水而城，又称郭城，主要是手工业作坊区及平民居住区，郑国社稷祭祀遗址、宗庙遗址、国君陵墓区也多在此城。

郑城"城墙分层夯筑而成，残高15～18米、底宽40～60米。城墙的下部，有的还保留有春秋时期的夯基，夯层厚10厘米左右。每层夯面上布满密集的圆口圜底夯痕，夯窝口径3～4厘米，夯层内夹有春秋时期的陶片"[2]。城墙外直接临河流，如不临则挖有护城河，现宽20～50米，这也是建都平原之地周围可利用的大型自然屏障较少，易受四周强敌进攻而采取的防范措施。可以想见当时郑城城高池深，城市防御功能骤增。

---

[1] 蔡全法：《郑韩故城与郑文化考古的主要收获》，河南博物院编：《群雄逐鹿——两周中原列国文物瑰宝》，大象出版社，2003年，第204页。

[2] 河南省博物馆新郑工作站、新郑县文化馆：《河南新郑郑韩故城的钻探和试掘》，文物编辑委员会编：《文物资料丛刊（3）》，文物出版社，1980年，第56-65页。

三、都城结构

根据考古发掘资料及文献记载，新郑城的结构基本被确定了，首先是城门和道路，其次是宫殿区、祭祀场所、墓葬区、手工业作坊区等。

（一）城门、阙、道路、里、衢、闾

1. 城门

城门是城市的坐标，在城址上表现为城墙上的缺口。寻找城墙上的缺口，再据缺口探寻相连的道路，是考古学确定城门位置的基本方法。

《左传》《史记》中共记郑城城门有14座：东门、渠门、桔秩之门、师之梁门、北门、西门、鄗门、皇门、旧北门、墓门、闺门、南门、仓门、时门。目前考古发掘仅能证实的城门有4座，分别在西城北墙中部，隔墙北段和中部城门，东城东墙北段裴大户寨附近。这些城门均有道路相连。另外，北墙外侧分布有四个外突的马面，也可能原为城门。

北门：西城北墙中部，现位于阁老坟村西北的城墙缺口应是郑城北门，东墙北门为郑城东门。[1]这两座城门的位置确定，考古界已达成共识。郑北门见于僖公三十二年（公元前628年），秦杞子自郑使告于秦曰："郑人使我掌其北门之管，若潜师以来，国可得也。"[2]此北门应为西城北垣城门。其直接临于外，内即为郑公朝寝所在。又襄公九年（公元前564年），"滕人、薛人从栾黡、士鲂门于北门"[3]，北门即为西城北门。

东门：见于文献记载多处。隐公四年（公元前719年），"宋公、陈侯、蔡人、卫人伐郑，围其东门，五日而还"；襄公十一年（公元前562年），"四月，诸侯伐郑。己亥，齐太子光、宋向戌先至于郑，门于东门"；昭公十八年（公元前524年），"火作，子产辞晋公子、公孙于东门。使司寇出新客，禁旧客勿出于宫"[4]。《史记·孔子世家》："孔子适郑，与弟子相失，孔子独立郭东门。"[5]《诗经·郑风·出其东门》："出其闉阇，有女如荼。"毛传："闉，曲城

---

① 马俊才：《郑、韩两都平面布局初论》，《中国历史地理论丛》1999年第2期，第115-129页。
② 《十三经注疏》整理委员会整理，李学勤主编：《春秋左传正义》，十三经注疏标点本，北京大学出版社，1999年，第470页。
③ 《十三经注疏》整理委员会整理，李学勤主编：《春秋左传正义》，十三经注疏标点本，北京大学出版社，1999年，第873页。
④ 《十三经注疏》整理委员会整理，李学勤主编：《春秋左传正义》，十三经注疏标点本，北京大学出版社，1999年，第87、898、1373-1374页。
⑤ 司马迁撰：《史记·孔子世家》，中华书局，1959年，第1921页。

也。阇，城台也。"孔颖达疏："闉是门外之城，即今之门外曲城是也。"① 马瑞辰释："阇为台门之制，上有台则下必有门，有重门则必有曲城，二者相因。出其闉阇，谓出此曲城重门。闉阇二字皆从门也。"② 可见，东门为郑城重要城门，可能有瓮城之类的设施，并且东门内设有客馆。《史记》所载，明确其为东郭城门，与今考古发掘对照，今发现的应为外郭城东垣城门。

渠门：桓公十四年（公元前 698 年），"冬，宋人以诸侯伐郑，报宋之战也。焚渠门。入，及大逵"。杜预注："渠门，郑城门。逵，道方九轨。"③ 宋在郑之东部，故渠门应为外郭东垣城门。考古发掘已确定了其位置及结构，城门保存完好，城门外有瓮城，瓮城外有壕沟，并且还发现有从城门过的水关，即文献中记载的渠门。④

除北门与东门与文献记载吻合，渠门发掘确定其位置外，其他城门很难对应，学术界争议较大。

南门：曲英杰先生认为南门应为西城正门，位于南垣正中。庄公十四年（公元前 680 年），"初，内蛇与外蛇斗于郑南门中，内蛇死。六年而厉公入"。襄公十一年（公元前 562 年），诸侯之师"围郑，观兵于南门，西济于济隧，郑人惧，乃行成"⑤，当是在南郭外正对内城南门处。马俊才先生认为南门为宫门或建筑物之门。

时门：昭公十九年（公元前 523 年），"郑大水，龙斗于时门之外洧渊"。杜预注："时门，郑城门也。"⑥ 曲英杰认为《水经注》载洧渊在城西，而内城西垣直接临于外，故是西城西垣城门。李玉洁先生认为洧水在城之南，故时门为郑之南门。

仓门：襄公十年（公元前 563 年），"子孔当国，为载书，以位序，听政辟。大夫、诸司、门子弗顺，将诛之。子产止之，请为之焚书。……乃焚书于仓门之外。众而后定"。杜预注："不于朝内烧，欲使远近见所烧。"⑦ 应在内城

---

① 《十三经注疏》整理委员会整理，李学勤主编：《毛诗正义》卷四，十三经注疏标点本，中华书局，1999 年，第 319 页。
② 马瑞辰：《毛诗传笺通释》卷八，清道光十五年学古堂刻本，第 147 页。
③ 《十三经注疏》整理委员会整理，李学勤主编：《春秋左传正义》，十三经注疏标点本，北京大学出版社，1999 年，第 204 页。
④ 王胜昔、丁艳：《河南郑韩故城首次发现城门和瓮城》，《光明日报》2017 年 2 月 16 日，第 9 版。
⑤ 《十三经注疏》整理委员会整理，李学勤主编：《春秋左传正义》，十三经注疏标点本，北京大学出版社，1999 年，第 251、898 页。
⑥ 《十三经注疏》整理委员会整理，李学勤主编：《春秋左传正义》，十三经注疏标点本，北京大学出版社，1999 年，第 1384 页。
⑦ 《十三经注疏》整理委员会整理，李学勤主编：《春秋左传正义》，十三经注疏标点本，北京大学出版社，1999 年，第 889-890 页。

外居民密集即近于市场附近，故仓门应在内城东垣南部。李玉洁观点与此同，认为仓门以面向石仓城得名，石仓城在陈留西南七十里，故仓门为郑城西南面之门。

邿门：襄公九年（公元前564年），"冬十月，诸侯伐郑。庚午，季武子、齐崔杼、宋皇郧从荀罃、士匄门于邿门"。杜预注：邿门，"郑城门也。三国从中军。"①李玉洁先生认为是郑内城之东门。曲英杰认为邿门在北门以东，有可能为外郭城北垣城门，内连接道路，与纯门相对。

桔柣之门、纯门：庄公二十八年（公元前666年），"秋，（楚）子元以车六百乘伐郑。入于桔柣之门。子元、斗御强、斗梧、耿之不比为旆，斗班、王孙游、王孙喜殿。众车入自纯门，及逵市。"杜预注："桔柣之门，郑远郊之门也。""纯门，郑外郭门也。"襄公十八年（公元前555年），楚师伐郑，"子庚门于纯门"。僖公三十三年（公元前627年），楚令尹子上"伐郑，将纳公子瑕，门于桔柣之门。瑕覆于周氏之汪"。哀公二十七年（公元前453年），"晋荀瑶帅师围郑。未至，郑驷弘曰：'知伯愎而好胜，早下之，则可行也。'乃先保南里以待之。知伯入南里，门于桔柣之门"。杜预注："保，守也。南里在城外。"②从记载可知，桔柣之门，为郑远郊之门，在郑城南郊南里之北，周氏之汪南。纯门，为南郭之门，过桔柣之门后而入纯门。

师之梁门：襄公九年（公元前564年），"冬十月，诸侯伐郑。……卫北宫括、曹人、邾人从荀偃、韩起门于师之梁"。杜预注："师之梁，亦郑城门。"襄公二十六年（公元前547年），楚师伐郑，"入南里，堕其城。涉于乐氏，门于师之梁。县门发，获九人焉。涉于氾而归"。氾水在郑城东北，楚师绕行而南归，表明师之梁门偏于东北。襄公三十年（公元前543年），"郑伯及其大夫盟于大宫。盟国人于师之梁之外"。昭公七年，"三月，（鲁）公如楚，郑伯劳于师之梁"③。鲁公自东北来，郑伯当迎于东郭北门。

墓门：襄公三十年（公元前543年），"晨，自墓门之渎入"。杜预注："墓门，郑城门。"④曲英杰认为郑城西南多墓葬，故墓门当为外郭西南部城门。《春

---

① 《十三经注疏》整理委员会整理，李学勤主编：《春秋左传正义》，十三经注疏标点本，北京大学出版社，1999年，第873页。

② 《十三经注疏》整理委员会整理，李学勤主编：《春秋左传正义》，十三经注疏标点本，北京大学出版社，1999年，第290、953、1717-1718页。

③ 《十三经注疏》整理委员会整理，李学勤主编：《春秋左传正义》，十三经注疏标点本，北京大学出版社，1999年，第873、1048、1118-1189、1240页。

④ 《十三经注疏》整理委员会整理，李学勤主编：《春秋左传正义》，十三经注疏标点本，北京大学出版社，1999年，第1119页。

》认为是郑国西门。李玉洁先生认为:"古代以东方为阳,西方为阴。墓门,当为郑国之西的远郊出殡之门。"①

旧北门:襄公三十年(公元前543年),伯有"介于襄库以伐旧北门"②,旧北门应是郑城北部远郊之门。

闺门:昭公元年(公元前541年),"郑为游楚乱故,六月,丁巳,郑伯及其大夫盟于公孙段氏。罕虎、公孙侨、公孙段、印段、游吉、驷带私盟于闺门之外,实熏隧"。杜预注:"闺门,郑城门。熏隧,门外道名。"或曰:"闺门,郑内宫北门也。"③郑伯与罕虎等同族,其居住及活动之地当靠近朝宫。《尔雅·释宫》:"宫中之门谓之闱,其小者谓之闺。"可见,闺门应为宫门,且是宫中小门。现已发现的内城东垣北部城门可能是闺门。

皇门:宣公十二年(公元前597年),"春,楚子围郑。旬有七日,郑人卜行成,不吉;卜临于大宫,且巷出车,吉。国人大临,守陴者皆哭。楚子退师。郑人修城。进复围之,三月,克之。入自皇门,至于逵路"④。《史记·楚世家》:"楚庄王围郑,三月克之。入自皇门。"集解:贾逵曰:"郑城门。"何休曰:"郭门也。"⑤楚师自西南来,皇门有可能为外郭城西垣城门。李玉洁先生认为是郑国国君所居的公宫之门,皇,华丽明亮之意,即宫之南门。

马俊才先生认为:根据《荀子》和《左传》《史记》等文献记载,桔柣之门可能为远郊门,闺门、仓门、旧北门、南门为宫门或建筑物之门,其余9个,墓门为水门,另外8个为城门。东城北门即"东门",北垣西门即"北门",北墙东门即"鄟门",东墙东南门或即"渠门",南墙东门即"纯门"。皇门、时门、师之梁门的大致位置也可确定。皇门在今望母台与侯家台之间,扼西南至楚要道之咽喉,时门在今新郑市南环路一带,师之梁门在今褚庄村以西双洎河东岸⑥。

可见,文献记载的十几个城门,包括城门、郭门、远郊门、宫门等。结合文献及实地考古发掘资料分析,郑城门分布大致为:内城(西城),北墙城

---

① 李玉洁:《郑国的都城与疆域》,《中州学刊》2005年第6期,第162-164页。
② 《十三经注疏》整理委员会整理,李学勤主编:《春秋左传正义》,十三经注疏标点本,北京大学出版社,1999年,第1119页。
③ 《十三经注疏》整理委员会整理,李学勤主编:《春秋左传正义》,十三经注疏标点本,北京大学出版社,1999年,第1156页。
④ 《十三经注疏》整理委员会整理,李学勤主编:《春秋左传正义》,十三经注疏标点本,北京大学出版社,1999年,第633-634页。
⑤ 司马迁撰:《史记·楚世家》,中华书局,1959年,第1702页。
⑥ 马俊才:《郑、韩两都平面布局初论》,《中国历史地理论丛》1999年第2期,第115-129页。

门有北门、邿门，北远郊之门为旧北门；西墙为时门；南墙为南门；东隔墙上有闺门、仓门。外城（东城、郭城）北墙有师之梁门；东墙有渠门、东门；南墙有纯门，远郊门为桔柣之门；西墙有墓门。皇门为宫门。

郑城城门外可能有阙。《诗经·郑风·子衿》："挑兮达兮，在城阙兮。"这是我国历史上最早的城阙记载，现没有发现遗踪。

2.道路、里、衢、闾

郑城址道路发现不多，在城门处发现有两段道路。一是在裴大户寨村西城墙缺口处地下，疑是连接郑东门的道路；另在北门处发现有道路遗存。此外在今新郑市政府院北发掘有一段东北西南走向的道路，宽约4米，路面坚硬。该路向西与郑城的隔墙城门相对照，可能是郑城由西向东的主要道路。[①] 由于破坏严重，发掘和勘查难度大，现仅发现一小段道路。

文献中记载，郑城中有一条重要道路，称为"逵"。隐公十一年（公元前712年），"郑伯将伐许，五月甲辰，授兵于大宫。……及大逵，弗及，子都怒"。桓公十四年（公元前698年），"冬，宋人以诸侯伐郑，报宋之战也。焚渠门，入及大逵"。宣公十二年（公元前597年），"春，楚子围郑。……入自皇门，至于逵路"，杜预注："逵，道方九轨。"《尔雅》释："九达谓之逵。"意即通达的大道，曲英杰考证为连接纯门的大路，或称为大逵，是郑城外郭城内南北向大干道。《左传》中多次载有逵市，是大集市之意。曲英杰认为逵市设于逵路上，当偏于外郭城北部，临近内城。子产焚书的仓门，应近于逵市，楚子元率众车入自纯门，及逵市。表明逵市处于交通发达之地。

郑城内有里、衢、闾。《论语·宪问》："东里子产。"邢昺疏："东里，郑城中里名。"《左传·襄公九年》，郑与楚平，"公子罢戎入盟，同盟于中分"，杜预注："中分，郑城中里名。"襄公二十六年（公元前547年），楚伐郑，"入于南里"。"南里"指新郑县城南五公里。昭公二年（公元前540年），郑公孙黑作乱，被缢，"尸诸周氏之衢，加木焉"。《韩非子·难三》："郑子产晨出，过东匠之闾。"可见，郑城是一座规模较大，交通发达，市场繁华，人文荟萃的大都市。郑城推测复原示意图如图7-3所示。

（二）宫殿

文献记载的郑国宫殿有北宫、西宫等。《左传·襄公十年》，尉止"攻执政于西宫之朝，杀子驷、子国、子耳，劫郑伯以如北宫"。杜预注：北宫，"公

[①] 蔡全法：《新郑郑韩故城遗址》，中国考古学会编：《中国考古学年鉴1992》，文物出版社，1994年，第242页。

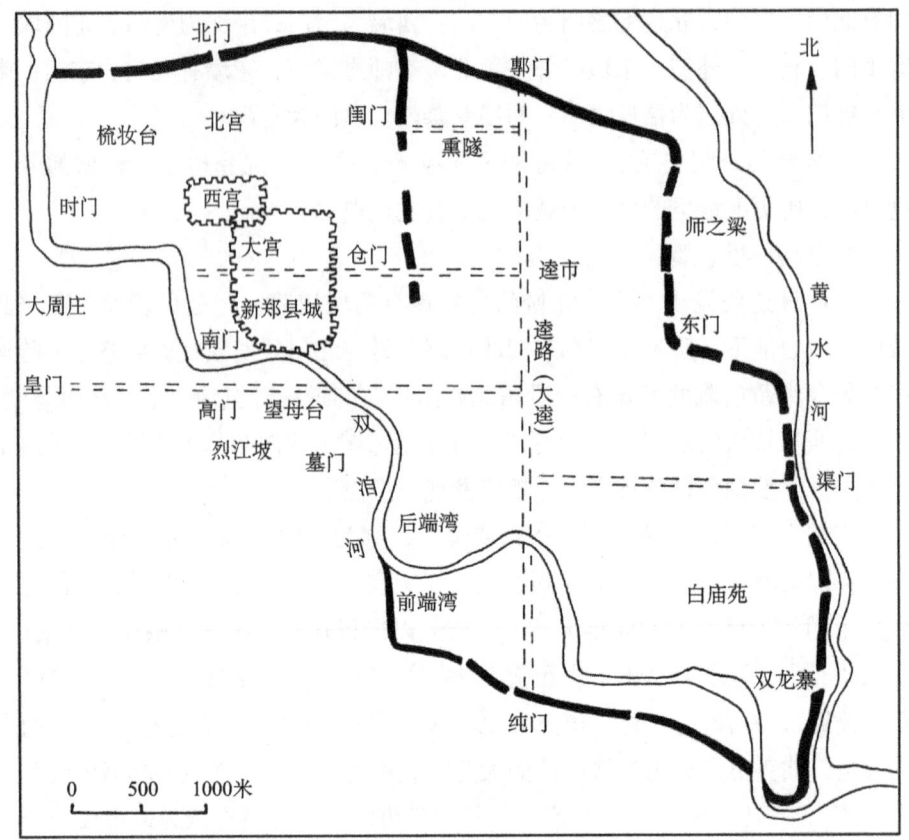

图 7-3 郑城推测复原示意图
资料来源:《河南新郑郑韩故城的钻探和试掘》附图

宫",即国君居住的场所;西宫则为国君办公之处。考古发掘资料显示,宫殿区东西长约 600 米,南北宽约 300 米,大概在今新郑市政府后院、实验幼儿园周围,东过中华路,西至文化路,北至电视台后墙附近。宫殿区现发现多处长、宽数十米的夯基,有的夯基长宽达 2 米,还有磉墩等附属设施。梳妆台是西城北部残存地面上的唯一一座高台建筑基址。台基为南北长方形,长 135 米、宽 80 米,面积 10 800 平方米,原高 8 米,由于在台上发掘,现存 6 米。台基为夯筑,上面有用井圈构筑的水井和埋入地下的陶排水管道,证明为春秋时期的大型建筑基址。春秋时期宫殿区都是以夯土为台基①,可高高在上取得全城

① 东周列国都城中屡发现高大的夯土台基,如燕下都的武阳台、老姆台,齐都临淄的桓公台,赵邯郸的龙台,魏安邑故都的人工夯土台等。参见河北省文化局文物工作队:《河北易县燕下都故城勘查和试掘》,《考古学报》1965 年第 1 期,第 83-106 页;群力:《临淄齐国故城勘探纪要》,《文物》1972 年第 5 期,第 45-54 页;邯郸市文物保管所:《河北邯郸市区古遗址调查简报》,《考古》1980 年第 2 期,第 142-146 页;中国社科院考古研究所山西工作队:《山西夏县禹王城调查》,《考古》1963 年第 9 期,第 474-479 页。

制高点，以便掌控全城①。从梳妆台遗留基址为南北长的长方形判断，应当是主殿基址，坐西朝东方向，因此判定此处为郑西宫遗址。《新郑县志》载："旧传郑女嫁齐，梳妆于此。"故称"梳妆台"，又云"郑伯筑台，处女其上"，故也有人推测可能是郑姬居处，或是郑国举行包括女儿出嫁在内的重要礼仪之地。

四、祭祀遗址

先秦时期，祭祀是国家的重要事务，"国之大事，惟祀与戎"。据《周礼》载，周代祭祀对象有昊天上帝、五帝、先王、先公、四望山川、社稷、五祀、群小、农神、蚕神等。因此按照礼制，建都时必定建造祭祀场所。"凡帝王徙都立邑，皆先定天地社稷之位，敬恭以奉之。将营宫室，则宗庙为先，厩库为次，居室为后。"②祭祀场所是国都的重要组成部分，具体为：祭天地的郊坛（圜丘与方丘）、祭先王先公的宗庙、祭五祀的五郊坛、祭社稷（土地与五谷）的社稷坛、祭先农的先农坛、祭蚕的先蚕坛等。祭祀地点又可分为两类：外祀和内祀。祭天、祭地要在郊外进行，称为外祀；祭宗庙、社稷等在城内，为内祀。周制，"左祖庙，右社稷"，即宗庙、社稷立于王宫前方。左宗右社，在都城建造中祭祀建筑是不可缺少的组成部分。

（一）宗庙

郑国宗庙见于文献记载。《左传·隐公十一年》："郑伯将伐许，五月甲辰，授兵于大宫。"杜预注："大宫，郑祖庙。"即太庙，应为郑桓公之庙。桓公十四年（公元前698年），"宋人以诸侯伐郑，报宋之战也。焚渠门，入及大逵。伐东郊，取牛首。以大宫之椽归，为卢门之椽"。杜预注："大宫，郑祖庙。"昭公十八年（公元前524年），郑国大火，子产"使子宽、子上巡群屏摄，至于大宫，使公孙登徙大龟。使祝史徙主祏于周庙，告于先君"。杜预注："祏，庙主石函。周庙，厉王之庙也。有火灾，故合群主于祖庙，易救护。"周庙应是郑国祖庙。宣公十二年（公元前597年）："楚子围郑，旬有七日，郑人卜行成，不吉，卜临于大宫。"襄公三十年，郑国发生伯有之乱，郑伯及其大夫盟于大宫；成公十三年（公元前578年），"六月丁卯夜，郑公子班自訾求

---

① 俞伟超：《中国古代都城规划的发展阶段性——为中国考古学会第五次年会而作》，《文物》1985年第2期，第52-60页。

② 陈寿撰，裴松之注：《三国志》卷二十五《魏书·高堂隆传》，中华书局，1982年，第711页。

入于大宫……己巳，子驷帅国人盟于大宫"。以上皆表明大宫也是盟会的场所，应是国家遭遇重大国难时，卜于大宫或于大宫中商议国家大事。郑国宗庙建筑应有周庙、大宫、郑武公以下诸庙等依昭穆之序排列连成一片的建筑群。

考古发现的郑宗庙遗存有大型夯土基址、道路，还有含牛、猪、羊等骨的祭祀坑等。在今新郑市政府以北，黄水路以南，市一中操场以东、中华路北段以西，发现有密集的建筑群，大约4万平方米，年代为春秋中期；遗址东北部发掘夯土基址一座，东西残长30米，南北残宽20米，夯基南部有4个磉墩。还发现有马坑1个，猪坑1个，分别殉马、猪各一，疑为奠基坑。[①] 在一夯基西南部发现5个小型坑，其中略大的一个坑居中，其余4个环绕，大坑中堆积有牛胛骨、腿骨、猪骨等，小坑中为猪骨，应是当时祭祀用肉的瘗埋。附近发现有道路[②]。

（二）社稷

周代社神与稷神祭祀场所合在一起，称为"社"。周代天子诸侯立"社"于都城内王宫的前方，社坛呈正方形，周筑矮墙，称社壝（坛周围的矮墙），但没有宫庙类建筑。《礼记·郊特牲》载："社祭土而主阴气也。……大社必受霜露风雨，以达天地之气。"意即社坛和壝是地的象征，天为穹庐，故没有宫庙之类的建筑。"天子社广五丈，诸侯半之"，表明了社的规模。郑城中建有社。《左传·昭公十八年》："郑子产为火故，大为社，祓禳于四方。"但没有记载位置所在。郑都城东门外应有祭祀场所。《诗经·郑风》中有"东门之墠"的记载。墠，为平整的场地。《礼记·祭法》："天下有王，分地建国，置都立邑，设庙祧坛墠而祭之。""去祖为坛，去坛为墠。坛、墠有祷焉祭之，无祷乃止"，其至今没有考古发现。

1993～1997年，郑故城东城西南部共发现郑国祭祀遗址三处：金城路祭祀遗址，位于新郑城东城中部偏南，发现有青铜礼乐器坎3座、殉马坎3座，出土礼乐器60多件。其中，金城路遗址K1出土7鼎、6簋、3鬲、2方壶、1圆壶、1豆、1鉴；K3出土6鼎、4簋、4鬲、1豆、1鉴。新郑信用社祭祀遗址，发掘礼乐器坎8座、殉马坎56座，出土青铜礼乐器57件，其中，K1出土9鼎、8簋、9鬲、2方壶、1圆壶、1豆、1鉴。中行祭祀遗址，发掘青铜

[①] 法定、堂革：《新郑县郑韩故城》，中国考古学会编：《中国考古学年鉴1989》，文物出版社，1990年，第182页。

[②] 蔡全法：《新郑郑韩故城遗址》，中国考古学会编：《中国考古学年鉴1992》，文物出版社，1994年，第242页。

礼乐器坎 18 座、殉马坎 45 座。① 遗址以青铜礼乐器、殉马坑为主，附近没有发现与其相匹配的墓葬，且位于城内，因此不是附葬坑，也不是郊祀天地的遗存，由于这些遗址同样没有发现任何房屋建筑遗迹，故应是社稷祭祀遗址②。中行遗址有多次使用痕迹，共出土礼乐青铜礼器 142 件、编钟 206 件。每座礼器坑中都是大牢九鼎，共计 5 套 45 件，该遗址是目前为止我国出土礼乐器最多的一个。九鼎多数配合八簋及其他礼器使用，如 2 号铜器坑出土礼器 31 件，计有 9 鼎、8 簋、2 方壶、1 圆壶、1 鉴、1 豆；编钟数量较多，其中 3 组都是三架钟为一组群，每一架有镈钟一套 4 件，纽钟两套 20 件，三架钟共 72 件，应是"轩悬"之制，是目前考古所见乐器中的最高级别。由于这些器物使用等级之高，推断祭祀者当是郑伯③。

三处祭祀遗址除金城路遗址外，其他两处发现有殉马坑。《大戴礼记·曾子天圆》："诸侯之祭，牲牛，曰大牢；大夫之祭，牲羊，曰少牢；士之祭，牲特豕，曰馈食。"④ 表明按照等级之制，天子、诸侯、士在祭祀时所用牲的不同。所谓"大牢"，为牛、羊、豕三牲同时使用；"少牢"则只有羊、豕，只有在郊祀祭天等特殊情况下才用特牲牛，故《礼记·玉藻》："君无故不杀牛，大夫无故不杀羊，士无故不杀犬、豕。"郑玄注："故，谓祭祀之属。"但郑国祭祀遗址发现有殉马，马是春秋时期重要的战车装备，马车是国家军事力量的象征，以马为殉，意在"祭祀者身份上的尊贵和祭祀仪式的郑重与威严"⑤。

郑城的三处祭祀遗址没有发现社坛。社的重要标志是社坛和社墙，虽没发现坛，但墙存在，墙基槽宽约 1 米，这样宽的墙应是矮墙。另据周"至敬不坛，扫地而祭"之制，结合祭祀用器规格较高，祭祀遗迹密集等推断这一区域应为郑国社稷配祭先公的处所。《礼记·祭法》："王为群姓立社，曰大社。王自为立社，曰王社。诸侯为百姓立社，曰国社。诸侯自为立社，曰侯社。大夫以下成群立社，曰置社。"⑥ 社稷分散为三处，符合"一国三社"的记载。"如果说中行祭祀遗址是国家代称的话，那么金城路和城市信用社的两处所立之社，便是郑族或地方权力机构的一种象征。"⑦ 周代祭祀活动使用的青铜礼器，

---

① 河南省文物考古研究所编著：《新郑郑国祭祀遗址》，大象出版社，2006 年，第 6 页。
② 河南省文物考古研究所：《河南新郑市郑韩故城郑国祭祀遗址发掘简报》，《考古》2000 年第 2 期，第 61-77 页。
③ 同②。
④ 戴德撰：《大戴礼记》卷五，四部丛刊景明袁氏嘉趣堂本，第 29 页。
⑤ 王宇：《新郑郑国祭祀遗址相关问题研究》，吉林大学硕士学位论文，2011 年，第 21 页。
⑥ 《十三经注疏》整理委员会整理，李学勤主编：《礼记正义》，十三经注疏标点本，北京大学出版社，1999 年，第 1304 页。
⑦ 陈钦龙：《郑韩故城考古发现与初步研究》，郑州大学硕士学位论文，2007 年，第 21 页。

不仅是庙堂宝器，也是贵族身份地位的标志。"天子九鼎、诸侯七、卿大夫五、元士三"，郑国祭祀遗址使用九鼎八簋，还有礼乐用的编钟，郑为伯级诸侯国，已是僭越使用天子礼制。发掘情况表明郑国多次使用，证明春秋时期，礼乐征伐自诸侯出成为常态，名义上周王是天下共主，但诸侯国君各自为大。

杨宽先生考察郑城后认为，郑城的西城和东郭城的布局为坐西朝东，东门为正门。郑城中宗庙及社稷遗址分布于郭城东西中轴线的两侧，正合《考工记》"左祖右社"的格局。两遗址之间向东正是郑城的东门，验证了文献中关于宗庙社稷分布位置制度的规定。

五、手工作坊

郑城手工业作坊分布于东郭城内。大吴楼铸铜遗址位于大吴楼村北、豫新制药公司以西面积约 10 万平方米的台地，经过多次发掘，出土有生产工具如铲、锛等 100 余种，冶炼工具如熔铜炉、木炭屑、陶范等，还有大量骨针和半成品骨料；中行铸铜遗址，发现有大量青铜冶铸遗物，青铜器有鼎、壶、熏、簋、编钟、铃等，还有生产工具及大量陶范等，表明此处是当时重要的铸铜手工业作坊遗址。

制骨作坊遗址发现于东城东北部张龙庄南，面积 7 万平方米。遗址南部边缘地层中发现有大量带锯痕的废骨料、骨料、骨器及半成品和一些细砂砺石、残铜刀等制骨工具[①]，此外还出土有废骨料和半成品 300 余袋。

制陶作坊遗址发现于东城，新郑市热电厂西北。陶窑以西北最集中，作坊为夯土台基建筑，位于遗址东部。

六、居住区、仓

郑国国君及贵族居住于内城，普通平民则主要居住在外城。市及作坊区周围往往是居住区，常常发现有灰坑、水井等生产遗迹。如小吴楼铸铜遗址南部清理灰坑 22 个、水井 8 眼；制骨作坊附近发现有灰坑 59 个、水井 30 眼等，此外，还出土有大量筒板瓦等，表明此处确为居住遗址，推测应是从事手工业

---

① 河南省博物馆新郑工作站、新郑县文化馆：《河南新郑郑韩故城的钻探和试掘》，文物编辑委员会编：《文物资料丛刊（3）》，文物出版社，1980 年，第 56-65 页。

人员的居住地。另在东城的中部、南部、东部还发现大量的灰坑、水井、建筑材料等生活遗存,表明从事其他行业的居民居住比较分散。

都城是人口集中之地,必须保持粮食供给。东城发现有储粮的窖藏。《左传》载郑国粮食储藏地为"仓城",现已得到考古发掘证实。在郑城东城,今仓城村及以东一带发现有大型粮窖25座,分布集中,其中东西一线17米内就有3座。郑仓形制较大,为圆口鼓腹平底形,口径6~8米,深5米左右。个别仓底发现有木板或烧土痕迹,应为防护措施,另外还有圆口弧壁平底的灰坑多座,推测这里可能是郑国的一处仓储区。[1]

七、墓葬区

经过多年发掘,现发现墓葬区有十余处。郑国墓葬可分为两大类:大中型墓葬和中小型墓葬。贵族墓地位于城内,小贵族及平民墓多分布于城外。城内贵族墓地分布在李家楼、后端湾、仓城西、热电厂、福华轧钢厂、煤炭储运公司、张龙庄东地等处;城外墓地有李家村、马家村、新郑卷烟厂、傅庄、烈江坡、唐户等处。墓葬是重要的文化遗存,其形制、随葬器物等反映了社会结构、贫富差别等重要社会信息。

(一) 大中型墓葬区

大中型墓葬为贵族墓,其中又分为国君及郑国公室高级贵族墓。现发现较集中的墓地有3处,分别位于西城东南部、东城西南部与东部。

(1) 李家楼墓地,位于西城东南部。1923年发现有郑国大型墓葬,随葬九鼎八簋,时代为春秋中期偏晚。墓葬形制为椭圆形,东西长7米、南北宽6米、深7米,口大底小为锅底形,南、北、西墓壁上有似半方井类通道(东壁应为盗墓破坏),两侧有上下的脚窝,这是郑国高级贵族墓特有的形式。共出土青铜礼乐器104件,称为"新郑彝器",其中鼎22件、鬲9件、簋8件,青铜器之精美,数量之众多,为当时所罕见[2]。其中很多都是青铜器中的珍品,如两件莲鹤方壶,现藏于故宫博物院和河南博物院各一件,被誉为是春秋时期青铜铸造的杰作。墓中还出土有器壁内口沿有"王子婴次之燎炉"铭文的青

---

[1] 蔡全法、马俊才、王蔚波:《新郑郑韩故城金城路考古取得重大成果》,《中国文物报》1994年1月2日,第1版。

[2] 河南博物院、台北历史博物馆编:《新郑郑公大墓青铜器》,大象出版社,2001年,第48页。

铜炉，经王国维考证，器主人应为楚庄王之弟令尹子重。从墓葬形式及随葬器物来看，墓主人应为郑伯，具体为哪一位，众说纷纭。王国维认为是"成公以下之墓葬"①。郭沫若认为"当成于鲁庄公十四年后之三、五年间"②。孙次舟认为年代晚至战国③。郭宝钧认为最可能为卒于公元前566年的郑僖公，或卒于公元前571年的郑成公，即春秋中晚期之际④。赵世纲认为是春秋中期偏晚的郑成公墓，王子婴次炉为楚令尹子重之器，是来自楚的贿赂或馈赠⑤。蔡全法认为李家楼墓地出土铜器相对年代已是春秋中期偏晚，其下限已进入春秋晚期初年，而墓葬年代为春秋晚期，墓主人不应为郑成公而应是郑厘公⑥。杨文胜认为是郑灵公的可能性最大，其一，郑灵公卒年与新郑李家楼大墓年代最接近。《左传·宣公四年》载，灵公元年楚人献龟于灵公，子公因灵公弗与之食龟，怒而染指于鼎激怒灵公，子公惧灵公杀己，先与子家谋而于当年夏弑灵公。其二，改葬之具体史实及地点与新郑李家楼大墓相合。《左传·宣公十年》："郑子家卒。郑人讨幽公之乱，斫子家之棺，而逐其族。改葬幽公，谥之曰'灵'。"据此可知，灵公被臣所弑，六年后，郑人斫子家之棺后而改葬灵公。由此看来，被弑六年后而改葬的灵公之墓不会再入郑国之公墓区，这也可以解释为何只有一个郑伯葬于李家楼⑦。笔者认为郑灵公墓的推断较为合理。

此后，该大墓东北发现又一长方形土坑竖穴墓，南北长2.8米、东西宽1.7米、深2.6米，内棺椁二重；郑伯大墓以西发现墓葬一座，南北长4.5米、东西宽3.3米、深4.4米，棺椁二重。此外大墓周围还发现一些中小型墓。这些墓葬随葬品以陶器居多，也有一些青铜器、玉器和蚌器等，其中一座还出土有尊、盘、匜等青铜器。这表明此墓区除有公室大贵族墓葬外，还有陪葬墓，从而证明李家楼应是郑国公室墓葬区。

（2）仓城-后端湾墓地，位于东城西南仓城村及后端湾村金城路至双洎河一带。该墓地始发现于20世纪60年代，墓地总面积240多亩，共有墓葬

---

① 王国维：《王子婴次卢跋》，《观堂集林》卷十八，中华书局，1959年，第446页。
② 郭沫若：《新郑古器之一二考核》，《殷周青铜器铭文研究》，科学出版社，1961年，第103-116页。
③ 孙次舟：《新郑铜器为战国作物考》，《历史与考古》，1937年，转引自河南博物院、台北历史博物馆编：《新郑郑公大墓青铜器》，大象出版社，2001年，第8-10页。
④ 苏湲：《中原考古大发现：楚墓疑云》，河南人民出版社，2005年，第199页。
⑤ 河南省文物研究所、河南省丹江区考古发掘队、淅川县博物馆：《淅川下寺春秋楚墓》，文物出版社，1991年第138页。
⑥ 蔡全法：《新郑李家楼青铜器钩沉》，《海峡两岸春秋郑公大墓青铜器学术研讨会（内部资料）》，2001年，第89-98页。
⑦ 杨文胜：《新郑李家楼大墓出土青铜器研究》，《华夏考古》2001年第3期，第73-79页。

3000多座，墓葬形制有中字、甲字、无墓道三种，其中大型墓葬15座，大中型车马坑23座。2002年发掘的"中"字型大墓，有南北斜坡状墓道，总长45米，南墓道长21米，随葬车39辆；北墓道长10米，随葬车5辆，共随葬木质战车44辆。墓室为竖穴土坑墓，南北长13.9米、东西宽10.6米，三椁二棺。由于多次被盗，随葬品所剩无几，但还出土有鼎、簋、方壶、鬲等重器的青铜残片和一些玉器。墓道底部随葬车辆虽都已损毁，但灰痕清晰，分大、中、小型车辆，出土有辖、鞘、钏等青铜饰件。其中一辆车舆栏采用动物长骨和象牙编织网，绝无仅有，并发现有青铜、皮革、漆画等车饰，应是郑国一代君主之墓。[①]

从墓葬总体发掘情况看，大多被盗，但还出土有鼎、簋、簠、舟、盘、匜等青铜礼器，戈、矛、镞等兵器及车马器，还有玉、骨、玛瑙、水晶等器，这里应是一处郑国国君及其高级贵族陵墓区。

（3）张龙庄贵族墓地，位于东城东北部，城关张龙庄东南，东邻东城墙。共发掘车马坑2座，大型墓4座，其中3座为长方形，1座为凸字形。墓圹形制庞大，长约11米、宽9米、深3米，墓圹内壁采用夯土夹粗木棍网和强索筑法加固墓圹，这是郑国墓地特有的方法。墓室均开于夯筑墓圹正中，为土坑长方形竖穴墓，南北方向。从其随葬的大型车马坑及夯筑墓圹来看，此处应是郑国公室高级贵族墓地，地位仅次于郑伯大墓[②]。

此外，在郑城东城东部，北起玉前路公安局段，南至茨山路连接处，发现春秋墓22座、中型车马坑1座、殉马坑1座。这是首次在郑城中发现车马坑、殉马坑配套使用的情况。这些配葬墓及车马坑、殉马坑的发现，说明此处也是郑国重要的贵族墓葬区[③]。

（二）中小型墓葬区

郑国中小型墓葬大部分位于城外，内城也有少量分布，墓主是中小贵族及平民。中小型墓区为家族墓地，排列有序，随葬器物多为日常生活用品。

（1）周庄墓地，分布于郑城西侧大周庄附近。经多次发掘，墓葬有603座，其中，春秋时期的149座，战国时期的454座；车马坑共11座，春秋时

---

① 杜平安、王惠霞、宋守杰：《郑国、郑伯"中"字型大墓》，《中州今古》2004年第6期，第62-63页。
② 马俊才、蔡全法：《新郑市张龙庄春秋墓地》，中国考古学会编：《中国考古学年鉴2001》，文物出版社，2002年，第207页。
③ 马俊才、蔡全法：《新郑市公安路周代遗址与墓地》，中国考古学会编：《中国考古学年鉴2001》，文物出版社，2002年，第205-206页。

期的9座，战国时期的2座。① 经发掘证明，春秋时期此处为中小贵族墓葬区，战国时期变成平民墓地，墓主应是故城内郑国居民，也包括战国时期移居此地的韩人。

从墓地清理情况来看，墓地被分为若干片，表明为几个家族共享，每片都自成系统，是长期沿用的结果。墓地小型墓仅出陶器，中型墓有的出土有青铜礼器并附葬有车马坑，表明墓地性质为混合型的"邦墓地"，即中下层贵族与其庶民族人聚葬在一起②。

（2）铁岭墓地，位于郑故城西北方向。2006～2011年共发掘东周墓葬1300余座，主要为陶器墓，另外，铜器墓有19座，仿铜陶器墓有16座，车马坑有13座。墓葬多被盗，出土铜器有鼎、盘、盏、匜、甗、舟、壶等或残片；陶器常见罐、盂、鬲等；还出土有铜车马器及铜镞、铜戈等。墓葬形制为长方形竖穴土坑墓，葬式为仰身直肢，时代为春秋晚期，是一处面积巨大的邦墓地③。

（3）李马墓地，位于故城东1.5公里处的沙丘岗上。共发掘墓葬871座，其中春秋墓175座，战国墓696座；春秋车马坑9座，战国殉马坑1座。李马墓地同周庄墓地一样，也是分区使用，这种分区既有时代上的划分，也有同时期不同家族之间的区分。墓地随葬品多以生活实用器为主，规格较低，应是以平民墓葬为主的墓地，墓地使用年代从春秋时期至汉代，其兴盛期为战国时期。故李辛先生认为此处埋葬应是郐遗民的作风，因此李马墓地有可能是郐人及其后裔的墓地。

---

① 蔡全法：《新郑郑韩故城》，中国考古学会编：《中国考古学年鉴1991》，文物出版社，1992年，第230-232页；马俊才：《新郑县周庄东周、西汉及宋代墓地》，中国考古学会编：《中国考古学年鉴1992》，文物出版社，1994年，第249-250页；蔡全法、夏麦陵、马俊才：《新郑新兴水泥厂春秋至汉代墓葬》，中国考古学会编：《中国考古学年鉴1995》，文物出版社，1997年，第170页；蔡全法、夏麦陵、马俊才：《新郑西关游乐场东周及汉唐墓葬与战国车马坑》，中国考古学会编：《中国考古学年鉴1995》，文物出版社，1997年，第171-172页；蔡全法、夏麦陵、马俊才：《新郑西关胡庄纺织厂战国及汉墓》，中国考古学会编：《中国考古学年鉴1995》，文物出版社，1997年，第173页；蔡全法、夏麦陵、马俊才：《新郑华裕实业公司战国与汉墓》，中国考古学会编：《中国考古学年鉴1995》，文物出版社，1997年，第173-174页；蔡全法、夏麦陵、马俊才：《新郑西关天心路东周及汉代墓葬》，中国考古学会编：《中国考古学年鉴1995》，文物出版社，1997年，第174-175页；蔡全法、马俊才：《新郑周庄游乐场东周及汉代墓地》，中国考古学会编：《中国考古学年鉴1996》，文物出版社，1998年，第179-180页。
② 胡进驻：《东周郑韩墓葬研究》，郑州大学硕士学位论文，2003年，第23页。
③ 郑州市文物考古研究院、河南省文物管理局南水北调办公室：《新郑铁岭墓地M29发掘简报》，《中原文物》2010年第1期，第4-8页。《新郑铁岭墓地M1404、M1405发掘简报》，《中原文物》2012年第2期，第10-29页。

（4）烈江坡墓地，位于故城西城南侧。该墓地发现有13座春秋墓，以长方形土坑竖穴墓为主，墓壁近直，底部有二层台。葬具有一椁一棺及单棺两种形式，个别有腰坑；葬式为仰身直肢葬。出土器物47件，器物组合为鼎、敦、舟、盘、匜和鬲、盂、豆、罐等①。墓葬多为小型墓，随葬品多为陶器，少数也随葬有青铜器，以此断定其为春秋至战国时期的庶民墓。

（5）蔡庄墓地，位于故城南约1公里处。墓葬集中于高出地面2～3米台地上。第一次共发掘春秋墓11座、战国墓8座，年代范围在春秋晚期至战国晚期。以小型墓为主，没有出土青铜礼器，故应是庶民墓地。第二次发掘墓葬21座，墓葬排列有序，均有长方形土坑竖穴墓，有大、中、小之分。此次还发现车马坑1座、葬马4匹，马头均朝西。此墓地应为春秋中晚期的一处中小贵族家族墓。因此，可知蔡庄墓地使用时间较长，春秋时期为中小贵族家族墓地，战国时期变为庶民墓地。

（6）大高庄墓地，位于故城西南约1500米处，双洎河南岸②。该墓地发掘有春秋战国时期墓葬6座，均为长方形土坑竖穴墓，棺椁腐朽严重，可辨其中4座为一棺一椁；葬式均为仰身直肢葬，头向北，双手置腹前；随葬器物有玉器、骨器、铜器、陶器等，还发现有兵器和车马器。和其他墓地对比分析，此墓地年代应为春秋战国过渡期。

（7）热电厂－沈庄墓地，位于故城东城东部。该墓地共发掘墓葬253座，大多为春秋时期。墓葬以小型墓为主，中型墓极少，皆为单棺。墓式多为土坑竖穴墓，葬式以仰身起直肢葬为主。随葬品多为陶质的鬲、盂、豆、罐等。因此，这也是一处庶民墓地。

以上介绍的中小型墓葬区多分布于郑故城的南部、西北部、东部，此外还有郑故城东城外的赵庄墓地③、李家村墓地等，都为中小型土坑竖穴墓，有的有腰坑，随葬器物以陶器为主，应为平民墓葬；少数随葬有青铜礼器，伴出土生活用陶器，应为小贵族墓；时代为春秋至战国时期。

通过对比可知，郑国实行西周以来流行的集中公墓制和邦墓制。高级贵族墓葬分布于城内，城内的中小型墓多为随葬墓。李家楼一带是包含国君、卿

---

① 法定、堂革：《新郑县新建南路两周及两汉墓葬》，中国考古学会编：《中国考古学年鉴1989》，文物出版社，1990年，第183-184页。
② 郑州市文物工作队、新郑县文物保管所：《河南新郑大高庄东周墓》，《文物》1995年第3期，第16-30页。
③ 郑州市文物考古研究院、河南省文物管理局南水北调办公室：《新郑市赵庄东周墓葬发掘简报》，《中原文物》2011年第3期，第9-16页。河南省文物研究所新郑工作站：《河南新郑县李家村发现春秋墓》，《考古》1983年第8期，第703-706页。

大夫在内的公墓地，后端湾-仓城墓地是包括郑国国君在内的高级贵族家族墓地；中小型墓则均分布于城外，如周庄、铁岭、李马等均为下层贵族及平民聚族而葬的邦墓。

郑城的城市布局，在中国古代城市发展史上起到了标杆作用，对后世的城市规划产生了深刻影响。贺业钜先生总结说：

（1）在双洎河与黄水河交汇处建城，从城址选择上充分体现了重视水源、水运及城防的要求，特别是双洎河横贯城内，更可表明规划者的这种意图。

（2）打破了营国制度对城市形制必须规整的要求，以讲求实效的革新精神，按照地形构筑城垣。城的规模亦超过旧制规定。

（3）春秋时郑国贵族墓葬区置于城廓内，且居于城南这个重要方位，成为前所未有的城市墓葬区。

（4）宫城虽仍按传统模式置于内城中央，但大片宫室遗址多在宫城北，可见宫廷区规划位置已逐渐北移，事实上已形成宫处城北的格局。

（5）宫廷区以及宗庙、社稷、官署和贵族达官府邸，集中在内城。手工业作坊等则聚结在外廓。成为城市政治活动中心，廓为经济活动中心。城廓固为一个整体，但具体功能则各有侧重。

（6）城与廓平列配置，城在西，廓在东，在形制上，致一座城有如一个两城并列的复合体。①

韩灭郑后，把国都迁于郑都城，并对城市进行了修建，使其成为一座城池坚固、市场繁荣的大都市。韩国依托郑国留置的手工业、商业基础，大力发展铸造业，形成"天下之强弓劲弩皆从韩出"的局面，韩国一时成为军事强国。

第二节 郑国的城邑

郑国由旧郑地向中原渐进过程中，以借之名到最后占有鄢、弊、补、舟、

---

① 贺业钜：《中国古代城市规划史论丛》，中国建筑工业出版社，1986年，第74-75页。

依、柔、历、华等十座城市，这也是郑国最早在中原的立足之地。前面已论证过十处城今之所在，此处不再赘述，本节单论述郑国东迁后新兴的城与邑。郑国城邑的建设分布情况与国力紧密相连。春秋早期郑国强大时，随着对外扩张征伐，建立起较多具有军事防御性质的城邑，如北部的制和京，就是大的军事基地。随着郑国的衰落，城邑建设随之减少，因抵挡不住大国的征伐，城邑经常遭到攻击。

一、文献记载的城邑

《左传》载郑国城邑如下。

隐公元年（公元前722年），制、廪延、京、颖谷。郑庄公母武姜为庄公弟段请制邑，庄公不同意，后封段于京，段的势力延伸至廪延。后段发动叛乱，庄公克段于鄢，把武姜囚于颖城。制邑，今河南荥阳汜水，因郑国西部重要关隘虎牢关而设。虎牢位于郑、洛之间，传周穆王曾"射猎鸟兽于郑圃"，兵士捕获猛虎，穆王下令在此地圈养，故名虎牢。郑武公时周王赐虎牢关予郑国，后收回。郑厉公时，因助周惠王复位有功，周王把虎牢关以东之地归还郑国。京，今河南省荥阳市东南二十里。廪延，今河南省延津县西北十五里。鄢，今河南省鄢陵县北而稍西。颖，今河南省登封市。

隐公五年（公元前718年），长葛。宋伐郑，围长葛，以报入郛之役。长葛，今河南省长葛北十二里。

隐公七年（公元前716年），戴国。郑攻宋，宋、卫联合攻打郑国都城，并乘机侵戴国，郑围歼宋、卫联军，把戴国据为己有。戴国，今河南省商丘市民权县东偏北。

隐公十一年（公元前712年），许国。郑、齐、鲁联合伐许国，取胜后，郑派遣公孙获监守许国。许国，今河南许昌城东三十里。周桓王把州城等城邑给予郑国。

隐公十年（公元前713年），温、原、缔、樊、隰郕、欑茅、向、盟、州、陉、隤、怀、邬、刘、芳、邢。周王用温、原、缔、樊、隰郕、欑茅、向、盟、州、陉、隤、怀交换郑国邬、刘、芳、邢的土地。邬、刘，在今河南偃师县境内。芳，今河南省孟津县东北。邢，古邢国，今河南省沁阳市西北二十里处。这四地本为郑国城邑，周王室给郑国的邑，原是苏忿生的十二邑，杨伯峻认为：温，故城在今河南省温县西南三十里。原，今河南省济源市北而稍西有原乡，当即其地。䌓，今河南省沁阳市西稍南三十里有故䌓城。樊，亦名阳攀，今河南省济源市东南二十余里有古阳城。隰郕，即隰城，今河南省武陟县西南。攒茅，今河南省修武县有大陆村者，当即此地。向，今河南省济源市南稍西二十余里有故向城。盟，音孟，今河南省孟州市南稍西数里。州，今河南省沁阳市东稍南五十里。陉，今河南省沁阳市西北三十里。隤，今河南省获嘉县北二十里。怀，今河南省武陟县西南，隰郕之北。由杨伯峻先生的考证可知，周、郑交换的十六邑皆在今河南省许昌市及焦作市。

桓公元年（公元前711年），许田。郑以祊交换鲁之许田。许田，郑国附近许国之地。

桓公十四年（公元前698年），牛首邑。宋、齐、蔡、卫、陈联合伐郑，取牛首邑。郑都城东郊之邑，今河南省陈留县西南十一里有牛首城。

桓公十五年（公元前697年），栎邑，曾为郑国别都。郑厉公铲除郑大臣祭仲之计失败后，逃居栎邑。庄公二十年（公元前674年），周惠王因子颓之乱逃居郑之栎邑。栎，今河南省禹州市阳翟县境。

庄公二十八年（公元前666年），桐丘城。楚子元伐郑，郑人即将逃亡桐丘城。桐邱，今河南省许昌市东北有故桐邱城。

闵公二年（公元前660年），清邑。狄人侵卫，郑文公派高克率领清邑军队驻守黄河南，以防止狄人入侵。清，今河南省荥阳市西。

僖公六年（公元前654年），新城。齐主首止会盟，郑没有参加，诸侯伐郑，围攻郑的新城。新城，意即新营建之城，今河南省新密市。

僖公二十年（公元前640年），滑。滑人叛郑而服于卫。夏，郑公子士、泄堵寇率师入滑。僖公二十四年传追记云，郑之入滑也，滑人听命。滑成为郑附属国。后为秦灭。成公十七年（公元前574年），郑人伐滑，成为要邑，曾归郑国所有。

僖公二十四年（公元前636年），氾邑。周襄王因弟叔带叛乱，寄居于郑国的氾邑。氾，今河南省许昌市襄城县南。

僖公二十八年（公元前632年），衡雍。郑晋盟誓于郑国的衡雍。衡雍，今河南省荥阳市境内。

文公元年（公元前626年），绵、訾、匡邑。晋文公称霸后，诸侯朝拜晋国，卫国没有去，因为卫国正在攻打郑国的绵与訾，并且抵达郑国的匡邑。定公六年，鲁夺取郑国的匡邑。绵、訾、匡，今河南省扶沟县西南有旧匡城。

文公二年（公元前625年），垂陇。郑、宋、陈、晋在垂陇城盟誓。襄公二十七年，郑简公于垂陇城宴请郑国国内大夫。垂陇，今河南省荥阳市东北。

文公十三年（公元前614年），棐。郑伯会公于棐。宣公元年，宋、陈、卫、曹会晋于棐林，伐郑。襄公三十一年（公元前642年），卫襄公如楚，郑伯有迎，劳于棐林。棐，郑地，今河南省新郑龙王乡古城村附近。

宣公十二年（公元前597年），郔、管、敖、鄗、邲。晋、楚在郑国北部开战，称邲之战。楚国驻扎在郔，后进军至邲、管，晋驻军于敖、鄗之间。晋败。邲，今河南省荥阳市东北。

成公十七年（公元前574年），曲洧。鲁联合诸侯伐郑，至郑国的曲洧城。曲洧，今河南省扶沟县城西南约三十五里。

襄公十一年（公元前562年），亳城。诸侯伐郑，郑国请和，与诸侯盟誓于亳城。

襄公十八年（公元前555年），费滑、胥靡、献于、雍梁、虫牢。楚伐郑，修筑上棘城，侵郑之费滑、胥靡、献于、雍梁等城，最后至虫牢而返。雍梁，今河南省禹州市东北。

襄公二十六年（公元前547年），麇城。楚与秦联合伐吴，无功而返，转而攻郑入郑国麇城。

襄公二十七年（公元前546年），斗城。子产葬伯有于斗城。

昭公元年（公元前541年），犨、栎、郏。楚伐郑，在犨城、栎城、郏城驻守，郑人恐惧。昭公十三年（公元前529年），楚国口头说归还郑国犨、栎，但并没有归还。犨，今河南省鲁山县东南五十里。郏，原为周王之邑，今河南省三门峡市郏县境内。

昭公五年（公元前536年），索城。晋韩宣子护送晋国妇子，郑人夫子皮和子太叔在索城款待他们。

定公六年（公元前504年），冯、负黍、狐人、阙外。晋没有驻守成周，郑攻伐冯、滑、胥靡、负黍、狐人和阙外六城。

哀公十二年（公元前483年），弥作、顷丘、玉畅、岩、戈、锡。此六城为宋国与郑国之间的空地，郑人在此建城，为从宋国逃离之人提供避难所。玉畅，今河南省杞县东北三十里；弥作、顷丘、岩、戈、锡五地皆在今河南省杞县、通许县及陈留镇三角地区。

雍丘。韩国讨伐郑国，攻取雍丘，郑国在京守城。雍丘，今河南省杞县境内。

阳城。韩国攻打郑国，夺取郑国阳城。阳城，今河南省登封市。

《史记·郑世家》记载，公元前407年，郑国伐韩，夺取负黍城，郑君乙立二年，郑负黍反，复归韩。《史记·楚世家》张守节正义："《括地志》：'故郐城在郑州新郑县东北二十二里。'《毛诗谱》云：'昔高辛氏之土，祝融之墟，历唐至周，重黎之后妘姓处其地，是为郐国，为郑武公所灭也。'"① 郑樵《通志》："今新郑县东北三十五里有古郐城是也。"②

古文献记载的郑国城邑，有的为名城大邑，有的只是郑国境内的聚落名称，并不是真正意义上拥有城墙有较强防御能力的城，故称为小邑较为合适。

二、考古发现的城邑

近年来，考古人员调查发掘郑国城大约几十个，城址面积50～300平方米不等。举例如下。

（1）曲洧城，在今河南省扶沟县城西南约17.5公里，又称扶沟古城。战国时曲洧地为楚邑，汉代改为新汲，多见于记载。《水经·洧水注》："洧水又东迳新汲县故城北，汉宣帝神雀二年，置于许之汲乡曲洧城，以河内有汲县，故加新也。城在洧水南堤上。"《大清一统志》："新汲故城，在扶沟西南，春秋郑曲洧城。……曲洧城，临洧水。……隋废。……今在县西南二十里。"③《左传》成公十七年，郑国占领曲洧城。1978～1981年，文物工作者对古城进行调查。古城平面呈不规则长方形，东西长480米，南北长800米。城内总面积为40万平方米，周长约2560米。现存城墙宽20米，高2～8米不等，四门轮廓清楚，门道宽5米。城外有壕，城墙角处为圆角，城的西南角、东北角、西墙中部有突出部分，其目的都是增加城的军事防御功能，以便有敌情时采用切角外突包进形式，有效打击敌人。故城内发现有夯土台基，证明有大型建筑，此外还发现有冶炼炉，排水管道等④。

（2）郏故城，平面为刀把型，城墙为圆形平底夯分层夯筑。城址面积约40万平方米，周长2791米。四面城墙都有残存，其上缺口有6个，似与城门有关；城内东部近东墙处有一高台遗址，或为囚禁犯人的"监仓"；还发现有

---

① 司马迁撰：《史记·楚世家》，中华书局，1959年，第1691页。
② 郑樵：《通志》卷二十六《氏族略第二》，清文渊阁四库全书本，第804页。
③ 杨正泰：《嘉庆重修一统志·陈州府条下》，复旦大学中国历史地理研究所，1976年，第14页。
④ 周口地区文化局：《扶沟古城初步勘查》，《中原文物》1983年第2期，第67-70页。

似养马场、练兵场等遗迹①。

（3）启封城，位于今河南省祥符区朱仙镇东南3公里处的古城村，北距开封市25公里，又称"开封城"。"启封"城始建于郑国强盛时的庄公时期，取"启封拓疆"之意。宋人吴曾《能改斋漫录》："京师开封县，其城本郑庄公所筑。昔卫之水有浚，浚之地有仪封人，掌仪地之封疆，郑人得而城焉，以为开封，此其始也。"②《云梦秦简编年记》中也有记载。汉初，为避汉景帝刘启之讳改称开封。1987年，开封市文物工作队对故城遗址进行了重点勘探和试掘，探明遗址为东西略短、南北稍长的不规整梯形，现只有西城墙残存，高约8米，宽约30米，其他三面城墙位置已探明，城墙全长约3300米；城门只有西墙城门可确定位置，其他不明。城墙采用基槽内垫黄沙，再把黄沙土用穿杆夯筑法分段筑成。夯层厚约12厘米③。

（4）制城，又名虎牢，汉时置成皋县，位于今河南荥阳市西18公里汜水镇虎牢关村西北故成皋城。平面呈不规则倒梯形，北宽南窄，面积约60万平方米，周长约3400米。现存城墙约1000米，最高达6米，系夯筑而成，夯层厚3～13厘米。城的南墙及西墙地面还有残存；城西北有800平方米的高土台，俗称"点将台"④。

（5）许国故城，位于今河南省许昌市张潘乡古城村东南，距许昌市偏东南20公里。1977年，考古工作者对故城进行调查。故城城垣为长方形，东西长约1300米，南北宽约500米，现只残存北城垣。城垣由平杆夯筑，夯窝呈圆形圜底，直径在1厘米左右，夯层厚约5厘米。城址西北部有宫城遗迹⑤。

（6）娘娘寨城址，位于今河南省荥阳市豫龙镇寨杨村西北。2006～2007年，郑州市考古研究所对此遗址进行了发掘。城址由内城和外郭城两部分组成。外城为长方形，面积约102万平方米，城垣东西长约1200米，南北宽850米，东垣、南垣有地面残存，修筑方法是先挖好基槽，再修筑墙体，基槽宽5米，墙体在地表加宽。内城呈方形，面积约16万平方米，位于外城城内西北部，现还有部分残垣，夯筑，圆形夯窝，夯层厚8～10厘米，四面城垣中部都发现有缺口，应为城门所在，内城内发掘有三条道路，分别通向城门，

---

① 河南省地方史志编纂委员会编纂：《河南省志·文物志》，河南人民出版社，1993年，第115页。
② 吴曾纂：《能改斋漫录》卷九《地理》，清文渊阁四库全书本，第147页。
③ 开封文物工作队、丘刚：《启（开）封故城遗址的初步勘探与试掘》，《中原文物》1994年第2期，第22-25页。
④ 雒国栋、李泽生编著：《郑州黄河名胜史话》，中州古籍出版社，2009年，第138页。
⑤ 黄留春：《许都故城调查记》，河南省文物考古学会编：《河南文物考古论集（二）》，中州古籍出版社，2000年，第171-172页。

宫殿区位于内城中部,作坊区位于东北部,平民居住区位于西北部[①]。从发掘情况看,娘娘寨城址布局谨严,北依索水,由内城和外城组成,内城外有环壕围绕,形成双重防御体系。因此,学者倾向于是郑国东迁时的都邑[②]。

(7)京城,位于今河南省荥阳市东南10公里的豫龙镇京襄城村,东临须水河,西临索河支流。平面呈南北长方形,面积约244万平方米。城址南北长1722米,东西宽1418米,周长约6300米;东、西城墙保存较好,墙基残宽25米,最高处为7米;此外,西城墙、北城墙、东北城角、东南城角等处尚残存城墙8段。墙体夯筑,夯层厚5~12厘米,圆形夯窝[③]。

(8)雍丘,又名雍梁,位于今河南省禹州市古城乡古城村与狮子口村之间,东临洧水,西临颍水。城址平面呈长方形,南北长约1700米,东西长约1200米,周长约5800米,面积约204万平方米。东城墙基宽45米,顶部宽约28米,残高2~6米,东城墙外发现壕沟遗迹,宽约26米,内侧有较长的夯筑护坡[④]。

(9)阳城,位于今河南省登封市告城镇,西临五渡河,东临北沟河,南临颍河。城址平面呈长方形,南北长约1850米,东西宽700米,周长约5100米,面积约129万平方米。城墙为平夯建筑,墙体内发现有纵横排列的板筑棍洞,无洞的夯层面上没有夯窝;夯层厚6~9厘米,部分墙底铺一层卵石,城墙墙基宽约30米。城北墙外往北又增筑两道东西向的防御墙,第一道防御墙残长180米,残高3米左右;第二道防御墙残长120米左右,每道防御墙外都发现有护墙壕沟。城内还发现有供水系统[⑤]。

(10)负黍城,位于今河南省登封市大金店乡李家村北,西临安庙河,东临段村河,北临颍河,地势南高北低。平面呈正方形,东西长约650米,南北宽约600米,面积约39万平方米,周长约2500米;残存有夯土城垣,夯层厚4~10厘米[⑥]。

(11)鄢城,位于今河南省鄢陵县西北7.5公里处,城北部有洧水穿过。

---

① 张松林、张家强、黄富成:《河南荥阳娘娘寨遗址发掘出两周重要城址》,《中国文物报》2009年2月18日,第2版。
② 马世之:《娘娘寨城址性质问题试探》,《中原文物》2010年第5期,第39-42页。
③ 河南省地方史志编纂委员会编纂:《河南省志·文物志》,河南人民出版社,1993年,第9、129页。荥阳市志总编辑室编:《荥阳市志》,新华出版社,1996年,第776页。
④ 国家文物局主编:《中国文物地图集(河南分册)》,中国地图出版社,1991年,第85页。
⑤ 杨育彬、袁广阔主编:《20世纪河南考古发现与研究》,中州古籍出版社,1997年,第440页;河南省地方史志编纂委员会编纂:《河南省志·文物志》,河南人民出版社,1993年,第132页。
⑥ 国家文物局主编:《中国文物地图集(河南分册)》,中国地图出版社,1991年,第21页。

城由内、外两部分组成。内城近正方形,位于外城中部偏北,东墙是外城东墙的一部分;东西长约148米,南北宽约184米,周长约500米,面积约2.7万平方米;外城为梯形,面积约140万平方米;周长约5000米,北城墙长998米,南城墙长约800米,东、西城墙长约1595米;四城墙共发现缺口7处,除北墙1处外,其他三面各2处,可能与城门遗迹有关。内城墙现残高约5米,墙下宽6米左右;外城墙西北部保存较好,残高约5米,墙基宽约10米。城墙夯筑分两部分完成,上层城墙为平夯而成,下层为夹棍夯筑,多见夯筑时留下的夹棍洞眼,夯层厚10~14厘米,圆形小夯窝。在内城东南角发现有1万平方米左右的建筑遗迹,可能为宫殿遗址①。

(12)新城,位于今河南省新密市东南17.5公里的大隗乡大隗镇,南临双洎河。相传此地西周初年被封为密国,《路史·国名纪五》引《盟会图》曰:"密,圻内国,宣王灭之。"学者多认为有误,此处密所并非指新密市境的密国。密地临近郑国,春秋时期为郑所灭,郑文公对其进行了修筑,成为郑国的附庸国②,领土并入郑国版图。《密县志》载:"春秋时为郑所灭,曰新密,亦曰新城。"新城平面呈长方形,东西长1500米,南北宽500米,周长约4000米,面积约75万平方米。现残存南垣长约60米,高约4米,俗称擂鼓台。新城为郑国的一个军事重镇③。

(13)棐城,位于今河南省新郑市龙王乡古城村附近,古棐国地域,又称北林。《水经渠·水注》:"华水又东迳棐城北,即北林亭也。《春秋》文公与郑伯宴于棐,子家赋《鸿雁》者也。《春秋·宣公元年》,诸侯会于棐林以伐郑,楚救郑,遇于北林。服虔曰:北林,郑南地也。京相璠曰:今荥阳苑陵县有故林乡,在新郑北,故曰北林也。余按林乡故城,在新郑东如北七十许里,苑陵故城在东南五十许里,不得在新郑北也。考京、服之说,并为疏矣。杜预云:荥阳中牟县西南有林亭,在郑北。今是亭南去新郑县故城四十许里,盖以南有林乡亭,故杜预据是为北林,最为密矣。"④据此,苑陵城即为棐城,是郑国的重要城邑。现存的苑陵城平面呈长方形,东西长2300米,南北宽1700米,周长约8000米,面积391万平方米。城墙夯筑,东墙、北墙保存相对较好,现

---

① 刘东亚:《河南鄢陵县古城址的调查》,《考古》1963年第4期,第225-226页。河南省地方史志编纂委员会编纂:《河南省志·文物志》,河南人民出版社,1993年,第126、132页。
② 周书灿:《春秋姬密地望考——兼论姬姓密国存灭年代及莒国姓氏问题》,《史学月刊》1994年第4期,第11-15页。
③ 郑州市地方史志编纂委员会编:《郑州市志·第7分册》,中州古籍出版社,1998年,第105页。
④ 赵一清:《水经注释》卷二十,清文渊阁四库全书本,第359页。

残高 3～16 米，墙基宽 13～32 米，为直接于地用黏土和黄砂土板式夯筑，层次分明，夯窝清晰，呈圆形圜底状。西墙、南墙保存较差。在北墙东段中部和西段中部及东墙南北两端筑有马面 4 个。城外有护城河。据调查，当地村民认为东南西北城垣上 4 个缺口为城门。城内西南高地为宫殿区[1]。

（14）滑城，位于今河南省偃师缑氏镇东约 10 公里的府店乡，因历经洪水冲刷，城墙损毁殆尽。经调查，现存城址平面呈不规则长方形，南北长约 2000 米，东西宽 500～1500 米不等[2]。

（15）颍阳城，位于河南省襄城县颍桥乡颍河东岸的古城村与大河村。城址呈长方形，东北至西南方向，周长 4500 米，东西长 1950 米，南北宽 1200 米。颍河将城分为两部分，河东岸发现有南、北、东三个砖石结构城墙遗迹。大河村北残存有长 35 米、宽 4 米、高 3.5 米的城墙一段，呈刀刃状，夯筑，夯层明显，应为东城墙。此城又名郑庄公城，据传是郑庄公为防御楚国北上入侵而筑的[3]。

第三节　郑国的疆域

据上节分析郑国的城邑，可知郑国举迁新郑后，经过前几代国君经营扩张，疆域逐步扩大。郑庄公时期，郑国疆域扩张至顶峰，后虽经屡次改变，但大致范围确定下来了。

郑武公时期，郑国迁至中原腹地，定都新郑地，期间灭虢、郐等十邑，版图为"前华后河，右洛左济，主芣、騩而食溱、洧"，大致为：虢，在今河南荥阳；郐，在今河南密县附近；邬，即河南偃师；补，在今河南汜水县；历，即栎，今河南禹州，为郑国大邑，郑厉公曾居栎，郑国曾纳周王于栎；莘，位于今郑州市管城区一带，弊、舟、依几地不知何处，当在郑州、洛阳一带[4]；华阳，故城在新郑市区北 20 公里郭镇华一带。因此，武公时期疆域为北

---

[1] 刘文泽：《苑陵故城》，《郑州日报》2010 年 8 月 31 日。河南省博物馆新郑工作站、新郑县文化馆：《河南新郑郑韩故城的钻探和试掘》，文物编辑委员会编：《文物资料丛刊（3）》，文物出版社，1980 年，第 56-65 页。

[2] 赵芝荃：《河南偃师"滑城"考古调查简报》，《考古》1964 年第 1 期，第 30-35 页。

[3] 娄金山：《平顶山先秦城址考》，河南省文物考古学会编：《河南文物考古论集（二）》，中州古籍出版社，2000 年，第 153-154 页。

[4] 李玉洁：《郑国的都城与疆域》，《中州学刊》2005 年第 6 期，第 162-164 页。

起郑州，西北至虎牢，西到偃师南部，西南达禹州，南至鄢城，北与宋国相邻，居于今河南中部地区。

郑庄公时期，郑国国势昌盛，实力达到高峰，积极对外扩张，多次与宋争夺两国间的空地。隐公十年，郑庄公召集齐、鲁会于中丘，谋伐宋国，攻取了宋以前所灭的郜、防二邑，并赠予鲁国。隐公十一年，郑又集鲁、齐攻许，许公出奔卫，占领许国。后郑又与息发生战争，大败息师。李玉洁先生认为，河南省息县是息国故地，与郑国相距较远，中间隔有蔡、陈、沈、道、柏等国。《汉书·地理志》"汝南郡"条下有"新息"，孟康注曰："故息国，其后徙东，故加新云。"①清人钱坫在《新校注地理志》卷五《汝南郡》中推定：息国的地址原在郑州以西的天息山。息与郑斗争失败后，为避郑患，向东南迁徙，就是今之河南省息县。迁徙之前，息国故地可能在新郑附近。息国南迁后，故地极可能为郑国所占领。后郑与周王换苏忿生十二邑，结果郑并未完全占据，但郑庄公时期的疆域已扩张极大。《春秋疆域表·郑疆域论》云："其地有开封府之祥符、兰阳、中牟、阳武、鄢陵、洧川、尉氏、郑州、河阴、汜水、荥阳、荥泽，凡一州十一县。亦兼涉杞县，与楚接界。陈留与陈接界。封丘与卫接界。许州府为所夺许国之地。禹州为栎都。汝州之鲁山、郏县本楚以饵郑，旋复为楚夺。又阑入卫辉府之延津县，河南府之登封县、巩县、偃师县，陈州府之扶沟县。怀庆府之武陟县，归德府之睢州，其地俱在今河南一省。其阑入直隶大名府之长垣县者，为祭仲邑。东明县有武父地，仅弹丸黑子而已。"②王育民分析说"其疆域达至东有汴梁，南包许昌，西距虎牢，北越黄河，略有今河南北部半省之中部，地处当时'天下'的中心，纵横约一、二百里之间"③。

综合可推知郑国疆域大致为：东至滑（今河南省睢县），东南至桐丘、鄢（今河南鄢陵、扶沟一带），西北达今沁阳、济源；南至颍（今临颍）；西南至鲁山（今禹州市），西至颍水上游（今巩义市），北至虎牢接黄河。可见郑国的疆域在今河南省中心地区。

---

① 班固撰：《汉书·地理志》，中华书局，1962年，第1653页。
② 顾栋高辑，吴树平、李解民点校：《春秋大事表》卷四《春秋列国疆域表·郑疆域论》，中华书局，1993年，第535-536页。
③ 王育民：《中国历史地理概论（下册）》，人民教育出版社，1988年，第205页。

第八章 郑国的农工与商业

古代社会，一个国家的经济命脉为农、工、商。农业是基础；工指手工业，解决生产及生活用具；商业加强流通，互通有无。三者结合、健康发展是国家实力增强、国势昌运的保证。郑国的经济也是如此。郑国地处气候温暖适宜的黄河下游中原地区，土地肥沃，灌溉便利，为人们世代宜居之地。中原地区文化发达，技术先进，手工技术精益，又处于四通八达的交通要地，便于商贸往来。因此，郑国形成了以农业为基础，商业、手工业为辅的生产格局，各行业均衡发展，为国家积聚了大量财富，这也是郑国虽为小国又经连年战争，但仍具有实力的经济保证。

第一节 郑国的农业

农业是国家的经济基础。农业的发达取决于土地、气候、生产工具和技术。郑国自然条件优越，气候适中，四季分明，有利于农业发展。郑国为促进农业发展采取了一系列措施，进行土地改革，调动人们的生产积极性。因而，郑国的农产品较为丰富，虽国土面积不大，但产品有盈余，亦可供与他国。

一、种植业

郑国位于黄河流域，大部分领土为豫西山地向东部平原的过渡地带，形成国土西部为高地、东部为平原、河流纵横的地势。在郑国迁移过来之前，此地大部分还处于未开垦状态。《左传·昭公十六年》载子产所说:"昔我先君桓公,与商人皆出自周,庸次比耦,以艾杀此地,斩之蓬蒿藜藿,而共处之。"① 可见当时还保持着原始草木生长的自然环境。郑人入住后,开荒种地,加上适宜的气候温度,农业很快发展起来,郑国农产品丰富。《周礼·夏官·职方氏》载:"河南曰豫州,其山镇曰华山,其泽薮曰圃田,其川荥、雒,其浸波溠,其利林、漆、丝、枲,其民二男三女,其畜宜六扰,其谷宜五种。"郑玄注:"五种,黍、稷、菽、麦、稻。"②《左传·隐公六年》:"冬,京师来告饥。公为之请籴于宋、卫、齐、郑。"昭公七年,子产说:"郑虽无腆,抑谚曰:蕞尔国。而三世执其政柄,其用物也弘矣,其取精也多矣。"③这说明河南郑地确是适宜养畜、种植农物之地,各类物产丰富,粮食储存甚多。

郑国除粮食作物外,还盛产桑、麻等经济作物。桑业和蚕业统称为桑蚕业,是丝织业的基础行业,丝织业主要为贵族阶层提供衣料,是当时国家重要的手工业,高档的丝织品还可作为商品。郑国境内多植桑树。《礼记·乐记》:"郑、卫之音……桑间濮上之音。"《诗经·郑风·将仲子》:"将仲子兮,无逾我墙,无折我树桑。"麻,也是重要的纺织原料,织成的麻布为大众衣料,其籽可食。最常种植的是苎麻,俗称"中国草",也称为"纻",为荨麻科草本植物。据三国时期陆机《诗草木鸟兽鱼虫疏》载,苎麻主要生长于南方气候温暖、雨水充足地区,《左传·襄公二十九年》载,吴国公子季札到郑国聘问,送给子产白绢大带,子产回赠的是苎麻织成的衣服。这表明春秋时郑国应大量种植苎麻。

郑国其他植物还有多种。《诗经·郑风·山有扶苏》"山有扶苏,隰有荷花""山有乔松"。《诗经·郑风·将仲子》:"将仲子兮,无逾我里,无折我树杞……将仲子兮,无逾我墙,无折我树桑……将仲子兮,无逾我园,无折我树檀。"《诗经·郑风·东门之墠》:"东门墠之,茹藘在阪……东门之栗,有践家室。"郑注:"行上粟也。"郑国产有扶苏(小木)、荷花、松树、蕳、勺药、杞树、檀树、栗树等,表明郑国气候适宜,树木植被茂盛,是适于生活之地。

---

① 《十三经注疏》整理委员会整理,李学勤主编:《春秋左传正义》,十三经注疏标点本,北京大学出版社,1999年,第1352页。
② 《十三经注疏》整理委员会整理,李学勤主编:《周礼注疏》,十三经注疏标点本,北京大学出版社,1999年,第872-873页。
③ 《十三经注疏》整理委员会整理,李学勤主编:《春秋左传正义》,十三经注疏标点本,北京大学出版社,1999年,第103、1249页。

二、农业工具

春秋时期是社会生产力大发展的时期,但农业还保留有原始农业痕迹。农业工具仍以木、石制品为主,耕作工具多为木质耒耜,青铜农具较少。[①]但农业工具也开始发生了变革,金属工具更多地应用于农业生产,此时铁农具的运用还处于早期阶段。

春秋时期农业工具有了很大发展和改进,品种已很齐全。《管子·轻重乙》:"一农之事,必有一耜、一铫、一镰、一耨、一椎、一铚,然后成为农。"[②]农业是郑国的支柱产业,郑故城手工业作坊遗址中经常有农具出土,有青铜、骨质及石质等。郑国制骨手工业作坊遗址位于东城张龙庄南部,出土了大量骨制工具及半成品,有石斧、砺石、铜刀、蚌镰等生产工具[③];东城大吴楼铸铜作坊遗址中出土有春秋时期镢、铲、镰、锛和凿等生产工具的范,以镢范居多[④]。镢是当时深翻土地的重要农具之一,《说文》:"镢,大锄也。"形制为长条形有銎式。金属镢早在齐家文化中就已出现,它的进一步发展应是在青铜时代,郑东城祭祀遗址东南部有青铜农具镢、锛范出土,说明当时青铜农具的使用应有一定规模,但青铜农具的使用并不十分理想,主要是因为铜材料来源有限,铸造工艺也较复杂。因此,春秋早中期,是青铜、石质、骨质农具并用时期,而只有铁质农具的使用,才是发生在农业生产史上的一件大事。正如恩格斯所言:"青铜可以制造有用的工具和武器,但是并不能排挤掉石器,这一点只有铁才能做到。"[⑤]

现今学者多认为战国以前就开始使用铁器了,只是铜器尚在盛行阶段[⑥]。考古发现,郑国境内有铁农具,如于扶沟故城墙基下的春秋文化层中,出土一件残铁镢,銎内仍留有木栓的痕迹[⑦],为实用农具,但仅发现一例。这表明郑国与其他国家一样,虽已生产出铁质农具,但由于冶炼技术不成熟,成本较

---

① 留明编:《先秦史》,远方出版社,2004年,第58页。
② 黎翔凤撰,梁运华整理:《管子校注》卷二十四,新编诸子集成,中华书局,2004年,第1448页。
③ 蔡全法等:《郑韩故城遗址》,中国考古学会编:《中国考古学年鉴1990》,文物出版社,1991年,第251页。
④ 河南省博物馆新郑工作站、新郑县文化馆:《河南新郑郑韩故城的钻探和试掘》,文物编辑委员会编:《文物资料丛刊(3)》,文物出版社,1980年,第56-65页。
⑤ 中共中央马克思恩格斯列宁斯大林著作编译局译:《家庭、私有制和国家的起源》,人民出版社,1972年,第158页。
⑥ 李剑农:《中国古代经济史稿》,武汉大学出版社,2006年,第38页。
⑦ 周口地区文化局:《扶沟古城初步勘查》,《中原文物》1983年第2期,第67-70页。

高,使用并不普遍。战国中期以后各诸侯国广泛使用铁农具,促进了农业生产的发展,而郑国此时已经灭亡。因此,铁制农具对郑国并无太大影响。

三、农业技术

牛耕在西周时期不见记载,早期的牛并不用于耕地。《周礼·地官·司徒》中有"牛人"一职,职责为"掌养国之公牛,以待国之政令"。史载牛的用途主要有"享牛""求牛""积膳之牛""膳羞之牛""犒牛""奠牛""兵车之牛"等,而没有耕牛。① 西周时期实行耦耕制,即两人合作使用一件耕具,是滥用人力的"千耦其耘"形式。春秋时期牛耕已经出现。《左传·宣公十一年》:"抑人亦有言曰:牵牛以蹊人之田,而夺之牛。"② 这是记载牛耕最早的史料,但有争议尚未定论。《国语·晋语》:"夫范、中行氏不恤庶难,欲擅晋国。今其子孙将耕于齐,宗庙之牺为畎亩之勤。"③ 此为牛耕确切的史料,意即过去用于祭品的牛,现在都去耕地了。《论语·雍也》:"犁牛之子骍且角,虽欲勿用,山川其舍诸?"④ 这里出现了"犁牛"之词,将牛和犁联系在一起。《史记·仲尼弟子列传》载孔子著名弟子之名,其中有"冉耕,字伯牛""司马耕,字子牛"⑤,取名及字将耕和牛联系在一起,说明春秋时期牛耕确已出现且较常见。《论语·颜渊》:"司马牛问仁。"孔安国注:"牛,宋人,弟子司马犁。"⑥ 牛拉犁耕地或已出现,据此推测牛耕的使用可能早于春秋,或在春秋早期。郑国遗址中发现牛骨不多,除为骨器原料外,多为祭祀用牛,且不见于文献记载。郑国饲养业发达,或只是作为商品用牛,或祭祀用牛,牛耕只是个别现象,并不普遍。

郑国注重水利灌溉。子产执政后,实行"田有封洫",整顿田疆,开挖沟渠,取得显著成效。《说苑·反质》载,郑国大夫邓析过卫国时见五位农夫,"俱

---

① 《十三经注疏》整理委员会整理,李学勤主编:《周礼注疏》卷十三,十三经注疏标点本,北京大学出版社,1999年,第323—326页。
② 《十三经注疏》整理委员会整理,李学勤主编:《春秋左传正义》,十三经注疏标点本,北京大学出版社,1999年,第630页。
③ 上海师范大学古籍整理组校点:《国语》卷十五,上海古籍出版社,1978年,第499页。
④ 《十三经注疏》整理委员会整理,李学勤主编:《论语注疏》卷六,十三经注疏标点本,北京大学出版社,1999年,第73页。
⑤ 司马迁撰:《史记·仲尼弟子列传》,中华书局,1959年,第2189、2214页。
⑥ 《十三经注疏》整理委员会整理,李学勤主编:《论语注疏》卷十二,十三经注疏标点本,北京大学出版社,1999年,第158页。

负缶而入井,灌韭终日一区。邓析过,下车为教之曰:'为机,重其后,轻其前,命曰桥。终日溉韭百区不倦'"①。邓析对卫国农夫讲解先进的灌溉工具桔槔,说明郑国已经使用桔槔。童书业分析道:"终春秋之世,水利灌溉事业尚不甚发达。"②但从郑大夫教别国农田灌溉来说,郑国的水利灌溉技术应较别国发达。

四、饲养业

郑国饲养业发达,六畜齐全。《周礼》载豫州之地宜六扰,郑玄注:六扰为马、牛、羊、豕、犬、鸡六种家畜。郑国的马数量应很多,见于文献记载。如《诗经·郑风·将仲子》:"叔适野,巷无服马。"《诗经·郑风·大叔于田》有"叔于田,乘乘马。执辔如组,两骖如舞""叔于田,乘乘黄。两服上襄,两骖雁行""叔于田,乘乘鸨。两服齐首,两骖如手"等。骖,四马车辆中的最外匹;黄,黄色的马;鸨,黑白杂色的马,可见郑国马品种之多。《清人》有"驷介旁旁""驷介麃麃""驷介陶陶",驷介,由四匹披甲马所驾的战车。考古发掘资料证明郑国祭祀时大多用马,如郑国城内众多贵族墓葬,中型墓一般都有1~2座附葬的马坑或车坑,大多随葬4~8匹马;高级贵族更多,仓城西一座大型贵族墓,随葬车马坑中有马40多匹;祭祀遗址更多,金城路有殉马坑3座,信用社遗址55座,中行遗址45座等,这些殉马坑中最少1匹,多者4匹。

除了马,郑国饲养的家畜还有牛、羊、猪、狗、鸡等。牛、羊、猪常用于祭祀,这些动物的骨头还出现于制骨作坊中。《左传·僖公十二年》载,郑国商人弦高偶遇突袭郑的秦军,假借郑国君之名以"牛十二"犒秦师,这表明当时饲养的牛数量不少,成为贩卖的商品。《诗经·郑风·羔裘》"羔裘如濡";《左传·宣公十二年》"郑伯肉袒牵羊以逆";《左传·襄公三十年》"伯有死于羊肆"等载,反映出郑国畜牧业中羊也是其大宗,是民众食物中的重品。猪和狗多发现于陪葬墓中,如郑后端湾及李家村与马家村郑国墓地中常有发现。鸡也是普遍饲养的家畜,《诗经·郑风·风雨》"鸡鸣喈喈""鸡鸣胶胶""鸡鸣不已",表明郑国养鸡的普遍性。

---

① 刘向撰,向宗鲁校证:《说苑校证》卷二十,中华书局,1987年,第513-514页。
② 童书业:《春秋左传研究》,上海人民出版社,1980年,第140页。

第二节　郑国的手工业

西周以来手工业以官府营办为主。《国语·晋语四》："工商食官。"韦昭注："工，百工。……食官，官禀之。"[①]工、商者，官府统治下的手工业者与商人。春秋早期，手工业延续西周模式，郑国的官营手工业在春秋时期处于先进地位，郑故城东城中有多处手工业作坊遗址，但这还只是一部分，因战国时韩国在此建都，手工业作坊继续使用，破坏了本来属于郑国的作坊遗迹。由文献结合考古发掘材料来看，郑国手工业门类齐全、工艺高超，手工业产品是郑国对外的主要商品。郑国对手工业的管理也相当完备，设有专职管理官员[②]。春秋后期，社会经济的发展对手工业的要求越来越细，"官工"生产明显不能满足需求，这时的手工业也有了大变化，那就是独立的自由手工业者出现，小商品生产者阶层日益扩大。

一、铸铜业

铸铜业是郑国手工业的支柱，郑城有多处铸铜作坊，但从考古发掘资料来看，大都已被韩国破坏。目前已经发掘的有大吴楼、中行、城市信用社三处铸铜遗址。

大吴楼作坊遗址：位于郑故城东城东部，今新郑市大吴楼村北，面积10多万平方米。该遗址1992年被发掘，清理春秋时期灰坑22个。春秋文化层及灰坑中出土生活器具有鬲、盆、盂、豆、罐等陶器14件和大量陶器残片，建筑材料有筒、板瓦等；还出土有大量铜炼渣、木炭屑和熔铜炉、鼓风管的残块，以及镢、铲、镰、锛、凿等生产工具残范100多件，还有半球状范芯若干块。[②]其中立式叠铸镢范为首次发现，利用这种新型陶范可以提高铸造生产工具的效率。从出土遗物分析，此处应是以生产工具为主的手工业作坊。由于发掘面积不大，不太清楚遗址作坊的布局情况。

中行铸铜遗址：位于郑故城祭祀遗址附近，今新郑市中华路与新华路交

[①] 上海师范大学古籍整理组校点：《国语》卷十，上海古籍出版社，1978年，第371页。
[②] 郑韩故城东城东南部白庙范村出土有战国时期兵器窖藏，青铜兵器上有铭文"郑令""工师"等字，虽为韩国兵器，但用"郑令"，表明应是沿用郑国管理官员之名。

叉口东南部。该遗址1996年9月至1998年10月被发掘，出土大量春秋青铜冶铸遗物，如炉料、炼渣、熔炉、鼓风管、烘范窑及各类陶范等。① 其中，青铜礼器范有鼎、壶、簠、簋、鬲等；乐器范有编钟、铃等；其他杂器有带钩范、带钩型模、各种榫范、卯范、环范、器具饰件范、铜器花纹范等；生产工具有镢、锛范等；兵器范；钱范有很多空首布芯范等。此处是出土铸铜遗物最为丰富的遗址，应是郑国的一处重要铸铜手工业作坊，有大量礼器范，且邻近郑国祭祀遗址，可以想见祭祀中所用礼器应大都出于此处。

信用社遗址：今新郑市中华路与新华路交叉口西南部。该遗址1996年配合新郑市城市信用社新址建设中被发现，为郑国祭祀遗址。在遗址西部边缘，考古人员发现一个灰坑，从中清理出少量鼎、簠等礼器铸范，其所铸铜器同于该祭祀遗址出土青铜器。由于没有大面积发掘，也没发现与铸造有关的遗物，具体情况不清楚。

三处作坊遗址均位于郑故城东中东部，基本处于东西向直线上，即当时从外城东门向宫城的东西向大路两侧，表明此处是郑城的手工业作坊区。从作坊遗留物看，郑国铸铜业设施完备先进，已使用炼炉、鼓风管、骨制工具、陶范等铸铜器具；从出土青铜器看，已采用分铸法、失腊法等高超工艺，表明郑国铸铜业在诸侯国中处于领先地位。"在新郑开始采用层叠铸造工艺来铸造农具，同时也创造出翻砂工节制造泥范，这两项技术革新，是铸造工艺上的重要革命"②，郑国形成了专业技术精良的铸造工业，"郑之刀，宋之斤，鲁之削，吴粤之剑，迁乎其地而弗能为良，地气然也"，郑玄注："去此地而作之则不能使良也。"③

郑国出土有数量丰富的青铜器。除铸铜作坊遗址外，主要集中于祭祀遗址及郑国大贵族墓地中，其中有大量的青铜礼器，显示墓主的身份及地位。

祭祀遗址，例如：新郑金城路祭祀遗址出土青铜礼乐器60余件，其中1号祭祀坑出土22件，为7鼎、5簠、5鬲、2方壶、1圆壶、1鉴、1豆；2号坑出土编钟24件，为镈钟1套4件，钮钟2套20件；3号坑出土青铜礼器16件，为6鼎、4簠、4鬲及鉴、豆各1件④。信用社新址工地，发掘礼乐器坑6座，出土青铜礼乐器57件，其中1号坑出土有鼎、簠、鬲、方壶、圆壶、鉴、豆31件，其他坑因被盗，只出土铜鬲2件⑤。

---

① 河南省文物考古研究所编著：《新郑郑国祭祀遗址》，大象出版社，2006年，第647-652页。
② 李京华、汤文兴：《河南冶金考古主要收获》，《史学月刊》1980年第3期，第40-43页。
③ 《十三经注疏》整理委员会整理,李学勤主编：《周礼注疏》卷三十九，十三经注疏标点本，北京大学出版社，1999年，第1061页。
④ 蔡全法、马俊才、王蔚波：《新郑郑韩故城金城路考古重大成果》，《中国文物报》1994年1月2日，第1版。
⑤ 中国青铜器全集编辑委员会：《中国青铜器全集》（第15卷），文物出版社，1995年，第4页。

中行祭祀遗址，主要发现有青铜礼器坑与乐器坑，礼器坑7座，2坑因被盗没有发现青铜礼器，清理5座中，共出土郑国青铜礼器142件，其中有45鼎、32簋、45鬲、8方壶、4圆壶、4鉴、4豆，每座均是列鼎9、簋8的组合。青铜礼器总体上看形体较大，列鼎中大者通高达55厘米，有的重达17公斤；方壶中大者通高达67厘米，而且器壁薄、花纹精、制作考究，是不可多得的精品。乐器坑11座，出土乐器211件，其中编钟206枚，陶埙5件。[①]编钟基本上为3座一组。

郑国贵族墓地出土的青铜器有很多。李家楼郑公大墓有100余件，经复原分析，礼乐器有96件，即镈钟4、甬锺20、鼎27（立耳鼎、附耳无盖鼎、附耳有盖鼎9）、鬲9、簋8、敦2、簠6、瓿1、壶6（圆壶2、方壶4）、罍4、钖2、盘1、匜2、鉴2、兽尊1、方炉1件[②]，其中炉上有铭文"王子婴次炉"。后又在大墓西、北附近发掘了一批郑国贵族墓葬，也出土了一批青铜器。整体来看，李家楼墓地出土青铜器数量丰富，其中多数为工艺复杂、技术高超的青铜器，代表了当时青铜铸造的最高水平。如青铜蟠龙方壶（图8-1），一对，壶上部为长方直颈，下部近于圆腹，腹部以十字带凸棱把壶体分为三段：口上方形透空盖，口外侈，为透雕蟠虺纹；颈部两侧有大型双伏龙耳，下附环；圈足下有两伏虎兽足承托，是郑国青铜器中的珍品。最为精美的还数郑公大墓出土的莲鹤方壶（图8-2），其采用圆雕、浅浮雕、细刻、焊接等多种工艺铸造而成。该器为一对两件，方形口，扁方体身，长颈，垂腹，圈足。壶颈两侧用附壁回首龙形怪兽为耳，器身满饰蟠龙纹，腹部四角各攀附一立体神兽，圈足下饰两条侧身吐舌的卷尾兽，全力承托器重，并和壶身的龙、兽形成呼应之势；壶盖为双层莲花瓣向外张开，中央可活动的小盖上立一只展翅欲飞的仙鹤，学者们将此视为新时代开始的标志。郭沫若先生赞誉说："此鹤初突破上古时代之鸿蒙，正踌躇满志，睥睨一切、践踏传统于其脚下，而欲作更高更远之飞翔。此正春秋初年由殷周半神话时代脱出时，一切社会情形及精神文化之一如实表现。"[③]方壶造型宏伟，装饰典雅，构思新颖，设计巧妙，整体展现出一种动态和韵律感，神秘氛围中孕育着清新的风尚，切合了春秋时期的时代特点。经专家考证，"其器形是对西周以来中原地区方壶基本器形的保持及延续，壶身团龙纹亦能从颂壶上找到其源流；足与耳引入楚器装饰风格；壶盖上之立

---

① 河南省文物考古研究所：《河南新郑郑韩故城东周祭祀遗址》，《文物》2005年第10期，第4-33页。
② 杨文胜：《新郑李家楼大墓出土青铜器研究》，《华夏考古》2001年第3期，第73-79页。
③ 徐湖平主编，郑奇、刘赦编著：《中国历代青铜器精品100件赏析》，山东科学技术出版社，1996年，第107页。

鸟装饰似能在齐鲁青铜文化中找到一些渊源"①，充分显现出郑国青铜器制作受到周边国家的影响。

图 8-1　青铜蟠龙方壶

图 8-2　青铜莲鹤方壶

后端湾春秋贵族墓地大多被盗，出土鼎、簠、簋、舟、盘、匜等青铜礼器；杂器有戈、矛、镞等。后村民又在后端湾村南发现 2 件青铜方壶，器形、纹饰完全相同，高 70 厘米，时代均为春秋早期，是中华人民共和国成立后郑城中首次发现的大型青铜礼器。

郑城外墓地多为中小贵族墓，出土的青铜器不多，有鼎、敦、甗、舟等，兵器有戈。

郑国出土的青铜器有礼器、乐器、兵器、生产工具、生活用具等，品种多样，数量丰富，体现了郑国先进的铸铜技术。

二、制陶业

春秋时期，陶器仍是生活中的重要器具，诸侯国都重视制陶业，郑国设有专职进行管理。《左传·襄公二十五年》郑子产陈陈之罪曰："昔虞阏父为周陶正，以服事我先王。我先王赖其利器用也。"杨伯峻注："陶正：主掌陶器之官。"②郑国制陶业有一定规模。新郑故城经过多年的发掘，发现了制陶作坊

---

① 杨文胜：《郑国青铜器与楚国青铜器之比较研究》，《中原文物》2002 年第 3 期，第 41-44 页。
② 杨伯峻编著：《春秋左传注》，中华书局，1990 年，第 1104-1105 页。

遗址，也有大量陶器出土。

郑故城制陶作坊位于郑故城东城，新郑市热电厂西北部，共清理陶窑21座，其中春秋时期的16座，可见春秋时期为窑具使用的高峰期。窑大多为不规则长方形，由窑道、火门、火膛组成，火膛至窑底部呈斜坡状。此处为郑国重要的制陶窑址，使用时间比较长，战国时继续为韩国使用。

冯庄遗址也是郑国一处重要的制陶遗址，发现有数量众多的小型半倒焰土窑，窑室有椭圆形、梯形、马蹄形等，随着时代的变迁，窑的形制逐渐增大。除窑址外，还发掘灰坑27座、水井4座、墓葬54座。出土遗物丰富，陶器主要有豆、钵、碗、鬲、盆、罐、釜、甑、瓮等生活用器。

通过郑国制陶遗址、墓葬发掘所出土陶器来看，郑国陶器种类繁多，制作精美，质地优良。生产工具类有纺轮、拍子、杵头及锄、刀、铲、镰、镢、钱等；建筑材料类有砖、井圈、板瓦、管道；生活用具类有鬲、盆、釜、豆、颤、盂、盘、钵、碗、壶等；礼器类有鼎、壶、豆、盘、簋、匜等。陶器以灰陶为主，装饰纹饰多为拍印花纹和压印暗纹，绳纹常见。墓葬中出土的罐、鼎、豆、壶等器物上多用黑、白、朱等色绘出重层三角纹、曲线纹、雷纹、彩点纹等。器物内壁上有拍印的麻点纹、方格纹、半环纹、波浪纹、重环纹、环纹、小米格纹、平行线条加点纹等。有的陶器上钤印和刻写陶工姓名，如"吕穆""君晋""马句""吕佗"等，表明当时已有一批具有丰富经验的能工巧匠专事制陶业，因而才可能把姓名钤印或刻写在陶器的明显部位，这种作法可视作后代贯行商号的原始形式[①]，或是个体商号的出现。

三、制骨业

郑国制骨业作坊位于郑故城东城北部张龙庄南，今新郑市计划生育委员会北，面积7000多平方米，开始使用时间为春秋中期，至战国时仍继续使用。该遗址在1964～1965年进行发掘，春秋时期地层中出土骨器有骨簪、骨环、骨锥等，还有一些骨器半成品及骨料等[②]。1989年又陆续清理了一批水井、灰坑等，出土有石斧、砺石、铜刀、蚌镰等生产工具；骨器有带钩、针、锥、簪等，废弃骨料及半成品300余袋，证明此处是郑国的一处重要制骨作坊。

---

① 蔡全法：《郑韩故城出土陶瓷器工艺浅析》，《中原文物》1988年第4期，第59-62页。
② 河南省文物研究所：《郑韩故城制骨遗址的发掘》，《华夏考古》1990年第2期，第43-59页。

郑国墓葬中经常有骨器出土，后端湾贵族墓地出土有骨器①。

新郑出土的这些骨器种类有生产工具、生活工具、装饰品等。其中生产工具数量很大，可见郑国劳动生产中延续使用传统工具，骨器仍广泛应用。

四、织染业

古代纺织业与农业同等的国之重业。春秋时期，随着社会经济的进一步发展，统治者对纺织品的需求量增大，纺织品成为重要商品，纺织业成为国家重要的经济支柱，是富国强兵的基础，各国统治者都非常重视纺织业的发展。黄河流域是纺织业的中心。郑国气候适宜，利于桑、麻生长，为纺织业提供了先决条件。郑国纺织业发达，是中原地区重要的纺织大国。

《诗经·郑风》中多处载有纺织品。《缁衣》中"缁衣之好兮"，缁衣，即卿士听朝穿的黑色正服，诗歌以缁衣赞美郑武公的雄才大略，是有德君子。《褰裳》中的裳，为穿着的下衣。《丰》中"衣锦褧衣，裳锦褧裳"，锦，是用两种经线染色织成有花纹的丝织品，织造难度较大，经、纬线在织造前要按预定花纹染色。《释名·释采帛》："锦，金也，作之用功重，其价如金，故制字帛与金也。"②《说文》中"锦，襄邑织文也"，意即锦是有花纹的丝织品，产于襄邑。襄邑（今河南省睢县）是春秋时期丝织业的中心之一，与郑国交界。郑国的锦织造得非常好，故有奴隶主以锦为衣、以锦为裳的奢侈行为。庶人穿锦只有在出嫁时，上面还要加麻衣，毛传曰"嫁则锦衣加褧禅"，郑笺："褧，禅也……庶人之妻嫁服也。"褧，苘麻。《子衿》以子衿喻学子，子衿指读书人的衣服。《出其东门》中有"缟衣綦巾""缟衣茹藘"，缟，素衣，綦巾，青黑色头巾；茹藘，绛红色蔽膝。

郑国与纺织业有关的桑蚕业也很发达，种植有大量桑树。《诗经·郑风·将仲子》："无逾我墙，无折我树桑。"西周时期，中国农业生产已经形成了男耕女织模式，当时纺织业的中心在黄河流域，郑国有适宜的气候和土地条件，丝织业发展也很快。《左传·襄公八年》子驷曰："牺牲玉帛，待于二境，以待强者而庇民焉。"③帛，为丝织品总称，郑国丝织业发达，技术高，以帛为

---

① 河南省博物馆新郑工作站、新郑县文化馆：《河南新郑郑韩故城的钻探和试掘》，文物编辑委员会编：《文物资料丛刊（3）》，文物出版社，1980年，第56-65页。
② 刘熙：《释名》，丛书集成初编本，商务印书馆，1939年，第69页。
③ 《十三经注疏》整理委员会整理，李学勤主编：《春秋左传正义》卷三十，十三经注疏标点本，北京大学出版社，1999年，第857页。

珍贵礼品。襄公二十九年（公元前544年），吴公子（季）札"聘于郑，见子产，如旧相识，与之缟带，子产献纻衣焉"，杜预注："吴地贵缟，郑地贵纻，故各献己所贵。"① 郑国生产的纻麻织品质地上乘，为名牌产品。《晋语》载晋国攻打郑国，军于萧鱼，"郑伯嘉来纳女工妾三十人"②，纳女工向晋求和，"女工妾"为"有巧伎者也"，也有人认为是织纻的女奴。③

郑国的染业也很发达，《诗经·郑风》多次提及染料及衣着颜色。《出其东门》描写男子穿着绿色和白色衣裳，戴着青色头巾、红色的佩巾。《东门之墠》描写了茜草长在山坡。茜草是染红色的染料。由《诗经》可知，当时郑国普遍使用蓝草、茜草等植物为染料，衣服颜色已是绚丽多彩。

第三节　郑国的商业

春秋时期，随着社会生产力的提高，农业和手工业日益发达，社会分工越来越细，促使商品生产、交换的繁荣，商业逐渐发展起来。为了生活的方便，农村公社人口日益向城市集中，使得农村公社解体。春秋中后期，金属货币在商品交换中正式流通，各国集市贸易繁荣，已经形成了大的商业都市，正如马克思所言，商业依存于城市的发展，城市的发展又以商业为条件。春秋时期城市设有专门的商业市集，专业的自由商人大量涌现，成为新兴的阶级团体，"工商食官"制瓦解。郑国是工商业发达的国家，郑桓公和商人曾订有盟约，商人不背叛公家，公家也不干涉商人的经营。因此，郑国商业活跃，是春秋时期商业发展的典范。

一、春秋时期的商业

有人认为夏代晚期已有商人和商贸活动④，但真正的商业在商代成熟，西

---

① 《十三经注疏》整理委员会整理，李学勤主编：《春秋左传正义》卷三十九，十三经注疏标点本，北京大学出版社，1999年，第1108页。
② 上海师范大学古籍整理组校点：《国语》卷十三，上海古籍出版社，1978年，第443页。
③ 童书业：《西周春秋时代的手工业与商业》，《文史哲》1958年第1期，第28-37页。
④ 《山海经》中有夏代王亥从事商贸活动的记载，二里头文化遗址出土有贝和仿海贝等一般等价物，但当时还不称之为商人和商业，只是具备了其属性。

周时出现繁荣局面,商业已提至与农业、手工业同等重要的地位。《史记·货殖列传》引《周书》曰:"农不出则乏其食,工不出则乏其事,商不出则三宝绝,虞不出则财匮少。""此四者,民所衣食之原也。原大则饶,原小则鲜。上则富国,下则富家。""待农而食之,虞而出之,工而成之,商而通之。"①古代社会以农业为本,但生活中不少享用品则依仗商业而来,商业促使社会分工精细并保持它们之间的互通联系,由此社会得以运转和繁荣。关于商人及商业的产生,恩格斯认为:"文明使一切已确立的分工加强而增剧,尤其是更激成了城市与农村的对立。这里,或者如古代,城市握有对农村的经济支配,或者反之,有如中世纪,农村握有城市的经济支配,此外加上第三种文明固有的有决定意义的分工:即创造了一个不参加生产事业惟从事生产物交换的商人。"②周武王时,颁布"大聚先诱之以四郊"政策,并给出优厚条件"乃令县鄙商旅曰:'能来三室者,与之一室之禄'",目的是重建都邑,招商引资。因此,西周时期商人实力空前膨胀,甚至能与国君分庭抗礼。周厉王时的国人暴动,其中的国人就是指国都周围的商人。③

西周时期,"溥天之下,莫非王土",决定了王权高于一切,商业的运营掌握于官府手中,商人们还多只是为贵族当差。《国语·晋语》:"工商食官。"韦昭注:"工,百工;商,官贾也。周礼:府藏皆有贾人,以知物价。食官,官稟之。"④意思是手工业和商业都以官营为主,体现了封建领主阶级的思想意志,主要为他们的生活服务。官府商人隶属于官府,和手工业者一样为世袭,"商之子恒为商"。民营商品交换主要是农民的剩余生产物品进行的交换,从事此业的人还不能算是真正意义上的商人。春秋时期,王权衰落,诸侯兴起,工商食官制解体,出现了专业的自由商人,逐渐形成新兴的阶级集团。当统治者意识到商业能带来巨额财富时,纷纷实行新的工商管理办法。例如,东周都城洛邑居天下之中,交通便利,为商业中心,周人多以"商贾为资""巧伪趋利,贵利贱义,高富下贫,喜为商贾"。齐国实行"四民分业定居""轻重之术",管仲对外贸易采取比较自由的政策,在都城"为诸侯之商贾立客舍",使"天下之商贾归齐若流水"。齐国主持的葵丘之盟,五命中有两命是商业方面的要求,三命曰"毋忘宾旅",五命曰"毋遏籴"。晋国"轻关易道,通商宽农"。郑国则与商人订盟约,保护商人资本,给予商人优厚待遇,增强

---

① 司马迁撰:《史记·货殖列传》,中华书局,1959年,第3254-3255页。
② 恩格斯:《家庭、私有制和国家的起源》,人民出版社,2003年,第159-163页。
③ 翟文明编著:《三教九流》,中国和平出版社,2006年,第125页。
④ 上海师范大学古籍整理组校点:《国语》卷十,上海古籍出版社,1978年,第373页。

商人的国家使命感。

郑国在中原立国时，为了扩充人口，富强国家，就曾寻求商人的支持。商人多是在镐京经商的殷人后裔，有一部分沦为官府奴隶，郑桓公受封后随之来到其封地，东迁时又举迁至新郑地，开疆辟土。郑国与商人订立盟约，允许商人来此居住，许可他们继续经营商业。《左传·昭公十六年》子产曾追忆曰："昔我先君桓公，与商人皆出自周，庸次比耦，以艾杀此地，斩之蓬蒿藜藋，而共处之。世有盟誓，以相信也，曰：'尔无我叛，我无强贾，毋或匄夺。尔有利市宝贿，我勿与知'。恃此质誓，故能相保，以至于今。"①许倬云认为："此处的商人一向只以为单纯是商贾之意。如果郑桓公东迁寄孥之地，恰在旧日郑族所在的南郑，则'商人'的定义，大约正指周初西徙的殷商旧族。商贾的定义，反而可能是后起的了，周之东迁，晋郑是依。郑能在寄孥之后成为可依恃的东方重镇，未尝不可能由于有旧郑的支援。"②可见，"商人"原专指殷商旧族，后来成为专事商业贸易人员的专号。自此后，郑国政府与商人间都履盟誓，互相支持。首先，商人要以不背叛国家为前提，商人手中的商品要先用来满足国家需要，在得到国家许可后，才能把商品出售给他人。另外，商人可以建立相当于工会的组织，保持有一定程度的自主性。郑国对商人实行"不强买""不乞求""不掠夺"的商业政策，对商人经营商品不过问。这样，郑国建立起了商人与国家间的盟约关系，商人得到国家政治上保障的同时，郑国的商业经济也走向了繁荣。童书业先生说："春秋初年郑国小而强，盖以商业发展、经济富裕之故。"③

子产执政时，实行"市不豫贾"，不干涉商品买卖市场。《左传·昭公十六年》载，晋国权臣韩起有玉环一只，和其配对的另一支在郑国商人手中，于是韩起请求郑国国君为其向郑商人索要玉环。子产以"非官府之守器也，寡君不知"予以拒绝。子大叔等郑国大臣劝子产不要因小事而得罪晋国，应"求而与之"，子产说："大国之求，无礼以斥之，何餍之有？"④后韩起又想以低价从郑国商人手中购买，郑商说必须先告知子产。子产以郑桓公曾与商人有约誓，"我无强贾"，郑国不强买商人宝物，不能违背郑先君之誓言，制止了韩起的强

---

① 《十三经注疏》整理委员会整理，李学勤主编：《春秋左传正义》，十三经注疏标点本，北京大学出版社，1999年，第1352页。
② 许倬云：《西周史》，生活·读书·新知三联书店，2001年，第121页。
③ 童书业：《春秋左传研究》，上海人民出版社，1980年，第41页。
④ 《十三经注疏》整理委员会整理，李学勤主编：《春秋左传正义》，十三经注疏标点本，北京大学出版社，1999年，第1350页。

买行为。子产保护商人利益，奉行买卖自由的行为，有利于商品经济的发展。因此，子产死后，"商贾哭之于市，哭子产者，皆如丧父母"。

二、郑国商业便利条件

春秋时期，郑国成为商业发达的国家，除郑国国人素来有经商传统及立国之初的政策外，还有其他一些原因。

（一）条件设施

郑国处于中原地区，是诸侯国的中间地带，南北交通要冲，商贾往来必经之地，可西到周，北到晋，东到齐，南到楚。郑国水陆交通便利，四通八达。郑城位于溱洧二河会合处，黄水河紧临国都东城墙，从《诗经》"出其东门，有女如云"可知东门外应是码头所在地，人员往来熙攘。东门还有瓮城之类的设施，并且东门内设有客馆。郑国的馆驿制度据文献载较为完备。《缁衣》："适子之馆兮。"《左传·僖公三十三年》："郑穆公使视客馆，则束载、厉兵、秣马矣。"《左传·昭公十八年》："火作，子产辞晋公子、公孙于东门，使司寇出新客，禁旧客勿出于宫。"①便利的交通条件、完备的馆驿制度，有利于各国商人往来，商品集散。

（二）地理位置

春秋时期，诸侯国经济得到了快速发展，形成了具有地方特色的名牌产品，如齐国的鱼盐、丝帛文采等商品名闻天下，楚国的名产为杞梓、皮革、鸟羽、象牙等，晋国的名产为矿产、畜产品、池盐等。统治者为了享受奢侈的生活，要互通有无；为了富国强兵，要积聚财富。商业巨额利润受到统治者的格外关注，因而统治者发展商业的愿望特别强烈。《荀子·王制》："北海则有走马吠犬焉，然而中国得而畜使之；南海则有羽翮、齿革、曾青、丹干焉，然而中国得而财之；东海则有紫紶、鱼盐焉，然而中国得而衣食之；西海则有皮革、文旄焉，然而中国得而用之。"②中国，即指东周时期以洛邑为天下中心观念下的黄河中下游地区，郑国西邻东周，南接楚地，东攘宋、陈，东北相望于

---

① 《十三经注疏》整理委员会整理，李学勤主编：《春秋左传正义》，十三经注疏标点本，北京大学出版社，1999年，第474、1373-1374页。
② 王先谦撰，沈啸寰、王星贤点校：《荀子集解》卷五《王制》，新编诸子集成，中华书局，1988年，第161-162页。

齐、鲁，北与西北接卫与晋，为诸侯国往来枢纽之地，成为大国争夺的重心。《左传·僖公三十年》烛之武对秦穆公说："若舍郑以为东道主，行李之往来，共其乏困。"成公十二年（公元前579年），晋、楚和谈，约定："交贽往来，道路无壅。"① 把不封锁郑国的商路作为盟约之一，以利于各地物资运转交流。

（三）商业兴国

郑国国土狭小，资源有限，如依靠传统的农业很难创造更多财富，因此其借助有利的位置条件，大力发展商业，交流四方物资，依靠过境商品的税收、市场所缴的市税，增加国家财政收入。清魏源说："三河为天下之都会，卫都河内。郑都河南……据天下之中，河山之会。商旅之所走集也。商旅集则货财盛，货财盛则声色臻。"② 商品经济的发展带来了经济文化的繁荣，反过来也促进郑国城市的发展、市场的扩大，使郑国成为中原商贸中心，为国家的发展提供了资助。

郑国移居中原后，依据其优越的交通地理条件，成为诸侯国货物交易地，郑国政府对商业给予优惠政策，提倡发扬郑国经商传统，使郑商与国家相得益彰。郑国商业经济的发达，率先冲破了西周以来工商食官制度，春秋中后期，郑国势力衰弱，四面受敌，郑国商人在政治和经济上都给国家提供了大量帮助。

三、郑国商业市场

郑国商业发达，国内有众多的交易场所。交易场所称为"市"，孟子定义为"古之为市也，以其所有，易其所无者，有司者治之耳"③。西周时期，城邑中设有市以供所需。《周礼》载，周王室设有管理市场的官员，称为"司市"。郑国是东周列国商品交易的重要基地，都城即是著名的商业都市，市场规模大，设有专员进行管理。

郑国都城的市，文献中称为"逵市"。《左传·庄公二十八年》载，楚国伐郑，"众车入自纯门，及逵市"，杜预注："逵市，郭内道上市。"④ 逵，为路，

---

① 《十三经注疏》整理委员会整理，李学勤主编：《春秋左传正义》，十三经注疏标点本，北京大学出版社，1999年，第749页。
② 魏源：《诗古微》中编之三，清道光刻本，第192页。
③ 康濬：《孟子文说》卷二，清嘉庆刻本，第25页。
④ 《十三经注疏》整理委员会整理，李学勤主编：《春秋左传正义》，十三经注疏标点本，北京大学出版社，1999年，第290页。

也称大逵，逵市即是大路与市相连，逵是连接"纯门"与"邨门"间的道路，可容九具马车通行，可想见市场面积也应很大，才需这么宽的大道以利于商品货物的集散。成公十三年（公元前578年），"郑公子班……杀子印、子羽，反军于市"①，市场可容纳军队，也佐证郑国市场之大。

市，是都城繁华之地，贵族也依市而居。如齐国大夫晏婴之宅即"近市"，为的是"朝夕得所求"，购物方便；楚国的熊宜僚家住"市南"；郑国贵族也有依市而居的。《左传·襄公三十年》："伯有死于羊肆……敛而殡诸伯有之臣在市侧者。"②伯有为七穆之成员，是郑国掌权之贵族，死于羊肆，为他敛尸的家臣住于市场之侧，应离伯有所居之所不远。

关于郑国"市"，还见于《左传·昭公十八年》载，郑国发生大火灾，"三日哭，国不市"③，遇突发情况时可闭市。

郑国除都城中设有市外，其他邑中也有市。《周礼·地官·司市》："命夫过市罚一盖；命妇过市罚一帷。"郑玄注："大夫、内子过其都之市也。"④郑国的京、栎等大城邑，居住着大贵族，势力很大以至能与国君抗衡，为了生活便利及增加本邑经济收入，这些城邑都应设有市。

春秋时期典故成语中常见以郑人买物为喻。《太平御览》引《尹文子》："郑人谓玉未理者为璞，周人谓鼠未腊者为璞。周人怀璞，谓郑贾曰：'欲贾璞乎？'郑贾曰：'欲之。'出其璞视之，乃鼠也。因谢而不取。"⑤买椟还珠，《韩非子》："楚人有卖其珠于郑者，为木兰之柜，熏以桂椒，缀以珠玉，饰以玫瑰，辑以羽翠。郑人买其椟而还其珠。"郑人买鳖，《韩非子》："郑县人卜子妻之市，买鳖以归。过颍水，以为渴也，因纵而饮之，遂亡其鳖。"郑人买履，《韩非子》："郑人有欲买履者，先自度其足而置之其坐，至之市而忘操之。已得履，乃曰：'事忘持度。'反归取之。及反，市罢，遂不得履。"⑥韩非子屡以郑人买东西做喻，说明郑国的市场设置普遍，并且规定有营业时间；郑国商品

---

① 《十三经注疏》整理委员会整理，李学勤主编：《春秋左传正义》，十三经注疏标点本，北京大学出版社，1999年，第762页。
② 《十三经注疏》整理委员会整理，李学勤主编：《春秋左传正义》，十三经注疏标点本，北京大学出版社，1999年，第1119页。
③ 《十三经注疏》整理委员会整理，李学勤主编：《春秋左传正义》，十三经注疏标点本，北京大学出版社，1999年，第1375-1376页。
④ 《十三经注疏》整理委员会整理，李学勤主编：《周礼注疏》卷十四，十三经注疏标点本，北京大学出版社，1999年，第374页。
⑤ 孙雍长、熊毓兰校点：《太平御览》卷九百一十一，河北教育出版社，1994年，第286页。
⑥ 王先慎撰，钟哲点校：《韩非子集解》卷十一，新编诸子集成，中华书局，1998年，第266、278、279-280页。

除有与人们生活息息相关的日用品外，还有装饰品，如玉器等。春秋时期虽然战争频繁，但商人往来自由，不但郑商去外地经营，外国商人也来郑国经商。

郑国设有专员管理市场，称为"褚师"。《左传·昭公二年》载郑国大夫公孙黑（子晳）作乱，将死向子产"请以印为褚师"，杜预注："印，子晳之子。褚师，市官。"①《春秋左传诂》："《说文》：'褚，卒也。'《方言》：'卒，或谓之褚，主担幔弩导。'《广雅》：'亭父，褚卒也。'案杜注云：'褚师，市官，义亦本此，盖属褚卒之长耳。'"②郑国商业发达，市场管理之职应是肥缺，故子晳临死时为子请职。

四、郑国商人

春秋时期商业的兴起，工商食官制的破灭，必定产生商人阶层。商人职责为"阜通货贿"，"通四方之珍异以资之，谓之商旅"。他们运输、囤积商品，互通有无以赚取利润，积聚大量财富，成为大商人。《晋语》八："夫绛之富商……而能金玉其车，文错其服，能行诸侯之贿。"③商人实力大增，能参与国事。郑国以商业立国，制定的商业政策相对宽松，给商人一定的自主性，在"食在官府"的传统之下，商人从依附于官府到自由经营是一大进步，郑国率先突破了这一桎梏。因此，郑国公室与商人之间关系密切，郑国商人有强烈的爱国心，在国家事务及对外交往中起到了重要作用。《左传》中记载商贾活动不多，其中三次都是郑国商人的活动，反映出郑国商业的发达、商人的活跃。

《左传·僖公三十三年》载秦军欲偷袭郑国，"及滑，郑商人弦高将市于周，遇之。以乘韦先，牛十二，犒师，曰：'寡君闻吾子将步师出于敝邑，敢犒从者。不腆敝邑，为从者之淹，居则具一日之积，行则备一夕之卫。'且使遽告于郑"。弦高一面假借郑国君之名犒劳秦军，一面派人报与郑穆公，做好准备。秦军孟明曰："郑有备矣，不可冀也。攻之不克，围之不继，吾其还也。"④于是秦军灭滑而还。弦高的机智应对使郑国免遭一场战争。

弦高以牛皮四张、牛十二头慰秦军，应是重礼，使秦军没有怀疑，也可

---

① 《十三经注疏》整理委员会整理，李学勤主编：《春秋左传正义》，十三经注疏标点本，北京大学出版社，1999年，第1177页。
② 洪亮吉：《春秋左传诂》，清光绪四年授经堂刻本，第337页。
③ 上海师范大学古籍整理组校点：《国语》卷十四，上海古籍出版社，1978年，第476页。
④ 《十三经注疏》整理委员会整理，李学勤主编：《春秋左传正义》，十三经注疏标点本，北京大学出版社，1999年，第473-475页。

见弦高经营货物应为高档商品。《左传》中没有记述郑君与弦高的后续之事，但《淮南子·人间训》中有载："郑伯乃以存国之功赏弦高，弦高辞之曰：'诞而得赏，则郑国之信废矣。为国而无信，是俗败也。赏一人而败国俗，仁者弗为也。以不信得厚赏，义者弗为也。'遂以其属徙东夷，终身不返。"[①] 其实，与弦高同行的还有商人奚施，"郑贾人弦高、奚施将西市于周"，表明他们是以团队形式去周做生意。

《左传·成公三年》记载有郑国商人事迹。"荀罃之在楚也，郑贾人有将置诸褚中以出，既谋之，未行，而楚人归之。贾人如晋，荀罃善视之，如实出己。贾人曰：'吾无其功，敢有其实乎？吾小人不可以厚诬君子。'遂适齐。"[②] 晋将军荀罃被俘于楚国，托郑国商人搭救，证明郑国商人是个有能力之人，往来于晋、楚、齐等国之间做生意，资力深厚，不仅与晋罃扯得上关系，更应与楚国官员有密切接触。郑国商人活动已步入政治生活领域。

见于《左传》记载的另一位郑商，即为晋韩起欲向其购买玉环之人。他对韩起的强买行为，感到事情重大，不能轻易成交，故曰"必告君大夫"，而子产保护商人的交易自由，制止了韩起的蛮强行为。有人认为"则商人与政府之关系，仍未脱离'封建'领主之束缚。'封建'制下之商贾，以满足领主之需求为主要目的；领主与商人间，恒有一种相互约束之权利义务关系"[③]。也可认为，郑国商人认为韩宣子的行为是违背自由交易的行为，背离了郑国一贯实行的"尔有利市宝贿，我勿与知"的商业精神。

郑国商业与政治、经济相辅相成，国家颁布了保护商业发展的政策，给予商人一定的社会地位，使郑国商人以极高的热情活跃于政治、经济舞台。郑商在国家不强买、不索求、不掠夺、不干涉的商业政策下，来往自由，行走于各诸侯国之间，积聚了大量财富，不但在经济上支持郑国，在政治、外交上也支持郑国。郑国自立国以来，与商人达成了互相信任、休戚与共的关系，商人们的爱国举动，如说是作为一国之民的本分之举，不如说是郑国商业政策的成功之处。商人集团为郑国的发展做出了贡献。童书业评价说："春秋初年郑小而强，盖以商业发展、经济富裕之故。"[④]

春秋以来，随着诸侯国间贸易的蓬勃开展，逐渐形成了庞大的商人集团。

---

① 张双棣撰：《淮南子校释》卷十八，北京大学出版社，1997年，第1879页。
② 《十三经注疏》整理委员会整理，李学勤主编：《春秋左传正义》，十三经注疏标点本，北京大学出版社，1999年，第716页。
③ 李剑农：《中国古代经济史稿（第一卷）》，武汉大学出版社，1991年，第69页。
④ 童书业：《春秋左传研究》，中华书局，2008年，第39页。

商人阶层壮大的结果,就是要求政治地位的提高,这与贵族阶级的利益相矛盾。春秋中后期至战国,郑国七穆专权,商人阶级要想分得一部分政治利益是不可能的,但随着商人力量的不断壮大,有的甚至拥有了与国君分庭抗礼的能力,因而,商人就必定寻求新的结盟者,郑国和商人之间的同盟就失去了效力。尤其是后期的郑国国力衰微,不能对商人阶层提供保护,郑国也就慢慢失去了商人的资助,故后期郑国再没有出现著名的大商人,郑国的商业也逐渐衰落下去。

五、郑国货币

生活中有多种必需品,社会分工促使物品交换。随着生产力的发展,交换的产品增多,范围也逐步扩大,作为一般等价物的货币就应运而生了。开始时,常用的多种物品都可作为货币,但随着交换的扩大和频繁,就需要一种携带方便、使用持久且为人们广泛接受的东西作为货币,在这种情形之下,专用性货币产生。我国商代就有关于货币的简单记载,卜辞中常有"贝"字;周金文中载有赐贝之事,同时,金属货币也登上了历史的舞台。《史记·平准书》:"农工商交易之路通,而龟贝金钱刀布之币兴焉。"[1] 商业的兴旺扩大了对货币的需求,金属货币产生后,在贸易中的优势越来越明显,逐步取代其他实物货币以及贝币,成为统领商业贸易的独一货币。

春秋时期,各诸侯国铸币各不相同,在中国版图中形成了几个具有明显地域特征的货币体系和流通领域。黄河中下游晋、洛中原区域为布币区,齐国滨海区域为刀币区,楚国区域为蚁鼻币区,郑国属于布币区。

布币由农具铲演变而来,农具铲最早作为农具钱使用。春秋后期,布币开始脱离农具遗痕成为真正的金属铸币,但首部仍保留有农具銎空可纳柄的特征,所以称为空首布。郑国故城中行祭祀遗址东南的坑井中发现有铸钱遗物,尤其是钱范较多,同出的还有大量鼎、簋、壶、编钟等青铜礼乐器,表明此处应为铸礼乐器又兼铸货币的综合性手工作坊遗址。[2] 此处遗址铸造青铜器级别高,应为官办性质。从出土钱范来看,郑国钱币形制为大型空首平肩弧足,属周王区域体系。

---

[1] 司马迁撰:《史记·平准书》,中华书局,1959年,第1442页。
[2] 河南省文物考古研究所编著:《新郑郑国祭祀遗址》,大象出版社,2006年,第725页。

第九章　郑国的思想与文化

两周之际，郑人东迁，周人、商人和少数戎狄之人在中原这块具有悠久文化传统的土地上开始了融合，郑国的思想文化是多因素促成的，也是斑斓纷呈的。郑国与周王室的血缘亲近关系，决定了它是周礼的拥护者，处于纷争的时代又使它突破礼制约束以谋求最大的利益；郑国发达的商业，增强了国力，也利于思想文化的传播与交流。郑国虽是小国，但在对外交往中，邦交人员发挥聪明才智，制定相对有益的外交策略，外交辞令也极具特色。郑国特殊的地理和生存环境，对郑国人的思想、文学、艺术、音乐等都有重大影响，使郑国思想文化兼取众长，极具地方特色，具有时代的先进性和代表性。

第一节　郑国的思想

郑国是立国较晚的诸侯国，与周王室在血缘关系上是近亲，随周王室东迁至中原地区。在西周传统礼乐制度下，郑国应如鲁国那样是周王室的忠实守护者，也应是周礼的坚决遵循者。但春秋时期诸侯争霸，连年征战，礼制遭到破坏，郑国成为受战争影响最大的国家。在这样的形势下，郑国思想文化表现出独有的个性，对周礼、周德的遵守更多的是用来保护国家利益，或者维持旧贵族的正统地位，而新时代人格的觉醒，更注重对个体诉求的表达。郑国统治者实行的仁政，具有强烈的时代特色。郑国的思想体现了传统礼制与新兴人本主义的思想观念。

一、坚守周礼

郑国是重视礼的国家,郑国开国君主桓公、武公都为周朝卿士,担任司徒之职。司徒不仅掌内政军政,还掌教化。《周礼·大司徒》施十有二教:

> 一曰以祀礼教敬,则民不苟。二曰以阳礼教让,则民不争。三曰以阴礼教亲,则民不怨。四曰以乐礼教和,则民不乖。五曰以仪辨等,则民不越。六曰以俗教安,则民不愉。七曰以刑教中,则民不虣。八曰以誓教恤,则民不怠。九曰以度教节,则民知足。十曰以世事教能,则民不失职。十有一曰以贤制爵,则民慎德。十有二曰以庸制禄,则民兴功。①

司徒所教化民众内容涵盖整个社会生活,意在使民众懂礼识节,建立稳定的社会秩序,是维护统治的重要手段。作为司徒本人,应对周礼十分熟悉,也应是重礼之人。郑桓公维护周王室尊严地位,带兵征讨叛乱周王之淮夷、西戎,以身殉国。郑武公护周王东迁,也被任为卿士,虽然借司徒之名为谋己利而攻伐他国,但总体上还是尊崇周王、维护礼制的。郑庄公继位后,也继承了先君王朝卿士之位,凭借其雄才大略,借卿士之职与王朝军队到处杀伐,名义上维护周王之尊严,实际上扩张自己的势力。如隐公九年(公元前714年),郑庄公因"宋公不王"出兵伐宋,可见春秋时期定期朝见周王的觐见制度已无人遵守,杨伯峻先生评价说:"郑伯以宋之不王而讨宋者,亦犹齐桓伐楚,责其包茅不入,皆借辞而已。"②《左传》载庄公时期对外战争有十七次之多,多以"不礼"之名而讨之,郑国成为春秋以来首个小霸的国家,与周交恶,到周郑交质发生战争,郑国首先撕下了周王尊严的面纱,开启了"大逆不道"的先河。

在周、郑交恶中,郑国的作为虽然多与周礼相冲突,但还有遵礼的一面。如郑庄公与周王繻葛交战后,周王受伤而庄公不去追赶,晚上又派人前去慰问,保留周王尊严。郑国伐许国后,遵守礼制"灭国不绝祀"的原则,不毁其社稷,和楚国"灭国为县"的做法有天壤之别。因而"君子谓郑庄公于是乎有礼。礼,经国家,定社稷,序民人,利后嗣者也。许无刑而伐之,服而舍之,

---

① 《十三经注疏》整理委员会整理,李学勤主编:《周礼注疏》卷十,十三经注疏标点本,北京大学出版社,1999年,第246页。
② 杨伯峻编著:《春秋左传注》,中华书局,1990年,第65页。

度德而处之，量力而行之。相时而动，无累后人，可谓知礼矣"①。郑国还是一个遵礼尚仪的传统华夏诸侯国，郑庄公为知礼之人。

郑国强盛时期遵礼，衰弱时更讲求礼制。最具代表性的人物是子产，《左传》中多处表现子产据"礼"力争，为郑国树立据礼守信的形象。如襄公二十二年（公元前551年），晋人征朝于郑，子产慷慨陈词，数次提到"礼"，认为晋人违礼征朝于郑，是"政令无常"的表现，将会损害晋之大国形象，从而失去诸侯的支持，这样的舆论将会对楚国有利。襄公二十五年（公元前548年），郑国打败陈国，春秋时期"礼乐征伐自诸侯出"，故郑国据礼应献捷于盟主晋国，晋因怕楚国，故发难于郑国："何故侵小？"子产对曰："先王之命，唯罪所在，各致其辟。且昔天子之地一圻，列国一同，自是以衰。今大国多数圻矣！若无侵小，何以至焉？"子产暗示晋国土地是侵小而来，又怎能指责郑国呢。晋又责怪说："何故戎服？"子产则追溯了郑先君武公、庄公戎服辅王，故郑国秉承礼制，不敢废弃天子之令。子产的回答让晋国再也无法责问，只能说"其辞顺，犯顺不祥"②，即是说子产据礼而答，如违反则会招来不祥，晋国终于接受郑国的献捷。另外，在晋侯与诸侯平丘会盟中发生的"子产争承"，子产也是据"礼"而争，认为贡赋应是依诸侯国地位而定，位尊则重，郑国国小位卑，承担重赋是不礼的行为，最后子产争承成功。昭公十六年（公元前526年），晋国赵宣子强买郑商人玉环，子大叔、子羽劝子产不要因一玉环而得罪晋国，但子产对于大国的无礼要求，"以礼斥之"。

子产反对违背周礼，认为礼乃国存之根基，是"存亡之制"，遵之则国存，违之则国亡。子产说："侨闻为国非不能事大字小之难，无礼以定其位之患。"其处理事务时，以礼为据。如平定子晳之乱，用"幼事长""长让幼"之礼；"子产辞邑"事件中，子产不接受六邑而受三邑，公孙挥赞其"让不失礼"；子产不毁游氏祖庙，认为"无损于宾，而民不害，何故不为"。《左传》作者借君子之言评曰："子产于是乎知礼。礼，无毁人以自成也。"③

春秋以来，周礼屡被破坏僭越，春秋中后期，人们在纷争的乱世中又萌发起寻求礼制的念头，此时是礼治思想的高潮时期。据统计，"《左传》人物谈论礼者约有四十九次之多，但从隐公到宣公的一百三十余年间只有十二次，而

---

① 《十三经注疏》整理委员会整理，李学勤主编：《春秋左传正义》，十三经注疏标点本，北京大学出版社，1999年，第126-127页。
② 《十三经注疏》整理委员会整理，李学勤主编：《春秋左传正义》，十三经注疏标点本，北京大学出版社，1999年，第1024页。
③ 《十三经注疏》整理委员会整理，李学勤主编：《春秋左传正义》，十三经注疏标点本，北京大学出版社，1999年，第1293页。

从成公到昭公的八十年间，就有三十一次之多。从定公到哀公十四年，二十八年间也只有六次"①。子产是礼治思潮时期的一个代表人物。《左传·昭公元年》载晋国叔向询问子晳的情况，子产曰："无礼而好陵人，怙富而卑其上，弗能久矣。"子产遵礼得到孔子的赞赏，"'子产于是行也，足以为国基矣。《诗》曰："乐只君子，邦家之基。"子产，君子之求乐者也。'且曰：'合诸侯，艺贡事，礼也。'"②

子产死后，子大叔继承了子产重礼的思想。子大叔对礼制熟稔贯通，《左传》中多次记载子大叔论礼情景。如襄公三十一年（公元前542年），卫国文子入聘郑国，冯简子与子大叔迎接宾客，聘问结束后，文对卫侯说："郑有礼，其数世之福也。其无大国之讨乎！《诗》曰：'谁能执热，逝不以濯。'礼之于政，如热之有濯也。濯以救热，何患之有？"③子大叔重礼集中的表现是在昭公二十五年（公元前517年），子大叔向赵简子论"礼"，曰：

> 吉也闻诸先大夫子产曰："夫礼，天之经也，地之义也，民之行也。"天地之经，而民实则之。则天之明，因地之性，生其六气，用其五行。气为五味，发为五色，章为五声。淫则昏乱，民失其性。是故为礼以奉之：为六畜、五牲、三牺，以奉五味；为九文、六采、五章，以奉五色；为九歌、八风、七音、六律，以奉五声。为君臣上下，以则地义；为夫妇外内，以经二物；为父子、兄弟、姑姊、甥舅、昏媾姻亚，以象天明，为政事、庸力、行务，以从四时；为刑罚威狱，使民畏忌，以类其震曜杀戮；为温慈惠和，以效天之生殖长育。民有好恶、喜怒、哀乐，生于六气，是故审则宜类，以制六志。哀有哭泣，乐有歌舞，喜有施舍……以制死生。生，好物也；死，恶物也。好物，乐也；恶物，哀也。哀乐不失，乃能协于天地之性，是以长久。④

在此，子大叔阐述了子产礼的概念，并把礼的内涵进一步扩大化和理性化，赵简子听子大叔议论后，赞叹地说："甚哉，礼之大也！"子大叔又进一

---

① 刘毓庆：《春秋会盟燕享与诗礼风流》，《晋阳学刊》2004年第2期，第89-93页。
② 《十三经注疏》整理委员会整理，李学勤主编：《春秋左传正义》，十三经注疏标点本，北京大学出版社，1999年，第1330页。
③ 《十三经注疏》整理委员会整理，李学勤主编：《春秋左传正义》，十三经注疏标点本，北京大学出版社，1999年，第1132页。
④ 《十三经注疏》整理委员会整理，李学勤主编：《春秋左传正义》，十三经注疏标点本，北京大学出版社，1999年，第1447-1455页。

步说:"礼,上下之纪,天地之经纬也,民之所以生也,是以先王尚之。故人之能自曲直以赴礼者,谓之成人。大,不亦宜乎!"子大叔将礼作为贯通天、地、人的最高原则,从而证明礼是整个宇宙的普遍法则,使赵简子心悦诚服,"鞅也请终身守此言也"。

昭公三十年(公元前512年),晋顷公卒,子大叔吊,晋国又设难于郑国,曰:"悼公之丧,子西吊,子蟜送葬。今吾子无贰,何故?"子大叔面对晋国质问,用礼制作了强硬的反驳,对曰:

> 诸侯所以归晋君,礼也。礼也者,小事大、大字小之谓。事大在共其时命,字小在恤其所无。以敝邑居大国之间,共其职贡,与其备御不虞之患,岂忘共命?先王之制:诸侯之丧,士吊,大夫送葬;唯嘉好、聘享、三军之事于是乎使卿。晋之丧事,敝邑之间,先君有所助执绋矣。若其不间,虽士、大夫有所不获数矣。大国之惠,亦庆其加,而不讨其乏,明底其情,取备而已,以为礼也。灵王之丧,我先君简公在楚,我先大夫印段实往,敝邑之少卿也。王吏不讨,恤所无也。今大夫曰:"女盍从旧?"旧有丰有省,不知所从。从其丰,则寡君幼弱,是以不共。从其省,则吉在此矣。唯大夫图之!①

子大叔的反驳使晋人无话可说。

子产及子大叔坚守重礼思想,是因郑国与周王室血缘关系很近,自建立以来就有重礼的传统。另外,春秋中期之后,周礼虽遭到严重的破坏,但诸侯国还都视周王为天下共主,维系着礼制的制约作用,对于不合"礼"的要求,小国还可据礼拒绝反驳,所以屈服于大国的小国,更是希望恢复礼制下的等级秩序以保持尊严和完整,减免大国欺诈,于是兴起了重礼思潮,郑国即是代表之一。至战国时期,随着诸侯兼并战争的展开,灭国运动日益激烈,礼制的温情面纱被彻底撕掉,诸如郑国般的弱小国家也就走向了穷途末路。

二、为政以德

郑国除强调礼治作用外,还十分重视德的作用,尤其子产执政时期,正

---

① 《十三经注疏》整理委员会整理,李学勤主编:《春秋左传正义》,十三经注疏标点本,北京大学出版社,1999年,第1516-1517页。

是郑国四面强敌临境之际，郑国实力不足以对抗大国，所以特别重视德政，强调"为政必以德"。实际上重德思想在子产年幼时就得到体现。《左传·襄公八年》载，郑子国、子耳侵蔡国，俘虏了蔡国司马公子燮，郑人都很高兴，只有子产例外，说："小国无文德而有武功，祸莫大焉。楚人来讨，能勿从乎？从之，晋师必至。晋、楚伐郑，自今郑国，不四五年，弗得宁矣。"[①]子产认为一个小国无德而好战，必定招来大祸。

子产推崇德，在与大国交涉时，常常以德为依据，指出大国做法不符合德之处，为郑国赢得利益。如襄公二十四年（公元前549年），晋国范宣子执政，对弱国强征重币，子产去信劝告说："子为晋国，四邻诸侯不闻令德，而闻重币，侨也惑之。……夫令名，德之舆也。德，国家之基也。有基无坏，无亦是务乎！有德则乐，乐则能久。《诗》云：'乐旨君子，邦家之基。'有令德也夫！'上帝临女，无贰尔心'。有令名也夫！恕思以明德，则令名载而行之，是以远至迩安。"[②]从中可以看出，子产认为德是国家的基础和根本，只有用德治理，国家才能长治久安，奉劝范宣子务德、明德，不要一味聚财。襄公二十八年（公元前545年），子产辅助郑国国君出使楚国，设帐而不筑坛，楚国质问之，子产从容应答，曰："是故作坛以昭其功，宣告后人，无怠于德。"以德之名而不失国体。

《史记·郑世家》也记载了子产的重德思想："（郑定公）四年，晋昭公卒，其六卿强，公室卑。子产谓韩宣子曰：'为政必以德，毋忘所以立。'"另"（郑定公）六年，郑火，公欲禳之。子产曰：'不如修德'"[③]。

子产继承了西周以来"以刑辅德，明德慎罚"的思想，提出治国要"宽""猛"相济，既要注重德的教化，也要执行严刑峻法。昭公二十年（公元前522年），子产病重，对子大叔说："我死，子必为政。唯有德者，能以宽服民，其次莫如猛。夫火烈，民望而畏之，故鲜死焉；水懦弱，民狎而玩之，则多死焉。故宽难。"子产认为有德的人才能实行宽政，但有德的人毕竟是少数，因而治理国家要宽猛相济。子大叔执政后，不忍实行猛政，致使郑国盗贼兴起，取人于萑苻之泽，子大叔悔曰："吾早从夫子，不及此。"于是，子大叔兴徒兵以攻取萑苻之盗贼，尽杀之，局面才得以控制。这是子大叔在无德者环境

---

① 《十三经注疏》整理委员会整理，李学勤主编：《春秋左传正义》，十三经注疏标点本，北京大学出版社，1999年，第856页。
② 《十三经注疏》整理委员会整理，李学勤主编：《春秋左传正义》，十三经注疏标点本，北京大学出版社，1999年，第1004-1005页。
③ 司马迁撰：《史记·郑世家》，中华书局，1959年，第1774页。

下实施宽政的结果，可见德的实行是有条件的。子产宽猛相济的治国策略得到孔子的赞赏："善哉！政宽则民慢，慢则纠之以猛。猛则民残，残则施之以宽。宽以济猛，猛以济宽，政是以和。"①孔子主张宽猛相济，后来发展为儒家德主刑辅的思想。孔子对子产多有称赞，认为子产能"惠人"，"有君子之道四焉：其行己也恭，其事上也敬，其养民也惠，其使民也义"②，并且认为子产的行为符合君子的道德标准。

三、施民以仁

郑国统治思想中有仁政成分。早年桓公实施东迁过程中，原郑地民众随之迁移，是因桓公威望高，善于笼络人心，表现出了作为国君仁政爱民的一面。两周之际，在商人地位还十分低贱的情况下，为取得商人对郑立国的支持，郑桓公与商人达成盟约，确定商人在郑国的特殊地位，以后郑国历代国君都遵守此约定，形成了商人与国家荣辱与共的关系。这些都可以说是郑国统治思想中仁政的表现。

《左传》载子产执政时期，也多次体现出仁政思想。

《左传·襄公二十五年》：

> 晋程郑卒。子产始知然明，问为政焉。对曰："视民如子。见不仁者诛之，如鹰鹯之逐鸟雀也。"子产喜，以语子大叔，且曰："他日，吾见蔑之面而已，今吾见其心矣。"子大叔问政于子产。子产曰："政如农功，日夜思之，思其始而成其终。朝夕而行之，行无越思，如农之有畔。其过鲜矣。"③

在此，子产表现出与然明一样"视民如子，见不仁者诛之"的思想。子产把为政比为务农，要多勤，多思，再实行，其与子大叔达成共识——治国之道在于仁政。子产爱民思想还体现于襄公三十年（公元前543年），子产如陈

---

① 《十三经注疏》整理委员会整理，李学勤主编：《春秋左传正义》，十三经注疏标点本，北京大学出版社，1999年，第1407页。

② 《十三经注疏》整理委员会整理，李学勤主编：《论语注疏》卷五，十三经注疏标点本，北京大学出版社，1999年，第62页。

③ 《十三经注疏》整理委员会整理，李学勤主编：《春秋左传正义》，十三经注疏标点本，北京大学出版社，1999年，第1027-1028页。

莅盟，回国复命，告大夫说："陈，亡国也，不可与也。聚禾粟，缮城郭，恃此二者，而不抚其民。其君弱植，公子侈，大子卑，大夫敖，政多门，以介于大国，能无亡乎？不过十年矣。"①子产分析了陈亡国的原因，重要原因是"聚禾粟，缮城郭"而"不抚其民"，可见，在子产心中民为大。子产的仁政爱民还体现在"不毁乡校"事件中。子产执政后，郑人常到乡校议论国政，然明主张毁掉乡校，以防人之口，子产说：

> 夫人朝夕退而游焉，以议执政之善否。其所善者，吾则行之；其所恶者，吾则改之，是吾师也。若之何毁之？我闻忠善以损怨，不闻作威以防怨。岂不遽止？然犹防川，大决所犯，伤人必多，吾不克救也。不如小决使道，不如吾闻而药之也。②

子产对乡校的态度继承了召公民主政治思想，召公曾说："防民之口，甚于防川。川壅而溃，伤人必多。民亦如之。是故为川者，决之使导；为民者，宣之使言。"③子产对乡校的态度体现了政治家的风范，孔子认为是"仁"的表现，"以是观之，人谓子产不仁，吾不信也"。

四、人本观念

春秋时期，伴随着礼制崩坏的是人性的觉醒，人们对虚无的上天、鬼神产生怀疑，更加注重实际的人本感受。郑国子产的思想即是代表。昭公十八年（公元前524年），郑的邻国宋、卫、陈相继发生火灾，郑主管祭祀的官员提议用宝物祭祀灶神以求免灾。子产说："天道远，人道迩，非所及也，何以知之？灶焉知天道？是亦多言矣，岂不或信？"④他认为天道远离人间，天体运行的轨道与人事遵行的法则也毫不相干，怎么能知道人间的事情呢，相反人道就在身边，可以掌握，还是先把身边的事情办好，否定传统的迷信思想。昭公十九年（公元前523年），郑国闹水灾，人们请求祭祀龙神，子产又拒绝了，说："我

---

① 《十三经注疏》整理委员会整理，李学勤主编：《春秋左传正义》，十三经注疏标点本，北京大学出版社，1999年，第1117页。
② 《十三经注疏》整理委员会整理，李学勤主编：《春秋左传正义》，十三经注疏标点本，北京大学出版社，1999年，第1132-1133页。
③ 上海师范大学古籍整理组校点：《国语》卷一，上海古籍出版社，1998年，第9页。
④ 《十三经注疏》整理委员会整理，李学勤主编：《春秋左传正义》，十三经注疏标点本，北京大学出版社，1999年，第1373页。

斗，龙不我觌也。龙斗，我独何觌焉？禳之，则彼其室也。吾无求于龙，龙亦无求于我。"① 可见，在子产心中，鬼神与人是没有联系的，人事重于鬼神之事。

人们虽然否认鬼神，但对人之本体复杂神秘抱以敬畏态度，相信人死灵魂不灭，如子产认为"人生始化曰魄，既生魄，阳曰魂。用物精多，则魂魄强"，如果匹夫匹妇强死，其魂魄犹能滋生"淫厉"。在现实世界中，人性是逐于名利的，"夫小人之性，衅于勇，啬于祸，以足其性而求名焉者"②。

第二节　郑国的文学

春秋时期是中国古代社会的大变革时期。郑国独特的政治氛围、地理位置、经济状态，形成了具有浓郁地域特色的文化，使其文学呈现出包含时代特征但又不同于其他诸侯国的独特面貌，既有传统周文化的风格，也具有开放和流动的个性。郑国文学包括诗歌、辞令及行人问答等，诗歌主要以《诗经》中的《郑风》为代表，辞令、行人专对见于《左传》《国语》等记载。

一、诗歌《郑风》

《诗经》是周代礼乐教化的产物，约于公元前六世纪编定成书。《诗经》分为风、雅、颂三部分，经过乐师润色、配弦，用于祭祀、宴享、朝聘等场合，主要功能是典礼、讽谏和娱乐，目的是歌颂盛德、警戒得失、教化人民。因而，《诗经》中的诗篇都是乐歌，因乐谱失传，故只以文本形式流传下来。《诗经》中《郑风》共有二十一首，占十五国风中的八分之一，其中五首为颂赞、讽谏诗，其余为男女爱情诗。

（一）颂赞、讽谏篇

《缁衣》为赞颂武公所作。《诗序》："父子并为周司徒，善于其职，国人

---

① 《十三经注疏》整理委员会整理，李学勤主编：《春秋左传正义》，十三经注疏标点本，北京大学出版社，1999年，第1384-1385页。
② 《十三经注疏》整理委员会整理，李学勤主编：《春秋左传正义》，十三经注疏标点本，北京大学出版社，1999年，第1248-1249、1048页。

宜之，故美其德，以明有国善善之功焉。"① 显然，郑国建立初年，二位开国之君作为王室司徒，掌于礼制，教化人民，所以人们盛赞其德。《缁衣》：

> 缁衣之宜兮，敝，予又改为兮。
> 适子之馆兮，还，予授子之粲兮。
> 缁衣之好兮，敝，予又改造兮。
> 适子之馆兮，还，予授子之粲兮。
> 缁衣之席兮，敝，予又改作兮。
> 适子之馆兮，还，予授子之粲兮。

《叔于田》为刺庄公之作，"叔处于京，缮甲治兵，以出于田，国人说而归之"。《叔于田》：

> 叔于田，巷无居人。岂无居人？不如叔也。
> 洵美且仁。
> 叔于狩，巷无饮酒。岂无饮酒？不如叔也。
> 洵美且好。
> 叔适野，巷无服马。岂无服马？不如叔也。
> 洵美且武。

《大叔于田》也是刺庄公之作。"叔多才而好勇，不义而得众也。"孔颖达正义："叔负才恃众，必为乱阶，而公不知禁，故刺之。"《大叔于田》：

> 叔于田，乘乘马。执辔如组，两骖如舞。叔在薮，火烈具举。
> 襢裼暴虎，献于公所。将叔无狃，戒其伤女。
> 叔于田，乘乘黄。两服上襄，两骖雁行。叔在薮，火烈具扬。
> 叔善射忌，又良御忌。抑磬控忌，抑纵送忌。
> 叔于田，乘乘鸨。两服齐首，两骖如手。叔在薮，火烈具阜。
> 叔马慢忌，叔发罕忌，抑释掤忌，抑鬯弓忌。

《清人》为讽刺郑国高克的诗。清人，清邑之人，即高克所率士兵。鲁闵公二年冬，狄人攻卫国，郑派高克助之，但高克只会练兵养马而不能实战，结果被击败。《诗序》："刺文公也。高克好利而不顾其君，文公恶而欲远之不能。

---

① 《十三经注疏》整理委员会整理，李学勤主编：《毛诗正义》，十三经注疏标点本，北京大学出版社，1999年，第267页。此节所引《郑风》均出自《毛诗正义》，其他不再标注。

使高克将兵而御狄于竟，陈其师旅，翱翔河上。久而不召，众散而归，高克奔陈。公子素恶高克进之不以礼，文公退之不以道，危国亡师之本，故作是诗也。"《左传》："郑人恶高克，使帅师次于河上，久而不召，师溃而归，高克奔陈。郑人为之赋《清人》。"《清人》：

> 清人在彭，驷介旁旁。二矛重英，河上乎翱翔。
> 清人在消，驷介麃麃。二矛重乔，河上乎逍遥。
> 清人在轴，驷介陶陶。左旋右抽，中军作好。

《羔裘》为讽谏诗，《诗序》："刺朝也。言古之君子，以风其朝焉。"郑玄笺曰："言，犹道也。郑自庄公，而贤者陵迟，朝无忠正之臣，故刺之。"《羔裘》：

> 羔裘如濡，洵直且侯。彼其之子，舍命不渝。
> 羔裘豹饰，孔武有力。彼其之子，邦之司直。
> 羔裘晏兮，三英粲兮。彼其之子，邦之彦兮。

（二）爱情诗

《郑风》有十六首是表达男女情爱的诗歌，为《将仲子》《遵大路》《女曰鸡鸣》《有女同车》《山有扶苏》《萚兮》《狡童》《褰裳》《丰》《东门之墠》《风雨》《子衿》《扬之水》《出其东门》《野有蔓草》《溱洧》。爱情是歌颂的永恒主题。

《郑风》情诗有三种形式：女性情诗，男性情诗，男女互答情诗。

1.女性情诗

朱熹认真研读《诗经》，著有《诗集传》，认为《郑风》中爱情诗多为"女感男之语"。经统计，女性情诗有《将仲子》《遵大路》《山有扶苏》《萚兮》《狡童》《褰裳》《丰》《风雨》《子衿》《东门之墠》十首，确实占大多数。

《将仲子》：

> 将仲子兮！无逾我里，无折我树杞。
> 岂敢爱之？畏我父母。仲可怀也，
> 父母之言，亦可畏也！
> 将仲子兮！无逾我墙，无折我树桑。
> 岂敢爱之？畏我诸兄。仲可怀也，
> 诸兄之言，亦可畏也！

将仲子兮！无逾我园，无折我树檀。
岂敢爱之？畏人之多言。仲可怀也，
人之多言，亦可畏也。

《诗序》认为此为刺庄公之作，"不胜其母，以害其弟。弟叔失道而公弗制，祭仲谏而公弗听，小不忍以致大乱焉"。其借用情诗形式，模拟庄公之语气而谕祭仲，但后来被重新定为情诗，朱熹认为是"淫奔之辞"。不管其原本如何，可以肯定的是，其是描写女子与仲子的爱情诗。女子对仲子满怀爱恋，但又顾及家庭及别人的闲言碎语。他们约会时，"逾里""逾墙""逾园"表明爱情强烈，社会风气开放，但"无逾""无折"，畏父母、畏诸兄、畏人言等词语，也表现出其受到礼的约束。

《遵大路》：

遵大路兮，掺执子之祛兮！无我恶兮，不寁故也！
遵大路兮，掺执子之手兮！无我魗兮，不寁好也！

朱熹《诗集传》认为是"男女相悦之词"，有人认为是一首弃妇歌。也可认为是分别时，姑娘唱给恋人的歌，表达了依依不舍的心情。

《山有扶苏》：

山有扶苏，隰有荷华。不见子都，乃见狂且。
山有乔松，隰有游龙。不见子充，乃见狡童。

这首诗描写了女子希望恋人为美男子，但偏遇到的他为狂且、狡童。《诗集传》认为"淫女戏其所私者"，可理解为女子与情人约会时，对恋人的俏骂。

《萚兮》：

萚兮萚兮，风其吹女！叔兮伯兮，倡予和女！
萚兮萚兮，风其漂女！叔兮伯兮，倡予要女！

《毛诗序》说："《萚兮》，刺忽也。君弱臣强，不倡而和也。"后人已看不出其中的联系。朱熹《诗集传》认为"此淫女之词"。现学者多认为其应是相会时的对歌，并没有淫乱之意。

《狡童》：

彼狡童兮，不与我言兮。维子之故，使我不能餐兮！

彼狡童兮，不与我食兮。维子之故，使我不能息兮！

《毛诗序》云："刺忽也。不能与贤人图事，权臣擅命也。"郑笺云："权臣擅命，祭仲专也。"意讽郑昭公忽不能与贤人共图国事，致使祭仲擅权，危害国家，故作此诗讽刺之。《诗集传》认为"此亦淫女见绝而戏其人之词"。今天来看，此诗描写了一位女子与恋人间出现疏离的过程，从"不与我言"至"不与我食"，使得这位女子寝食难安，夜不能寐。

《褰裳》：

子惠思我，褰裳涉溱。子不我思，岂无他人？狂童之狂也且！
子惠思我，褰裳涉洧。子不我思，岂无他士？狂童之狂也且！

此诗描写一位泼辣女子对相中小伙子的戏谑嗔怪之情。朱熹《诗集传》认为是"淫女语其所私者"，实际上，郑国习俗，每年仲春上巳节，少男少女们聚溱洧河畔，在水中洗浴、踏青游春，借此表达爱慕之情。

《丰》：

子之丰兮，俟我乎巷兮。悔予不送兮！
子之昌兮，俟我乎堂兮。悔予不将兮！
衣锦褧衣，裳锦褧裳。叔兮伯兮，驾予与行！
裳锦褧裳，衣锦褧衣。叔兮伯兮，驾予与归。

该诗描写一位女子当初没有相随心爱之人的后悔心情，希望男子能与她重修旧好。《诗序》："刺乱也。昏姻之道缺，阳倡而阴不和，男行而女不随。"《诗集传》："妇人所期之男子已俟乎巷，而妇人以有异志不从，既则悔之，而作是诗。"后代学者分析，诗中女子因未能与心爱之人结婚而悔恨，原因在于女方，陈子展先生分析说："《丰篇》，盖男亲迎而女不得行，父母变志，女自悔恨之诗。"此说极是。

《风雨》：

风雨凄凄，鸡鸣喈喈。既见君子，云胡不夷？
风雨潇潇，鸡鸣胶胶。既见君子，云胡不瘳？
风雨如晦，鸡鸣不已。既见君子，云胡不喜？

该诗描写了男女双方在黎明时相会，女子见到爱人后喜悦的心情。有人认为是夫妻重逢,也有人认为是思念情人。《毛诗序》:"《风雨》,思君子也。乱世则思君子,不改其度焉。"《诗集传》:"淫奔之女言当此之时,见其所期之人,而心悦也。"

《子衿》:

> 青青子衿,悠悠我心。纵我不往,子宁不嗣音?
> 青青子佩,悠悠我思。纵我不往,子宁不来?
> 挑兮达兮,在城阙兮。一日不见,如三月兮!

该诗表达了女子思念爱人,嗔怪他没有音讯。《毛诗序》:"刺学校废也。乱世则学校不修焉。"《诗集传》:"此亦淫奔之诗。"钱钟书先生认为:"《子衿》云:'纵我不往,子宁不嗣音?''子宁不来?'薄责己而厚望于人也。已开后世小说言情心理描绘矣。"

2. 男性情诗

从男性角度写的情诗有:《扬之水》《出其东门》《野有蔓草》《有女同车》四首。

《扬之水》:

> 扬之水,不流束楚。终鲜兄弟,维予与女。无信人之言,人实迋女。
> 扬之水,不流束薪。终鲜兄弟,维予二人。无信人之言,人实不信。

此诗描写将远行的丈夫临行前对妻子的嘱咐,要她不要轻信别人,这世上只有我和你。表现了丈夫对妻子的深厚感情,家庭于男子心中的重要性。《诗序》:"《扬之水》,闵无臣也。君子闵忽之无忠臣良士,终以死亡,而作是诗也。"《诗集传》谓"淫者相谓"。

《出其东门》:

> 出其东门,有女如云。虽则如云,匪我思存。缟衣綦巾,聊乐我员。
> 出其闉阇,有女如荼。虽则如荼,匪我思且。缟衣茹藘,聊可与娱。

郑国东门临溱、洧二水,上巳节,有男女出游相会的习俗。此诗正是表达了此情形下男子对心爱人的忠贞之情,虽然美女如云,但心中所思仍为她一人。《毛诗序》:"闵乱也。公子五争,兵革不息,男女相弃,民人思保其室家焉。"《诗集传》:"人见淫奔之女而作此诗。以为此女虽美且众,而非我思之所存,不如己之室家,虽贫且陋,而聊可自乐也。"清姚际恒《诗经通论》:"小序谓'闵乱',诗绝无此意。按郑国春月,士女出游,士人见之,自言无所系思,而室家聊足娱乐也。男固贞矣,女不必淫。以'如云'、'如荼'之女而皆谓之淫,罪过罪过!"

《野有蔓草》:

> 野有蔓草,零露漙兮。有美一人,清扬婉兮。邂逅相遇,适我愿兮。
>
> 野有蔓草,零露瀼瀼。有美一人,婉如清扬。邂逅相遇,与子偕臧。

《诗序》:"《野有蔓草》,思遇时也。君之泽不下流,民穷于兵革,男女失时,思不期而会焉。"孔颖达正义:"作《野有蔓草》诗者,言思得逢遇男女合会之时,由君之恩德润泽不流及于下,又征伐不休,国内之民皆穷困于兵革之事,男女失其时节,不得早相配耦,思得不与期约而相会遇焉。是下民穷困之至,故述其事以刺时也。"①《诗集传》谓"男女相遇于野田草露之间,故赋其所在以起兴",可见宋时已认为此诗描写一位男子在田野邂逅一位眉清目秀、温婉妩媚的美女,双方情意相合的情形。

《有女同车》:

> 有女同车,颜如舜华。将翱将翔,佩玉琼琚。彼美孟姜,洵美且都!
>
> 有女同行,颜如舜英。将翱将翔,佩玉将将。彼美孟姜,德音不忘!

《诗序》认为该诗是刺郑国的太子忽不婚于齐,"太子忽尝有功于齐,齐侯请妻之。齐女贤而不取,卒以无大国之助,至于见逐,故国人刺之"。《诗集传》以为是"淫奔之诗"。诗中女子"佩玉琼琚""佩玉将将",出行乘车,应是一位贵族女子,不但"洵美",还有"德音",为品貌并重的贵族女子,或指郑公

---

① 《十三经注疏》整理委员会整理,李学勤主编:《毛诗正义》,十三经注疏标点本,北京大学出版社,1999年,第320页。

子忽不娶的齐国公主。因此,此诗固有刺忽之意,但也反映出郑国男子的择偶标准。

3. 男女互答

《东门之墠》:

> 东门之墠,茹藘在阪。其室则迩,其人甚远!
> 东门之栗,有践家室。岂不尔思?子不我即!

诗前半部是男子所唱,后半部为女子所答,一唱一和是郑国民间典型对歌形式,表达恋人间的思念之情,所谓"有女怀春,吉士诱之"。《毛诗序》:"刺乱也。男女有不待礼而相奔者也。"《诗集传》:"门之旁有墠,墠外有阪,阪之上有草,识其所与淫者之居也。室迩人远者,思之而未得见之辞也。"

《溱洧》:

> 溱与洧,方涣涣兮。士与女,方秉蕑兮。
> 女曰:"观乎?"士曰:"既且。"且往观乎!洧之外,洵讦且乐。
> 维士与女,伊其相谑,赠之以勺药。
> 溱与洧,浏其清矣。士与女,殷其盈矣。
> 女曰:"观乎?"士曰:"既且。"且往观乎!洧之外,洵讦且乐。
> 维士与女,伊其将谑,赠之以勺药。

诗中描写三月三民间上巳节,青年男女到溱洧河边春游,相互谈笑、戏谑并赠送香草表达爱慕之情的情景。《诗序》:"《溱洧》,刺乱也。兵革不息,男女相弃,淫风大行,莫之能救焉。"《诗集传》谓"此诗淫奔者自叙之词"。《韩诗》:"《溱洧》,说人也。郑国之俗,三月上巳之日,于两水上,招魂续魄,拂除不祥,故诗人愿与所说者俱往观也。"

《女曰鸡鸣》:

> 女曰鸡鸣。士曰昧旦。子兴视夜,明星有烂。将翱将翔,弋凫与雁。
> 弋言加之,与子宜之。宜言饮酒,与子偕老。琴瑟在御,莫不静好。
> 知子之来之,杂佩以赠之。知子之顺之,杂佩以问之!知子之好之,杂佩以报之!

此诗通过男女互答，表现了青年男女和谐的家庭生活和诚笃热烈的感情。《毛诗序》谓"刺不说德也。陈古义以刺今，不说德而好色也"。《诗集传》谓"此诗人述贤夫妇相警戒之词"。

（三）《郑风》的特点

《诗经·郑风》有二十一首诗，在十五国风中为最多，其中爱情诗十六首，朱熹《诗集传》："郑、卫之乐皆为淫声。然以诗考之，卫诗三十有九，而淫奔之诗才四之一；郑诗二十有一，而淫奔之诗已不翅七之五。"[①]

综观《郑风》，爱情诗主要反映的内容有家庭、择偶标准、约会。

反映家庭生活的诗歌有《扬之水》《女曰鸡鸣》。《扬之水》描写丈夫远行，临行前对妻子百般叮咛的情景；《女曰鸡鸣》则是妻子催丈夫去打猎、祈愿满载而归、丈夫赠佩，表现了夫妻恩爱、和谐的家庭生活和诚笃而热烈的感情。描写家庭生活的诗歌，一方面反映出郑国家庭结构为稳定的一夫一妻，家庭是社会安定的基石，因而要加以宣扬和巩固；另一方面也反映出男女相爱专一的思想感情，有长相厮守、白头到老的愿望。《出其东门》也是男子向爱人表达忠贞不二感情的诗歌，从中可见郑国人对家庭生活的重视，对美好生活的向往。

反映择偶标准的诗歌有《有女同车》，从诗中可见"美""仁""好""武"是女子选婿的标准，而男子选妻的标准为"美"与"德"。

反映男女约会场景的诗歌有《山有扶苏》《野有蔓草》，约会地点为山野田间；《子衿》《东门之墠》《出其东门》约会地为城门，其中郑城东门是重要的约会场所；《褰裳》《溱洧》约会地为溱水、洧水；《风雨》则是黎明时的约会。

内容为家庭生活和择偶标准的诗歌应为正常生活状态的反映，表现了郑地人们的生活情况、思想意识和价值观念，均符合礼的规范。男女相会的诗歌背景多发生于节日狂欢之时，如仲春时上巳节。上巳节为传统节日，《周礼》："女巫掌岁时祓除、衅浴。"郑玄注："岁时祓除，如今三月上巳如水上之类。衅浴，谓以香熏草药沐浴。"[②]意即女巫职掌每年的祓除仪式，并为人们衅浴除灾。这种形式称为祓祭或禊。春秋时期，这种活动已经流传到民间，还保留有原来节日内容：祓禊不祥、男女相亲、求婚姻子嗣。《宋书》引《韩诗》曰：

---

① 朱熹集注：《诗集传》，上海古籍出版社，1980年，第56页。
② 《十三经注疏》整理委员会整理，李学勤主编：《周礼注疏》卷二十六，十三经注疏标点本，北京大学出版社，1999年，第691页。

"郑国之俗，三月上巳，之溱、洧两水之上，招魂续魄。秉兰草，拂不祥。"①《太平御览》引《韩诗外传》云："'溱与洧'，说人也。郑国之俗：三月上巳之日，于两水上招魂续，被除不祥。"② 可见，郑国上巳节格外隆重，究其原因，除为传统节日外，还因为郑国于仲春三月易有火灾。《左传·昭公十七年》梓慎曰："……火（星）出，于夏为三月，于商为四月，于周为五月。夏数得天。若火作，其四国当之，在宋、卫、陈、郑乎？……郑，祝融之虚也，皆火房也。"杜预注："祝融，高辛氏之火正，居郑。"③ 因郑为"火房"，故春三月，郑国风俗要在上巳节，值春日水势正盛、火势萌发之际，男女会于溱、洧，喻义以水灭火，禳除灾难。

先秦时期男女仲春相会还有寓意婚姻、祈子之意。《礼记·月令·仲春》："是月也，玄鸟至。至之日，以大牢祠于高禖。天子亲往。后妃帅九嫔御，乃礼天子所御，带以弓韣、援以弓矢，于高禖之前。"④ 天子率众嫔妃于高禖前行祭祀仪式，为王室祈子，同时也祈祷人民繁衍生息，人丁兴旺。《周礼·地官·媒氏》："中春之月，令会男女。于是时也，奔者不禁。若无故而不用令者，罚之。司男女之无夫家者而会之。"⑤ 会男女成为春天节日中的主要内容，可见，此时男女约会、结合符合周制，如无故不去约会，还要受到惩罚。因而，形成了仲春时节男女相会及祭高禖风俗。《郑风》中《萚兮》《褰裳》《溱洧》描写的约会场景，并不是后来儒家学者所谓的违礼淫奔，而是青年男女表达爱慕的对歌调情。《五经异义》："郑国有溱洧之水，男女聚会，讴歌相感。"⑥ 爱情诗在其他国家的诗歌中也占据重要部分，只是郑国是一个商业发达、民风开放的国度，诗歌中坦露的情感更为大胆热烈，后世以朱熹为代表的学者，立足于自己所处时代的道德标准去评价先秦时期的爱情观，想当然地认为是淫诗，也是符合中国封建社会认知观的。

儒家始祖孔子并不认为《郑风》为淫诗，还对《将仲子》《扬之水》《溱洧》做过点评。孔子编撰《诗经》之目的是教化人民，孔子曰："《诗》三百，一言

---

① 沈约撰：《宋书》卷十五，中华书局，1974年，第386页。
② 孙雍长、熊毓兰校点：《太平御览》第8卷，河北教育出版社，1994年，第107页。
③ 《十三经注疏》整理委员会整理，李学勤主编：《春秋左传正义》，十三经注疏标点本，北京大学出版社，1999年，第1367-1368页。
④ 《十三经注疏》整理委员会整理，李学勤主编：《礼记正义》卷十五，十三经注疏标点本，北京大学出版社，1999年，第473-475页。
⑤ 《十三经注疏》整理委员会整理，李学勤主编：《周礼注疏》卷十四，十三经注疏标点本，北京大学出版社，1999年，第362-364页。
⑥ 《太平御览·淫乐》中注引许慎《五经异义》。孙雍长、熊毓兰校点：《太平御览》第5卷，河北教育出版社，1994年，第496页。

以蔽之，曰：'思无邪。'"①孔子认为所选篇章都是符合礼制的，正派的，没有邪念的。孔子所说的"郑声淫"，指的是郑地的通俗音乐，《郑风》则是代表郑国的雅乐，后人往往把二者混为一谈，如朱熹明言，"不应于《郑风》之外别求'郑声'也"②，使《郑风》蒙受不白之冤。晁福林先生指出："在《诗》三百篇中，《诗论》提及名称而加以评析，并不太多。所评论的诗作，都是孔子比较重视，而又能反映一些重要问题者。这些诗作往往能够与孔子的诗学、仁学、礼学等方面的思想吻合，所以才被提及而论之，亦成为孔门弟子研诗的重点所在。"③

二、郑人赋诗

春秋时期，《诗经》广泛运用于诸侯卿大夫朝聘、宴享等场合，作为各种外交、规劝、赞美的辞令，称为"赋诗言志"。孔子曰："不学《诗》，无以言。"学习《诗经》是人际交往、从政应对的语言前提和基本修养。外交活动中的赋诗关乎国家大事，更为重要。《论语·子路篇》说："诵《诗》三百，授之以政，不达；使于四方，不能专对；虽多，亦奚以为？"杨伯峻注"不能专对"说："古代的使节，只接受使命，至于如何去交涉应对，只能随机应变，独立行事，更不能事事请示或者早就在国内一切安排好，这便叫做'受命不受辞'，也就是这里的'专对'。"④《汉书·艺文志》："古者诸侯卿大夫交接邻国，以微言相感，当揖让之时，必称《诗》以谕其志，盖以别贤不肖而观盛衰焉。"⑤《左传》中记载有大量赋诗事例。顾颉刚说："诗用在典礼与讽谏上，是它本身固有的应用，用在赋诗与言语上，是引申出来的应用。"⑥赋诗言志是春秋时期的一大特征，宴饮间主宾赋诗互和，表达个人情趣、意志。因而，是否熟谙《诗》及灵活运用，是衡量外交公卿才能的标准之一，赋《诗》成为一种外交手段。

外交场合所赋之诗，并不是诗本文所表达的意义，而是赋者"赋诗断章，

---

① 《十三经注疏》整理委员会整理，李学勤主编：《论语注疏》卷二，十三经注疏标点本，北京大学出版社，1999年，第14页。
② 戴震：《戴东原集》卷一《书郑风后》，西北师范大学图书馆藏光绪甲申刻本。
③ 晁福林：《上博简〈诗论〉与〈诗·郑风·将仲子〉的几个问题》，《南都学坛》2004年第6期，第64-69页。
④ 杨伯峻译注：《论语译注》，中华书局，1980年，第135页。
⑤ 班固撰：《汉书·艺文志》，中华书局，1962年，第1755-1756页。
⑥ 顾颉刚编著：《古史辨》，中华书局，1982年，第322页。

余取所求",杨伯峻注:"赋诗断章,譬喻语。春秋外交常以赋诗表意,赋者与听者各取所求,不顾本义,断章取义也。"① 即"自己要对人说的话,借了赋诗说出来。所赋的诗,只要达出赋诗的人的志,不希望合于作诗人的人的志"②。《左传》载赋诗共有六十九次,其中郑人赋诗有五次③:

《左传·文公十三年》:

> 冬,公如晋,朝,且寻盟。卫侯会公于沓,请平于晋。公还,郑伯会公于棐,亦请平于晋。公皆成之。郑伯与公宴于棐。子家赋《鸿雁》。季文子曰:"寡君未免于此。"文子赋《四月》。子家赋《载驰》之四章。文子赋《采薇》之四章。郑伯拜,公答拜。

《左传·襄公二十六年》:

> 秋,七月,齐侯、郑伯为卫侯故如晋,晋侯兼享之。晋侯赋《嘉乐》。国景子相齐侯,赋《蓼萧》。子展相郑伯,赋《缁衣》。叔向命晋侯拜二君,曰:"寡君敢拜齐君之安我先君之宗祧也,敢拜郑君之不贰也。"国子使晏平仲私于叔向,曰:"晋君宣其明德于诸侯,恤其患而补其阙,正其违而治其烦,所以为盟主也。今为臣执君,若之何?"叔向告赵文子,文子以告晋侯。晋侯言卫侯之罪,使叔向告二君。国子赋《辔之柔矣》,子展赋《将仲子兮》,晋侯乃许归卫侯。叔向曰:"郑七穆,罕氏其后亡者也,子展俭而壹。"

《左传·襄公二十七年》:

> 郑伯享赵孟于垂陇,子展、伯有、子西、子产、子大叔、二子石从。赵孟曰:"七子从君,以宠武也。请皆赋,以卒君贶,武亦以观七子之志。"子展赋《草虫》。赵孟曰:"善哉!民之主也。抑武也,不足以当之。"伯有赋《鹑之贲贲》,赵孟曰:"床笫之言不逾阈,况在野乎?非使人之所得闻也。"子西赋《黍苗》之四章,赵孟曰:"寡君在,武何能焉?"子产赋《隰桑》,赵孟曰:"武请受其卒章。"子大叔赋《野有蔓草》,赵孟曰:"吾子之惠也。"印段赋《蟋

---

① 杨伯峻编著:《春秋左传注》,中华书局,1990年,第1145-1146页。
② 顾颉刚编著:《古史辨》,中华书局,1982年,第322页。
③ 《十三经注疏》整理委员会整理,李学勤主编:《春秋左传正义》,十三经注疏标点本,北京大学出版社,1999年,第547、1039-1040、1063-1064、1148-1149、1353-1355页。

蜉》，赵孟曰："善哉！保家之主也。吾有望矣。"公孙段赋《桑扈》，赵孟曰："'匪交匪敖'，福将焉往？若保是言也，欲辞福禄，得乎？"

《左传·昭公元年》：

夏，四月，赵孟、叔孙豹、曹大夫入于郑，郑伯兼享之。……子皮赋《野有死麕》之卒章。

《左传·昭公十六年》：

夏，四月，郑六卿饯宣子于郊。宣子曰："二三君子请皆赋，起亦以知郑志。"子齹赋《野有蔓草》。宣子曰："孺子善哉，吾有望矣。"子产赋郑之《羔裘》。宣子曰："起不堪也。"子大叔赋《褰裳》。宣子曰："起在此，敢勤子至于他人乎？"子大叔拜。宣子曰："善哉，子之言是。不有是事，其能终乎？"子游赋《风雨》，子旗赋《有女同车》，子柳赋《萚兮》。宣子喜曰："郑其庶乎！二三君子以君命贶起，赋不出郑志，皆昵燕好也。二三君子，数世之主也，可以无惧矣。"宣子皆献马焉，而赋《我将》。子产拜，使五卿皆拜，曰："吾子靖乱，敢不拜德？"

襄公二十七年的"七子赋诗"和昭公十六年的"六卿赋诗"为参与人数较多的两次。郑人参与的五次赋诗活动中，赋诗共十八首，其中赋《郑风》最多，达八首九次，另赋《小雅》四次，《召南》二次，《唐风》一次，表明郑人赋诗有强烈的地域色彩，主要以《郑风》为主，即"赋不出郑志"，杨伯峻注："郑志即郑诗。"① 所赋《郑风》有《缁衣》《将仲子兮》《野有蔓草》《羔裘》《褰裳》《风雨》《有女同车》《萚兮》，除《缁衣》《羔裘》外，都是情诗。在庄重的外交场合下吟诵情诗似乎不太合适，但郑人运用自如，借诗寓意以达政治目的，在对外交往中起到很好的作用。如襄公二十六年（公元前547年），"齐侯郑伯为卫侯如晋"宴享会上，子展代郑伯赋《缁衣》，本为赠衣诗，子展取"适子之馆兮，还，予授子之粲兮"的脉脉温情，表达了"望晋能见齐侯、郑伯之亲来，晋能许其求"② 的愿望，正符合当时齐侯、郑伯前去求情的场景。子展又赋《将仲子》，取其"岂敢爱之？畏人之多言。仲可怀也，人之多言，

---

① 杨伯峻编著：《春秋左传注》，中华书局，1990年，第1381页。
② 杨伯峻编著：《春秋左传注》，中华书局，1990年，第1116页。

亦可畏也",借女子拒绝情人"畏人之多言",表达希望晋侯考虑齐侯与郑伯的建议,释放卫侯。可见,春秋时期赋诗言志是根据诗的内容结合当下情景,寻找结合点,虽断章取义,但并非毫无关联。

《左传》中所记载的郑人赋诗主要集中于子产当政以后。郑国国小而偏,族大宠多,内忧外患,子产当政前郑国的外交策略为"唯强是从",于夹缝中求生存。子产为执政卿后,采取适当强硬的外交政策,运用礼、德、仁、义等,巧舌善辩,在大国面前积极争取生存空间,以诗表心,赞美君子,以达到取悦大国的目的。《文心雕龙·明诗篇》:"春秋观志,讽诵旧章,酬酢以为宾荣,吐纳而成身文。"[1]郑国的赋诗言志即是极好证明。

《左传》载郑国赋诗人物有子家、子展、伯有、子西、子产、子大叔、印段、公孙段、子皮、子齹、子游、子旗、子柳,皆是当政的七穆家族子孙,身份为卿、大夫。《左通补释》云:"晋有范、韩、赵三卿,鲁季孙氏有文子、武子、平子,叔孙氏有穆子、昭子,郑有七穆子孙。是皆世卿公族,风流文雅,聚在百年之间。"[2]

三、郑人辞令

春秋时期郑国特殊的地理位置使其处于大国之间,成为列强称霸争夺的焦点,常被无端征伐,郑国在夹缝中求生存,面临着巨大的生存压力。以外交手段解决纷争、避免战争,无疑是郑国首要考虑的上策。此形势造就了一批对外邦交能臣,他们为保全国家利益,施展雄辩之才,利用矛盾,巧妙周旋,化险为夷。外交辞令成为保护国家利益、捍卫国家尊严的有力武器。外交辞令具有特定性、适应性、变通性特点,要求为政者具备极强的思辨能力和语言才能,在光鲜亮丽的言辞下传递其真实的价值取向。章学诚曰:"纵横之学,本于古者行人之官。观春秋之辞命,列国大夫,聘问诸侯,出使专对,盖欲文其言以达旨而已。"[3]《左传》中记载了郑国公卿大夫在重大的外交、宴饮场合所作辞令,极具巧辩及感染力,可视为文学名篇。最为著名的为"烛之武退秦师"[4]。《左传·僖公三十年》载,秦、晋借口郑国对晋文公无礼并且亲近楚

---

[1] 刘勰:《文心雕龙》卷二,四部丛刊景明嘉靖刊本,第5页。
[2] 梁履绳:《左通补释》,上海古籍出版社,2002年,续修四库全书第123册,第334页。
[3] 刘知几撰,赵吕甫校注:《史通新校注》,重庆出版社,1990年,第409页。
[4] 《十三经注疏》整理委员会整理,李学勤主编:《春秋左传正义》,十三经注疏标点本,北京大学出版社,1999年,第463-464页。

国，讨伐郑国。国家危难之际，郑文公派能言善辩的烛之武出使秦国交涉。烛之武连夜出城，见秦伯曰：

> 秦、晋围郑，郑既知亡矣。若亡郑而有益于君，敢以烦执事。越国以鄙远，君知其难也，焉用亡郑以倍邻？邻之厚，君之薄也。若舍郑以为东道主，行李之往来，共其乏困，君亦无所害。且君尝为晋君赐矣，许君焦、瑕，朝济而夕设版焉，君之所知也。夫晋何厌之有？既东封郑，又欲肆其西封，不阙秦，焉取之？阙秦以利晋，唯君图之。

烛之武利用秦、晋间的矛盾，采取分化瓦解的方法为秦伯分析当前形势，指出如果灭掉郑国，由于郑、秦相距遥远，秦也不可能把郑国领土并入秦国，只是增加了晋国的版图，晋国强大后，将来可能对秦造成威胁。如果不攻打郑国，郑国会很感激，将来会为秦国提供种种方便之处。最终烛之武说服秦伯，秦与郑订立军事同盟，并派将领为郑国守城。秦、晋联盟瓦解，可见烛之武说辞威力敌万千雄兵。

春秋中后期，郑国实行贵族专制，公卿主要由公族及穆族担任，他们饱读诗书，文质彬彬，成为郑国官僚机构的一道风景。他们出入对外交往场合及宴享，能言善辩，谈情说理，为郑国这个弱国争取利益、化解危机，留下了许多脍炙人口的篇章。子产作为外交治国能臣，留下脍炙人口的外交辞令最多，前面已述及，此处只从其他人员外交辞令中，见证郑人辞令的风采。

襄公八年（公元前565年），晋楚争霸期间，轮番对郑发动进攻，郑只好采取"二从"政策。楚国伐郑，郑只得与楚结盟，但又惧怕晋国，于是派王子伯骈向晋国报告，伯骈曰：

> 君命敝邑，"修而车赋，儆而师徒，以讨乱略"。蔡人不从，敝邑之人不敢宁处，悉索敝赋，以讨于蔡，获司马燮，献于邢丘。今楚来讨，曰："女何故称兵于蔡？"焚我郊保，冯陵我城郭。敝邑之众，夫妇男女，不遑启处，以相救也。翦焉倾覆，无所控告。民死亡者，非其父兄，即其子弟。夫人愁痛，不知所庇。民知穷困，而受盟于楚。孤也与其二三臣不能禁止，不敢不告。①

---

① 《十三经注疏》整理委员会整理，李学勤主编：《春秋左传正义》，十三经注疏标点本，北京大学出版社，1999年，第858-859页。

这篇辞令以郑、晋结盟的命辞入手，先说明郑国修好唯命于晋国，才讨伐蔡国并献捷于晋，从而引起楚国的讨伐。在此，伯骈委婉表达出郑国唯命是从于晋国，晋国又不承担应尽的义务和责任，楚伐郑时晋国并未伸出援手，致使郑国百姓流离失所，不堪忍受，郑国统治者又不忍禁止，郑国才不得已与楚国结盟。晋国虽知为托词，但又无理反驳，对郑国无可奈何。

昭公元年（公元前541年），楚公子围来郑国迎亲，要率领军士进入郑国都城，郑人知楚有诈，于是使行人子羽辞曰："以敝邑褊小，不足以容从者，请墠听命！"楚人不听，坚决要入城，子羽说："小国无罪，恃实其罪。将恃大国之安靖己，而无乃包藏祸心以图之。"子羽揭露楚国的不良居心，使楚国无言以对，只得"垂橐而入"。此篇辞令先柔后刚，原则问题决不让步，楚人不得不接受。

襄公九年（公元前564年），晋合诸侯讨伐郑国，郑国畏惧，于是郑伯携六卿公子骓、公子发、公子嘉、公孙辄、公孙虿、公孙舍之及大夫、门子出使晋国，晋国因诸侯皆不愿参战，答应与郑国结盟。晋国态度傲慢，意欲逼迫郑国接受绝对服从晋国的单边条约，晋士庄子为载书，曰："自今日既盟之后，郑国而不唯晋命是听，而或有异志者，有如此盟。"公子骓趋进曰："天祸郑国。使介居二大国之间。大国不加德音，而乱以要之，使其鬼神不获歆其禋祀，其民人不获享其土利，夫妇辛苦垫隘，无所厎告。自今日既盟之后，郑国而不唯有礼与强可以庇民者是从，而敢有异志者，亦如之！"其把晋国的无礼要求转移至"礼"，二者差距明显。晋人恼羞成怒，欲改盟约。公孙舍之又说："昭大神要言焉，若可改也，大国亦可叛也。"①明神前定的盟约怎能随意更改，如果改之，那么小国也可以不遵守盟约而随便违背誓言。此番辞令表现了郑国公子、公孙的巧言善辩，郑国处于大国之间是天赐，改变不了，大国不讲德而乱要之，与西周以来的德、礼是相悖的，讥讽晋国是一个无德、无礼、无信的国家。

《左传》中记叙郑人辞令有五十八处，皆为饰言巧辩、情理兼备、掷地有声的洋洋之言，据礼、据德、据义，起到了很好的效果。春秋时期，周礼虽已衰但并未湮灭，人们认为言辞合礼，还是予以承认和尊重的。所以小国与大国交往时，虽迫于力而是从，但在敬供币帛的同时，利用礼存续的约束作用与大国据礼力争，也是小国争取生存空间的一种手段。郑国公卿及大夫正是很好地

---

① 《十三经注疏》整理委员会整理，李学勤主编：《春秋左传正义》，十三经注疏标点本，北京大学出版社，1999年，第874-875页。

利用了这一点，在弱国外交中为国家争取利益。

四、郑国的文学名人

郑国的文学成就极高，除了来自民间的《郑风》外，在郑国政治生活及日常生活中，也活跃着文学成就突出的名人。政治生活中当然是穆氏子孙文学修养最高，有多篇较高文学水平的辞令传世；日常生活中，如活跃于诉讼案狱、著《竹刑》的邓析，思维敏捷，极具文学才能，能于法律辩论中屡屡获胜，同时也是文学界的名人。另外还有修行最高的道家代表人物列子，其言行著录成书，当然是郑国的文学名人。

（一）穆族子孙

郑国所处时代为春秋至战国初期，西周以来的贵族文化犹存，尤其是春秋中后期，郑国形成了穆族专权政治，穆氏子孙从小接受良好的教育，出现了一批以子产、子大叔、子展、子羽、子家等为代表的穆族子孙，他们才华出众，内外兼修，文武双全，不仅有政治外交才能，也颇有深厚的文学素养，在对外交往中助力达到政治目的，也堪称郑国的文学名人。其中，最为突出的是子产，其文学成就主要表现在政治外交活动中，《左传》中多有记载，如对晋征朝、劝宣轻币、戎服献捷、舍不为坛、坏晋馆垣、论尹何为邑、不毁乡校、令公子围馆外、平丘争承、拒宣子环等，都有精彩的辞令创制。外交场合下的赋诗，《左传》记载有两次，一是鲁襄公二十七年，赋《隰桑》；二是鲁昭公十六年，郑六卿饯宣子时，赋《羔裘》。子大叔、子展、子羽、子家的文学才能如子产一样，也贯穿于其政治外交活动中。他们的事迹前面已述及，此处不再赘述。

（二）道家列子

除政治名人外，郑国文学成就最高的应是列子。

1.列子及著作

列子，名寇，又名御寇、圉寇、国寇等（御有时也作"圉""国"），春秋末年战国初年郑国人，居莆田（今河南省中牟县）。列子见于《庄子》中，称为"子列子""列御寇"。《吕氏春秋》载子产见壶邱子林，高诱注："子产，壶邱子弟子"。《庄子·应帝王》载列子归告壶子，司马彪注："壶子，郑之得道人也。号壶子,名林,即列子之师也。"①《列子·说符》载,"子列子学于壶丘子林"②,证明列子与子产为同时代的人。《战国策·韩策二》:"史疾为韩使楚,楚王问曰:'客何方所循?'曰:'治列子圉寇之言。'问:'何贵?'曰:'贵正。'"③《尸子·广泽》载"子列子贵虚"④,可证战国时期列子享誉诸侯。

庄子在《逍遥游》中提到列子,"夫列子御风而行,泠然善也,旬有五日而后反。彼于致福者,未数数然也。此虽免乎行,犹有所待者也"⑤。列子可以"御风而行,泠然善也",异于常人,再加上庄子书中常常虚构一些人物,如"无名人""天根",因此有人认为列子也是子虚乌有之人。但《战国策》《尸子》《吕氏春秋》等诸多典籍中都提及列子,所以列子应实有其人。⑥列子于春秋末年出生于郑国,活动时间主要在战国早中期,与郑缪公同时,晚于孔子而早于庄子。

列子的思想主要汇集于《列子》,又名《冲虚经》,是列子及其弟子及后世学者的著作汇编。有人考证"其成书必在三家分晋之后,秦始皇统一六国之前"⑦,秦时被毁。汉时,刘向、刘歆父子收集残本整理为八篇,经晋永嘉之乱,又残缺,东晋时由张湛搜集整理,补全为《列子》三卷,加以校释为《列子注》,留传至今,有《天瑞》《仲尼》《汤问》《杨朱》《说符》《黄帝》《周穆王》《力命》等八篇。有人认为张湛所著是伪书,也有人认为不伪,应是战国时期的著作⑧。

2. 列子的思想

列子上承老子,下启庄子,是道家的重要代表人物。史载他曾师于关尹子、壶丘子、老商氏、支伯高子,四位皆为道学家。刘向《列子序》:"郑人也,与郑缪公同时,盖有道者也。其学本于黄帝老子,号曰道家。道家者,秉

---

① 郭庆藩辑,王孝鱼整理:《庄子集释》,新编诸子集成,中华书局,1961年,第298页。
② 杨伯峻撰:《列子集释》卷八,新编诸子集成,中华书局,1979年,第239页。
③ 刘向集录:《战国策》卷二十七,上海古籍出版社,1985年,第992页。
④ 许维遹撰,梁运华整理:《吕氏春秋集释》卷十七,新编诸子集成,中华书局,2009年,第467页。
⑤ 郭庆藩辑,王孝鱼整理:《庄子集释》卷一,新编诸子集成,中华书局,1961年,第17页。
⑥ 宋定国:《国学探疑》,首都师范大学出版社,2013年,第97页。
⑦ 严灵峰:《列子辩诬及其中心思想》,文史哲出版社,1994年,第141页。
⑧ 认为其是伪书的有:马叙伦,著有《〈列子〉伪书考》,书中汇集有《列子》为伪书的种种言论,以证明其伪;杨伯峻,著有《列子集释》一书,主要从汉语史的角度考察,证明《列子》为伪书(杨伯峻:《列子集释》,中华书局,1979年)。认为其不伪的有:钱穆,在《先秦诸子系年》中认为《列子》确有先秦遗风(钱穆:《先秦诸子系年》,商务印书馆,2001年,第204页);现代学者也多认为其为先秦时期著作,如马达著《〈列子〉真伪考辨》,认为现存《列子》主要反映的是战国时代的思想,因而应是战国时代的著作而不是魏晋人的伪作(马达:《〈列子〉真伪考辨》,北京出版社,2000年,前言,第7页)。

要执本，清虚无为，及其治身接物，务崇不竞，合于六经。"张湛《列子序》认为："其书大略明群有以至虚为宗，万品以终灭为验，神惠以凝寂常全，想念以著物自丧，生觉与化梦等情，巨细不限一域；穷达无假智力，治身贵于肆仕，顺性则所之皆适，水火可蹈；忘怀则无幽不照。此其旨也。"①《列子》一书反映了先秦时期社会文化生活的各个方面，涉及哲学、音乐、军事、文化等，反映了当时社会的人情世态及民风习俗，当然最主要的还是其哲学思想，发展了道家学说。

列子完善了道家的宇宙观。他认为世间万物都有始终，只有道是"不生不化者"，是超脱于万物之上而不依靠任何之物的自然存在，能循环往复，独立永存，"无所由而常生者，道也"。《列子·天瑞》：

> 昔者圣人因阴阳以统天地。夫有形者生于无形，则天地安从生？故曰：有太易、有太初、有太始、有太素。太易者，未见气也；太初者，气之始也；太始者，形之始也；太素者，质之始也。气形质具而未相离，故曰浑沦。浑沦者，言万物相浑沦而未相离也。视之不见，听之不闻，循之不得，故曰易也。易无形埒，易变而为一，一变而为七，七变而为九。九变者，究也；乃复变而为一。一者，形变之始也。清轻者上为天，浊重者下为地，冲和气者为人；故天地含精，万物化生。②

列子在此阐述了天地人及万物的产生。天瑞，意即天地之灵瑞。自然之符应，不生不化者，也即是道。"不生不化者"是世界产生变化的源泉，它生于无形，经太易、太初、太始、太素四个阶段而成"浑沦"，再由"视之不见，听之不闻，循之不得"的"易"演变为有形的"一"，最终生成天地万物，也即是"有形者生于无形"，与老子"有生于无"思想一致。列子还认为宇宙是变化的，易变为一，一变为七，七变为九，九是变化的极限，又变化为一。一是元气变化的开始。在变化过程中，清轻者上升为天，重浊者下沉为地，浊、气相和而生成人。天地间包含精气，万物因此产生并发生变化。

列子的人生观与庄子类似，都认为人是由气聚而生、气散而亡。《庄子·知北游》："人之生，气之聚也；聚则为生，散则为死。"③列子认为人生有

---

① 杨伯峻撰：《列子集释》附录二，新编诸子集成，中华书局，1979年，第278-279页。
② 杨伯峻撰：《列子集释》卷一，新编诸子集成，中华书局，1979年，第5-8页。
③ 郭庆藩辑，王孝鱼整理：《庄子集释》卷七下，新编诸子集成，中华书局，1961年，第733页。

四个阶段，是由气的变化而产生发展的：

> 人自生至终，大化有四：婴孩也，少壮也，老耄也，死亡也。其在婴孩，气专志一，和之至也；物不伤焉，德莫加焉。其在少壮，则血气飘溢，欲虑充起；物所攻焉，德故衰焉。其在老耄，则欲虑柔焉；体将休焉，物莫先焉。虽未及婴孩之全，方于少壮，间矣。其在死亡也，则之于息焉，反其极矣。①

列子认为世间万物是循环不止的。《列子·汤问》："物之终始，初无极已。始或为终，终或为始。"②其认为事物的开始与终止并没有标准，一个事物的开始或为另一事物的终结，一个事物的终结或是另一事物的开始，因此，列子认为人的生死也是如此。《天瑞》引林类之语："死之与生，一往一反。故死于是者，安知不生于彼？故吾知其不相若矣。吾又安知营营而求生之非惑乎？亦又安知吾今之死不愈昔之生乎？"③

列子修道求静、贵虚尚玄。《列子·天瑞》载：

> 或谓子列子曰："子奚贵虚？"列子曰："虚者无贵也。"子列子曰："非其名也，莫如静，莫如虚。静也虚也，得其居矣；取也与也，失其所矣。事之破毁而后有舞仁义者，弗能复也。"④

列子认为真正的"虚"是有无（空）皆忘，消融了所有的差别，虚一旦彻底也就无所谓轻重贵贱。如过分注重得失就会破坏道，如果道遭到破坏，再用仁义引导也不可能恢复。列子贵虚的思想与老庄思想接近。虚即为道，意即冲虚之解，不执不为之意。

列子安贫乐道，淡泊名利。《列子·说符》载：

> 子列子穷，容貌有饥色。客有言之郑子阳者曰："列御寇盖有道之士也，居君之国而穷，君无乃为不好士乎？"郑子阳即令官遗之粟。子列子出见使者，再拜而辞。使者去。子列子入，其妻望之而拊心曰："妾闻为有道者之妻子皆得佚乐，今有饥色，君过而遗先生食，先生不受，岂不命也哉？"子列子笑谓之曰："君非自知我也。

---

① 杨伯峻撰：《列子集释》卷一，新编诸子集成，中华书局，1979年，第21页。
② 杨伯峻撰：《列子集释》卷五，新编诸子集成，中华书局，1979年，第147页。
③ 杨伯峻撰：《列子集释》卷一，新编诸子集成，中华书局，1979年，第25页。
④ 杨伯峻撰：《列子集释》卷一，新编诸子集成，中华书局，1979年，第28-29页。

以人之言而遗我粟,至其罪我也,又且以人之言,此吾所以不受也。"其卒,民果作难而杀子阳。①

列子善于用浅显的故事喻义玄虚的道理。《列子》一书中有寓言故事、哲理散文、神话故事、历史故事等一百三十四篇,如《两小儿辩日》《愚公移山》《杞人忧天》《夸父追日》等流传较广,都是以寓言形式表达精微的哲理,妙趣横生,发人深省,文学价值极高,在中国文学史和中国思想史上占有重要地位。

第三节 郑国的音乐

东周以来,王室衰微,礼崩乐坏。礼、乐是维护周政权的重要工具,礼是必须遵守的行为规则,乐是传播礼的重要手段。正所谓"礼非乐不行,乐非礼不举""乐也者,动于内者也;礼也者,动于外者也。乐极和,礼极顺"。春秋时期是中国社会的大变革时期,音乐领域发生的变化即是新兴音乐的蓬勃发展,新兴音乐即"新声"。新声突破旧思想观念的束缚,代之以反映个人意识为主导的新观念,对以传授礼仪为主要功能的雅乐造成强烈冲击,这在正统的人们看来是大逆不道的行为,即"乐坏"。郑国作为王室的近亲诸侯国,是周礼的重要守护者,东迁至新郑之地后,受当地文化影响,再加上身居四战之地,交通便利,商业发达,各种文化冲突碰撞融合,形成了郑地人思维活跃、思想开放的特点,此地孕育的音乐与传统的雅乐自然有很大不同。郑国音乐成为新兴音乐的代表。

一、郑声、郑音、郑风

郑武公迁国于新郑之后兴起的音乐称为"郑声",此为狭义;从广义讲,郑声还包括卫、邶、鄘等地的音乐,即"郑卫之音",也称为郑音,此为后人的概念。实际上,先秦时期声、音、乐并不能混同。《礼记·乐记》:

---

① 杨伯峻撰:《列子集释》卷八,新编诸子集成,中华书局,1979年,第244页。

> 凡音之起，由人心生也。人心之动，物使之然也。感于物而动，故形于声。声相应，故生变，变成方，谓之音。比音而乐之，及干戚、羽旄，谓之乐。
>
> 乐者，音之所由生也，其本在人心之感于物也。
>
> 凡音者，生人心者也。情动于（心）中，故形于声。声成文，谓之音。是故治世之音，安以乐，其政和。乱世之音，怨以怒，其政乖。亡国之音，哀以思，其民困。声音之道，与政通矣。①

可见，声、音、乐是三个不同递进的层次。发于心、出于口为声，属于初级感性阶段；对声进行修饰、提升、著录、传唱，上升为音；音分为治世之音与乱世之音，治世之音才称为乐。乐是声、音的最高升华，有教化的目的。《汉书·礼乐志》："乐者，圣人之所乐也，而可以善民心。其感人深，其移风易俗易，故先王著其教焉。"论证最为透彻的是司马迁，《史记》载：

> 凡音者，生于人心者也；乐者，通于伦理者也。是故知声而不知音者，禽兽是也；知音而不知乐者，众庶是也。唯君子为能知乐。是故审声以知音，审音以知乐，审乐以知政，而治道备矣。是故不知声者不可与言音，不知音者不可与言乐。知乐则几于礼矣。礼乐皆得，谓之有德。德者得也。是故乐之隆，非极音也；食飨之礼，非极味也。清庙之瑟，朱弦而疏越，一倡而三叹，有遗音者矣。大飨之礼，尚玄酒而俎腥鱼，大羹不和，有遗味者矣。是故先王之制礼乐也，非以极口腹耳目之欲也，将以教民平好恶而反人道之正也。②

把音、乐与礼、德联系起来，也即形成礼乐，其能起到教民好恶的作用。显然，按此标准，郑声是处于初级的感性阶段，没有乐的那些作用。《论语·阳货》："恶紫之夺朱也，恶郑声之乱雅乐也，恶利口之覆邦家者。"邢昺疏："郑声，淫声之哀者。恶其淫声之乱正乐也。"③《论语·卫灵公》："行夏之时，乘殷之辂，服周之冕，乐则《韶舞》，放郑声，远佞人。郑声淫，佞

---

① 《十三经注疏》整理委员会整理，李学勤主编：《礼记正义》卷三十七，十三经注疏标点本，北京大学出版社，1999年，第1074-1077页。
② 司马迁撰：《史记·乐书》，中华书局，1959年，第1184页。
③ 《十三经注疏》整理委员会整理，李学勤主编：《论语注疏》卷十七，十三经注疏标点本，北京大学出版社，1999年，第240页。

人殆。"① "声"与"乐"并不为同等层次，但并列使用，表明所谓的"郑声"应为郑音，郑声只是孔子贬低郑音的一种说法，应是郑卫之地的通俗之音。

风，是指有诗的语言和音乐相结合的形式，也即指原生态的、土生土长的、有词有音的民歌风谣。编入《诗经》中的《郑风》，是郑地原生民歌经过乐官或编者的文字雅译，消除方言歧异后的民歌，具有诗乐性质。《史记·孔子世家》："三百五篇孔子皆弦歌之，以求合《韶》《武》《雅》《颂》之音。"② 由于《诗经》乐谱部分已佚失，只有文本流传于世。经过孔子整理后的《诗经》作为儒家经典用于教化时，其诗歌中的原意必会经过象征、比喻而渗入伦理道德观念，上升至"经"的高度。孔子对《诗经》极力推崇：

> 子曰："《诗三百》，一言以蔽之，曰：思无邪。"（《论语·为政》）
>
> 子曰："吾自卫反鲁，然后乐正，雅颂各得其所。"（《论语·公冶长》）
>
> 子曰："兴于《诗》，立于礼，成于乐。"（《论语·泰伯》）
>
> 子曰："《关雎》，乐而不淫，哀而不伤。"（《论语·八佾》）
>
> 子所雅言，《诗》《书》执礼，皆雅言也。（《论语·述而》）
>
> 子谓伯鱼曰："女为周南召南矣乎？人而不为周南召南，其犹正墙面而立也与？"（《论语·季氏》）

孔子认为《诗经》为雅言，何晏集解《论语》引孔安国曰："雅言，正言也。"③《诗经》中《周南》《召南》是人生的基础课，人们要追求的是"乐而不淫，哀而不伤"的人生感受。古时"雅"意为典正的、合度的。《毛诗序》："言天下之事，形四方之风，谓之雅。雅者，正也，言王政之所由废兴也。政有小大，故有小雅焉，有大雅焉。"郑玄注："雅既以齐正为名，故云以为后世法。"④ 古"雅"通"夏"，周代的"雅"是指以王畿为中心的周围地区，即京畿地区的乐歌为正乐，也称为雅乐，以王畿官话为标准音，称为雅音、夏言。因此周宫廷雅乐的范围仅限于《小雅》与《周南》《召南》。郑风虽纳入诗经，但

---

① 《十三经注疏》整理委员会整理，李学勤主编：《论语注疏》卷十五，十三经注疏标点本，北京大学出版社，1999年，第210-211页。

② 司马迁撰：《史记·孔子世家》，中华书局，1959年，第1936页。

③ 《十三经注疏》整理委员会整理，李学勤主编：《论语注疏》卷七，十三经注疏标点本，北京大学出版社，1999年，第91页。

④ 《十三经注疏》整理委员会整理，李学勤主编：《毛诗正义》卷一，十三经注疏标点本，北京大学出版社，1999年，第16-17页。

并非雅乐范围,周宫廷用乐中的郑风,功能和十五国风一样,只是为了观风俗,也即是说,"国风"之中只有"二南"具严格意义上的雅乐性质,其余也应为"乐",具有教化作用。关于"风"与"雅"之别,《毛诗序》曰:"是以一国之事,系一人之本,谓之风。言天下之事,形四方之风,谓之雅。"①

因此,郑声与"音""乐"相对,是孔子对郑地音乐的贬称;郑风是较"雅""颂"而言,是《诗经》中的"风"类。《国风》中有许多表现男女情爱的作品,孔子认为他们是自然正常合乎道德的,是不淫的。上海博物馆藏战国简《孔子诗论》有曰:《关雎》以色喻于礼""以琴瑟之悦,拟好色之愿"②。可见《郑风》色而不淫,是正常的自然欲望,通伦理,编入《诗经》兼有教化功能,属于周"乐"。而郑声不合礼,不通伦理,没有教化功能,不是周"乐"。但并不能说它们没有关系,郑声为音乐,郑风为歌词,要配乐演唱,二者都有郑地音乐因素于其中,因此,郑声和郑诗会有一些共通之处,二者区别见表9-1③。郑声与雅乐是完全不同的观点也见于《汉书·礼乐志》:

> 河间献王有雅材,亦以为治道非礼乐不成,因献所集雅乐。天子下大乐官,常存肆之,岁时以备数,然不常御,常御及郊庙皆非雅声。然诗乐施于后嗣,犹得有所祖述。昔殷周之《雅》、《颂》……君臣男女有功德者,靡不褒扬。……今汉郊庙诗歌,未有祖宗之事,八音调均,又不协于钟律,而内有掖庭材人,外有上林乐府,皆以郑声施于朝廷。至成帝时……郑声尤甚。黄门名倡丙强、景武之属富显于世。贵戚五侯定陵、富平外戚之家淫侈过度,至与人主争女乐。哀帝自为定陶王时疾之,又性不好音,及即位,下诏曰:"惟世俗奢泰文巧,而郑卫之声兴。……郑卫之声兴则淫辟之化流。……孔子不云乎?'放郑声,郑声淫。'其罢乐府官。郊祭乐及古兵法武乐,在经非郑卫之乐者,条奏,另属他官。"丞相孔光、大司空何武奏:"……楚四会员十七人,巴四会员十二人,铫四会员十二人,齐四会员十九人,蔡讴员三人,齐讴员六人,竽瑟钟磬员五人,皆郑声,可罢。"④

---

① 《十三经注疏》整理委员会整理,李学勤主编:《毛诗正义》卷一,十三经注疏标点本,北京大学出版社,1999年,第16页。
② 上海大学古代文明研究中心、清华大学思想文化研究所编:《上博馆藏战国楚竹书研究》,上海书店出版社,2002年,第32页。
③ 修海林:《郑风郑声的文化比较及其历史评价》,《音乐研究》1992年第1期,第30-38页。
④ 班固撰:《汉书·礼乐志》,中华书局,1962年,第1070-1074页。

表 9-1 郑风、郑声之区别

郑风		郑声
风谣	诗乐	
行乐于水边、山谷等自然地理环境中,具对歌、唱和、歌舞等行乐方式,风俗性强。异族婚阶段求偶活动中的风谣。遵从风俗,非个人选择的群体行为,非经济行为,与人的生产(人种的繁殖)有关	于宫廷中表演,属宫廷唱诗活动,具乐教的性质。与雅乐不对立。反映一定的婚姻关系。非经济行为	于宫廷或城市娱乐活动中表演。娱乐性强。属声色之乐,求"色"的倾向明显,供享乐用,无乐教意义,与雅乐对立。与婚配无关。行乐者(歌手、乐妓)以此为谋生职业,远出寻利的行为反映求富趋利的意识

二、郑声之淫

"郑声"之名始于孔子语,孔子把"郑声"与"佞人"相列,并加上"淫",指责它乱雅乐,要"放郑声"。"淫"为"过"意,并不专指男女之欲。《说文》:"淫,侵淫随理也。"《尔雅·释天》谓"久雨谓之淫",即过多、过甚、放纵,不合礼教之意。郑声之所淫是指郑国音乐放纵、过度、邪僻,与孔子"乐而不淫"的礼乐观相悖,因此,孔子恶。

郑声之所以淫有其生长的土壤。新郑之地是夏商文化的中心区域,在郑迁之前,此地已有先民生活,形成了悠久的文化传统,音乐也保留有夏商音乐格调。原始的音乐产生于祭神,为讨好上帝神仙,人们制作悦耳的音乐用于祭祀礼仪之中。夏桀时,音乐格调发生了变化,从以前由女巫行使的娱神之乐转变为娱人之乐。商时,娱人音乐得到发展。《吕氏春秋·侈乐》:"夏桀、殷纣作为侈乐,大鼓、钟、磬、管、箫之音,以钜为美。"[1]《史记》:"(纣)好酒淫乐,嬖于妇人。爱妲己,妲己之言是从。于是使师涓(当为师延)作新淫声,北里之舞,靡靡之乐。"[2]纣之侈乐,称为"新淫声",是相较于以往祭神之乐而言,特点为"以巨为美,以众为观;俶诡殊瑰,耳所未尝闻,目所未尝见,务以相过,不用度量"[3],完全符合"淫"意。

殷纣之新淫乐影响了此地音乐。《韩非子·十过》:

---

[1] 许维遹撰,梁运华整理:《吕氏春秋集释》卷五,新编诸子集成,中华书局,2009年,第112页。
[2] 司马迁撰:《史记·殷本纪》,中华书局,1959年,第105页。
[3] 同[1]。

> 昔者，卫灵公将之晋，至濮水之上，税车而放马，设舍以宿。夜分，而闻鼓新声者而说之，使人问左右，尽报弗闻。乃召师涓而告之曰："有鼓新声者，使人问左右，尽报弗闻，其状似鬼神，子为我听而写之。"师涓曰："诺。"因静坐抚琴而写之。师涓明日报曰："臣得之矣，而未习也，请复一宿习之。"灵公曰："诺。"因复留宿，明日而习之，遂去之晋。晋平公觞之于施夷之台，酒酣，灵公起曰："有新声，愿请以示。"平公曰："善。"乃召师涓，令坐师旷之旁，援琴鼓之。未终，师旷抚止之，曰："此亡国之声，不可遂也。"平公曰："此道奚出？"师旷曰："此师延之所作，与纣为靡靡之乐也。及武王伐纣，师延东走，至于濮水而自投，故闻此声者必于濮水之上。先闻此声者其国必削，不可遂。"①

《史记·乐书》也载有此事。表明商亡后，可能宫廷之乐师、乐工流亡于民间，使原本宫廷乐曲佚散于殷商故地。《礼记·乐记》："郑卫之音，乱世之音也，比于慢矣。桑间濮上之音，亡国之音也。""桑间濮上之音"即指殷商遗音，班固考察了郑卫之地声淫之史实，《汉书·地理志》：

> 河内本殷之旧都，周既灭殷，分其畿内为三国，《诗·风》邶、鄘、卫国是也。邶，以封纣子武庚；鄘，管叔尹之；卫，蔡叔尹之：以临殷民，谓之三监。故《书序》曰"武王崩，三监畔"，周公诛之，尽以其地封弟康叔，号曰孟侯，以夹辅周室；迁邶、鄘之民于洛邑，故邶、鄘、卫三国之诗相与同风。……康叔之风既歇，而纣之化犹存，故俗刚强，多豪桀侵夺，薄恩礼，好生分。
>
> 卫地有桑间濮上之阻，男女亦亟聚会，声色生焉，故俗称郑卫之音。周末有子路、夏育，民人慕之，故其俗刚武，上气力。②
>
> （郑国）土狭而险，山居谷汲，男女亟聚会，故其俗淫。《郑诗》曰："出其东门，有女如云。"又曰："溱与洧方灌灌兮，士与女方秉菅兮。""恂盱且乐，惟士与女，伊其相谑。"此其风也。③
>
> 孔子曰"郑声淫"者何？郑国土地民人，山居谷汲，男女错杂，为郑声以相诱悦怿，故邪僻，声皆淫色之声也。④

---
① 王先慎撰，钟哲点校：《韩非子集解》卷三，新编诸子集成，中华书局，1998年，第62-63页。
② 班固撰：《汉书》卷二十八下，中华书局，1962年，第1647、1665页。
③ 班固撰：《汉书》卷二十八下，中华书局，1962年，第1652页。
④ 班固撰：《白虎通义·礼乐》，文渊阁四库全书，台湾"商务印书馆"影印本，第850册，第12页。

音乐作为一种社会文化现象，与其文化背景是相辅相成的，与古老的民俗、悠久的传统及此地统治政权的文化风格都有必然的联系。《汉书·地理志》："郑国，今河南之新郑，本高辛氏火正祝融之虚也。"① 原始时期率性泼辣的野性传统毫无疑问会有所保留；殷商时的新淫乐流至民间也会有所浸染，周文化到达此地后，短时间内对撼动数百年来的传统文化而言，还是显得功力薄弱。《史记·太史公自序》："自雅颂声兴，则已好郑卫之音，郑卫之音所从来久矣。"② 意即雅乐兴起的西周时期，郑卫之音就流行于世很久了。《国语·郑语》说及郑地文化："唯谢郑之间，其冢君侈骄，其民怠沓其君，而未及周德。"③ 谢郑之间即是郑东迁后的中心区域。因此，郑卫之地那种古老的、充满野性的文化传统延绵下来，郑卫之音也得以传承并有所发展。《礼记·乐记》："郑、卫之音，乱世之音也，比于慢矣。桑间、濮上之音，亡国之音也。"④ "桑间、濮上之音"即指殷商遗音，这种音乐是"声色生"的，即使《诗经》中经过乐师加工过的诗乐，也会让人听到其萎靡之意。《左传·襄公二十九年》载吴公子季札于鲁国观周乐，鲁乐师为之歌《郑》，季札听后给的评价极低，曰："美哉！其细已甚，民弗堪也。是其先亡乎！"杨伯峻注："'美哉！'此论乐。'其细已甚'此论诗辞，所言多男女间琐碎之事，有关政治极少。已，太也。'民弗堪也'。风化如此，政情可见，故民不能忍受。'是其先亡乎！'郑亡于公元前三七六年，即周安王二十六年。韩哀侯元年灭郑，韩徙都于郑，故《战国策》亦称郑。"⑤ 郑卫之音与殷商之乐是有血脉之连的。

郑卫之音的形成漫延离不开经济生活环境。春秋以来战争连绵不断，使广大农村遭受巨大破坏，流离失所的人们纷纷涌入城市，为了生存，他们有的沦为奴隶或仆人，有的成为手工业者、商人等，有的则成为专职艺人。专职艺人以音乐歌舞为谋生手段时，利益就成为最高的追求目标。他们原有的技能，只是表达自身情感的自娱自乐，在商品经济环境下已不能满足需要，于是他们以观众需求为主导，不断推陈出新，增加内容。产生于乡土民间的"风"，几经改变已失去原来的味道，朴素自然的爱情走向声色，简单纯朴的乐调趋于繁华，"风"转变为"声"，当时称为"新声"。

---

① 班固撰：《汉书·地理志》，中华书局，1962年，第1651页。
② 司马迁撰：《史记·太史公自序》，中华书局，1959年，第3305页。
③ 上海师范大学古籍整理组校点：《国语》卷十六，上海古籍出版社，1978年，第514-515页。
④ 《十三经注疏》整理委员会整理，李学勤主编：《礼记正义》卷三十七，十三经注疏标点本，北京大学出版社，1999年，第1080页。
⑤ 杨伯峻编著：《春秋左传注》，中华书局，1990年，第1162页。

春秋时期商业繁荣，大商人纷纷涌现，郑国是一个以商业立国的国家，政府与商人间立有盟誓，关系融洽密切。商业带来了巨大利益，各诸侯国都重视商业活动，商贸往来频繁。郑国位于中原诸侯国的中间位置，交通便利，人员往来频繁。商业对既有社会秩序是一股极具破坏性的力量，机利所至，礼法便亏，声色遂盛，即"商旅集则货财盛，货财盛则声色辏"，富裕中求声色，以声色求富荣是相辅相成的社会现象，"求富荣"成为社会普遍价值观。一般的社会活动包括音乐在内，都产生求富趋利的意识倾向，音乐成为逐利的工具，歌舞结合成为感观刺激性极强的娱乐形式，走进社会上层人们的生活。《汉书·地理志》载，"赵、中山地薄人众，犹有沙丘纣淫乱余民。丈夫相聚游戏，悲歌忼慨，起则椎剽掘冢，作奸巧，多弄物，为倡优。女子弹弦跕躧，游媚富贵，遍诸侯之后宫"①，形成著名的郑姬、赵女一流，他们进入宫廷，以歌舞迎合统治者求声色享受的需要，博取荣华富贵，女优兴盛。《史记·货殖列传》："富者，人之情性，所不学而俱欲者也。……今夫赵女郑姬，设形容，揳鸣琴，揄长袂，蹑利屣，目挑心招，出不远千里，不择老少者，奔富厚也。"②

女乐是一股极大的杀伤力量，据载，夏桀时宫廷音乐活动兴起，开始大量使用"女乐"。《管子·轻重甲》："昔者桀之时，女乐三万人，端噪晨乐，闻于三衢。"③女乐即女性歌舞伎人，为满足统治者声色之欲而出现。商时女乐继续盛行，"北里之舞，靡靡之乐"。周政权建立后，废除商宫廷女乐，至春秋末年，沉寂的女乐在礼制松弛之时再度兴起，郑国、齐国都设有女乐。郑国女乐以郑声配以舞蹈更是有名。《楚辞·招魂》中有描写："肴羞未通，女乐罗些。陈钟按鼓，造新歌些。涉江采菱，发扬荷些。美人既醉，朱颜酡些。娭光眇视，目曾波些。被文服纤，丽而不奇些。长发曼鬋，艳陆离些。二八齐容，起郑舞些。"④郑国以女乐贿赂别国，以达到其政治目的。《左传·襄公十一年》载萧鱼之会时，郑人曾以女乐赂晋侯求和；《史记·孔子世家》载孔子在鲁国为政时推行礼制收到很好效果，齐国害怕鲁国国强争霸，于是选"齐国中女子好者八十人，皆衣文衣而舞《康乐》，文马三十驷"⑤行贿鲁国国君，季桓子最终接受了齐国女乐，孔子弃鲁而走。歌舞进入宫廷之中，为统治阶级所喜好，歌舞升平成为贵族阶级的主要娱乐方式，成为声色犬马享受的一部分。

---

① 班固撰：《汉书·地理志》，中华书局，1962年，第1655页。
② 司马迁撰：《史记·货殖列传》，中华书局，1959年，第3271页。
③ 黎翔凤撰，梁运华整理：《管子校注》卷二十三，新编诸子集成，中华书局，2004年，第1398页。
④ 林家骊译注：《楚辞》，中华书局，2009年，第216页。
⑤ 司马迁撰：《史记·孔子世家》，中华书局，1959年，第1918页。

郑卫之音于春秋时期形成并呈漫延之势。其实,商纣的新淫乐本就没有中断过,只不过作为亡国之音被列于禁止之列。《汉书·礼乐志》载:

> 然自《雅》、《颂》之兴,而所承衰乱之音犹在,是谓淫过凶嫚之声,为设禁焉。世衰民散,小人乘君子,心耳浅薄,则邪胜正。故《书》序:"殷纣断弃先祖之乐,乃作淫声,用变乱正声,以说妇人。"乐官师瞽抱其器而奔散,或适诸侯,或入河海。夫乐本情性,浃肌肤而臧骨髓,虽经乎千载,其遗风余烈尚犹不绝。①

《周礼·大司乐》载:"凡建国,禁其淫声、过声、凶声、慢声。"郑玄注:"淫声,若郑卫也;过声,失哀乐之节;凶声,亡国之声,若桑间、濮上;慢声,惰慢不恭。"②据史籍记载,周文王以前周氏族还处于原始氏族时代,其文化大大逊色于商文化,并且两者文化差异较大,商文化属于巫文化,与巫相连的音乐也有"巫"的特点,即大胆、热烈、奔放。周建立后吸取商灭亡的教训,从维护其礼制出发禁淫声,自然商代音乐不被接受。因此,冯洁轩先生说:"就音乐文化而言,如果说周音乐(雅乐)明显地受着理论的支配的话,商音乐倒更多地受着自然习惯的支配。它是从原始音乐比较直线地(自然地)发展过来的,即使是商代贵族的大型祭祀乐舞,也比较热烈奔放、活泼浪漫。民间的乐舞倒更有生气,所不同的恐怕只在于内容上并没有贵族乐舞的神秘和狂怖,而更加世俗化些。"③殷商娱人之乐破坏性极大,被周统治者雪藏,但随着春秋以来礼乐制度的衰弱、人性的觉醒,富有殷商之音血统的郑声迅速流行开来,成为社会文化转型时期"新声"的代表,很多诸侯国君及贵族都喜好"新声"。如:

楚国,《史记·楚世家》载楚庄王"好淫乐":"左抱郑姬,右抱越女,坐钟鼓之间。"④

齐国,齐桓公好淫乐,桓公夫人卫姬"为之不听郑卫之音"⑤,宫廷则"燕则斗象棋而舞郑女,激楚之切风,练色以淫目,流声以虞耳"⑥。《新序》载齐

---

① 班固撰:《汉书·礼乐志》,中华书局,1962年,第1038页。
② 《十三经注疏》整理委员会整理,李学勤主编:《周礼注疏》卷二十二,十三经注疏标点本,北京大学出版社,1999年,第594页。
③ 冯洁轩:《论郑卫之音》,《音乐研究》1984年第1期,第67-84页。
④ 司马迁撰:《史记·楚世家》,中华书局,1959年,第1700页。
⑤ 刘向:《古列女传》卷二,四部丛刊景明本,第11页。
⑥ 刘向撰,向宗鲁校证:《说苑校证》卷十一,中华书局,1987年,第280页。

宣王"听郑卫之声,呕吟感伤"①。

晋国,《国语·晋语八》载"晋平公说新声"。《淮南子·原道训》载"扬郑卫之浩乐,结激楚之遗风",高诱注:"晋平公,说新声,使师延为桑间濮上之乐。濮在卫地,故郑、卫之浩乐也,结激清楚之声也。必为郑、卫之浩乐及结激清楚以娱乐也。"②

魏国,《礼记·乐记》载:"魏文侯问于子夏曰:'吾端冕而听古乐,则唯恐卧。听郑卫之音,则不知倦。敢问古乐之如彼,何也?新乐之如此,何也?'……子夏对曰:'郑音好滥淫志,宋音燕女溺志,卫音趋数烦志,齐音敖辟乔志。'此四者,皆淫于色而害于德,是以祭祀弗用也。"③《孟子·梁惠王下》载梁惠王对孟子说:"寡人非能好先王之乐也,直好世俗之乐耳。"赵岐注:"直好世俗之乐,谓郑也。"④

卫国,《韩非子·十过》载卫灵公:"而闻鼓新声者而说之。"⑤

秦国,《论衡·谴告》载:"秦缪公好淫乐,华阳后为之不听郑、卫之音。"⑥

赵国,《史记·赵世家》载赵烈侯好音,欲富"郑歌者枪、石二人",想要"赐之田、人万亩"⑦。

郑声的流行及传播,对社会风气影响极大,使西周以来占据统治地位的礼乐制度之根基受到动摇。文献记载当时诸侯国都存在有声之淫的情况,为何孔子独斥郑声呢?从以上分析来看,郑地自古以来就有声淫之传统,春秋以来,随着礼制的破坏、人性的觉醒,郑声呈现出漫延扩展之势,更为重要的一点,是与郑国性质有关。郑国是周室近亲的姬姓国家,齐、楚、晋、秦、赵如果兴起淫声还有情可原,而郑国应当率先遵守周礼却不守,成为淫声的泛滥之地,成为淫声的代表,在以恢复礼乐为己任的孔子看来,这是大逆不道、是可忍孰不可忍的行为,所以孔子发出"恶郑声之乱雅乐"的言论,反映出孔子对郑声的极度厌恶情绪,也反映出郑声对雅乐的破坏状况到了严重的地步。从文献记载来看,斥郑卫之音为淫乐的并不只孔子一人。《吕氏春秋·本生》:"靡

---

① 卢元骏注译:《新序今注今译》卷二,天津古籍出版社,1988年,第75页。
② 张双棣撰:《淮南子校释》卷一,北京大学出版社,1997年,第111、115页。
③ 《十三经注疏》整理委员会整理,李学勤主编:《礼记正义》卷三十八,十三经注疏标点本,北京大学出版社,1999年,第1119-1125页。
④ 焦循撰,沈文倬点校:《孟子正义》卷四,十三经清人注疏,中华书局,1987年,第100页。
⑤ 王先慎撰,钟哲点校:《韩非子集解》卷三,新编诸子集成,中华书局,1998年,第62页。
⑥ 王充:《论衡》卷十四,四部丛刊景通津草堂本,第140页。
⑦ 司马迁撰:《史记》卷四十三,中华书局,1959年,第1797页。

曼皓齿，郑、卫之音，务以自乐，命之曰伐性之斧。"①《荀子·乐论》："姚冶之容，郑卫之音，使人之心淫。"②

三、郑声之征

郑声，自孔子命名后，春秋至秦汉时期，人们也称之为郑卫之音、郑卫、郑音等，成为靡靡之音的代名词。郑声作为春秋新兴音乐的代表，也称为新乐、新声、新弄等，之所以谓之"新"，是相对于古乐、雅乐而言，古乐主要用于祭祀以娱神，新乐则是满足人声色之欲以娱人，二者有明显的区分。

雅乐，《周礼·大司乐》云：

> 凡乐，圜钟为宫，黄钟为角，大蔟为徵，姑洗为羽；雷鼓雷鼗，孤竹之管，云和之琴瑟，《云门》之舞，冬日至，于地上之圜丘奏之，若乐六变，则天神皆降，可得而礼矣。凡乐，函钟为宫，大蔟为角，姑洗为徵，南吕为羽，灵鼓灵鼗，孙竹之管，空桑之琴瑟，《咸池》之舞，夏日至，于泽中之方丘奏之，若乐八变，则地示皆出，可得而礼矣。凡乐，黄钟为宫，大吕为角，大蔟为徵，应钟为羽，路鼓路鼗，阴竹之管，龙门之琴瑟，《九德》之歌，九磬之舞，于宗庙之中奏之，若乐九变，则人鬼可得而礼矣。③

可见，雅乐是制度化的仪式音乐，形成于西周早期，用于宫廷各种典礼仪式场合，是礼乐制度的一部分，为"宫、角、徵、羽"，不用"商"。新声的风格与古乐不同，从《韩非子·十过》中晋平公与师旷对答可见新乐与古乐的区别。

> （师涓）援琴鼓之，未终，师旷抚止之，曰："此亡国之声，不可遂也。"……平公曰："寡人所好者音也，子其使遂之。"师涓鼓究之。平公问师旷曰："此所谓何声也？"师旷曰："此所谓清商也。"公曰："清商固最悲乎？"师旷曰："不如清徵。"公曰："清徵可得而闻乎？"师旷曰："不可。古之听清徵者，皆有德义之君也。今吾

---

① 许维遹撰，梁运华整理：《吕氏春秋集释》卷一，新编诸子集成，中华书局，2009年，第18页。
② 王先谦撰，沈啸寰、王星贤点校：《荀子集解》卷十四，新编诸子集成，中华书局，1988年，第381页。
③ 《十三经注疏》整理委员会整理，李学勤主编：《周礼注疏》卷二十二，十三经注疏标点本，北京大学出版社，1999年，第586页。

君德薄，不足以听。"平公曰："寡人之所好者音也，愿试听之。"师旷不得已，援琴而鼓。一奏之，有玄鹤二八，道南方来，集于郎门之垝；再奏之，而列；三奏之，延颈而鸣，舒翼而舞，音中宫商之声，声闻于天。平公大说，坐者皆喜。平公提觞而起，为师旷寿，反坐而问曰："音莫悲于清徵乎？"师旷曰："不如清角。"平公曰："清角可得而闻乎？"师旷曰："不可。昔者黄帝合鬼神于西泰山之上，驾象车而六蛟龙，毕方并辖，蚩尤居前，风伯进扫，雨师洒道，虎狼在前，鬼神在后，腾蛇伏地，凤皇覆上，大合鬼神，作为清角。今主君德薄，不足听之；听之，将恐有败。"平公曰："寡人老矣，所好者音也，愿遂听之。"师旷不得已而鼓。一奏，而有玄云从西北方起；再奏之，大风至，大雨随之，裂帷幕，破俎豆，隳廊瓦，坐者散走。平公恐惧，伏于廊室之间。晋国大旱，赤地三年。平公之身遂癃病。①

如上文，祭祀所用雅乐为宫、角、徵、羽；而纣之淫乐则加用清商、清徵、清角，使音乐旋律细致婉转，优美动听，人易沉醉其中。受此影响的郑声也具有这些特点，使用声阶超过雅乐所用，不合度。度，指不超过五声音阶的一个八度，其音"细已甚"，高音已超过"羽"，且使用多，变成了高亢激越的"烦手淫声"。《左传·昭公元年》："先王之乐，所以节百事也，故有五节；迟速本末以相及，中声以降。五降之后，不容弹矣。于是有烦手淫声，慆堙心耳，乃忘平和，君子弗听也。"杜预注："降，罢退。"杨伯峻注："中和之声既息，再奏，则变为繁复之手法，靡靡之音。凡过度曰淫。"②研究发现，郑声不再停留于西周的四声音阶，而是完善了商音乐的五声音阶，并向前发展，形成了完整的七声音阶③，因而节奏快，变化多。《礼记·乐记》："郑音好滥淫志，宋音燕女溺志，卫音趋数烦志，齐音敖辟乔志。"郑玄注："趋数，读为'促速'，声之误也。"④可见郑卫之音的特点是多以丝弦乐为主，旋律繁、节奏快，突破了正常中和之音的标准。

郑声的另一个特点是哀怨、缠绵、忧伤。《论语》："恶郑声之乱雅乐。"

---

① 王先慎撰，钟哲点校：《韩非子集解》卷三，新编诸子集成，中华书局，1998年，第63-65页。
② 杨伯峻编著：《春秋左传注》，中华书局，1990年，第1221-1222页。
③ 冯洁轩：《论郑卫之音》，《音乐研究》1984年第1期，第67-84页。
④ 《十三经注疏》整理委员会整理，李学勤主编：《礼记正义》卷三十八，十三经注疏标点本，北京大学出版社，1999年，第1125页。

包氏注曰:"郑声,淫声之哀者,恶其夺雅乐也。"《新序杂事二》:"郑卫之声,呕吟感伤。"《淮南子·泰族训》说郑声"不淫则悲,怨思之声"。这都是说郑声哀怨悱恻,令人感伤,动人心肠。故孔子把它与佞人并提,认为二者作用相同,佞人以动听之言害人误国,郑声以动听之音使人丧失意志,沉沦享乐,同样害人误国。

演奏郑声的乐器已不仅限于打击乐器,而是加入丝弦乐器。春秋时期,技术工艺的进步使丝竹乐器得到了大的发展,琴、瑟、筝、筑等已发展成熟并投入使用。闻一多在论述古代音乐时认为:"郑卫之乐常用弦索与竹管,凡是以鼓为节的配乐诗多是齐言,而配管弦的诗则以长短句为多。"[①]因此,郑声最大的特点就是"淫"。明人谢肇淛说:"夫子谓郑声淫。淫者,靡也,巧也,乐而过度也,艳而无实也。"[②]杜道明先生说:"以孔子为代表的的儒家,正是以是否合'度'为标准区分美丑,褒贬雅郑的。他们认为合'度'的音乐就是雅乐,就是'中声',就是美;不合'度'的音乐自然就是郑声,淫乐,就是丑。"[③]

雅乐与郑声的特点对比,多见于古籍记载。

《礼记·乐记》:

> 是故治世之音,安以乐,其政和。乱世之音,怨以怒,其政乖。亡国之音,哀以思,其民困。声音之道,与政通矣。宫为君,商为臣,角为民,徵为事,羽为物。五者不乱,则无怗懘之音矣。宫乱则荒,其君骄。商乱则陂,其官坏。角乱则忧,其民怨。徵乱则哀,其事勤。羽乱则危,其财匮。五者皆乱,迭相陵,谓之慢。如此,则国之灭亡无日矣。郑、卫之音,乱世之音也,比于慢矣。
>
> ……
>
> 魏文侯问于子夏曰:"吾端冕而听古乐,则唯恐卧,听郑卫之音,则不知倦。敢问古乐之如彼,何也?新乐之如此,何也?"子夏对曰:"今夫古乐,进旅退旅,和正以广,弦匏笙簧,会守拊鼓。始奏以文,复乱以武。治乱以相,讯疾以雅。君子于是语,于是道古。修身及家,平均天下。此古乐之发也。"
>
> 今夫新乐,进俯退俯,奸声以滥,溺而不止,及优、侏儒,猱杂子女,不知父子。乐终,不可以语,不可以道古。此新乐之发

---

① 郑临川述评:《闻一多论古典文学》,重庆出版社,1984年,第31页。
② 谢肇淛:《五杂俎》,上海书店出版社,2001年,第253页。
③ 杜道明:《通向和谐之路:中国的和谐文化与和谐美学》,国防大学出版社,2000年,第232页。

也……今君之所好者,其溺音乎?"文侯曰:"敢问溺音何从出也?"子夏对曰:"郑声好滥淫志,宋音燕女溺志,卫音趋数烦志,齐音敖辟乔志。"此四者,皆淫于色而害于德,是以祭祀弗用也。①

由记载可知,古乐的演奏为钟、磬、鼓等打击乐器,《礼记·乐记》云:"钟鼓干戚,所以和安乐也。"钟、磬等乐器由于体积较大,多成组使用,发出的声音悠扬、清越、节奏规矩、整齐、缓慢,用于祭祀,歌功颂德等大的场面,一方面能体现出天子的威严和气势,另一方面通过金石打击乐器的演奏能激发人们的凝聚力和向心力,对贵族子弟有教化作用。金石之乐更多的是有礼制的功能,严整庄穆,但这种乐曲难免形式滞慢,内容乏味枯燥,使人困顿;而新乐则加入丝弦的乐器,使乐曲旋律更为优美婉转,讲究艺术技巧,音调节奏也有变化,乐曲活泼新颖,以抒情为主,"朱弦而疏越,壹倡而三叹,有遗音者矣"②,富有欣赏性和感染力,更符合人的感官需求,故使人久听而不倦。但正统的人们听后觉得音调杂乱,音律不协调,表演混乱,认为新乐败坏礼制,结果是"及优侏儒,犹杂子女,不知父子",使人们"皆淫于色而害于德"。

古之先贤对新乐是斥责的。《荀子·乐论》:"故礼乐废而邪音起者,危削侮辱之本也。故先王贵礼乐而贱邪音……姚冶之容,郑卫之音,使人之心淫。……故君子卫不呵斥淫声。"礼乐是治世之乐,从中可以观察政治的治与乱,民心的静与动,荀子主张完全排斥邪音,"则凡非雅声者举废""夷俗邪音不敢乱雅"。司马迁有更精辟的论述,《史记·乐书第二》:"凡音者,生人心者也。情动于中,故形于声,声成文谓之音。是故治世之音安以乐,其政和;乱世之音怨以怒,其正乖;亡国之音哀以思,其民困。声音之道,与正(政)通矣。宫为君,商为臣,角为民,徵为事,羽为物。五者不乱,则无怗滞之音矣。""是故审声以知音,审音以知乐,审乐以知政。"③

以郑声为代表的新乐兴盛,至春秋晚期形成潮流并有扩大之势,破坏了西周以来具有教化功能的礼乐制度,与孔子所倡导"乐"的主旨相违背,因此遭到孔子的鄙视和批判。郑声与传统雅乐是对立的。

---

① 《十三经注疏》整理委员会整理,李学勤主编:《礼记正义》卷三十七,十三经注疏标点本,北京大学出版社,1999年,第1077-1080、1119-1124页。
② 《十三经注疏》整理委员会整理,李学勤主编:《礼记正义》卷三十七,十三经注疏标点本,北京大学出版社,1999年,第1081页。
③ 司马迁撰:《史记·乐书第二》,中华书局,1959年,第1181-1184页。

四、郑国乐器

郑国以郑声最为有名,但雅乐也闻名于诸侯列国。郑国是音乐水平较高的国家,常把乐师、乐工及乐器作为礼物赠送他国。《左传·襄公十一年》载,"郑人赂晋侯以师悝、师触、师蠲"以及"镈磬女乐",为"礼也"。《左传·襄公十五年》"(郑国)纳赂于宋,以马四十乘,与师茷、师慧。"《国语·晋语》:"郑伯嘉来纳女工妾三十人、女乐二八、歌钟二肆及宝镈。"这些乐器是演奏雅乐的。

演奏雅乐最主要的是金石乐器,其与鼎、簋并列使用,成为权力和身份的象征,其中主要以编钟最为尊贵。西周礼乐制度制定,编钟开始兴起,当时一般由大小5枚组合。《周礼·春官·小胥》载:"正乐悬之位,王宫悬,诸侯轩悬,卿大夫判悬,士特悬,辨其声。"即规定了青铜乐钟依等级使用的限定,天子作乐要四面挂钟,称宫悬;诸侯三面挂钟,称轩悬;卿大夫二面挂钟,称判悬;士大夫一面挂钟,称特悬。1923～1998年,先后在郑韩故城出土的青铜编钟有8批,共296件,郑国是诸侯列国中出土青铜编钟最多的国家。[①] 出土情况为:李家楼郑公大墓,出土编钟三组24件,其中甬钟两组各10件,镈钟一组4件。祭祀遗址以中行祭祀遗址出土最多,发掘祭祀坑13座,除11、12号被盗,17号坑为纽钟一组10件、镈钟一组4件外,其余均为钮钟两组20件及镈钟一组4件,编钟数量、规格、形制几近一致,这在迄今出土的春秋列国青铜乐钟中尚属首见。郑国编钟乐器出土情况见表9-2。

表9-2　郑国祭祀乐器坑出土乐器统计表[②]

	编镈	编钟	其他	备注
金城路2号坑	4	20(两组)	不详	
信用社乐器坑	4	20(两组)	不详	
中行乐器1号	4	20(两组)	陶埙1	
中行乐器4号	4	20(两组)		
中行乐器5号	4	20(两组)	陶埙1	
中行乐器7号	4	20(两组)	陶埙1	

---

① 河南省文物考古研究所编著:《新郑郑国祭祀遗址》,大象出版社,2006年,第5页。
② 杨文胜:《出土青铜礼乐器组合与"郑卫之音"》,《中原文物》2008年第2期,第50-54页。

续表

	编镈	编钟	其他	备注
中行乐器 8 号	4	20（两组）	陶埙1、骨箫	
中行乐器 9 号	4	20（两组）		
中行乐器 11 号				被盗
中行乐器 12 号				被盗
中行乐器 14 号	4	20（两组）	陶埙1	
中行乐器 16 号	4	20（两组）	陶埙1	
中行乐器 17 号	4	10（一组）		

郑国编钟出土时，因编钟架为木质，均已成为灰痕。钟架古称笋虡，笋是悬钟的横梁，虡是两端支撑横梁的支柱，笋虡与所挂的钟合称"县"（悬），制作者称为"梓人"。从中行祭祀乐器出土情况看，钟架高约1米，有横梁3根，放置情况有两种：一种是上中下排列；另一种是上部平行排二根，一根置下部。一横梁上一般悬钟10件，从大到小依次排列，二根共悬20件，下部的一根悬梁上悬挂镈钟4件。由于钟架高度有限，演奏时应是跽坐而奏。

中行祭祀遗址出土有11坑编钟，其中6座坑分为两组，每组为3坑，即三架编钟，合于礼制诸侯"三面挂钟"之规定，应为"轩悬"之制。其他坑被盗，或也是这种组合形式。

春秋时期是音乐大发展时期，人们对郑国出土编钟进行了测试，发现有许多创新。

（1）在旧制基础上，增加了编钟套件数，增加到24件套为一组，这在以前是没有的。

（2）编钟已具备高、中、低三音部。郑国编钟上面二层悬挂的钮钟为中高音区，为演奏主旋律用；下层悬挂的镈钟为低音区，是掌握节奏配合声用。

（3）编钟音列结构规范，一钟双音，扩大了旧有音域。经过测试可知，编钟从最低音至最高音，可横跨4个8度的音程，并有较多的半声音阶，可组成七声音阶体系，还可旋宫转调①。编钟"改变了西周以来的'宫商角徵羽'的传统音列模式。相配套的镈钟主干为'羽宫角徵'四声，虽保留西周传统，但已把西周羽、宫、角、羽音列框架尾位的羽转换为徵，使低音钟音域拓宽。正鼓音出现的前述音列关系，与侧鼓音同时使用，就可以组成角、徵、变徵、

---

① 河南省文物考古研究所编著：《新郑郑国祭祀遗址》，大象出版社，2006年，第5页。

羽、宫、变宫、商七声旧音阶体系,并在已存在的变徵、变宫基础上增加了和、润两声,从而在原有七声旧音阶的基础上,向更多、更完善的半音结构跨出了一步。再稍施变化,以角为宫,即可在艺术实践中形成半音关系的新音阶结构。使西周'钟不过以动声'的传统,在一定限度内增添了旋律演奏功能。"①

郑国出土编钟音阶增多,音域广大,有人认为是演奏郑声的乐器。乐器的种类特性与所奏音乐还有存在匹配度的问题,郑声的缠绵悠长是否适合用编钟来演奏,经验证,发现是不适合的。杨文胜先生认为:"雅乐的一个主要特征就是使用'金石'之器为演奏主体。从乐器的发音原理看,扁体编钟、编镈虽然较后世出现的圆体钟在演奏上有着一定的优势,但钟体回声却是一个无法克服的先天不足,因而编钟演奏的音节往往会影响到比较接近的后一个音节,产生混音现象,如此,编钟就不长于演奏节奏较快的音乐,而比较适合于庙堂音乐的庄重与回长。'郑卫之音'是针对雅乐存在'朱弦而疏越,壹倡而三叹'这样'遗音'的弱点而产生的一种新潮民间流行音乐,势必有着较为欢快的节奏和流畅的旋律,这就说明编钟和编磬这样的'金石'之乐不可能是'郑卫之音'演奏组合的主体。"②可见,郑国祭祀遗址出土编钟是祭祀所用,毫无疑问是演奏雅乐的。编钟音阶增多和结构的改进,说明郑国乐器制作的进步及郑国音乐水平的高超。

---

① 蔡全法:《郑国社稷遗存:春秋流行乐的回响》,《文明》2002 年第 8 期,第 113-123 页。
② 杨文胜:《出土青铜礼乐器组合与"郑卫之音"》,《中原文物》2008 年第 2 期,第 50-54 页。

参考文献

白川静：《甲骨金文学论丛五·殷代雄族考》，朋友书店，1960年。

班固撰：《白虎通义》，清文渊阁四库全书本。

班固撰：《汉书》，中华书局，1962年。

蔡全法、马俊才：《新郑周庄游乐场东周及汉代墓地》，中国考古学会编：《中国考古学年鉴1996》，文物出版社，1998年，第179-180页。

蔡全法、马俊才、王蔚波：《新郑郑韩故城金城路考古取得重大成果》，《中国文物报》1994年1月2日，第1版。

蔡全法、夏麦陵、马俊才：《新郑华裕实业公司战国与汉墓》，中国考古学会编：《中国考古学年鉴1995》，文物出版社，1997年，第173-174页。

蔡全法、夏麦陵、马俊才：《新郑西关胡庄纺织厂战国及汉墓》，中国考古学会编：《中国考古学年鉴1995》，文物出版社，1997年，第173页。

蔡全法、夏麦陵、马俊才：《新郑西关天心路东周及汉代墓葬》，中国考古学会编：《中国考古学年鉴1995》，文物出版社，1997年，第174-175页。

蔡全法、夏麦陵、马俊才：《新郑西关游乐场东周及汉唐墓葬与战国车马坑》，中国考古学会编：《中国考古学年鉴1995》，文物出版社，1997年，第171-172页。

蔡全法、夏麦陵、马俊才：《新郑新兴水泥厂春秋至汉代墓葬》，中国考古学会编：《中国考古学年鉴1995》，文物出版社，1997年，第170页。

蔡全法：《新郑李家楼青铜器钩沉》，《海峡两岸春秋郑公大墓青铜器学术研讨会(内部资料)》，2001年，第89-98页。

蔡全法：《新郑郑韩故城》，中国考古学会编：《中国考古学年鉴1991》，文物出版社，1992年，第230-232页。

蔡全法：《新郑郑韩故城遗址》，中国考古学会编：《中国考古学年鉴1992》，文物出版社，1994年，第242页。

蔡全法：《郑国社稷遗存：春秋流行乐的回响》，《文明》2002年第8期，第113-123页。

蔡全法：《郑韩故城出土陶瓷器工艺浅析》，《中原文物》1988年第4期，第59-62页。

蔡全法等:《郑韩故城遗址》,中国考古学会编:《中国考古学年鉴》,文物出版社,1990年,第251页。

蔡运章:《胡国史迹初探——兼论胡国与楚国的关系》,河南省考古学会、河南省博物馆、河南省文物研究所编:《楚文化觅踪》,中州古籍出版社,1980年,第200-214页。

晁福林:《霸权迭兴——春秋霸主论》,生活·读书·新知三联书店,1992年。

晁福林:《论春秋霸主》,《史学月刊》1991年第5期,第12-18页。

晁福林:《上博简〈诗论〉与〈诗·郑风·将仲子〉的几个问题》,《南都学坛》2004年第6期,第64-69页。

晁福林:《试论东迁以后的周王朝》,《宝鸡师院学报(哲学社会科学版)》1990年第1期,第29-31页。

陈梦家:《殷墟卜辞综述》,中华书局,1990年。

陈梦家:《西周铜器断代》,中华书局,2004年。

陈槃:《春秋大事表列国爵姓及存灭表撰异》,上海古籍出版社,2009年。

陈奇猷校释:《吕氏春秋校释》,学林出版社,1984年。

陈钦龙:《郑韩故城考古发现与初步研究》,郑州大学硕士学位论文,2007年。

崔述:《丰镐考信录》,上海古籍出版社,1983年。

代生、张少筠:《清华简〈系年〉所见郑国史事初探》,《中南大学学报(社会科学版)》2015年第3期,第242-247页。

戴震:《戴东原集》,西北师范大学图书馆藏光绪甲申刻本。

杜道明:《通向和谐之路:中国的和谐文化与和谐美学》,国防大学出版社,2000年。

杜平安、王惠霞、宋守杰:《郑国、郑伯"中"字型大墓》,《中州今古》2004年第6期,第62-63页。

杜预:《春秋三传》,上海古籍出版社,1987年。

段志洪:《周代卿大夫研究》,文津出版社,1994年。

恩格斯:《家庭、私有制和国家的起源》,人民出版社,2003年。

法定、堂革:《新郑县新建南路两周及两汉墓葬》见:中国考古学会编:《中国考古学年鉴1989》,文物出版社,1990年,第183-184页。

范耕研:《吕氏春秋补注》,《江苏国学图书馆年刊》1933年第6期,第439-796页。

范晔撰,李贤等注:《后汉书》,中华书局,1965年。

方苞:《春秋通论》,清文渊阁四库全书本。

房占红:《七穆与郑国的政治》,吉林大学硕士学位论文,1999年。

冯洁轩:《论郑卫之音》,《音乐研究》1984年第1期,第67-84页。

高士奇:《左传纪事本末》,中华书局,1979年。

顾栋高辑,吴树平、李解民点校:《春秋大事表》,中华书局,1993年。

顾颉刚:《古史辨》,中华书局,1982年。

顾颉刚：《史林杂识初编》，中华书局，1963年。

郭宝钧：《商周铜器群综合研究》，文物出版社，1981年。

郭沫若：《殷周青铜器铭文研究》，科学出版社，1961年。

郭庆藩辑，王孝鱼整理：《庄子集释》，新编诸子集成，中华书局，1961年。

国家文物局主编：《中国文物地图集（河南分册）》，中国地图出版社，1991年。

韩星：《先秦儒法源流述论》，中国社会科学出版社，2004年。

韩益民：《"郑伯克段于鄢"地理考》，《北京师范大学学报（社会科学版）》2006年第4期，第98-104页。

韩兆琦译注：《史记》，中华书局，2007年。

郝红星、张吉钦、王磨正，等：《新郑铁岭墓地M1404、M1405发掘简报》，《中原文物》2012年第2期，第10-29页。

何新文：《〈左传〉人物论稿》，中国社会科学出版社，2004年。

河南博物院、台北历史博物馆编：《新郑郑公大墓青铜器》，大象出版社，2001年。

河南省博物馆新郑工作站、新郑县文化馆：《河南新郑郑韩故城的钻探和试掘》，文物编辑委员会编：《文物资料丛刊（3）》，文物出版社，1980年，第56-65页。

河南省地方史志编纂委员会编纂：《河南省志·文物志》，河南人民出版社，1993年。

河南省文物考古研究所：《河南新郑市郑韩故城郑国祭祀遗址发掘简报》，《考古》2000年第2期，第61-77页。

河南省文物考古研究所：《河南新郑市郑韩故城东周祭祀遗址》，《文物》2005年第10期，第4-33页。

河南省文物考古研究所编著：《新郑郑国祭祀遗址》，大象出版社，2006年。

河南省文物研究所、河南省丹江库区考古发掘队、淅川县博物馆：《淅川下寺春秋楚墓》，文物出版社，1991年。

河南省文物研究所：《郑韩故城制骨遗址的发掘》，《华夏考古》1990年第2期，第43-59页。

河南省文物研究所新郑工作站：《河南新郑县李家村发现春秋墓》，《考古》1983年第8期，第703-706页。

贺业钜：《中国古代城市规划史论丛》，中国建筑工业出版社，1986年。

洪亮吉：《春秋左传诂》，清光绪四年授经堂刻本。

侯外庐：《中国古代社会史论》，河北教育出版社，2000年。

胡进驻：《东周郑韩墓葬研究》，郑州大学硕士学位论文，2003年。

皇甫谧撰，宋翔凤、钱宝塘辑：《帝王世纪》，辽宁教育出版社，1997年。

黄留春：《"许都故城"调查记》，河南文物考古学会编：《河南文物考古论集（二）》，中州古籍出版社，2000年，第171-172页。

黄盛璋：《驹父盨盖铭文研究》，《考古与文物》1983年第4期，第52-56页。

黄中松：《诗疑辨证》卷二，清文渊阁四库全书本。

江永：《春秋地理考实》，清文渊阁四库全书本。

焦循撰，沈文倬点校：《孟子正义》，十三经清人注疏，中华书局，1987年。

康濬：《孟子文说》，清嘉庆刻本。

孔安国编：《尚书》，四部丛刊景宋本。

雷学淇：《介庵经说》。

雷学淇：《竹书纪年义证》。

黎翔凤撰，梁运华整理：《管子校注》，新编诸子集成，中华书局，2004年。

李峰著，余峰译，汤惠生校：《西周的灭亡：中国早期国家的地理和政治危机》，上海古籍出版社，2007年。

李锋：《西周金文中的郑地和郑国东迁》，《文物》2006年第9期，第70-78页。

李剑农：《中国古代经济史稿》，武汉大学出版社，1991年。

李剑农：《中国古代经济史稿》，武汉大学出版社，2006年。

李京华、汤文兴：《河南冶金考古主要收获》，《史学月刊》1980年第3期，第40-43页。

李泰等注，贺次君辑校：《括地志辑校》，中华书局，1980年。

李学勤：《文盨与周宣王中兴》，《文博》2008年第2期，第4-5页。

李玉洁：《楚国史》，河南大学出版社，2002年。

李玉洁：《郑国的都城与疆域》，《中州学刊》2005年第6期，第162-164页。

李仲操：《谈西郑地望》，《文博》1998年第5期，第33-34页。

郦道元：《水经注》，时代文艺出版社，2001年。

梁履绳：《左通补释》，上海古籍出版社，2002年。

梁启超：《饮冰室合集》，中华书局，1989年。

梁晓景：《邻国史迹探索》，《中原文物》1987年第3期，第102-108页。

梁玉绳撰：《史记志疑》，中华书局，1981年。

林家骊译注：《楚辞》，中华书局，2009年。

刘东亚：《河南鄢陵县古城址的调查》，《考古》1963年第4期，第225-226页。

刘文泽：《苑陵故城》，《郑州日报》2010年8月31日，第12版。

刘熙：《释名》，丛书集成初编本，商务印书馆，1939年。

刘向：《古列女传》，四部丛刊景明本。

刘向集录：《战国策》，上海古籍出版社，1985年。

刘向撰，向宗鲁校证：《说苑校证》，中华书局，1987年。

刘勰：《文心雕龙》，四部丛刊景明嘉靖刊本。

刘瑛：《郑称国考》，北京大学中国古文献研究中心编：《北京大学中国古文献研究中心集刊》第十三辑，北京大学出版社，2014年，第142-151页。

刘毓庆：《春秋会盟燕享与诗礼风流》，《晋阳学刊》2004年第2期，第89-93页。

刘知几撰，赵吕甫校注：《史通新校注》，重庆出版社，1990年。

留明编：《先秦史》，远方出版社，2004年。

娄金山：《平顶山先秦城址考》，河南文物考古学会编：《河南文物考古论集（二）》，中州古籍出版社，2000年，第153-154页。

卢连成：《周都棫郑考》，《考古与文物》1983年第2期，第9-10页。

卢元骏注译：《新序今注今译》，天津古籍出版社，1988年。

吕不韦：《吕氏春秋》，四部丛刊景明刊本。

吕思勉：《中国通史》，上海古籍出版社，2009年。

吕祖谦：《春秋左氏传续说》，清文渊阁四库全书本。

吕祖谦：《左氏博议》，清文渊阁四库全书本。

吕祖谦：《左氏传说》，清文渊阁四库全书本。

罗振玉编：《三代吉金文存》，中华书局，1983年。

雒国栋、李泽生编著：《郑州黄河名胜史话》，中州古籍出版社，2009年。

马承源主编：《商周青铜器铭文选》，文物出版社，1988年。

马达：《〈列子〉真伪考辨》，北京出版社，2000年。

马俊才、蔡全法：《新郑市公安路周代遗址与墓地》，中国考古学会编：《中国考古学年鉴2001》，文物出版社，2002年，第205-206页。

马俊才、蔡全法：《新郑市张龙庄春秋墓地》，中国考古学会编：《中国考古学年鉴2001》，文物出版社，2002年，第207页。

马俊才：《新郑县周庄东周、西汉及宋代墓葬》，中国考古学会编：《中国考古学年鉴1992》，文物出版社，1994年，第249-250页。

马俊才：《郑、韩两都平面布局初论》，《中国历史地理论丛》1999年第2期，第115-129页。

马瑞辰：《毛诗传笺通释》，清道光十五年学古堂刻本。

马世之：《娘娘寨城址性质问题试探》，《中原文物》2010年第5期，第39-42页。

马世之：《郑州市域夏商周诸侯国国都探索》，郑州市城市科学研究会、郑州古都学会编：《古都郑州》（下卷），中州古籍出版社，2004年，第252页。

马骕：《绎史》，清文渊阁四库全书本。

马叙伦：《〈列子〉伪书考》，中华书局，1985年。

毛亨：《毛诗注疏》，清嘉庆二十年南昌府学重刊宋本十三经注疏本。

苗永立：《周代宋国史研究》，吉林大学博士学位论文，2008年。

欧阳修、宋祁撰：《新唐书》，中华书局，1975年。

皮锡瑞：《礼记浅说》，清光绪二十五年刻本。

钱坫：《新斠注地理志》，清同治十三年刻本。

钱穆，《先秦诸子系年》，商务印书馆，2001年。

丘刚：《启（开）封故城遗址的初步勘探与试掘》，《中原文物》1994年第2期，第22-25页。

丘述尧：《新郑建国史发秘》，《华南师范大学学报（社会科学版）》1996年第2期，第

83-86 页。

阮元校刻:《十三经注疏》,中华书局,1980 年。

上海大学古代文明研究中心、清华大学思想文化研究所编:《上博馆藏战国楚竹书研究》,上海书店出版社,2002 年。

上海师范大学古籍整理组校点:《国语》,上海古籍出版社,1978 年。

尚志儒:《郑棫林之故地及其源流探讨》,陕西省考古研究所、中国古文字研究会、中华书局编辑部合编:《古文字研究》第十三辑,中华书局,1986 年。

沈炳巽撰:《水经注集释订讹》,清文渊阁四库全书本。

沈长云:《郑桓公未死幽王之难考》,《上古史探研》,中华书局,2002 年,第 267-271 页。

沈约:《竹书纪年》,四部丛刊景明天一阁本。

沈约撰:《宋书》,中华书局,1974 年。

《十三经注疏》整理委员会整理,李学勤:《清华大学藏战国竹简(二)》,中西书局,2011 年。

《十三经注疏》整理委员会整理,李学勤主编:《春秋公羊传注疏》,十三经注疏标点本,北京大学出版社,1999 年。

《十三经注疏》整理委员会整理,李学勤主编:《春秋穀梁传》,十三经注疏标点本,北京大学出版社,1999 年。

《十三经注疏》整理委员会整理,李学勤主编:《春秋左传正义》,十三经注疏标点本,北京大学出版社,1999 年。

《十三经注疏》整理委员会整理,李学勤主编:《礼记正义》,十三经注疏标点本,北京大学出版社,1999 年。

《十三经注疏》整理委员会整理,李学勤主编:《论语注疏》,十三经注疏标点本,北京大学出版社,1999 年。

《十三经注疏》整理委员会整理,李学勤主编:《毛诗正义》,十三经注疏标点本,北京大学出版社,1999 年。

《十三经注疏》整理委员会整理,李学勤主编:《尚书正义》,十三经注疏标点本,北京大学出版社,1999 年。

《十三经注疏》整理委员会整理,李学勤主编:《周礼注疏》,十三经注疏标点本,北京大学出版社,1999 年。

司马迁撰:《史记》,中华书局,1959 年。

宋定国:《国学探疑》,首都师范大学出版社,2013 年。

苏轼:《苏文忠公全集》,清文渊阁四库全书本。

孙次舟:《新郑铜器为战国作物考》,《历史与考古》,1937 年。

孙诒让撰,王文锦、陈玉霞点校:《周礼正义》,中华书局,1987 年。

唐兰:《西周青铜器铭文分代史征》,中华书局,1986 年。

童书业:《春秋左传研究》,上海人民出版社,1980 年。

童书业撰，童教英导读：《春秋史》，上海古籍出版社，2003年。

王昶辑：《湖海文传》，清道光十七年经训堂刻本。

王充：《论衡》，四部丛刊景通津草堂本。

王阁森、唐致卿主编：《齐国史》，山东人民出版社，1992年。

王国维：《观堂集林》，中华书局，1959年。

王樵辑：《春秋辑传》，清文渊阁四库全书本。

王胜昔、丁艳：《河南郑韩故城首次发现城门和瓮城》，《光明日报》2017年2月16日，第9版。

王先谦撰，沈啸寰、王星贤点校：《荀子集解》，新编诸子集成，中华书局，1988年。

王先慎撰，钟哲点校：《韩非子集解》，新编诸子集成，中华书局，1998年。

王宇：《新郑郑国祭祀遗址相关问题研究》，吉林大学硕士学位论文，2011年。

王育民：《中国历史地理概论》（下册），人民教育出版社，1988年。

韦昭：《国语韦氏解》，四部丛刊景明金李刊本。

卫聚贤：《古史研究》，商务印书馆，1931年。

魏源：《诗古微》，清道光刻本。

文梦霞：《春秋郑国建国史之探讨》，文史哲出版社，1991年。

吴兢：《贞观政要·采邑》，四部丛刊景明天一阁本。

谢肇淛：《五杂俎》，上海书店出版社，2001年。

修海林：《郑风郑声的文化比较及其历史评价》，《音乐研究》1992年第1期，第30-38页。

徐湖平主编，郑奇、刘敖编著：《中国历代青铜器精品100件赏析》，山东科学技术出版社，1996年。

许慎：《说文解字》，清文渊阁四库全书本。

许维遹撰，梁运华整理：《吕氏春秋集释》，新编诸子集成，中华书局，2009年。

许倬云：《春秋战国间的社会变动》，《史语所集刊》，第34本。

许倬云：《西周史：增补本》，生活·读书·新知三联书店，2001年。

严灵峰：《列子辩诬及其中心思想》，文史哲出版社，1994年。

晏昌贵：《西周胡国地望及其相关问题》，《湖北大学学报（哲学社会科学版）》1990年第1期，第22-26页。

杨伯峻编著：《春秋左传注》，中华书局，1990年。

杨伯峻译注：《孟子译注》，中华书局，1960年。

杨伯峻撰：《列子集释》，新编诸子集成，中华书局，1979年。

杨守敬、熊会贞：《水经注疏》，江苏古籍出版社，1989年。

杨树达：《积微居小学金石论丛》，商务印书馆，2011年。

杨文胜：《出土青铜礼乐器组合与"郑卫之音"》，《中原文物》2008年第2期，第50-54页。

杨文胜：《出土青铜礼乐器组合与"郑卫之音"》，《中原文物》2008年第2期，第50-54页。

杨文胜：《郑国青铜器与楚国青铜器之比较研究》，《中原文物》2002年第3期，第41-44页。
杨文胜：《郑韩故城李家楼大墓出土青铜器研究》，《华夏考古》2001年第3期，第73-79页。
杨育彬、袁广阔主编：《20世纪河南考古发现与研究》，中州古籍出版社，1997年。
杨正泰：《嘉庆重修一统志》，复旦大学中国历史地理研究所，1976年。
姚培谦：《春秋左传杜注》，清文渊阁四库全书本。
伊藤道治：《中国古代王朝の支配构造》，中央公论社，1987年。
荥阳市志总编辑室编：《荥阳市志》，新华出版社，1996年。
余元洲编著：《春秋通叙》，新华出版社，2009年。
岳连建、王龙正：《金文"城虢"为东虢考》，《文博》2003年第6期，第33-36页。
翟文明编著：《三教九流》，中国和平出版社，2006年。
张双棣撰：《淮南子校释》，北京大学出版社，1997年。
张松林、张家强、黄富成：《河南荥阳娘娘寨遗址发掘出两周重要城址》，《中国文物报》2009年2月18日，第2版。
张以仁：《春秋史论集》，台北联经出版事业公司，1990年。
章太炎：《国学讲演录》，华东师范大学出版社，1995年。
赵立瀛、赵安启：《简述先秦城市选址及规划思想》，《历史研究》1997年第5期，第53-55页。
赵一清：《水经注释》，清文渊阁四库全书本。
赵芝荃：《河南偃师"滑城"考古调查简报》，《考古》1964年第1期，第30-35页。
郑临川述评：《闻一多论古典文学》，重庆出版社，1984年。
郑樵：《通志》，清文渊阁四库全书。
郑州市地方史志编纂委员会编：《郑州市志》，中州古籍出版社，1998年。
郑州市文物工作队、新郑县文物保管所：《河南新郑大高庄东周墓》，《文物》1995年第3期，第16-30页。
郑州市文物考古研究院、河南省文物管理局南水北调办公室：《新郑市赵庄东周墓葬发掘简报》，《中原文物》2011年第3期，第9-16页。
郑州市文物考古研究院、河南省文物管理局南水北调办公室：《新郑铁岭墓地M29发掘简报》，《中原文物》2010年第1期，第4-8页。
中国青铜器全集编辑委员会：《中国青铜器全集（第15卷）》，文物出版社，1995年。
周口地区文化局：《扶沟古城初步勘查》，《中原文物》1983年第2期，第67-70页。
周书灿：《春秋姬密地望考——兼论姬姓密国存灭年代及莒国姓氏问题》，《史学月刊》1994年第4期，第11-15页。
朱凤瀚：《清华简〈系年〉"周亡王九年"再议》，《吉林大学社会科学学报》2016年第4期，第177-182页。
朱凤瀚：《商周家族形态研究》，天津古籍出版社，2004年。

朱熹集注:《诗集传》,上海古籍出版社,1980年。

朱熹撰,朱杰人、严佐之、刘永翔主编:《朱子全书》,上海古籍出版社、安徽教育出版社,2002年。

竹添光鸿:《左氏会笺》,巴蜀书社,2008年。

邹衡:《夏商周考古学论文集》,文物出版社,1980年。

附录 1 郑国君主世系图

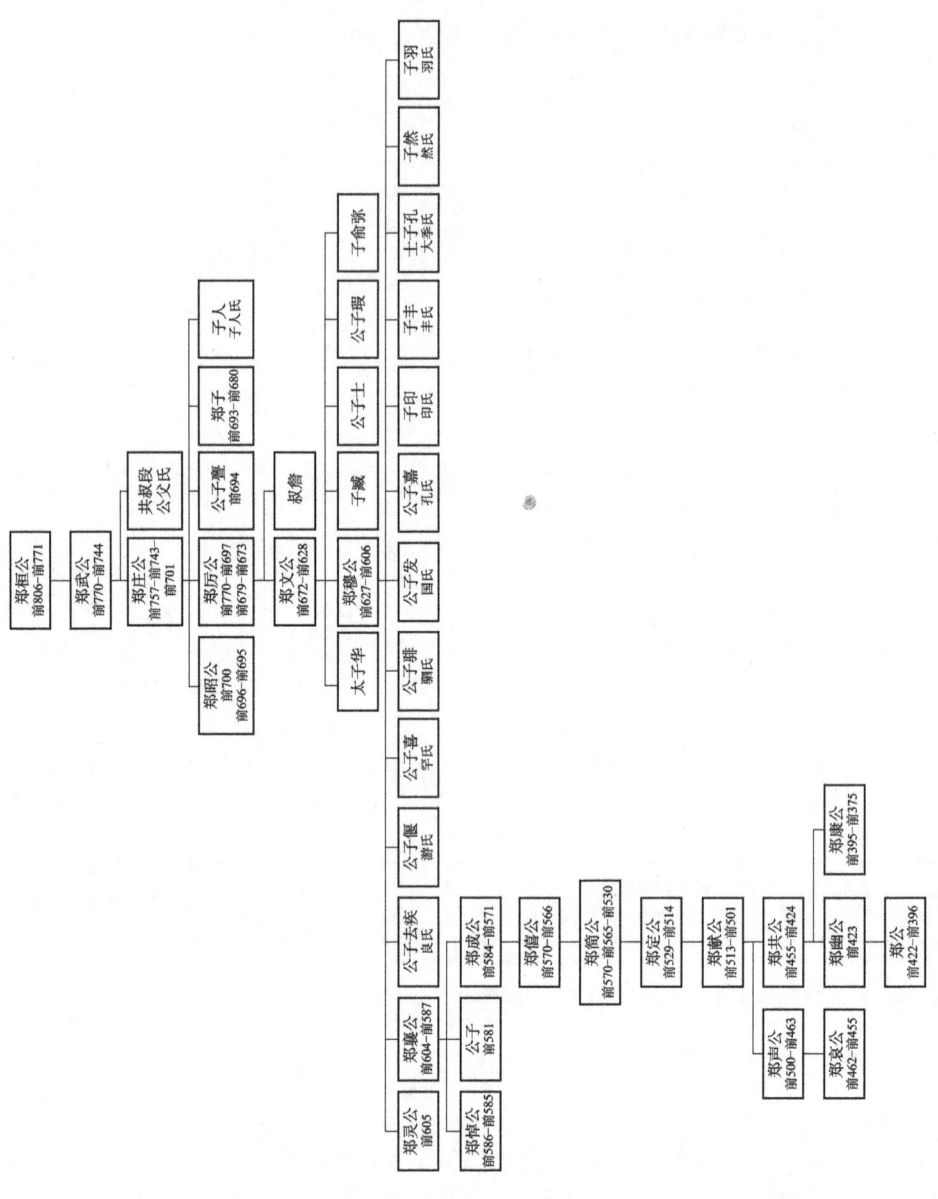

附录 2 春秋形势图

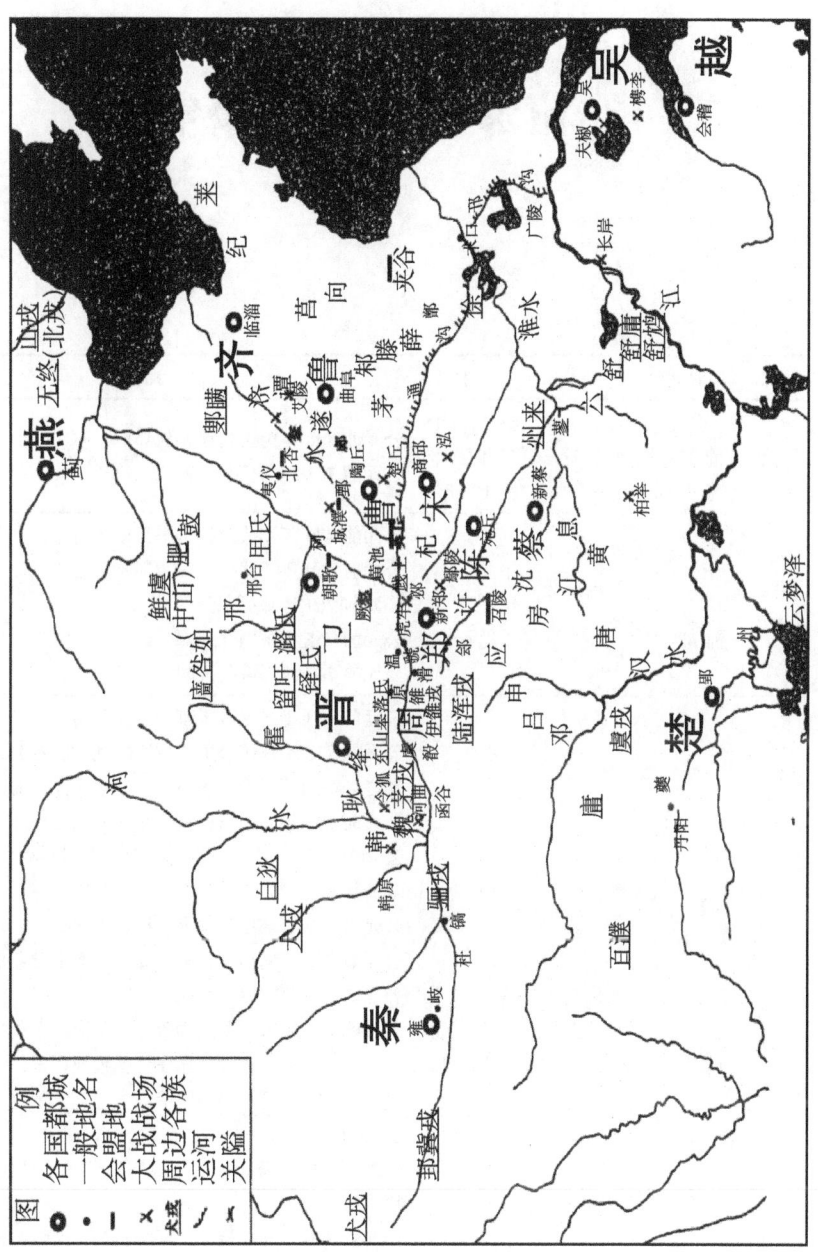

附录3 郑国大事年表

郑	时间	鲁	周	大事
桓公友	公元前806—前771年	伯御元年至孝公三十六年	宣王二十二年至幽王十一年	公元前806年为王司徒，封郑地 公元前771年郑桓公战死
武公掘突	公元前770—前744年	孝公三十七年至惠公二十五年	平王元年至平王二十七年	公元前770年郑武公护送平王东迁洛邑，为王卿士 公元前769年郑武公灭郐，郑始东迁 公元前767年郑灭东虢 公元前765年举国迁新郑 公元前763年郑武公灭胡
庄公寤生	公元前743—前701年	惠公二十六年至桓公十一年	平王二十八年至桓王十九年	公元前743年封弟段于京，京大于国 公元前722年郑庄公平共叔段之乱，段奔卫，卫伐郑 郑庄公率周师、虢师伐卫，开启诸侯征伐他国先河 公元前720年周桓王授虢公政，分郑庄公卿士权 公元前719年卫宋陈蔡之师围郑东门，秋，四国军队败郑徒兵 公元前717年郑庄公朝周，桓王不礼 公元前715年周桓王任虢公为王朝卿士分郑伯权 公元前714年郑以王命伐宋。郑大败北戎 公元前713年宋卫蔡之师攻郑，郑大败三国之捕于戴 公元前712年郑灭许。郑庄公率虢师攻宋，大败宋师 公元前711年郑、鲁易田结盟 公元前707年周桓王夺郑庄公政，庄公不朝王。周桓王率王师及虢、陈、蔡、卫国军队伐郑，战于繻葛，郑大败周师 公元前706年北戎侵齐，郑师救齐，大败北戎 公元前705年郑攻盟、向 公元前702年郑、齐、卫联合攻鲁，战于郎，鲁败 公元前701年齐、卫、郑、宋盟于恶曹。郑庄公卒

续表

郑	时间	鲁	周	大事
昭公忽	公元前700年	桓公十二年	桓王二十年	公元前700年郑鲁攻宋
厉公突	公元前700—前697年	桓公十二年至桓公十五年	桓王二十年至桓王二十三年	公元前699年郑鲁纪联军败宋齐卫燕四国军队 公元前698年宋齐蔡卫陈联合攻郑，入郑城 公元前697年郑厉公杀祭仲事败，奔蔡。郑厉公入栎，宋助之
昭公复位	公元前697—前695年	桓公十五年至桓公十七年	桓王二十三年至庄王二年	公元前697年郑昭公复位 公元前695年高渠弥杀昭公，立昭公弟子亹为君
郑子亹	公元前695—前694年	桓公十七年至桓公十八年	庄王二年至庄王三年	公元前695年齐襄公杀郑子亹、高渠弥。祭仲立公子婴为君
郑子婴	公元前693—前680年	庄公元年至庄公十四年	庄王四年至僖王二年	公元前680年郑厉公自栎攻郑，杀子婴复位
厉公复位	公元前679—前673年	庄公十五年至庄公二十一年	僖王三年至惠王四年	公元前679年齐宋陈郑卫鄄之盟，齐称霸 公元前678年郑伐宋，齐宋卫攻郑。齐鲁宋卫陈郑许滑滕盟于幽 公元前674年郑厉公奉周惠王，王居郑邑栎 公元前673年郑厉公、虢叔杀王子颓，周惠王复位。惠王赐虎牢关以东土地归郑
文公踕	公元前672—前628年	庄公二十二年至僖公三十二年	惠王五年至襄王二十五年	公元前667年齐鲁宋陈郑之君盟于幽，郑服齐。周王赐齐桓公为侯伯 公元前666年楚攻郑，齐鲁宋救郑，楚退兵 公元前665年郑攻许 公元前659年楚伐郑，齐会宋鲁邾郑之君于柽，谋救郑 公元前658年楚败郑，俘郑聃 公元前657年楚伐郑，齐会宋、江、黄于阳谷，谋伐楚 公元前656年齐鲁宋陈卫郑许曹伐楚附属国蔡。诸侯与楚订召陵之盟 公元前655年齐宋鲁陈卫郑许曹盟于首止，周王授意郑附楚 公元前654年郑文公逃首止之盟，齐率诸侯伐郑，新城之战。楚围许救郑，诸侯救许，郑围解 公元前653年齐伐郑，郑请和。齐宋鲁陈郑会宁母，郑入齐盟 公元前651年齐宋鲁卫郑许曹及周王使会盟于葵丘 公元前647年齐会鲁宋陈卫郑许曹于咸 公元前645年齐宋鲁陈卫郑许曹于牡丘 公元前644年齐会鲁宋陈郑邢曹诸侯于淮 公元前642年郑始朝楚

续表

郑	时间	鲁	周	大事
文公踕	公元前672—前627年	庄公二十二年至僖公三十二年	惠王五年至襄王二十五年	公元前641年鲁蔡楚郑陈盟于齐 公元前640年郑入滑 公元前639年宋楚陈蔡郑许曹国君会于盂。后又盟于薄,楚释宋襄公 公元前638年宋伐郑,楚救郑攻宋,泓水之战,宋师败 公元前637年郑文公拒重耳 公元前636年周襄王召狄师伐郑,取郑栎邑。王子带叛乱,襄王奔郑居汜 公元前633年楚会蔡郑许围宋 公元前632年城濮之战 公元前631年晋盟周使及鲁国君,宋陈齐秦蔡之大夫于翟泉,谋伐郑 公元前630年秦晋围郑,郑大夫烛之武退秦师,秦郑结盟,晋退兵
穆公兰	公元前627—前606年	僖公三十三年至宣公三年	襄王二十五年至定王元年	公元前627年秦袭郑不成,灭滑还军。秦晋崤之战。晋楚对峙夹泜,不战而回 公元前625年晋会鲁宋陈郑于垂陇,谋伐卫。晋宋郑陈伐秦 公元前624年晋宋陈卫郑伐沈。秦霸西戎 公元前620年晋会齐宋卫陈郑许曹于扈,赵盾主盟 公元前618年楚伐郑,俘郑三大夫,郑楚和。楚伐陈,陈败楚,陈楚和 公元前617年楚会郑蔡陈之师伐宋,宋服楚 公元前614年鲁朝晋,郑卫请鲁为之求和于晋 公元前613年晋会鲁宋卫郑陈许曹之君盟于新城 公元前610年晋卫陈郑之师伐宋,宋赂晋,还师。郑晋交换人质而盟 公元前607年晋会宋卫陈伐郑,楚救郑
灵公夷	公元前605年	宣公四年	定王二年	公元前605年戏公子宋,被弑
襄公坚	公元前604—前587年	宣公五年至成公四年	定王三年至定王二十年	公元前604年楚伐郑,晋救郑 公元前602年晋会宋鲁卫郑曹之君于黑壤 公元前600年晋会宋卫郑曹之君于扈,陈不会,晋伐陈 公元前598年楚陈郑盟于辰陵,楚灭陈为县,后复陈国 公元前597年晋楚邲之战,郑、许朝楚。晋宋卫曹伐郑 公元前594年楚围宋,宋素水泥浆而来 公元前589年楚鲁秦宋齐郑卫陈蔡许盟于蜀

续表

郑	时间	鲁	周	大事
悼公沸	公元前586—前585年	成公五年至成公六年	定王二十一年至简王元年	公元前586年郑许争讼于楚，郑败。郑晋盟于垂棘。晋会齐鲁宋卫郑曹邾杞盟于虫牢
成公睔	公元前584—前571年	成公七年至襄公二年	简王二年至灵王元年	公元前584年楚伐郑，晋会齐宋鲁卫曹莒邾杞之师救郑，败楚。诸侯盟于马陵 公元前582年晋会齐宋鲁卫曹郑莒于蒲 公元前579年诸侯国初次弭兵 公元前577年郑伐许 公元前576年楚伐郑、卫，郑败楚师 公元前575年郑楚盟于武城。晋楚鄢陵之役。郑宋勺陵之战。晋郑颍上之战 公元前574年晋、郑高氏之战 公元前573年楚郑伐宋 公元前572年晋率诸侯国之兵伐郑，入其郛 公元前571年郑受楚命伐宋。晋宋鲁陈卫郑曹莒邾滕鄫会于戚，谋伐郑。晋齐等诸侯筑城虎牢逼郑，郑服晋
僖公髡顽	公元前570—前566年	襄公三年至襄公七年	灵王二年至灵王六年	公元前570年晋周鲁宋卫郑莒邾盟于鸡泽 公元前568年晋宋鲁陈卫曹莒邾滕薛吴鄫盟于戚，诸侯戍陈以备楚。楚伐陈，晋率诸侯救陈
简公嘉	公元前565—前530年	襄公八年至昭公十二年	灵王七年至景王十五年	公元前565年郑侵蔡。楚伐郑，郑请和 公元前564年晋率十二国诸侯伐郑，郑请和，与诸侯盟于戏。楚伐郑，郑与楚盟 公元前563年楚郑宋侵鲁，晋会诸侯之师筑城虎牢，郑请和。楚救郑，诸侯退兵，郑与楚盟。郑西宫之乱，子产等平乱 公元前562年郑伐宋，晋率诸侯伐郑，晋郑盟于亳。楚秦伐郑，郑服楚。晋会诸侯伐郑，郑又请和于晋。郑参加晋主持盟会，贿赂晋侯 公元前557年晋会宋鲁郑曹莒邾薛杞小邾于溴梁 公元前555年郑楚费滑之战 公元前554年郑人杀子孔，子展掌国政，子产为卿 公元前549年楚会陈蔡许之师伐郑救齐，晋率诸侯救郑，楚退兵 公元前548年郑伐陈 公元前547年秦楚伐吴、郑。子产为相 公元前546年诸侯国第二次弭兵 公元前544年吴季札聘鲁齐郑卫晋等国 公元前543年郑子皮授子产政，子产作"都鄙有章，上下有服，田有封洫，庐井有伍"改革 公元前538年郑子产作丘赋 公元前536年郑子产铸刑书

续表

郑	时间	鲁	周	大事
定公宁	公元前529—前514年	昭公十三年至昭公二十八年	景王十六年至敬王六年	公元前524年郑发生火灾，子产安排除灾 公元前522年郑镇压萑苻之乱，子产卒
献公虿	公元前513—前501年	昭公二十九年至定公九年	敬王七年至敬王十九年	公元前504年郑灭许。郑伐周，取六邑 公元前503年郑齐盟于咸，征会于卫 公元前502年郑卫盟于曲濮 公元前501年郑驷歂杀邓析，用其竹刑
声公胜	公元前500—前463年	定公十年至悼公四年	敬王二十年至贞定王六年	公元前495年郑罕达帅师伐宋，败宋于老丘 公元前486年宋伐郑，雍丘之战 公元前483年宋郑争间隙之地 公元前475年晋伐郑 公元前468年晋伐郑 公元前464年晋伐郑
哀公易	公元前462—前455年	悼公五年至悼公十二年	贞定王七年至贞定王十四年	
共公丑	公元前454—前424年	悼公十三年至元公五年	贞定王十五年至威烈王二年	
幽公已	公元前423年	元公六年	威烈王三年	公元前423年韩武子伐郑，杀幽公
繻公骀	公元前422—前396年	元公七年至穆公十二年	威烈王四年至安王六年	公元前408年韩伐郑，取雍丘 公元前407年郑伐韩，败韩于负黍。郑伐鲁 公元前400年郑伐韩 公元前398年楚伐郑。郑人杀子阳 公元前396年子阳之党弑繻公，立其弟乙
康公乙	公元前395—前375年	穆公十三年至穆公三十三年	安王七年至烈王元年	公元前393年魏攻郑 公元前385年韩伐郑，取阳城 公元前375年韩哀侯攻郑，郑亡

后　　记

中原大地文化璀璨，源远流长。郑国是春秋初年在中原立国的诸侯国，虽建立较晚但在许多方面都走在了时代前列。例如，郑国在春秋初期"挟天子以令诸侯"，最早挑战王权、强势崛起，成为"中原小霸"；郑国在诸侯国中最早建立了三军体制；"子产铸刑书"，创制了我国第一部成文法；郑国诞生了我国第一位律师；郑国开风气之先，具有旺盛创造力，是最早注意发展商业、并第一个与商人订立盟约的诸侯国等。郑国文化繁荣，郑风、郑声的流行表现了这块古老土地上人们的热情，追求幸福生活的愿望。郑国地处晋楚两大霸主国之间，很多时候成为战争的发生地，倍受战争的创伤。人民饱经战患，流离失所……时光荏苒，逝则永逝，只有耸立至今的古城墙向后人昭示着古老的先秦时期郑国曾经的苦难与辉煌！

今人都能道知二三郑国历史典故，诸如多行不义必自毙，食指大动，黄泉下相见等，烛子武夜说秦伯、弦高智退秦兵等更是被引入中学课本，故事中的人物栩栩如生，使人不禁感叹先人的智慧、胆识和义节。我最初就是通过历史故事认知了郑国，从此之后对郑国非常感兴趣。上大学期间第一次去郑韩故城参观，高耸的城墙，数量众多的精美青铜器更是给了我形象的震憾，当时就有想系统、深入研究郑国的愿望。2014年，我的导师李玉洁先生计划编撰《中原诸侯国史研究丛书系列》，我便请领了《郑国史》的撰写工作，但"书到用时方恨少"，真正着手才发现资料积累远远不够，做起来困难重重，还好坚持了下来。通过大量查找史料，翻阅考古报告，梳理清晰前人研究，对郑国有了全新的认识，经过不懈努力，终于完成了书稿。

在此，感谢我的老师李玉洁教授，给我补习了大量的先秦知识，指正了许多不当之处，本书的出版也凝聚了李老师的心血。感谢本书引用资料的原创学者，他们的研究为本书提供了基础和支撑；另外开封文物考古研究院的葛超女士为本书做了绘图，在此一并表示感谢！

  在此书出版之际，心中不免惴惴，本人学识有限，肯定还有许多遗漏不当之处，请专家学者多多指正为盼！

吴爱琴

2019 年 7 月 26 日